教育部哲学社会科学系列发展报告
MOE Serial Reports on Developments in Humanities and Social Sciences

中国制造业发展研究报告2015

A Research Report on the Development of China's Manufacturing Industry 2015

主　编　李廉水
副主编　巩在武　余菜花

北京大学出版社
PEKING UNIVERSITY PRESS

图书在版编目(CIP)数据

中国制造业发展研究报告.2015/李廉水主编.—北京:北京大学出版社,2016.3
(教育部哲学社会科学系列发展报告)
ISBN 978-7-301-26960-2

Ⅰ.①中… Ⅱ.①李… Ⅲ.①制造工业—经济发展—研究报告—中国—2015 Ⅳ.①F426.4

中国版本图书馆 CIP 数据核字(2016)第 040478 号

书　　名	中国制造业发展研究报告 2015 Zhongguo Zhizaoye Fazhan Yanjiu Baogao 2015
著作责任者	李廉水　主编　巩在武　余菜花　副主编
责任编辑	赵学秀
标准书号	ISBN 978-7-301-26960-2
出版发行	北京大学出版社
地　　址	北京市海淀区成府路 205 号　100871
网　　址	http://www.pup.cn
电子信箱	em@pup.cn　　QQ:552063295
新浪微博	@北京大学出版社　@北京大学出版社经管图书
电　　话	邮购部 62752015　发行部 62750672　编辑部 62752926
印　刷　者	北京宏伟双华印刷有限公司
经　销　者	新华书店
	730 毫米×980 毫米　16 开本　27.5 印张　509 千字 2016 年 3 月第 1 版　2016 年 3 月第 1 次印刷
定　　价	79.00 元

未经许可,不得以任何方式复制或抄袭本书之部分或全部内容。
版权所有,侵权必究
举报电话: 010-62752024　电子信箱: fd@pup.pku.edu.cn
图书如有印装质量问题,请与出版部联系,电话: 010-62756370

基 金 资 助

2013年度教育部哲学社会科学发展报告建设项目(13JBG004)

教育部人文社会科学重点研究基地"清华大学技术创新研究中心"资助

国家自然科学基金项目(71173116)

江苏高校优势学科建设工程资助项目

总　序

　　哲学社会科学的发展水平,体现着一个国家和民族的思维能力、精神状态和文明素质,反映了一个国家的综合国力和国际竞争力。在社会发展历史进程中,哲学社会科学往往是社会变革、制度创新的理论先导,特别是在社会发展的关键时期,哲学社会科学的地位和作用就更加突出。在我国从大国走向强国的过程中,繁荣发展哲学社会科学,不仅关系到我国经济、政治、文化、社会建设以及生态文明建设的全面协调发展,而且关系到社会主义核心价值体系的构建,关系到全民族的思想道德素质和科学文化素质的提高,关系到国家文化软实力的增强。

　　党的十六大以来,以胡锦涛同志为总书记的党中央高度重视哲学社会科学,从中国特色社会主义发展全局的战略高度,把繁荣发展哲学社会科学作为重大而紧迫的任务进行谋划部署。2004年,中共中央下发《关于进一步繁荣发展哲学社会科学的意见》,明确了新世纪繁荣发展哲学社会科学的指导方针、总体目标和主要任务。党的十七大报告明确指出:"繁荣发展哲学社会科学,推进学科体系、学术观点、科研方法创新,鼓励哲学社会科学界为党和人民事业发挥思想库作用,推动我国哲学社会科学优秀成果和优秀人才走向世界。"2011年,党的十七届六中全会审议通过的《中共中央关于深化文化体制改革、推动社会主义文化大发展大繁荣若干重大问题的决定》,把繁荣发展哲学社会科学作为推动社会主义文化大发展大繁荣、建设社会主义文化强国的一项重要内容,深刻阐述了繁荣发展哲学社会科学一系列带有方向性、根本性、战略性的问题。这些重要思想和论断,集中体现了我们党对哲学社会科学工作的高度重视,为哲学社会科学繁荣发展指明了方向,提供了根本保证和强大动力。

　　为学习贯彻党的十七届六中全会精神,教育部于2011年11月17日在北京召开全国高等学校哲学社会科学工作会议。中共中央办公厅、国务院办公厅转发《教育部关于深入推进高等学校哲学社会科学繁荣发展的意见》,明确提出到2020年基本建成高校哲学社会科学创新体系的奋斗目标。教育部、财政部联合印发《高等学校哲学社会科学繁荣计划(2011—2020年)》,教育部下发《关于进一步改进高等学校哲学社会科学研究评价的意见》《高等学校哲学社会科学"走出去"计划》《高等学校人文社会科学重点研究基地建设计划》等系列文件,启动了新一轮"高校哲学社会科学繁荣计划"。未来十年,高校哲学社会科学将着力构建九大体系,即学科和教材体系、创新平台体系、科研项目体系、社会服务体系、条件支撑体系、人才队伍体系、现代科研管理体系和学风建设工作体系等,同时,大力实施高校哲学社会科学"走出去"计划,提升国际学术影响力和话语权。

当今世界正处在大发展大变革大调整时期,我国已进入全面建设小康社会的关键时期和深化改革开放、加快转变经济发展方式的攻坚时期。站在新的历史起点上,高校哲学社会科学面临着难得的发展机遇和有利的发展条件。高等学校作为我国哲学社会科学事业的主力军,必须充分发挥人才密集、力量雄厚、学科齐全等优势,坚持马克思主义立场观点方法,以重大理论和实际问题为主攻方向,立足中国特色社会主义伟大实践进行新的理论创造,形成中国方案和中国建议,为国家发展提供战略性、前瞻性、全局性的政策咨询、理论依据和精神动力。

自2010年始,教育部启动哲学社会科学研究发展报告资助项目。发展报告项目以服务国家战略、满足社会需求为导向,以数据库建设为支撑,以推进协同创新为手段,通过组建跨学科研究团队,与各级政府部门、企事业单位、校内外科研机构等建立学术战略联盟,围绕改革开放和社会主义现代化建设的重点领域和重大问题开展长期跟踪研究,努力推出一批具有重要咨询作用的对策性、前瞻性研究成果。发展报告必须扎根社会实践、立足实际问题,对所研究对象的发展状况、发展趋势等进行持续研究,强化数据采集分析,重视定量研究,力求有总结、有分析、有预测。发展报告按照"统一标识、统一封面、统一版式、统一标准"纳入"教育部哲学社会科学发展报告文库"集中出版。计划经过五年左右,最终稳定支持百余种发展报告,有力支撑"高校哲学社会科学社会服务体系"建设。

展望未来,夺取全面建设小康社会新胜利、谱写人民美好生活新篇章的宏伟目标和崇高使命,呼唤着每一位高校哲学社会科学工作者的热情和智慧。我们要不断增强使命感和责任感,立足新实践,适应新要求,以建设具有中国特色、中国风格、中国气派的哲学社会科学为根本任务,大力推进学科体系、学术观点、科研方法创新,加快建设高校哲学社会科学创新体系,更好地发挥哲学社会科学认识世界、传承文明、创新理论、咨政育人、服务社会的重要功能,为全面建设小康社会、推进社会主义现代化、实现中华民族伟大复兴作出新的更大的贡献。

教育部社会科学司

前　言

2013年,《中国制造业发展研究报告》获得教育部哲学社会科学发展报告建设项目立项,这是对我们十几年坚持不懈努力的认可与肯定。从《中国制造业发展研究报告2004》开始,我们的研究始终贯穿着"新型制造业"理念,不断探索科技支撑和引领中国制造业发展的路径和方式。我们的报告已经连续出版了十一辑(2009年既有中文版,也有英文版),在此过程中,我们深切感受到中国制造业的快速发展,见证了中国制造业经济创造能力、科技创新能力和资源环境保护能力等的快速提升。我们希望这份研究报告能够在建设创新型国家、推进自主创新进程中,成为准确反映中国制造业自主创新能力提升轨迹的报告,成为助推中国制造业升级转型、创新驱动的报告。

《中国制造业发展研究报告2015》,由江苏高校哲学社会科学重点研究基地"中国制造业发展研究院"和教育部人文社会科学重点研究基地"清华大学技术创新研究中心"的研究人员为主体进行研究并编写,继续贯穿了科技创新引领中国制造业发展的主线,倡导新型制造业的发展路径,既延续了前十辑的风格,保持了规范研究的内容(总体评价、区域研究、产业研究、企业研究和学术动态综述),同时针对当前"中国制造2025""互联网+""一带一路"等热点问题进行了专题研究,力求及时分析这些重大战略布局的深刻影响和学术价值。今年研究报告的特色和创新之处主要体现在以下几个方面:

"学术动态"部分。(1)深度解析了美国《国家制造业创新网络计划》、德国的工业4.0战略以及日本《2015年版制造白皮书》。(2)遴选出2014年发表的与制造业密切相关且被SCI、SSCI、CSSCI等检索的高质量国内外期刊论文,从能源投入或效率、技术创新、环境影响、信息化、贸易、回流与聚集等维度对国内外制造业文献研究动态展开评述。(3)推荐了部分影响力较大的学术论文。

"综合评价"部分。(1)从经济创造能力、科技创新能力、能源节约能力以及环境保护能力四个维度阐述了制造业"新型化"的内涵。(2)运用"新型化"评价指标体系评价发现:中国制造业经济指标不仅逐年提升,而且中国制造业正由"中国制造"向"中国创造"转变,中国制造业的环境效率总体上不断提高,但中国制造业能源消耗总量和电力消耗总量仍在递增,生态环境压力还需要持续缓解。总体而言,中国制造业"新型化"前景广阔。

"区域研究"部分。(1)从经济创造、科技创新、资源利用、环境保护四个方面评价区域制造业"新型化"发现:东部的广东和江苏制造业综合能力领跑全国,自主创新引领区域发展成效明显;中部的安徽、河南、湖南快速崛起,制造业规模迅速增长,但各项污染排放也大幅增加,废气和固体废弃物排放量现各区域之最,需警惕走上"先污染后治理"的老路;西部制造业表现相对疲软,经济创造能力与发达区域的差距继续拉大,应当有效刺激制造业集聚和崛起。(2)评价30个中心城市的制造业"新型化"发现:东部城市制造业的经济创造能力突出,尤其是江苏省,苏州和南京均进入三强,但环境保护能力堪忧,尤其是苏州的环境保护能力排名最后;深圳制造业经济创造能力表现优异,资源保护能力同样突出,值得其他制造业城市学习和借鉴。

"产业研究"部分。(1)基于制造业"新型化"的内涵和评价指标体系,采用"离差最大化"方法对中国制造业各产业的新型化进行了评价及排序。(2)构建相关计量模型,采用实证研究方法分析了科技创新对中国制造业经济增长的影响、中国制造业能源效率及其影响因素、信息化对中国制造业绿色增长的影响效应、产业聚集对中国制造业技术创新的影响等问题。

"企业研究"部分。(1)基于上市公司的数据资料和定量统计分析方法研究发现:上市公司无论从数量还是从规模来看都主要集中在东部沿海地区;从效益、成长性以及创新性方面来看,高新技术制造业行业具有比较优势,如计算机、通信和其他电子设备制造业等;(2)采用多维评价50家"最应受到尊敬"的制造业上市企业,列前5位的是上汽集团、格力电器、美的集团、中国北车和中国南车等。

"专题研究"部分。围绕中国制造业发展研究的相关热点话题展开,研究了生态文明与制造业转型升级问题,比较了中国制造2025与德国工业4.0异同,探讨了基于"一带一路"的制造业全球价值链前景,分析了"互联网+"助推中国制造业转型升级路径,归纳了美德创新驱动战略特征及其启示。

我们愿与更多关注中国制造业发展的朋友们共同研究、探索中国制造业发展的轨迹和路径,为中国制造业涌现更多"中国创造"而努力奋斗。由于水平所限,报告难免会出现错误或不当之处,敬请各位专家和读者批评指正。

目 录

第一部分 学术动态篇

第1章 政府政策及研究机构报告解析 …………………………（3）
 1.1 美国《国家制造业创新网络计划》…………………………（3）
 1.2 德国《关于实施工业4.0战略建议》………………………（6）
 1.3 日本《2015年版制造白皮书》……………………………（9）

第2章 国外学术研究动态解析 …………………………………（12）
 2.1 制造业能源投入或效率研究 ………………………………（12）
 2.2 制造业技术创新研究 ………………………………………（14）
 2.3 制造业环境影响研究 ………………………………………（15）
 2.4 制造业信息化研究 …………………………………………（17）
 2.5 制造业回流或集聚研究 ……………………………………（18）
 2.6 制造业国际贸易研究 ………………………………………（19）

第3章 国内学术研究动态解析 …………………………………（24）
 3.1 制造业总体研究动态 ………………………………………（24）
 3.2 区域制造业研究动态 ………………………………………（28）
 3.3 制造业产业研究动态 ………………………………………（30）
 3.4 制造业企业研究动态 ………………………………………（32）

3.5 制造业低碳经济研究动态 ……………………………………（35）

第4章 重点推荐阅读的优秀文献 ……………………………………（39）
  4.1 国外10篇重点推荐阅读的学术文献 ……………………（39）
  4.2 国内10篇重点推荐阅读的学术文献 ……………………（45）

第二部分 发展评价篇

第5章 中国制造业发展综合评价 ……………………………………（57）
  5.1 "新型制造业"的现实内涵 ………………………………（57）
  5.2 中国制造业评价"四维"指标体系 ………………………（59）
  5.3 中国制造业发展综合(新型化)评价 ……………………（65）
  5.4 本章小结 ……………………………………………………（94）

第6章 中国制造业发展:区域研究 …………………………………（96）
  6.1 区域制造业发展总体评价 …………………………………（96）
  6.2 中国制造业:"十大强省" ………………………………（101）
  6.3 中国制造业"十大强市" …………………………………（144）
  6.4 本章小结 ……………………………………………………（173）

第7章 中国制造业发展:产业研究 …………………………………（177）
  7.1 中国制造业发展状况及其新型化评价 …………………（177）
  7.2 科技创新对中国制造业经济增长的影响 ………………（212）
  7.3 中国制造业能源效率及其影响因素 ……………………（221）
  7.4 信息化与中国制造业绿色增长 …………………………（239）
  7.5 产业聚集对中国制造业技术创新的影响 ………………（254）
  7.6 本章小结 ……………………………………………………（283）

第8章 中国制造业发展:企业研究 …………………………………（295）
  8.1 中国制造业上市企业发展基本评价 ……………………（295）
  8.2 最应受到尊敬的制造业上市企业推选 …………………（325）
  8.3 最应受到尊敬的制造业上市企业评价分析 ……………（330）
  8.4 本章小结 ……………………………………………………（347）

第三部分 专题研究篇

第9章 生态文明建设契机下制造业转型升级路径 ……………………… (355)
    9.1 生态文明建设影响制造业机理分析 …………………………… (355)
    9.2 制造业行业生态文明建设测度方法 …………………………… (359)
    9.3 制造业行业生态文明建设差异分析 …………………………… (362)
    9.4 生态文明建设约束转型升级路径分析 ………………………… (364)

第10章 中国制造2025与德国工业4.0比较 ……………………………… (368)
    10.1 共同内涵:"智能制造" …………………………………………… (368)
    10.2 本质区别:赶超与卫冕 …………………………………………… (369)
    10.3 中国追求:制造到智造 …………………………………………… (371)
    10.4 中国路径:三大举措 ……………………………………………… (374)

第11章 基于"一带一路"的制造业全球价值链研究 …………………… (376)
    11.1 "一带一路"开放发展战略的深刻内涵 ………………………… (378)
    11.2 "一带一路"区域制造业发展状况分析 ………………………… (383)
    11.3 "一带一路"区域制造业的全球价值链 ………………………… (389)
    11.4 "一带一路"区域制造业全球价值链形成路径 ………………… (394)
    11.5 促进"一带一路"全球价值链形成的政策建议 ………………… (395)

第12章 "互联网+"驱动中国制造业转型升级 …………………………… (399)
    12.1 "互联网+"科学基础与经济内涵 ……………………………… (399)
    12.2 西方国家"互联网+"制造业 …………………………………… (404)
    12.3 "互联网+"制造业转型升级 …………………………………… (408)
    12.4 "互联网+"中国制造业融合方式 ……………………………… (411)
    12.5 推动互联网与制造业深度融合举措 …………………………… (415)

第13章 美德国家创新驱动计划及战略举措的启示 …………………… (417)
    13.1 美国"制造业创新网络计划"路径分析 ………………………… (418)
    13.2 德国"工业4.0战略建议"路径分析 …………………………… (420)
    13.3 美德创新驱动战略举措的启示 ………………………………… (423)

第一部分
学术动态篇

第1章 政府政策及研究机构报告解析

中国经济发展进入新常态,正从高速增长转向中高速增长,从规模速度型粗放增长转向质量效率型集约增长,从要素投资驱动转向创新驱动,呈现速度变化、结构优化、动力转换三大特点。在这种背景下,研究美国、德国和日本等制造业大国的制造业发展政策或报告,对适应新常态下中国制造业结构调整、产业升级具有重要的借鉴意义。为此,我们对美国《国家制造业创新网络计划》、德国的《保障德国制造业未来:关于实施工业4.0战略建议》(以下简称工业4.0战略)和日本的《2015年版制造白皮书》展开分析。

1.1 美国《国家制造业创新网络计划》

2008年美国次贷危机爆发后,美国重新认识制造业价值,《制造业促进法案》《如何捍卫美国在先进制造业的地位》《先进制造业的国家战略计划》等一系列法案和报告相继颁布或提出。这些法案和报告为美国《国家制造业创新网络计划》的产生奠定了基础。下面从该计划的提出、构成和特点对美国《国家制造业创新网络计划》进行梳理和分析。

1.1.1 美国《国家制造业创新网络计划》的提出

20世纪50年代初,美国制造业增加值曾一度占世界制造业总和的40%。然而60年代开始,伴随着全球产业转移的大趋势,美国开始了"去工业化"进程。80年代,美国转向了以服务业为主的产业结构,制造业空心化日益凸显,市场开始以虚拟经济为主导,而作为实体经济的制造业占全球制造业的份额则日趋下降。以1990年为例,美国制造业占世界制造业总和的份额下降至21.5%。2008年全球金融危机后,美国制造业份额跌破20%,2010年仅为19.4%,低于同期中国制造业的19.8%。

2008年全球金融危机后,美国开始重新认识制造业价值,强调美国经济要转向可持续的增长模式,即出口推动型增长和制造业增长,让美国回归实体经济。2010年8月11日,奥巴马签署了《制造业促进法案》,美国"再工业化"战略正式开启。

2011年6月1号,国家科学和技术委员会(NSTC)给奥巴马政府提交了一份《如何捍卫美国在先进制造业的地位》的报告,明确提出传统的制造业已经不适合美国,就如何振兴国家在先进制造业中的地位,提出了一些策略和具体建议。[①]

2012年2月1号,美国科学技术委员会提出了《先进制造业的国家战略计划》,首次将先进制造业提升至国家级的战略水平,强调先进制造对美国的经济实力和国家安全至关重要,特别是研发和国内商品的技术创新发展之间的脱节。同年3月,针对《先进制造业的国家战略计划》,美国总统奥巴马提出创建国家制造业创新网络计划(National Network of Manufacturing Innovation, NNMI),通过建立研究所,将大学和企业组织联合,建立新的研究机构,帮助消除本土研发活动和制造技术创新发展之间的割裂。

2013年1月,《国家制造业创新网络:一个初步的设计》规划蓝图最终确立。明确NNMI由多个具有共同目标、相互关联但又各有侧重的制造业创新研究院(IMIS)组成,准备投入10亿美元在全国各地建立15个制造业创新研究院,并希望在未来十年创建45个制造业创新研究所。

2014年12月,奥巴马批准国会通过了《2014振兴制造业和创新法案》,该法案支持奥巴马构建国家制造业创新网络计划,并且要求商务部国家标准与技术研究院设立"国家制造业创新网络项目办公室",监督"国家制造业创新网络计划"的规划、管理和协调;争取联邦政府部门和机构的支持;制定并定期更新战略规划;制定相应的程序和标准,扩大与联邦政府部门和机构在项目与活动上的协作;建立公开信息的发布平台;担任创新机构的召集人等。

1.1.2 美国《国家制造业创新网络计划》的构成

美国《国家制造业创新网络计划》主要由国家创新研究院(IMIS)和网络间的协调两大部分组成。其中,国家创新研究院的总体工作重点是通过合作集成能力,提高制造业应对跨领域的挑战的能力,解决方案要能保持或扩大美国国内的工业生产。其业务范围是加强对在创新开始阶段(发现或发明)与商业化前期阶段之间的研发活动的支持。此外,还对国家创新研究院的资金、收入和可持续发展、成员和合作伙伴等六个方面做了说明。

(1)资金、收入和可持续发展。原则上,每个制造业创新研究所获得的联邦政府资助为7 000万美元至1.2亿美元。非联邦政府与联邦政府投资的比重将大于1∶1。在创新研究所建立之初,联邦政府的资金投入最大;2—3年后,联邦政府

---

① 该报告主要提出了两大策略:一是通过税收和企业政策给美国企业提供一个良好的创新环境,支持基础研究和高技术人才的培养;二是用投资克服市场失灵,确保新技术和设计方法能在本土得以研发,使得技术型企业拥有蓬勃发展的基础结构。

资金投入将不断减少。主要由研究机构、企业等私人部门来提供;5—7年后,每个研究院根据资金来源制定一套自我维持计划,灵活地从诸如会员费、服务费活动、合同研究、产品试制等各种来源获得可持续收入,逐步实现自负盈亏。为鼓励可持续发展,用于研究所项目的联邦补助资金将有一部分被授予在竞争项目上。竞争项目奖主要基于技术的质量、研究所之前的表现和所参与活动的强度。

(2) 成员和合作伙伴。制造业创新研究所奉行开放创新和合作的理念,其成员和合作伙伴将包括制造业企业、研究型大学、社区研究院、研究机构、国家实验室、政府机构、职业和技术培训机构、工会、职业协会和产业协会、非营利机构乃至普通大众。创新研究所由独立的美国非营利机构领导,它应能够带领成员研发产业技术,培养劳动力,并建设基础设施。

(3) 支持中小企业。美国国家制造业创新网络的一个重要目标就是支持国内中小企业创建、发展和扩张。制造业创新研究所将采取多种途径帮助中小企业应对挑战。它可以提供技术趋势信息和先进技术,推动工艺创新和开发;可以提供共享设施和专门设备加快产品设计、样品制造和测试等,它还应促进新企业创建。

(4) 治理模式。制造业创新研究所应有充分的自治权、独立的董事会,董事会应以产业代表为主。在联合治理模式下,政产学研各方利益均应得到保障。

(5) 遴选过程。由美国商务部发起成立的先进制造业国家计划办公室统筹管理。办公室成员包括美国商务部、国防部、能源部、航空航天局、国家科学基金会的成员以及制造企业和大学的代表。具体做法是采取公开和竞争性的招标方式,由跨部门技术专家组成的评审小组对提议中的创新研究所进行竞争力评估。评选标准既考虑美国的产业发展需要和对提高美国产业竞争力的意义,也考虑创新研究所的联合投资和财务的可持续性以及中小企业的参与程度。

(6) 联邦政府的经费支出。资金拨付进度将根据每个IMIS的性质和项目进行。联邦政府的资金一般用在第一年设备等项目的基础启动上,其中非联邦政府资助也在早期的基础设备和建设等方面提供很大支持。随着研究所的成熟,它开始吸纳更多的运营资本。政府补助资金的延续取决于年度报告的完成,并且成功完成下列指标中的一项:合作投资、会员、设施利用率、项目组合、成功案例、技术商业化或以其他基准所做的评估等,预计第一个评审将在第三年开始。到第四年,联邦政府的补助开始转为竞争性项目资助。竞争性的项目资助金额达到总金额的25%。但是项目数量相对较少,平均每个研究院有2—3个项目,但是每个项目资助金额将达到200万—300万美元。

1.1.3 美国《国家制造业创新网络计划》的五大特点

(1) 加强顶层设计,规划市场资源。NNMI计划和IMIS的建设是由政府商务部负责落实相关政策,国防部、能源部等部门为其创造条件,再由大学和企业负责参与执行的一个"全政府响应"行动。在这个行动中,政府负责整合各方力量参与到制造业中,体现了国家政府的强大意志和目标。

(2) 整合产学研究,发展制造业创新联盟。美国创新网络计划的一个重要特征就是建立 IMI,将大学研究和企业生产结合起来,加快技术创新的成果化。从美国已建成的 IMI 来看,一方面,打造自身产业创新基础设施;另一方面,与企业、研究型大学、社区研究院、非营利机构和实验室结成广泛的创新联盟,带动非联邦及私营部门的大量研发投资。

(3) 调动中小型企业活力,建立良好创新氛围。中小企业在科技创新中发挥着重要作用,美国创新网络计划强调中小型企业的重要性,给予充分的帮助,积极调动中小企业活力。

(4) 注重创新人才,加强基础设施建设。相比传统制造业,先进制造业的发展速度更依赖创新型人才资源和现代化基础设施水平,美国制造业创新网络始终强调发挥"教学工厂"和人才培养的作用。

(5) 摒弃单一模式,拓展研发市场。随着国际市场上高新技术生命周期的逐渐缩短,越来越多的制造业跨国公司为降低研发的风险而寻求全球合作。美国实施创新网络计划的目的在于未来不仅仅占据其他国家的产品市场,而且试图向其他国家拓展其研发市场,加强研发的全球性合作来提升技术产品的竞争力。

1.2 德国《关于实施工业 4.0 战略建议》

德国是全球制造业中最具竞争力的国家之一。然而进入后危机时代,德国制造业出口出现下滑,制造业占世界制造业的比重下降。与此同时,英国、意大利、法国等很多欧盟国家都注重工业发展以达到 2010 年欧盟提出的"欧洲 2020 战略"中的目标,很多欧盟之外的发达国家都积极推进"再工业化"战略,并在机械制造业、电气工程领域、自动化及信息通信技术方面等很多智能科技领域加大了技术研发,颁布了激励政策,扩大了市场份额。感受到来自全球的竞争压力,2013 年德国正式推出《保障德国制造业未来:关于实施工业 4.0 战略建议》,避免在全球化竞争中落后于其他国家。

1.2.1 德国工业 4.0 战略的提出

进入 21 世纪,德国经济增长缓慢,2003 年经济增长率出现 10 年来的首次负增长,经济的持续不景气造成了失业率的居高不下。针对国内工业、经济现状及发展需求,德国先后发布了《2006 高科技战略》(2006 年制定)和《2020 高科技战略》(2010 年制定),致力于促进科技创新、推动科研界与政府和经济界的紧密合作,将科研成果尽快转化为经济效益等方面的工作。

《2006 高科技战略》提出的主要措施有：提高国家科研投入，追加 60 亿欧元研发预算；设立高科技创业基金用于高科技新兴产业的创业投资，为创业企业的管理、技术、融资环境等方面提供帮助；确定了包括信息技术、生物技术、纳米技术和航天技术以及与此相关的医疗卫生、能源、安全和环境在内的 25 个重点科研领域和项目，并且加大资金投入以达到提升德国作为全球重要研发基地的国际吸引力，提高研发体系的效率，加快科研成果向生产实践的转化之目的，项目参与方主要包括高校、校外研究机构和企业尤其是具有创造力的中小企业；激励中小企业科技创新等。

2010 年 7 月，德国联邦教研部提出了德国《2020 高科技战略》，基于德国高科技战略的成功模式，强调聚焦于全球挑战、着眼未来和面向欧洲等战略新重点，提出了气候与能源、健康与营养、物流、安全和通信等国家需求领域发展的思路和建议。此战略以创新和研发为重点，确定了集挑战性、创新性、开创性为一体的满足国家需求的未来项目课题范围，并将创新研发的一系列关键技术与整个欧洲共同分享，以共同应付全球挑战，引领全球科技，建立卓越的"欧洲尖端集群"。

《2006 高科技战略》的公布拉开了德国工业 4.0 的序幕，《2020 高科技战略》的提出则表明工业 4.0 的概念正逐渐以完备的体系和规划进入人们视线。这两个高技术战略的实施，为《保障德国制造业未来：关于实施工业 4.0 战略建议》的提出奠定了基础。2013 年 4 月，在德国工程院、弗劳恩霍夫协会、西门子公司等德国学术界和产业界的联合建议下，《保障德国制造业未来：关于实施工业 4.0 战略建议》颁布。

1.2.2 德国工业 4.0 战略的两大亮点

德国工业 4.0 的核心理念是虚拟网络与实体物理的融合，即通过制造业的自动化、智能化、网络化、定制化和节能化，将人、物体与系统紧密结合，实现成本、资源消耗等多个维度的优化。为推进虚拟+实体的融合，工业 4.0 提出两大主题、三大集成、三大转变以及八大计划：两大主题是指智能工厂与智能生产；三大集成包括企业在价值链上的横向集成、制造系统网络化的纵向集成与生产过程的端对端集成；三大转变则强调生产分散化、产品定制化与客户全程参与的转变性；八大计划从标准化、安全与保障、培训和职业发展、资源利用体系等几个方面论述德国的工业 4.0 战略计划。

（1）虚拟网络与实体物理的融合是工业 4.0 的核心理念。在虚拟网络与实体物理融合的理念下，德国工业 4.0 具备以下五个主要特征：① 以标准化为先导，推进不同公司间的网络连接和集成。工业 4.0 要求人、机器、资源互联互通，在此框架内，公司机械和设备制造、应用软件需要进行信息交换、处理和维护，建立标准化的体系有助于各系统之间的智能连接。② 以数据和信息的安全为前提，保护智能系统的成功运营。信息和数据的安全对于智能制造系统至关重要,对于信息和数据的保护可以防止其滥用或者未经授权的获取,避免知识产权的纠纷。③ 以培训与专业的持续发展为基石,提升劳动力或人才的技能。工业4.0强调终身学习、以工作场所为基础的专业持续性发展计划的实施,使得工人即使在年龄较大、老龄化比较严重的情况下,仍然能够通过适当地培训而工作。④ 以协作工作方式为依托,释放员工及用户的潜能。在智能化、网络化的世界里,一方面,员工将拥有高度的管理自主权,通过虚拟或移动的方式参与工作;另一方面,由于工业4.0强调用户的需求,用户也可以通过广泛、实时地参与生产、价值创造过程,产品也更个性化。⑤ 以环境与资源安全供应为制约条件,提高资源环境利用效率。智能化与网络化可能带来资源投入的节约,但是考虑到原材料和能源投入可能影响环境与安全供给,因此智能化工厂需要权衡额外投入与虚拟+实体的融合带来的资源节约潜力。

(2) 串联式发展是工业4.0战略的显性特征。德国是制造业强国,其工业4.0的战略制定与中国当前所强调的信息化与工业化的融合本质相同,均强调产业的智能化、网络化与节能化的新型制造模式,不过从制造业的产业基础等方面来看,德国与中国存在显著的差异:一是德国制造已经具备了一定的研发、产品品牌优势,其研发投入已超过很多老牌工业强国;二是德国制造业已经走了工业3.0的道路,而中国当前产业发展阶段处在2.0与3.0并行阶段;三是中国制造业的自主创新能力不足,存在大量的处于国际价值链中低端的传统产业,且产品的原材料与能源投入效率低下,因而在发展战略新兴产业的同时,需要对传统产业升级改造;四是中国在部分新兴产业与传统产业均面临产能过剩的问题,如何利用创新驱动、市场扩张来消化产能成为产业亟待解决的问题之一,而德国制造业的强大竞争力却使得其在应对产能过剩问题方面从容不迫。以上几点决定了德国制造业走的是串联式发展道路,即基本完成工业3.0后,制定并实施工业4.0。

1.2.3 借鉴工业4.0破解中国制造业的困局

中国制造业的自主创新能力不足、产能过剩等问题的解决需要借鉴德国工业4.0的经验,政策应着力于:

(1) 利用开放的市场推进技术标准体系建设。政府应鼓励行业、企业、科研院所积极参与国际技术标准的制定,并行推进研发与技术标准;与此同时,应强调技术标准能够体现网络化、智能化、绿色化等虚拟+实体融合特征,技术的标准侧重于共性技术与模块接口。

(2) 促进虚拟+实体的融合消化过剩产能。消化产能方面,除了制定技术标准来设定企业进入退出门槛以外,还应利用虚拟+实体融合的契机来改造传统产业,提升战略新兴产业的创新驱动力,进而提高原材料与能源的投入产出效率。

与此同时,从需求这一端来看,政府需重视释放市场潜力方面的战略制定。

(3) 借助终身学习与培训制度提升员工技能。建立终身学习及培训制度,在专业的持续发展中提升员工技能,应对由于虚拟+实体的融合所带来的技能新要求。终身学习与培训制度的另一个好处是提升老人与妇女的就业能力,在一定程度上有助于减轻中国老龄化带来的危害。

(4) 构建员工、用户协同工作方式提高生产的积极性。积极利用虚拟+实体融合来搭建员工、用户协同工作方式,通过端对端集成使大规模定制成为可能,使个性化的需求成为可能,也使员工因为工作环境的变化而更有生产管理的自主权,更有动力参与企业的生产。

(5) 强化信息与数据的安全管理来保护知识产权。对制造业重点领域、关键技术必须加强信息和数据安全保护的投资力度,部署统一的安全保障架构,制定数据保护和网络安全的法规,并完善安全标准、示范合同、公司协议等自我监管措施。

1.3 日本《2015年版制造白皮书》

日本作为亚洲经济发展水平较高的国家,国土面积、自然资源有限,但依赖原料进口的工业却发展成为其经济支柱,其高效的管理也享誉世界。日本制造业约占国内生产总值的20%,高于美、英、法等其他发达国家。因此,日本制造业对其他产业的辐射效果非常广泛,可以带动多个产业的发展。但是,由于日本制造业目前面临一线制造技术人才短缺和信息技术渗透缓慢的问题,加上日元长期升值,大批制造业企业向海外转移,导致国内制造业占国内生产总值的比率严重下降。据统计,日本制造业从业人员已经从2005年的1 500万人降至2014年的1 000万人。

为促进制造业恢复,日本特别重视产业政策,战后的《倍增计划》等对日本经济腾飞起了很大的促进作用,《e-JAPAN》等战略对电子信息产业发展起到了很大的促进作用。近年来为了提升制造业的竞争力,出台了一系列产业政策,比如,2014年公布了《3D打印制造革命计划(2014—2019)》、《新策略性工业基础技术升级支援计划》《机器人开发五年计划(2015—2019)》等。2015年6月9日,日本经济产业省公布了《2015年版制造白皮书》(以下简称"白皮书")。

1.3.1 《2015年版制造白皮书》解析

《2015年版制造白皮书》从三大方面对日本的制造业做了剖析:

(1) 日本制造业的不足之处。① 日本制造业企业对进一步发展数字化持消极态度,在软件技术和IT人才培养方面表现尤为明显。白皮书称:"相对于德国和美国的制造业变革,日本企业现在还没有表现出重视软件的姿态。"白皮书提到,到工业4.0式生产系统确立之时,"如果思路还停留在目前日式生产系统的延长线上,日本制造业可能会远远落在后面"。② 日本制造业企业之间的合作不充分,严重阻碍了跨越企业和行业的横向合作。比如说,工厂使用的制造设备的通信标准繁多,许多标准并存,没有得到统一。

(2) 教育和研发是日本制造业发展的基石。① 支持各类学校在提高人力资源素质方面的努力。工程类大学向制造业部门提供专业的工程学知识,技术学院提供帮助工人丰富工作经验的培训,中等专业学校培养具有专业技能的工作人员,技术学校负责制造业企业的培训工作。日本文部科学省还组织了旨在提高人力资源素质的国外合作项目等措施。② 提供良好的工作环境,促进制造业发展。除了制定一系列措施促进人力资源发展外,日本还通过完善基础设施为科研工作提供良好的工作条件,例如提供先进的科研设备和高水平的教师队伍促进科学和教学教育水平的提高。同时,日本政府通过帮助女性研究人员解决生育、照顾儿童和老人等问题来促进女性研究人员参与到科研工作当中,从而提高整体的科研水平。除了这些措施,日本政府还在努力创造一个重视制造业的氛围,通过对制造业从业人员重新学习进行补贴,提高他们学习新知识新技能的积极性。博物馆通过免费开放的方式增加人们对制造业的兴趣,甚至对下一代人都开始宣传制造业对日本的重要性。③ 促进研发,提高制造业竞争力。通过共享大规模设备的使用,例如同步辐射设备、自由电子镭射设备、大规模质子加速器和高性能计算机,来促进核心技术的研究开发。同时,政府通过建立创新平台推动具有较高风险的研发工作的开展,通过这种分散风险的方式促进企业投入更多人力、物力进行研发工作。

(3) 积极推动"下一代制造"。随着德国工业4.0概念的不断推广,日本与其他亚洲国家一样意识到全球制造业正在面临深刻的变革。因此,日本也提出了类似德国工业4.0的"下一代制造"的政策,旨在提高日本制造业在全球的竞争力。该政策的核心是利用大数据、物联网和软件等技术促进信息交流,将信息技术推广到制造业企业,充分促进企业间的合作。为了实现"下一代制造",日本制造业白皮书明确相关政策:① 实现人与数据的充分交流,推动混合生产线发展。所谓的混合生产线是指从产品的装配、检测和包装能够在一条生产线上完成的生产方式,这一方式要求精准的流程控制,这正是日本制造业的强项,但是精准控制的过程要求人与数据能够形成一个良性的互动,同时借助物联网技术的支持。② 鼓励制造业相关软件发展。实现前面提到的混合生产线和物联网的广泛应用,软件支持是必不可少的,但日本的软件开发领域一直与美国、印度等软件开发大国存在差距,这极大地制约了日本制造业特别是机器人等智能产业的发展,因此日本提出了促进制造业软件发展的政策。③ 建立一个基于制造业企业、科研机构和政府的国际合作计划。日本制造业正在寻求与国际更广泛的合作,同时国内加大促进科研机构和制造业企业的合作力度。此外,"下一代制造"的相关政策中还明确了政府的职责,要求政府在促进企业与科研机构和国外企业合作方面发挥积极作用。

(4) 母体机能。在企业向海外转移生产的同时,确保母体机能留存在日本国内。母体机能是指日本独特的经营方式、技术开发机制和人才培训体制等。新措施希望将日本企业的海外生产体制和国内的母体机能结合起来,维持日本制造业的活力。

1.3.2 由《2015 年版制造白皮书》解读日本制造业的特点

总体来看,日本制造业仍然具有非常高的国际竞争力,联合国工业发展组织(UNIDO)认为日本是最具有制造业竞争力的国家。日本《2015 年版制造白皮书》体现了日本居安思危的精神。从政策内容看,与德国 4.0、中国 2025 相比较,日本制造业政策具有两大特点:

(1) 更加重视研发和技能人才的培养。相比较中国,日本制造业更加重视研发和人才培养。日本与德国的制造业更加强调柔性生产和个性化制造,而中国的竞争优势在于大规模生产,是智能制造和大规模生产能力的结合,这是两国的比较优势决定的。

(2) 重视产业之间的协调。中国制造 2025 重视关键技术和制高点的突破,较少关注整体生产效率提高的重要性,也对传统产业改造提升重视不足。日本积极推动制造业中不同行业的融合,比如汽车与电子、建筑与机器人、能源与信息等。日本政府计划成立"不同行业交流合作会议",邀请专家学者和制造业领军人物参加,共同探讨不同制造业行业相互融合渗透的可能性,通过行业融合,产生新的产业和市场。

参 考 文 献

[1] 丁明磊,陈志. 美国建设国家制造业创新网络的启示及建议[J]. 科学管理研究,2014,05:113—116.

[2] 张恒梅. 当前中国先进制造业提升技术创新能力的路径研究——基于美国制造业创新网络计划的影响与启示[J]. 科学管理研究,2015,01:52—55.

[3] [德]乌尔里希·森德勒. 工业 4.0:即将来袭的第四次工业革命[M]. 邓敏,李现民,译. 北京:机械工业出版社,2014.

[4] 黄阳华. 德国"工业 4.0"计划及其对我国产业创新的启示[J]. 经济社会体制比较,2015,02:1—10.

撰稿:余菜花　张慧明　孟　祺
统稿:李廉水　巩在武　季良玉

第 2 章　国外学术研究动态解析

2014 年国际制造业的学术研究涉及的范围较广,包括制造业生产效率、产业预测与决策、能源消费与环境、就业性别、制造业回流与集群、技术创新等,考虑到与以往报告的历史传承以及研究热点,我们从能源投入或效率、技术创新、环境影响、信息化、贸易、回流与聚集六个维度,首先遴选出 2014 年发表的与制造业密切相关且被 SCI 和 SSCI 检索的期刊论文(共 42 篇),在此基础上对国际制造业文献研究动态展开评述。

2.1　制造业能源投入或效率研究

针对能源投入的研究一般围绕能源投入量或者能源价格展开,例如 Martin 等(2014)基于英国的生产普查数据分析了碳税对制造业的影响,研究结果显示,碳税显著地降低了电力使用,但是对就业、收入与工厂出口等非能源支出变量的统计关系不显著。Horowitz(2014)针对美国 184 个产业的面板数据研究也得到类似结论:自 2002 年以来美国能效政策的累积效果是减少了电力消费的 5.4%、电力支出的 2.4% 以及其他燃料支出的 5.7%。以 1990—2005 年间 19 个 OECD 成员的 5 个制造业作为研究对象,Steinbuks 和 Neuhoff(2014)的分析指出,高能源价格减少了能源使用,这是因为资本存量的能源效率改善以及能源投入需求的降低。投资对能源价格的反应因制造业的不同而差异较大,对于能源密集型部门,其反应更为明显。进一步地,政策仿真表明伴随能源利用型资本存量的适度降低,碳税在中期可大幅降低能源消费。鉴于石油是制造业的重要能源投入之一,石油价格与制造业生产之间的关系为部分学者所关注。Aye 等(2014)使用了 1974 年 2 月至 2012 年 12 月的月度数据,分析南非石油价格的不确定性对其制造业生产的影响,其中石油价格的不确定性以原油购置成本增长预测的条件标准偏差来测度。双变量均值 GARCH VAR 的分析结果表明,石油价格的不确定性显著地负向影响了南非制造业生产;制造业生产对正向或负向冲击的反应是非对称的。基于能源投入或能源价格与制造业的关系可以看出,政府实施的环境政策可以在一定程度上降低或者提升能源投入量;而能源价格的波动与能源投入之间呈现反比关系。不过,能源价格对制造业的影响程度可能因后者的细分行业而异。

相比能源投入研究,制造业能源效率问题为更多的学者所重视,相当一部分文献侧重于能源效率的影响因素分析,研究的对象多是美国,也有极少数学者关注日本、韩国与加纳等国家。Choi 和 Oh(2014)运用 Divisia 指数分解方法剖析韩国制造业的能源效率问题,研究通过真实的能源强度和结构变化两个渠道将总能源强度的增长率归因于 10 个制造行业。实证分析结果揭示了 1981—2010 年间总能源强度指数是下降的,其中真实能源强度减少了 85.85%,结构性变化对能源强度增长的贡献为 69.37%。结构变化所带来的负向影响是能源密集型产业比例增加的结果,这一结果也反映出产业结构调整是韩国提高能效的重要举措。同样采用指数分解法,Zhao 等(2014)针对日本制造业的研究也得到了类似的结果,即日本制造业的能源强度下降幅度较明显,不过与韩国的研究结论不同的是,日本制造业能源强度下降呈现指数衰减的态势,结构变化显著地减少了能源强度。

能源效率的驱动因素不仅只有结构变化,制造业管理实践或者高层管理人员可能同样是关键因素,这一点得到一些针对美国制造业公司研究结论的支持。例如,Boyd 和 Curtis(2014)试图分析一般性的美国制造业公司管理实践是否对能源效率有溢出效应。Boyd 和 Curtis 认为,多数管理技术通过溢出效应能提高能效;但如果强调一般的目标或者以其他管理实践为条件,则溢出效应的效果是增加能源强度,因而一般性的管理实践并不一定能带来能效的改善,这也佐证了"能源管理差距"的存在。与 Boyd、Curtis 的研究视角相似,Blass 等(2014)从企业微观层面剖析制造业能效问题。研究以美国能源部产业评价中心项目下的 752 家中小制造业公司的 5 779 条能源效率建议为基础,分析高层管理人员尤其是从事能源效率实践的高层管理人员的作用。通过对两类高管人员的对比发现,高层运营管理人员的加入能明显地增加节能措施的采用,一般的高管人员则对节能措施采用的影响较小或者没有影响,进一步指出,为了提高中小企业的能源效率,让管理人员处在级别高且可以专注于运营的位置是可取的。

表 2-1 制造业能源投入或能源效率研究

研究学者	研究方法	研究国别	研究侧重点	主要观点
Martin 等(2014)	面板数据回归	英国	能源投入	碳税降低电力使用
Horowitz(2014)	面板数据回归	美国	能源投入	能效政策降低电力消费
Steinbuks 和 Neuhoff(2014)	理论建模与面板数据模型	OECD 成员	能源价格	能源价格与能源使用是负向关系
Aye 等(2014)	双变量均值 GARCH VAR	南非	能源价格	石油价格负向影响制造业生产

(续表)

研究学者	研究方法	研究国别	研究侧重点	主要观点
Choi 和 Oh(2014)	Divisia 指数分解方法	韩国	能源效率	结构性变化提高了制造业能源强度
Zhao 等(2014)	Divisia 指数分解方法	日本	能源效率	结构性变化降低了能源强度
Boyd 和 Curtis(2014)	两步法	美国	能源效率	特定的管理实践可以提高能效
Blass 等(2014)	OLS 与 Logit 回归	美国	能源效率	高层运营管理人员可以促进节能措施的使用
Adom 和 Kwakwa(2014)	单位根检验与协整模型	加纳	能源效率	贸易结构可以推动技术扩散、降低能源强度

如果说能效政策、碳税政策是影响制造业能源效率的来自政府层面的外部因素，那么贸易结构则可以被视为来自产业层面的外部驱动力。个别学者如 Adom 和 Kwakwa(2014)运用带有结构断点的 Zivot-Andrews 单位根检验以及协整模型分析加纳的贸易结构与能源效率之间的关系，研究指出通过贸易进行的技术扩散对能源强度的影响比通过外商直接投资影响更为显著。

2.2 制造业技术创新研究

制造业技术创新的研究主要集中于三方面：制造业研发投入或研发合作、制造业技术创新与生产效率的关系，以及贸易对技术创新的影响，其中技术创新与生产效率的关系研究为较多学者重视。

供应商、用户和研发机构之间通过研发协作可以推进行业的技术进步，基于此，Kapoor 和 McGrath(2014)以 1990—2010 年全球半导体制造业为背景，采用综合档案数据集来研究该产业内的研发合作模式是如何随着深紫外制造技术的出现、成长、成熟阶段的变化而演化的。研究发现，供应商、用户和研发机构之间是交互影响的，他们共同推进了半导体制造业的技术进步。除了群体之间的协作，跨职能之间的整合对于研发也非常重要，不过却为多数学者所忽视。正如 Eng 和 Ozdemir(2014)指出，在新产品开发过程中，很少有文献关注企业内研发—营销—生产一体化，或者东道国研发与合作者研发的企业间整合。

制造业的技术水平固然受到跨群体、跨职能之间协作的影响，但是技术水平本身也会进一步作用于生产效率。Baptist 和 Teal(2014)认为，生产函数的异质性是制造业公司产出之间差异的重要来源，而在公司层面上每个工人的产出差异可以由技术和要素比例来诠释。针对非洲制造业公司的研究进一步表明，在制定政策时需要将技术变化作为一种推进增长或者提高全要素生产率的机制。Donghyun 等以 1987—2007 年 7 462 家韩国制造业公司作为研究对象,对其技术变化率和全要素生产率进行参数估计。在实证分析中,Donghyun 等提出了研究假设以诠释增长模式以及技术变化、投入偏好以及 TFP 增长率的异质性。研究发现,公司的专利活动正向推进了 TFP 增长。与中国的情形类似,泰国的中小企业数量众多,这一类型的制造企业在 1994—2009 年间占到整个中小企业 GDP 总值的 28.7%(Charoenrat,Harvie,2014),对于泰国经济的作用是不言而喻的。由此,Charoenrat 和 Harvie 通过 1997、2007 两个年份公司层面的工业普查数据考察了泰国制造业中小企业技术效率以及公司层面的决定因素。随机前沿生产函数与技术非效率模型的计算结果表明,泰国中小企业在两个年份大多数是低技术效率的劳动密集型公司;公司规模、公司年龄、技术工人、外商直接投资等是中小企业技术效率的公司层面的驱动因素。相应的政策建议包括获得融资服务与雇用技术工人、鼓励外商直接投资、制定市场渗透型的出口激励政策等。外商直接投资对技术效率的正向推进作用也得到了 Suyanto 等(2014)的实证分析结论的支持。不过较之于 Charoenrat 和 Harvie,Suyanto 等的研究更进一步,其将印度尼西亚制造业的 3 318 家公司分为两种效率水平,发现外商直接投资对低效率公司产生的溢出效应是正向的,对高效率公司产生的溢出效应则是负向的。

外商对本国的直接投资是面向国际化的一种体现,国际化的另一种体现是企业的对外贸易,那么对外贸易是否也影响了制造业的技术创新?一些学者从贸易形式、贸易自由化等维度诠释了这个问题。外包是一种重要的贸易形式,在应对新兴经济的竞争性威胁时可能被政府采用作为一种应对策略。依据意大利制造业调查局(IMS)在 1998—2003 年间对公司层面的调查数据分析,离岸外包公司更具有创新性(Amendolagine 等,2014);针对 989 家西班牙制造公司的实证分析同样支持了这一论点(Valle 等,2014)。贸易对技术、知识的影响可能体现在知识转移上,个别针对印度制造业公司的研究表明,该国制造业公司的研发能力较弱,在制造业的关键部门缺乏创新能力,导致竞争能力较弱。由此,印度公司的创新能力来自发达国家的技术转移更多地通过出口来实现(Mitra 等,2014)。

2.3 制造业环境影响研究

制造业生产所带来的环境污染问题亟待解决。围绕这一问题的研究大体包括:

(1)环境规制(或环境效率)与技术创新之间的关系。Sueyoshi 和 Goto(2014)采用 DEA 模型评价了日本 47 个都道府县的制造业绩效,从而证实日本制造业需要通过投资技术创新来减少温室气体排放和空气污染物质。文献的第二个结论是,日本需要将制造业从大城市向一些有前景的地方转移,而在制造业的转移与技术创新的双重作用下,有可能通过平衡经济增长和污染防控来减少整个日本的污染。显然,Sueyoshi 和 Goto 的研究并没有完全局限于环境规制,在他们看来,区域规划在减少制造业环境污染方面也同样扮演极为重要的角色。在制造业细分行业中,瓷砖制造行业对环境污染产生了一定的影响,并成为欧盟环境规制的重点。为分析该产业的环境问题与创新之间的关系,Gabaldón-Estevan,Monfort(2014)沿用了 Bergek 等(2008)提出的方法,对西班牙的瓷砖业进行了研究。结论认为,产业的环境影响已经超过其对经济的贡献;融合了更复杂的国际经济情境的新规制政策正危及欧洲制造业。绿色制造是应对污染增长、资源枯竭和全球变暖的重要措施,然而在实施过程中可能会遇到障碍,因此,Mittal 和 Sangwan(2014)运用模糊多属性模型确定来自环境、社会和经济方面障碍的优先次序。评价结果发现,技术风险是影响绿色制造的重要因素之一。

(2) 制造业的环境绩效评估或生产行为对环境的影响。食品制造业对全球环境污染产生一定的影响,在美国,食品制造业的可持续生产问题尤为迫切。为推进这一问题的解决,Egilmez 等(2014)应用经济投入产出生命周期评价模型(EIO-LCA)评估了美国 33 个食品制造业的直接和间接环境生态足迹,之后采用 DEA 方法考量食品制造业的可持续性绩效。实证分析结果表明,美国食品制造业的可持续绩效指标值为 0.76,在 33 个制造业中的 19 个是无效的;总体看,食品制造供应链对超过 80% 的能源、水、碳足迹、渔业和放牧的影响负责。制造业的生产行为选择与环境之间也可能存在一定的关系。制造业的生产行为可能包括生产过程的优化(Nouira 等,2014)以及区位选择(Golini 等,2014)。前者认为基于环境问题,制造业的生产过程和投入要素需要重新调整。由此理念出发,Nouira 等(2014)构建了两种优化模型:第一种模型中,公司仅提供一种产品,产品的需求取决于其是否为绿色产品;第二种模型中,市场分割为普通的和绿色的两类顾客,公司提供不同类型的产品,需求与价格依赖于产品的绿色性。最后以纺织业为例,探求产品绿色集成是如何影响系统利润与决策的。针对于区位选择,Golini 等(2014)采用截面数据的分析结果表明,区位竞争力能够实现社会与环境绩效,这是因为区位竞争力意味着具有提供环境友好技术和实践的能力;此外,区位竞争力还表明有能力吸引熟练工人和有积极性的工人,对经营管理活动也更负责任。

(3) 再制造业与环境污染的相互影响。再制造可以显著地减少资源消耗和废弃物排放,从而减轻处理产品带来的消极环境影响,相关研究为部分学者所关注。将航空产业的制造与再制造集成系统作为分析对象,Hashemi 等(2014)首先建立了一个融入制造与再制造设置、翻新和库存运输费用的混合整数线性规划模型;其次通过敏感性分析揭示某些因素对库存运输成本、利润、废钢量和库存周转率的影响。再制造生产和消费面临经济增长、贸易、原材料的可获得性、价格与技术创新等确定性挑战的影响。基于此,Tsiliyannis(2014)提出了不确定条件下环境改善的最小利率政策。在该研究中,考虑了三个准则:一是减少最终废弃物;二是减少原材料的提取;三是减少来自制造业的影响。研究认为,在经济紧缩时期,可以通过降低利率的政策来改善环境;此外,创新可以避免制造业环境恶化。

2.4 制造业信息化研究

制造业在生产过程中采用先进的通信技术(ICT)、云计算技术、电子设备等有助于提升产业的竞争力,制造业的信息化不但是产业新型化的重要表征,也是德国工业4.0与中国制造2025核心议题之一。那么哪些因素影响了制造业信息化?制造业信息化的效果(或绩效)如何?较之于信息化的效果,当前针对制造业信息化的影响因素研究相对匮乏,极少数学者如Oliveira等(2014)首先以创新扩散理论(DOI),以及技术—组织—环境框架(TOE)为基础构建了结构方程模型,进而从微观层面分析了葡萄牙的369家制造企业影响云计算的因素。实证分析结果表明,相对优势、技术准备、公司规模对企业采用云计算的影响均较为显著,但影响程度存在差异;复杂性、高层管理支持等变量未能通过显著性检验。另一个实证结果是,制造业与服务业云计算采用的驱动因素是迥异的。同样应用结构方程模型,Aboelmaged(2014)通过对制造业公司的308个管理者的调查数据分析,剖析了技术、组织与环境因素对e维护技术准备的影响。研究认为,制造业公司e维护技术准备主要受到技术和组织因素的影响,这些因素包括技术基础设施和竞争力、期望收益、e维护的挑战、公司规模和所有制等。该研究的贡献在于,首次将技术选择模型与e维护联系在一起,将其作为企业创新的一种形式。

针对制造业信息化的研究多是集中于评价信息化的效果(或绩效),后者可以由生产效率、公司反应能力、财务绩效或者市场需求来测度。信息通信技术的应用是制造业信息化的特征之一。以1995—2006年间意大利的制造企业为样本,Castiglione和Infante(2014)运用随机前沿方法分析信息通信技术投资与生产效率、技术效率之间的关系。研究得出了三个结论:一是非信息通信技术资本比信息通信技术资本的弹性要高,表明意大利的制造业尚未完成信息通信技术的过渡;二是高信息通信技术投资减少了公司的非效率,但这种减少需要经历很长一段时间;三是ICT对技术效率的回报受到公司特征因素如管理实践、劳工组织和研发的影响。

公司的财务绩效或反应能力也在一定程度上反映信息化的效果(或效率)。Salvador等(2014)将欧洲的108个工业设备制造公司作为研究样本,通过计量检验探析产品配置效率(PCE)和产品配置智能化(PCI)的交互作用(即产品配置的双元性)对公司反应能力的直接影响以及对公司销售、运营利润的影响。依据Salvador 等的结论,产品配置的双元性通过公司反应能力对销售、运营成本有着间接效应,但是对营业利润却没有这种效应;间接效应随着产品复杂程度的提升而减弱。

2.5 制造业回流或集聚研究

部分发达国家如美国将投资于中国的制造企业迁回本国,不仅减少了对中国制造业的技术溢出效应,也对以往美国制造业的过度外包起到了"纠偏"作用。制造业回流的现象已引起政府的反思,并逐渐为学术界所关注,不过后者一般将研究的侧重点放在回流驱动因素上。例如,Tate 等(2014)针对319家管理离岸企业的公司进行了调查研究,试图从劳动力成本、熟练工人、能源成本、外汇兑换与税收结构等维度揭示制造业回流的因素。研究发现,这些公司中的40%倾向于选择回流至美国生产,公司越来越重视顾客希望它们在哪里选择生产区位,以及区位选择如何帮助公司拓展市场。同样以美国制造业公司为例,Pearce II(2014)总结出推进本土企业留在美国的几个关键因素:日益提升的劳动力成本竞争力;日益提升的美国劳动力生产效率;国内生产成本日渐有竞争力;联邦、州、地方政府的激励政策;生产和其他业务功能的同步改善。

Fratocchi 等(2014)对以往制造业的回流研究进行了评述,认为尽管学术界对公司的回流问题较为感兴趣,但是目前的定量分析是碎片化的,有限的实证研究依赖于调查研究,且集中于回流的动机上。Fratocchi 等指出,未来的研究可由如下方面展开:(1)继续加强回流的动机研究,尤其是分析公司及产业层面的因素;(2)哪种类型的活动应该回流,哪种类型的活动应该待在国外,回流现象是否属于特定产业的现象;(3)制造业通过绿地投资或并购方式进行了回流活动。Arlbjørn 和 Mikkelsen 曾对丹麦的843家制造业公司进行了调查研究,调查数据显示,87家企业(10.3%)有内购生产,18家企业(2.1%)回流至丹麦。在 Arlbjørn 和 Mikkelsen(2014)随后的研究中,对这一现象的前因、激励因素和运用国际化战略的障碍进行深入剖析。

制造业集聚与回流同属于区位选择的现象,不过前者更强调企业的群体性行为。Yamashita 等(2014)研究了1995—2007年日本制造业在中国的集聚效应,条件的和混合的 logit 模型估计结果显示,一线供应商和消费者的集聚引致了对一个地方的连续投资,但是这种集聚效应并不具有普遍性,没有延伸到二线和三线供应商和消费者;三线供应商的集聚产生一个反向的力量,使得区位相对缺乏吸引力。针对于一些特定的制造业,如制药与医疗制造业,企业的地理分布和企业的进入和退出动态模式的研究是极为重要的问题,然而,现阶段新企业的进入和退出研究数据的分析主要是由宏观或中观层面展开,缺少微观数据的系统分析。为克服这一缺憾，Arbia 等（2014）提出了基于微观地理数据的企业形成/退出空间动力学方法，使用了时空不均匀 K 函数来分析企业进入和退出的时空集群问题，并以 2004—2009 年意大利的制药与医疗制造业为对象进行了实证研究。

2.6 制造业国际贸易研究

外包和出口是制造业国际贸易的两种重要方式。围绕制造业外包的研究一般强调的是其影响因素。Kazmer(2014)将制造业就业作为人口增长、外商直接投资和购买力平价的函数，通过回归模型分析认为，一个国家将从拥有较少的制造业向以大规模、低工资水平的制造业模式演变，随着基础设施和人力资本的发展，为生产高价值产品，一国将追求先进制造。在此情况下，部分制造产品将外包给基础设施、人力资本不发达的国家，因为这些国家的成本较低。显然，Kazmer 的研究将贸易与制造业的区位动态选择联系在一起分析制造业跨国贸易或投资现象。影响制造业选择外包模式的因素可能不仅只有成本，也可能包含交货、灵活性等。Silveira(2014)以国际制造业的调查数据为基础研究了影响外包的制造业竞争力因素，发现竞争力取决于成本和灵活性，这诠释了为什么有些国家将外包和设计活动放在国外。

针对制造业贸易效应的研究极少，有限的文献分析了出口或者外包带来的经济增长与工人保持率提升等效应。Sheridan(2014)首先提出一个有待于验证的问题，即当有证据表明发展中国家可以通过出口制造业产品获得更高的回报时，为什么许多发展中国家仍然依靠初级产品作为他们的主要出口收入来源？为解决该问题，Sheridan 采用了 1970—2009 年的截面数据进行门槛回归，研究发现低人力资本的国家没有从出口中获益，制造业出口与经济增长的关系是负向的。然而，一旦一个国家的熟练工人数量达到临界水平，出口制成品的回报则大幅增加。该结论意味着从初级出口依赖转向制造出口之前需要达到一个最低的人力资本水平。Hsu 和 Weng(2014)基于 CPS 和美国经济研究局制造业生产率数据的计量检验发现，国际外包减少了蓝领而不是白领工人工作的保持率。

除了以上研究，另有少数学者分析了制造业贸易量或者出口竞争力、出口绩效的因素。例如，Akinboade(2014)对喀麦隆中部和沿海省份的制造业进行了调查分析，发现腐败、对税收管制者的行贿、企业年龄以及沿海省份的区位对贸易量有负面影响。注册总成本负向影响了贸易量，进而影响企业绩效和增长。Olczyk 和 Kordalska(2014)将研究对象转移到了欧盟经济体，采用空间面板数据研究了 19 个国家 1995—2009 年外国需求规模、国内需求价值、劳动生产率、中间消费等对欧盟经济体出口竞争力的影响，其中出口竞争力分别以出口价值和净出口来测度。依据 Olczyk 和 Kordalska 的研究结论，不同的被解释变量测度方式意味着影响出口竞争力的因素也是迥异的。基于印度 1994—2004 年的企业层面数据,Bas(2014)实证研究了能源改革、电信和运输服务对制造业公司出口绩效的影响,研究结果表明,上游服务的改革增加了下游制造业出口的可能性和出口的销售额。这也意味着,对于起始阶段有效率的公司而言,服务业自由化对制造业出口绩效的影响程度更大。

综上所述,相关学者已经对制造业的技术创新、环境问题、能源投入与效率等进行了大量、有益的探索,但仍存在几点值得商榷之处:

(1) 从研究的侧重点来看,制造业信息化与回流问题有待于进一步研究;针对欠发达国家制造业问题的研究有待于加强。

(2) 从研究的视角来看,由劳动经济学、人力资源管理、发展经济学等为着眼点进行分析的文献有增加的趋势,由新政治经济学为切入点展开研究的文献鲜有所见。

(3) 从研究的方法以及方案来看,多侧重于计量检验、DEA、随机前沿分析等,较少采用理论模型推演的方法;在研究方案的选择上,相当一部分文献采用微观企业的数据研究宏观问题,且部分文献以调查数据为基础,工作量庞大。反观国内的文献,多采用中观产业层面或者上市公司的数据进行剖析,这在一定程度上限制了对一些热点问题如制造业信息化、制造业回流问题的研究。

参 考 文 献

[1] Adom PK, Kwakwa PA. Effects of changing trade structure and technical characteristics of the manufacturing sector on energy intensity in Ghana[J]. Renewable & Sustainable Energy Reviews, 2014(35): 475—483.

[2] Akinboade, Oludele A. Regulation, SMEs' Growth and Performance in Cameroon's Central and Littoral Provinces' Manufacturing and Retail Sectors[J]. African Development Review, 2014, 26(4): 597—609.

[3] Arup Mitra, Chandan Sharma, Marie-Ange Ve'ganzone's-Varoudakis. Trade liberalization, technology transfer, and firms' productive performance: The case of Indian manufacturing[J]. Journal of Asian Economics, 2014(33): 1—15.

[4] Baptist S, Teal F. Technology and productivity in African manufacturing firms[J]. World Development 2014(64): 713—725.

[5] Blass V, Corbett, CJ, Delmas, MA, Muthulingam S. Top management and the adoption of energy efficiency practices: Evidence from small and medium-sized manufacturing firms in the US[J]. Energy, 2014(65): 560—571.

[6] Brandon J. Sheridan. Manufacturing exports and growth: When is a developing country ready to

transition from primary exports to manufacturing exports? [J]. Journal of Macroeconomics, 2014 (42): 163—173.

[7] Christos Aristeides Tsiliyannis. Cyclic manufacturing: Necessary and sufficient conditions and minimum rate policy for environmental enhancement under growthuncertainty [J]. Journal of Cleaner Production, 2014(81): 16—33.

[8] Concetta Castiglione, Davide Infante. ICTs and time-span in technical efficiency gains. A stochastic frontier approach over a panel of Italian manufacturing firms [J]. Economic Modelling, 2014(41): 55—65.

[9] D. Gabaldón-Estevan, E. Criado, E. Monfort. The green factor in European manufacturing: A case study of the Spanish ceramic tile industry [J]. Journal of Cleaner Production, 2014(50): 242—250.

[10] David Owen Kazmer. Manufacturing outsourcing, onshoring, and global equilibrium [J]. Business Horizons, 2014(57): 463—472.

[11] Donghyun Oh, Almas Heshmati, Hans Loof. Total factor productivity of Korean manufacturing industries: Comparison of competing models with firm-level data [J]. Japan and the World Economy, 2014(30): 25—36.

[12] Fabrizio Salvador, Aravind Chandrasekaranb, Tashfeen Sohail. Product configuration, ambidexterity and firm performance in the context of industrial equipment manufacturing [J]. Journal of Operations Management, 2014(32): 138—153.

[13] Gale A. Boyd, E. Mark Curtis. Evidence of an "Energy-Management Gap" in U. S. manufacturing: Spillovers from firm management practices to energy efficiency [J]. Journal of Environmental Economics and Management, 2014(68): 463—479.

[14] Giovani J. C. da Silveira. An empirical analysis of manufacturing competitive factors and offshoring [J]. Int. J. Production Economics, 2014(150): 163—173.

[15] Giuseppe Arbia, Giuseppe Espa, Diego Giuliani, Maria Michela Dickson. Spatio-temporal clustering in the pharmaceutical and medical device manufacturing industry: A geographical micro-level analysis [J]. Regional Science and Urban Economics, 2014(49): 298—304.

[16] Gokhan Egilmez, Murat Kucukvar, Omer Tatari, M. Khurrum S. Bhutta. Supply chain sustainability assessment of the U. S. food manufacturingsectors: A life cycle-based frontier approach [J]. Resources, Conservation and Recycling, 2014(82): 8—20.

[17] Goodness C. Aye, Vincent Dadam, Rangan Gupta, Bonginkosi Mamba. Oil price uncertainty and manufacturing production [J]. Energy Economics, 2014(43): 41—47.

[18] Horowitz, MJ. Purchased energy and policy impacts in the US manufacturing sector [J]. Energy Efficiency, 2014, 7(1): 65—77.

[19] Imen Nouira, Yannick Frein, Atidel B. Hadj-Alouane. Optimization of manufacturing systems under environmental considerations for a greenness-dependent demand [J]. Production Economics, 2014(150): 188—198.

[20] Jan Stentoft Arlbjørn, Ole Stegmann Mikkelsen. Backshoring manufacturing: Notes on an important but under-researched theme[J]. Journal of Purchasing & Supply Management, 2014(20): 60—62.

[21] John A. Pearce II. Why domestic outsourcing is leading America's reemergence in global manufacturing[J]. Business Horizons, 2014(57): 27—36.

[22] Ki-Hong Choi, Wankeun Oh. Extended Divisia index decomposition of changes in energy intensity: A case of Korean manufacturing industry[J]. Energy Policy, 2014(65): 275—283.

[23] Kuang-Chung Hsu, Yungho Weng. International outsourcing, labor unions, and job stability: Evidence from U.S. manufacturing in the 1980s[J]. Journal of Applied Economics & Business Research, 2014,4(4): 210—234.

[24] Luciano Fratocchi, Carmela Di Mauro, Paolo Barbieri, Guido Nassimbeni, Andrea Zanoni. When manufacturing moves back: Concepts and questions[J]. Journal of Purchasing & Supply Management, 2014(20): 54—59.

[25] Maria Bas. Does services liberalization affect manufacturing firms' export performance? Evidence from India[J]. Journal of Comparative Economics, 2014(42): 569—589.

[26] Mohamed Gamal Aboelmaged. Predicting e-readiness at firm-level: An analysis of technological, organizational and environmental (TOE) effects on e-maintenancereadiness in manufacturing firms[J]. International Journal of Information Management, 2014(34): 639—651.

[27] Nobuaki Yamashita, Toshiyuki Matsuura, Kentaro Nakajima. Agglomeration effects of inter-firm backwardand forward linkages: Evidence from Japanesemanufacturing investment in China[J]. J. Japanese Int. Economies, 2014(34): 24—41.

[28] Olczyk, Magdalena, Kordalska, Aleksandra. Impact of the manufacturing sector on the export competitiveness of European countries: A spatial panel analysis[J]. Comparative Economic Research, 2014,17(4): 105—120.

[29] Rahul Kapoor, Patia J. McGrath. Unmasking the interplay between technology evolution and R&D collaboration: Evidence from the global semiconductor manufacturing industry, 1990—2010[J]. Research Policy 2014(43): 555—569.

[30] Ralf Martin, Laure B. de Preux, Ulrich J. Wagner. The impact of a carbon tax on manufacturing: Evidence from microdata[J]. Journal of Public Economics, 2014 (117): 1—14.

[31] Ruggero Golini, Annachiara Longoni, Raffaella Cagliano. Developing sustainability in global manufacturing networks: The role of site competence on sustainability performance[J]. Int. J. Production Economics, 2014(147): 448—459.

[32] Sandra Valle, Francisco García, Lucía Avella. Offshoring Intermediate Manufacturing: Boost or Hindrance to Firm Innovation? [J]. Journal of International Management, 2015(21): 117—134.

[33] Steinbuks J, Neuhoff K. Assessing energy price induced improvements in efficiency of capital in OECD manufacturing industries[J]. Journal of Environmental Economics and Management,

2014(68): 340—356.

[34] Suyanto, Ruhul Salim, Harry Bloch. Which firms benefit from foreign direct investment? Empirical evidence from Indonesian manufacturing[J]. Journal of Asian Economics, 2014(33): 16—29.

[35] Teck-Yong Eng, Sena Ozdemir. International R&D partnerships and intrafirm R&D—marketing—production integration of manufacturing firms in emerging economies[J]. Industrial Marketing Management, 2014(43): 32—44.

[36] Teerawat Charoenrat, Charles Harvie. The efficiency of SMEs in Thai manufacturing: A stochastic frontier analysis[J]. Economic Modelling, 2014(43): 372—393.

[37] Tiago Oliveira, Manoj Thomas, Mariana Espadanal. Assessing the determinants of cloud computing adoption: An analysisof the manufacturing and services sectors[J]. Information & Management, 2014(51): 497—510.

[38] Toshiyuki Sueyoshi, Mika Goto. Investment strategy for sustainable society by development of regional economies and prevention of industrial pollutions in Japanese manufacturing sectors[J]. Energy Economics, 2014(42): 299—312.

[39] Varinder Kumar Mittal, Kuldip Singh Sangwan. Prioritizing barriers to green manufacturing: Environmental, social and economic perspectives[C]. Procedia CIRP, 2014(17): 559—564.

[40] Vesra Hashemi, Mingyuan Chen, Liping Fang. Process planning for closed-loop aerospace manufacturing supply chainand environmental impact reduction[J]. Computers & Industrial Engineering, 2014(75): 87—95.

[41] Vito Amendolagine, Rosa Capolupo, Giovanni Ferri. Innovativeness, offshoring and black economy decisions. Evidence from Italian manufacturing firms[J]. International Business Review, 2014(23): 1153—1166.

[42] Yue Zhao, Jing Ke, Chun Chun Ni, Michael McNeil, Nina Zheng Khanna, Nan Zhou, David Fridley, Qiqiang Li. A comparative study of energy consumption and efficiency of Japanese and Chinese manufacturing industry[J]. Energy Policy, 2014(70): 45—56.

撰稿:张慧明
统稿:李廉水　余菜花　孟　祺

第3章 国内学术研究动态解析

为了准确表述国内制造业在2014年的研究动态,我们采用从整体到局部、纵横结合、兼顾热点的梳理方式分别对制造业总体、企业、区域、产业、低碳经济研究文献进行整理归纳并且做出述评,试图从多个维度立体呈现出2014年制造业研究文献的基本特征和新的变化。需要说明的是,由于篇幅有限,本章本着择优选择的原则,尽量选取发表在影响较大期刊的中文文献进行述评,因此可能会有优秀的文献未被录入,特此说明。

3.1 制造业总体研究动态

从总体上来看,中国制造业的发展受到诸多因素的影响,如全球经济一体化的影响,制造业聚集的影响以及科技环境的影响等。接下来分别介绍2014年这几个方面的最新研究状况。

3.1.1 全球化对制造业的影响研究

2014年全球经济一体化对于我国制造业影响方面的研究文献主要列举了融入全球价值链对于中国制造业国际分工地位的影响、贸易自由化是否促进中国制造业出口以及进口开发与我国制造业国际竞争力之间是否有联系等研究主题。

在全球制造业竞争激烈的背景之下,测度我国制造业全球价值链分工的参与程度和分工地位,进而剖析融入全球价值链对我国不同制造业国际分工地位的影响显得很有必要。王岚(2014)基于附加值贸易框架,测度了中国制造业各行业的国际分工地位,并探讨了融入全球价值链分工对中国制造业国际分工地位的影响。结果表明,我国制造业的国际分工地位经历了先下降后上升的"V"形发展轨迹。融入全球价值链的模式不同,导致参与全球价值链分工对我国不同技术层次行业国际分工地位的影响存在差异。中国低技术制造业在融入全球价值链的同时实现了国际分工地位的提升;而对于中高技术行业,参与全球价值链分工的"锁定"效应十分明显。

企业出口行为与经济增长的关系已经很长一段时间被学界重点关注。现有的文献对企业出口行为的研究主要聚焦于生产率方面,鲜有文献从贸易自由化的角度对企业出口行为进行考察。毛其淋和盛斌(2014)基于异质性企业贸易的理论框架,使用中国工业企业微观数据全面深入地考察了贸易自由化对中国制造业企业出口行为的影响。其研究结论主要是:贸易自由化显著地促进了制造业企业的出口参与;中国加入世界贸易组织显著地推动了企业的出口参与,其中对本土企业的推动作用更大。

进口开放度的大幅提升是否对中国制造业的竞争力提升及"中国制造"的崛起发挥了重要推动作用?对这一问题进行回答不仅具有理论研究价值,更有着重要的现实意义。邵军和吴晓怡(2014)的研究正面回答了这个问题。利用2000—2009年的制造业出口数据和关税数据,研究进口开放与我国制造业国际竞争力的关系。实证分析显示,总体上看,行业进口关税下降能显著地提高我国制造业的国际竞争力,但投入品进口关税水平变化对竞争力的影响并不显著;进一步按行业技术水平分组的分析表明,进口关税下降有利于中低技术行业,但不利于高技术行业的竞争力提升,投入品进口关税下降则有利于高技术行业竞争力的提升。

3.1.2 制造业集聚对制造业发展的影响

制造业集聚对制造业发展的影响历来是学者关注的重要研究视角。2014年有关这方面的研究文献很丰富,有关注传统的集聚影响因素研究,如一段时间内中国制造业集聚空间和产业特征、产业集聚对企业创新能力的影响等;也有新颖的研究视角,如有学者研究了产业集聚对避税行为的影响。

关于全国范围内的制造业集聚空间、行业特征的研究并不多见。赵璐和赵作权(2014)从大规模聚集角度描述了2004—2008年中国制造业总体的空间聚集特征及变化,以及主要子行业的空间聚集差异及模式。结果表明,中国制造业空间聚集核心区在华北平原和长江中下游平原,空间聚集水平提高,呈现集中化聚集发展趋势;与制造业总体相比,多数子行业空间分布更加集中,更加偏向东部沿海地区,展现了多种聚集模式。该研究清晰地从空间定量、空间全局的角度精确描述了中国制造业产业大规模聚集的水平及变化情况。

工业集聚成为一个普遍现象,而创新活动与产业集聚常常紧密联系在一起。制造业集聚规模的差异是否会对企业创新行为有影响?沈能和赵增耀(2014)检验了不同企业规模和集聚(城市)规模条件下,集聚动态外部性对企业创新能力的影响。结果表明,所有企业创新能力都得益于马歇尔外部性和雅各布斯外部性,同时影响程度又取决于企业规模和集聚规模。

策略性地实施低税率往往是后发国家和地区政府的税收政策选择。国内鲜有文献将企业策略性避税行为引入新经济地理的税收竞争研究中。王永培和宴维龙(2014)尝试将企业的这一策略性避税行为引入新经济地理的税收竞争。研究结论主要揭示了企业避税行为与产业集聚度、企业规模等之间的关系:制造业地理集聚提高了企业避税强度;企业规模与其避税强度负相关,小企业避税意愿更为强烈;经济发达地区产业集聚度高,避税行为频繁。

3.1.3 科技创新与制造业发展

近年来,世界上主要工业国家纷纷抛出再工业化战略,大力发展制造业转型升级。在此背景下,创新驱动成为政府和企业共同关注的热点。科技创新与制造业发展研究同样也是我国制造业研究的热点和重点。这方面的研究文献也非常丰富,挑选其中级别较高的期刊的代表性文章向读者呈现。2014年该方面的文献研究意义明显,主要列出技术创新与装备制造业的关系、技术创新与节能减排的关系研究。

装备制造业作为现代工业的核心,其技术创新水平是反映一国综合实力及国际竞争力的重要标志。从效率角度考察研究中国装备制造业创新活动显得非常重要。王文和牛泽东(2014)分别从静态和动态两个角度对中国装备制造业的技术创新效率进行详细考察。在现有的资源投入条件下,通过优化组织结构、提高管理水平等手段来改善装备制造业技术创新的成本效率,可释放出巨大的创新生产力。在成本效率的三个分解因素中,规模效率最高、技术创新效率次之、配置效率最低,未来装备制造业创新生产的效率改进应从上述三个方向共同努力。动态效率方面,中国装备制造业创新生产的 TFP 水平持续上升,呈现出"先缓慢递增、后迅速递减、近年来又开始增加"的趋势,技术进步是装备制造业创新 TFP 增长的首要推动力,但是这种推动力在不断减弱。

还是以装备制造业作为研究对象,从技术壁垒视角考察中国装备制造业的技术创新研究。面对技术性贸易壁垒(Technical Trade Barrier, TBT)的冲击,装备制造业企业有必要采取各种措施跨越 TBT,更好地发挥装备制造业的国民经济带动作用。王绍媛等(2014)以演化博弈模型为理论基础,分析国外技术性贸易壁垒与国内技术创新之间的动态演化博弈过程,同时实证分析中国与欧盟、美国和日本三方所处的不同的博弈区域:从技术性贸易壁垒严格程度的角度,美国最高,日本次之,欧盟最低;从对中国技术创新影响的角度,欧盟最强,日本次之,美国最弱。

在工业污染日趋严重的今天,制造业节能减排越来越迫切。节能技术的运用是制造业减少能源消耗、提高能源效率的重要途径。因此,如何促进制造业尤其是高耗能企业投资节能技术,受到政府和企业管理者的高度关注。秦佩恒等(2014)在企业微观层面探讨了企业创新,包括产品创新、工艺创新和管理创新对企业节能技术决策的影响。企业的创新行为,包括产品创新、工艺创新和管理创新均会对企业节能技术决策产生积极影响;企业能耗成本的差异会进一步调节企业创新行为与节能技术决策之间的关系,能耗成本高的企业在创新过程中更倾向于选择节能技术。对政策制定者来说,为更好地推动中国制造业节能,政府应当同时积极地采取措施推动企业创新,尤其是管理创新。

3.1.4 制造业生产力研究

2014年制造业生产力方面的研究视角较为广泛和全面,文献学术水平较高,涵盖了该主题的理论、实证、应用等不同类型的研究。

李燕和贺灿飞(2014)从地理学和经济学的视角,对制造业生产率的概念界定与发展、制造业生产率的来源及制造业生产率的增长路径等方面的相关理论进行回顾,指出了这方面研究的不足:国内研究缺乏本土化的制造业生产率研究的理论体系;研究方法缺乏突破;中国特有的经济体制、制造业成长的历史背景、地理分布和政策环境等特征在实证研究中尚未得到充分的挖掘和解析。未来中国制造业生产率的研究需要建立中国制造业生产率的理论研究体系,拓展研究方法,关注在当今全球产业链分工体系下以及国际国内产业转移的背景下制造业生产率来源和增长路径的演化特征及趋势,并加强对实践指导和政策参考方面的延伸。

我国制造业的全要素生产率变动存在区域性差异。石腾等(2014)基于DEA分解的Malmquist指数法分解结果表明,东部地区制造业TFP增长主要由技术进步推动,而中西部地区则表现为技术效率的提升。就影响因素而言,FDI以及汇率波动对东部地区制造业TFP变动的影响显著。基础设施建设水平则对西部地区制造业TFP提升有着重要作用。此外,市场化进程也对中西部地区全要素生产率的提升产生影响。

程惠芳和陆嘉俊(2014)就知识资本对工业企业全要素生产率、技术进步和效率变化的影响进行研究。研究结果表明:大中型工业企业知识资本投入结构已经发生明显变化,技术开发和技术改造投入与企业全要素生产率具有显著正相关性,国内外技术引进和消化吸收对企业创新的作用减弱。结果还发现:东、中、西三大区域工业企业知识资本投入对全要素生产率影响存在明显差异,不同技术水平的企业知识资本的创新产出效应也存在明显差异。建议根据区域和企业技术水平差异,实施差别化的创新驱动战略和政策,以更好地提高全要素生产率和创新效率。

世界发达国家的经济由工业经济向服务经济转变的趋势,使生产性服务业对制造业的影响越来越明显。然而,这方面的研究严重缺乏理论框架和方法体系。张振刚等(2014)从专业、空间和时间三个维度构建研究框架,运用空间计量分析方法研究生产性服务业的发展对制造业效率提升的影响。研究发现:首先,生产性服务业的发展不仅能够显著地提升本地区制造业效率,同时能够通过空间溢出效应促进相邻乃至不相邻地区制造业效率的提升。其次,生产性服务业产业规模扩张、产业水平提升以及产业信息化程度的增强,对制造业效率提升有着不同程度的正面影响。最后,生产性服务业的发展对制造业效率提升的影响呈现动态演变的特征。

3.2 区域制造业研究动态

中国幅员辽阔,资源丰富。中国制造业发展具有明显的区域特征。目前,区域制造业的不同发展状况,以及不同区域制造业的比较研究,成为区域制造业研究的核心问题之一。区域制造业研究的文献历年充盈,2014年该主题的研究文献保持以往数量的优势之外,文献发表的刊物级别也有所提高,以典型区域以及区域之间比较两个维度作为划分,我们选取了较高级别的文献进行分析。

3.2.1 典型区域研究

长三角是我国最重要的制造业基地之一,近年来有关长三角区域制造业的研究热度不减。王俊松(2014)基于长三角制造业企业数据和空间计量统计方法,探讨了长三角地区2000年以来制造业的空间格局变化及影响因素。结果表明:长三角制造业空间分布呈现典型的以上海为中心的沿重要交通轴线集聚的特征,且在2000年以后经历了明显的产业扩散,这种扩散存在明显的行业差别,技术密集度越高,行业的扩散半径越小。尽管出现制造业扩散趋势,上海市作为长三角中心城市的地位却有所增强。

在区域制造业研究中,国内关于大都市的制造业空间布局研究也是近十多年来的关注热点。珠三角是我国重要的制造业生产基地,广州是该区域中心城市,其制造业发展研究也颇受关注。蒋丽(2014)以第二次经济普查制造业法人单位分镇街的就业人员为基础数据,运用集中化指数、区位商和空间分析方法对2008年广州制造业空间布局进行研究,并分析其形成原因及其与广州城市空间结构的关系。影响制造业在广州城市空间分布的因素主要有中国土地有偿使用制度的实行、广州市政府对宏观调控政策的制定、广州制造业园区建设和制造业集聚效应四大因素。制造业对广州城市空间结构的形成和发展影响很强,是新华和夏港就业次中心形成的主要动力,有力地促进了广州城市郊区化,是广州副中心和新城中心城区经济发展的主要动力。

东北地区作为我国传统工业基地,制造业为该区域的支柱产业。孙汉杰等(2014)运用随机前沿模型,利用2001—2011年18个样本行业的面板数据,对东北三省制造业的技术效率进行了测算和比较。结果显示,分析期间东北三省整体的技术效率水平呈上升趋势,无效率因素平均为70%,但存在行业差异;从各省比较来看,黑龙江省的技术效率水平超过了辽吉两省,占据东北地区的鳌头,同时受地域因素的影响,各个行业在各省之间也存在明显的差异。因此,针对不同的行业应采取不同的发展战略,同时东北地区应深化经济体制改革,减少技术无效率因素的影响,努力提高企业的经营管理水平。相比较而言,日本制造业在外国制造业研究中,备受中国学者的关注。从日本制造业的总体发展情况看,其生产结构与贸易结构之间的关联有着明显的阶段性。彭华(2014)以第二次世界大战后日本制造业的产品上市额与对外贸易额数据为基础,用 E-views 软件分别计算了日本制造业发展的各个阶段中,其内部主要产业的产业结构与贸易结构的相关系数,分析了两者之间的相关性。结果表明,日本制造业产业结构与贸易结构的相关系数在产业间存在差异,特定产业的产业结构与贸易结构负相关是产业转型的判断依据。

除了以上重点关注区域之外,2014 年的区域制造业研究中,也有学者关注了胶东半岛、昆山等较小区域(王心娟等,2014;黄永春等,2014)。典型区域研究从最为热点的区域向多样化区域研究扩散,研究对象更加多样化。

3.2.2 区域比较研究

2014 年制造业发展区域比较研究除了包括国内典型区域之间的比较和国际制造业之间的比较研究之外,还有针对某个具体产业的区域比较研究。

我国东、中、西三大区域发展不平衡特征明显,制造业发展也是如此。以往在制造业发展水平评价方面的研究多从单一层面进行研究,对纵向和横向双层面的研究涉及较少。基于制造业"新型化"视角,从经济创造能力、科技创新能力、环境资源保护能力三个方面构建区域制造业综合发展能力评价指标体系。研究视角贯穿制造业发展水平的主要方面,对制造业发展水平的区域特征进行全面立体的评价。李廉水等(2014)运用基于 FAHP-熵权组合赋权的灰色关联投影法综合评价模型,对 2003—2011 年我国东、中、西部地区制造业综合发展能力进行纵向和横向评价。结果显示,我国区域制造业综合发展能力总体呈上升的发展趋势,但存在明显的区域差异,中西部地区制造业综合发展能力明显低于东部地区。基于以上结论,提出区域制造业综合发展的政策建议:发挥地区比较优势,实施产业错位发展战略;制定合理的产业转移政策,促进区域制造业协调发展;统筹兼顾,全面提升制造业综合发展能力。

电子信息制造业是以中间产品为主的产业,产业上下游关联强度高,其上下游关联产业构成了电子信息制造业发展的基本环境。中美电子信息制造业上下游产业环境存在较大差异。吴利华和纪静(2014)以中美投入产出表为基础,运用关联比例法度量产业间的关联强度,并对中美电子信息制造业上下游关联产业及关联强度差异进行比较分析。研究表明:美国电子信息制造业的上游产业主要为生产性服务业,且以知识密集型服务业居多,而中国电子信息制造业的上游产业大多为传统制造业;美国电子信息制造业下游受政府公共采购政策的需求拉动明显,且与高技术产业的关联强度远高于中国。

考虑到美、日、德三个传统制造业强国在产业污染控制方面有着成熟的经验与教训,且以上三国与中国相同,均是先污染后治理,借鉴其污染防控政策经验,以此为前提来探索中国制造业的生态足迹有着重要意义。张慧明和曹杰(2014)从国际比较的视角来看,当前我国制造业污染防控政策强调绿色规划与产业布局、法规管制与公共参与,未能给予政府资金投入、损害补偿机制、融资与税收、信息披露、污染治理协议等政策以充分重视,关注政策的框架,却忽视内容细节,需要制定政策加大制造业污染防控的政府资金投入并优化资金投入结构、细化损害补偿机制与行政问责机制、创新市场化政策、拓宽污染防控规划的范围等。

3.3 制造业产业研究动态

根据《中国统计年鉴》的划分标准,制造业包含了 30 个门类的细分产业,每个产业均有相应的研究,本报告的 2014 年制造业产业研究动态主要集中在装备制造业、汽车制造业以及医药制造业三大方面。根据搜集到的 2014 年制造业产业发展的研究文献,2014 年涉及具体产业主要大体包括以下三个方面。

3.3.1 装备制造业研究

装备制造业是为国民经济发展和国防建设提供技术装备的基础性产业,装备制造业的发展水平在一定程度上集中体现了国家的综合实力,其发展也为我国产业升级和技术进步提供了重要保障。我国装备制造业要实现由"大"向"强"的转变,不仅需要明确装备制造业的整体发展水平,还要清晰地认识我国装备制造业七个子产业的发展模式和发展特征。鉴于此,张丹宁和陈阳(2014)通过构建装备制造业发展水平评价指标体系,在传统评价方法的基础上提出兼具"存量增量"和"均衡特长"两个特征维度的系统评价模型,对我国装备制造业七个子产业 2011 年的发展水平和模式进行实证研究。

除了以上对于装备制造业的内部细分子行业的研究,对于我国装备制造业国际竞争力影响因素的研究也显得很重要。陈超凡等(2014)首先通过 GL 法与 AR 法对各国装备制造业产业内贸易水平进行测度并对高品质垂直型、低品质垂直型、水平型三种产业内贸易形态进行划分,测算表明,中国装备制造业产业内贸易发展较为迅速,但依然以低品质垂直型贸易类型为主,与发达国家相比存在较大差距;然后运用 DEA-Malmquist 指数对我国装备制造业技术进步率进行测度,并通过 Tobit 模型和脉冲函数研究我国装备制造业的技术进步效应。结果表明,我国装备制造业产业内贸易的技术进步效应正向显著,但行业间存在差距,且高品质垂直型产业内贸易对技术进步的冲击作用最为明显。

东北地区是我国重要的工业基地,同时也是重要的装备制造业生产基地。对该地区装备制造业进行研究显得尤为重要。修国义和付萌(2014)在对黑龙江省装备制造业现状分析的基础上,根据数据分析模型的设计原则,构建了黑龙江省装备制造业产业集群集中度分析模型,运用区位熵法,利用《中国统计年鉴》和《黑龙江统计年鉴》的相关数据,对黑龙江省装备制造业产业集群集中度进行测算。最后,根据测算结果,提出了创造良好发展环境,整合装备制造业资源,提高产业进入壁垒和消除区域产业集群的制度壁垒的对策建议。

3.3.2 汽车制造业

汽车产品具有较高的地域性特征,因而分布在不同地域的企业面临的生产经营环境也有所不同。刘纯彬等(2014)利用数据包络分析方法(DEA)CRC\BCC模型及Malmquist生产力指数分解法分类计算天津市西青区汽车制造业企业的生产效率,按跨年度、股权结构、地理位置、技术水平、信息化程度五类进行分析,得出效率水平总体呈上升趋势的结论,建议促进科技型中小企业孵化、科技竞争力增强、产业集群发展和产业黏合度提升。除了对于典型汽车制造业产业基地的研究,也有对汽车企业的研究。例如,马鸿飞和徐宝宇等(2014)通过对哈尔滨哈飞汽车工业集团的实证研究可以得出,服务传递与制造业的结合可以提高制造企业的生产率,提高规模经济,促进企业发展。制造业服务传递模式可以看作强调服务要素的运营管理,此模式存在一个服务传递的关键点——内部服务,通过协调企业与内外部顾客之间的关系,可使企业内部价值、内外部顾客价值和谐统一,持续增长达到双赢。

3.3.3 医药制造业

医药产业是体现一个国家和地区高端技术和经济技术发展水平的代表性产业之一。余景亮等(2014)通过分析医药产业科技创新特征,从科技创新支撑能力、科技创新投入能力和科技创新产出能力三个方面构建统计指标体系,利用统计综合评价方法,对江苏省医药产业技术创新能力现状进行实证分析和比较研究,全面深入地把握江苏医药产业发展的优势和不足,进一步完善政策扶持体系,引导技术创新发展和产业竞争力的提升。罗欣和陈玉文(2014)明确了我国医药制造业中不同规模企业经济效益的差距,为提高产业集中度提供参考。根据《中国高技术产业统计年鉴2012》的统计数据,对2011年我国大、中、小型医药企业的劳动生产率、资产周转率、总资产利润率、销售利润率、产品销售率等情况进行对比分析。我国大型医药企业除产品销售领先于中、小型医药企业外,其他四项指标均不同程度地落后于中、小型医药企业。与2010年比较,2011年小型医药企业在劳动生产率、总资产周转率、总资产利润率和产品销售率方面增速较快,在销售利润率方面各类型企业均有不同程度的下降。医药制造企业应加快改革步伐,尤其是大型医药企业更要协调好稳定与发展的关系,保证稳中有升,争取实现跨越式增长,以提高产业集中度。

3.4 制造业企业研究动态

通过对制造业企业发展现状的研究,可以勾勒出中国制造业发展的现状和趋势。我们从 R&D 投入与技术创新、企业竞争力、生产管理、企业绩效四个角度对相关研究动态进行了归纳。

3.4.1 R&D 投入与技术创新

R&D 投入是推动技术创新的源泉,是保证科技发展的必要基础,也是推动劳动生产率提高的重要因素。随着我国进入工业化发展中后期,科技创新将成为推动经济发展的主要动力。如何更好地推进以企业为主体的技术创新,提高我国的自主创新能力,促进经济的可持续发展,成为当今中国制造业发展面临的重大挑战。在此背景之下,学者们对于 R&D 投入与制造业发展的关系研究热度不减。

周芳(2014)基于全国第二次 R&D 清查数据,利用 CDM 模型对北京市制造业 R&D 投入的贡献进行了研究,评估其技术创新效果。研究发现,无论是 R&D 经费投入还是 R&D 人员投入都对新产品产值有显著影响,并且新产品强度越高的企业劳动生产率也越高,说明 R&D 投入通过新产品有效地促进了劳动生产率的提高。

薛跃和陈巧(2014)以中国制造业上市公司 2009—2011 年的 R&D 投入数据为研究样本,探讨 CEO 能力、动力及权力等特征与 R&D 投入的关系,结果发现:CEO 工作背景、政治关联、持股比例与研发投入存在显著正相关关系。因此,选择具有创新意识、能够发现创新机会、辨别投资风险的 CEO 并提高其持股比例,有助于企业的 R&D 投入,进而有助于企业迅速发展;而减少政府对经济的干预,才有利于激发更多企业参与公平、公正的市场竞争,减少企业通过政治关联进行寻租的机会,促使企业自主提高 R&D 投入的比例。

伏玉林和苏畅(2014)通过将公共 R&D 资本服务和技术进步引入到制造业成本函数,运用大规模微观非平衡面板数据集的 20 个两位数制造业部门企业数据,估计了行业的平均成本函数及要素份额函数,测算了公共 R&D 的平均成本弹性、要素需求弹性以及边际效益。研究发现:总体上看,样本期内公共 R&D 的生产率效应不够明显,但结构效应更为显著,普遍增加了制造业对劳动力的吸纳能力,导致所有行业的资本—劳动比和中间品—劳动比均有下降,提高了劳动力与物质资本、中间品的搭配比例,促进了二元经济向一元经济的转换,而对近年来增长较快的制造业部门要素配比影响较弱。

3.4.2 企业竞争力

改革开放以来,我国制造业得到了长足的发展,制造业的竞争力有了很大的提升。但是,在全球气候变暖背景之下,我国制造业竞争力受到环境规制、技术创新等核心要素的影响和约束。在2014年这方面研究中,学者对于制造业竞争力国内外现状、影响因素等做了深入研究工作。

杜运苏(2014)利用2004—2010年26个制造业行业的数据实证检验了环境规制对我国制造业竞争力的影响。结果显示:环境规制对我国制造业竞争力的影响呈"U"形,现在我国仍处在拐点的左侧,即环境规制强度的提高将降低竞争力,"波特效应"还不显著;随着分位点的提高,环境规制对我国制造业竞争力的负面影响逐步降低,这主要是由我国产业结构和竞争力特点决定的。随着我国制造业的转型升级,如果能够制定合理、科学的环境政策,实现环境规制与竞争力良性循环是完全有可能的。

朱建民(2014)认为,目前我国制造业竞争力所依赖的技术资源较少、创新能力较弱,跨国公司并购转移及独资化日益严重,我国制造业竞争力的控制力较弱。因此,应从国家战略出发强化制造业竞争力的控制力,以龙头企业为核心强化技术创新能力,提升制造业对核心技术的创新能力,并给予制造业政策支持和引导,催生制造业竞争力的生成能力,提升竞争力的控制力,确保产业可持续发展和产业安全。

于明远和范爱军(2014)用联合国贸易与发展会议数据库2000—2012年的数据,对中国制造业国际竞争力的五项指标进行了测算,并采用主成分分析方法,分别对中国制造业国际竞争力的年度变化趋势和国际对比及排名进行纵向和横向的综合评价。研究结果表明,中国制造业国际竞争力历年水平呈波动上升趋势,但国际竞争力水平相对其他国家较低,同时国际竞争力排名比较靠后。针对中国制造业国际竞争力存在的问题,提出了相应的政策建议。

3.4.3 生产管理

在2014年制造业生产管理的研究中,涵盖了对于产业、企业以及案例的研究。例如,劳动力成本上升是否对制造业产业结构升级有影响、富士康的员工自杀倾向影响因素等热点问题。

谢获宝和惠丽丽(2014)将委托代理理论引入对成本黏性问题的研究,在控制了企业自身经济特征以及宏观经济周期性变化等因素后发现,代理问题是加重成本黏性程度的重要原因。具体来说,CEO的任期、更替、薪酬结构和企业自由现金流水平对企业的成本黏性程度都会产生显著影响;在较强的公司治理环境中,代理问题对成本黏性的影响会显著减弱。在进一步分析中,他们按照企业的生命周期进行分组检验后发现,成熟期企业比成长期企业的成本黏性程度更高;且相比企业自身经济特征,代理问题对成熟期企业成本黏性程度的影响更加显著。

阳立高和谢锐等(2014)基于2003—2012年中国制造业细分行业面板数据,对劳动力成本上升影响制造业结构升级的效应展开实证研究,结果表明:劳动力成本上升对劳动、资本、技术密集型制造业的影响分别为显著为负、显著为正、为正但不显著;劳动力成本上升已成为促进制造业结构升级的重要推手;我国劳动密集型制造业传统优势日渐消失,且通过大量的劳动、资本与 R&D 投入同样难以维系其可持续发展;当前应有机融合资本与劳动要素,重点发展资本密集型制造业,同时推进实施创新驱动战略,强力扶持技术密集型制造业发展。

汪和健(2014)以富士康事件为例,对劳动组织治理问题进行研究,考察尊严与交易转型的相互作用及其对劳动组织治理结构转变的影响。研究结果表明:尊严认知与获得的差距,会引发组织内员工退出、呼吁和自杀等各种保护性行动;劳动交易持续引致的员工人力资产专用性的增强,会影响组织内尊严需求与供给的差距,从而促进劳动组织治理结构的转变;企业家认知及其在全球生产链中的"结构自主性"策略博弈,对于劳动组织治理结构的"转向—过渡"具有重要意义。

3.4.4 企业绩效

2014 年制造业企业绩效研究中,学者们对于企业绩效影响因素、制造业分行业的企业绩效问题以及企业环境绩效评价研究给予了较大的研究兴趣。

李培楠等(2014)于 2007—2012 年中国制造业和高技术产业数据,运用面板回归方法和 BP 神经网络方法,就人力资本、内部资金、外部技术和政府支持等创新要素投入对产业创新绩效的影响进行了实证研究,研究发现:在技术开发阶段,内部资金、外部技术以及人力资本中研发人员比重对产业创新绩效具有正向影响,人力资本中研发人员数量和政府支持对产业创新绩效具有负向影响;在成果转化阶段,人力资本对产业创新绩效具有正向影响,外部技术对产业创新绩效具有负向影响,内部资金对产业创新绩效具有"倒 U 形"关系,政府支持对产业创新绩效具有"正 U 形"关系。

肖挺等(2014)以我国制造企业分行业 2003—2011 年数据为研究样本分析了这一困境问题,实证结果表明,在此期间四个分行业的"服务化—绩效"曲线都出现了服务化困境的谷底拐点,但不同的是,食品饮料加工与纺织品制造行业曲线走势为 U 形,而交通工具制造业以及电子信息设备制造业曲线呈现"马鞍形"。

陈立芸等(2014)以 WBCSD 的环境绩效评价原则为依据,选取评价指标,构建了基于方向距离函数的中国制造业环境绩效评价模型。实证结果显示:29 个制造业行业的环境绩效差距较大,有 9 个行业的环境绩效连续四年均为最好,食品制造业和纺织业的环境绩效在 2006—2009 年呈现下降的趋势,其他行业则没有呈现出规律性变化。该文为研究环境绩效与经济绩效的关系及碳减排配额在行业间的分配提供了一定的支撑依据。

3.5 制造业低碳经济研究动态

近几年来,有关制造业碳减排研究持续升温,研究文献的数量和质量得到了明显的提升。在这些研究中,不断地拓宽了该领域的研究范围以及加深了对这一研究专题的研究深度。2014年的研究相比较往年,在制造业低碳发展评价、制造业行业低碳发展特征等方面又有了一些创新性的研究成果。

构建低碳经济发展评价体系,对制造业的低碳发展水平状况进行全面具体的评价,是一项突破性的研究。杨浩昌等(2014)运用基于熵权的灰色关联投影法综合评价模型,对2003—2011年中国制造业总体,以及2006—2011年制造业分行业低碳经济发展水平进行综合评价分析。结果显示,中国制造业低碳经济发展水平总体呈上升的发展趋势,其中2003—2006年上升较缓慢,2006—2011年上升较快;分行业比较分析表明,中国制造业低碳经济发展水平存在明显的行业差异,不仅机械电子制造业低碳经济发展水平较高,部分轻纺制造业低碳经济发展水平也较高,这为各地区根据自身的产业基础和比较优势,实施合理的低碳发展策略提供了一定的理论基础;多数资源加工工业低碳经济发展水平相对较低,其背后原因在于资源加工工业碳生产力水平相对较低。

由于制造业行业碳减排具有明显的异质性特征,从制造业细分行业入手研究碳减排问题显得更加客观具体。岳书敬和王旭兰(2014)从细分行业的视角,对长三角地区不同制造业的能源消耗进行深入分析,并使用投入产出模型,筛选出直接能耗少但能耗乘数较高的"隐形高能耗行业"。结果显示:金属冶炼及压延加工业、化学工业、非金属矿物制品业等加工型行业是长三角能耗总量、直接能耗系数和完全能耗系数均较大的行业,应作为节能减排的重点;通信设备计算机及其他电子设备制造业、仪器仪表及文化办公用机械制造业等行业属于"隐形高能耗行业",这些行业需要更加关注由产业间关联引致的较大能耗;上海和江苏能耗总量、直接能耗和完全能耗系数高的行业也是产值比重较高的行业,产业结构调整和升级应该作为这两省份节能减排的方向;浙江的产业结构偏"轻",但大部分制造业的完全能耗系数都高于上海和江苏,因此应以提高能源利用效率的循环经济建设作为其节能减排的方向。在制造业碳减排影响因素中,更多的研究关注制造业行业发展本身,比如制造业自身的节能减排技术效应、企业规模效应等,然而,必须引起重视的是,在经济全球化的今天,通过国际贸易,发达国家的一些企业将污染密集型的产业转移到了中国,同样也会使得CO_2排放问题更加严峻。傅京燕和张春军(2014)根据中国1996—2010年的分行业面板数据,测算了27个制造业的碳排放量,并根据碳排放强度将制造业分为低碳制造业和高碳制造业,对其碳排放趋势进行了分行业研究,在此基础上,利用FGLS回归方法验证制造业碳排放

EKC 的存在性并在模型中加入一些控制变量对结果进行检验,然后在回归方程中加入贸易和工业增加值的交互项考察碳泄漏问题。研究结论主要表明,贸易减少了整个制造业和低碳制造业的碳排放,却增加了高碳制造业的碳排放,总体来说贸易量的增加对于制造业人均碳排放量和总碳排量的影响是有利的。

在制造业碳减排研究中,学者往往更多关注制造业集聚地区,因为碳排放具有明显的规模效应。而往往制造业薄弱地区的碳排放问题鲜有研究,安徽作为我国传统农业大省,其制造业碳排放总量及其行业特征如何?沈友娣等(2014)基于 STIRPAT 模型和岭估计法,分析安徽制造业碳排放的驱动因素。结果显示,能源消费结构、人均制造业增加值、从业人数对碳排放存在正向作用,弹性系数分别为 0.255、0.235 和 0.222;技术因素呈负向作用,弹性系数为 -0.175。并且,安徽制造业碳排放集中于四个细分行业,总体上处于总量上升、强度下降的"相对解锁"状态,迫切需要提升能源利用率,调整细分行业结构,培育低碳制造园区。

参 考 文 献

[1] 王岚. 融入全球价值链对中国制造业国际分工地位的影响[J]. 统计研究,2014,5:17—23.

[2] 毛其淋,盛斌. 贸易自由化中国制造业企业出口行为:"入世"是否促进了出口参与?[J]. 经济学(季刊),2014,2:647—672.

[3] 邵军,吴晓怡. 进口开放是否提升了我国制造业竞争力?——基于关税减让的分析[J]. 世界经济研究,2014,12:16—21.

[4] 赵璐,赵作权. 中国制造业的大规模空间集聚与变化——基于两次经济普查数据的实证研究[J]. 数量经济技术经济研究,2014,10:110—120.

[5] 沈能,赵增耀. 集聚动态外部性与企业创新能力[J]. 科研管理,2014,4:1—9.

[6] 王永培,宴维龙. 产业集聚的避税效应——来自中国制造业企业的证据[J]. 中国工业经济,2014,12:57—69.

[7] 王文,牛泽东. 中国装备制造业技术创新的静态与动态效率——基于二位码行业数据的分析. 经济管理,2014,5:24—35.

[8] 王绍媛,李国鹏等. 装备制造业技术性贸易壁垒与技术创新研究[J]. 财经问题研究,2014,3:31—38.

[9] 秦兰恒,赵兰香等. 企业创新能否推动节能技术的应用——基于中国制造业创新调查的实证分析[J]. 科学学研究,2014,1:140—147.

[10] 李燕,贺灿飞. 制造业生产率研究进展. 地理科学进展,2014,3:399—408.

[11] 石腾超,邹一南. 我国制造业全要素生产率区域差异及其原因研究——基于制造业 2003—2011 年面板数据的实证分析[J]. 区域经济评论,2014,1:130—135.

[12] 程惠芳,陆嘉俊. 知识资本对工业企业全要素生产率影响的实证分析[J]. 经济研究,

2014,5:174—187.
- [13] 张振刚,陈志明等. 生产性服务业对制造业效率提升的影响研究[J]. 科研管理,2014,1:131—138.
- [14] 王俊松. 长三角制造业空间格局演化及影响因素[J]. 地理研究,2014,12:2312—2324.
- [15] 蒋丽. 广州制造业空间布局及其形成原因[J]. 热带地理,2014,850—857.
- [16] 孙汉杰,郑宏宇等. 东北地区制造业技术效率的测算与比较研究[J]. 东北师大学报(哲学社会科学版),2014,6:6—12.
- [17] 彭华. 日本制造业产业结构与贸易结构的相关性研究——基于支柱产业和高技术产业数据的分析. 经济问题,2014,1:74—77.
- [18] 王心娟,綦振法. 胶东半岛制造业集群发展研究[J]. 华东经济管理,2014,1:26—29.
- [19] 黄永春,郑江淮等. 长三角从承接制造业向新兴产业转型的变迁动力、机会与路径研究——以昆山市为例[J]. 科技管理研究,2014,21:76—86.
- [20] 李廉水,杨浩昌等. 我国区域制造业综合发展能力评价研究——基于东、中、西部制造业的实证分析. 地理科学进展,2014,3:399—408.
- [21] 吴利华,纪静. 中美电子信息制造业产业环境比较分析——基于关联产业的视角[J]. 科学学研究,2014,2:236—241.
- [22] 张慧明,曹杰. 中、美、日、德四国制造业污染防控政策工具选择的比较研究[J]. 阅江学刊,2014,6:52—63.
- [23] 张丹宁,陈阳. 中国装备制造业发展水平及模式研究[J]. 数量经济技术经济研究,2014,7:99—114.
- [24] 陈超凡,王赟. 中国装备制造业国际竞争力及其技术进步效应研究[J]. 中国科技论坛,2014,12:80—86.
- [25] 修国义,付萌. 基于区位商法的黑龙江省装备制造业产业集群集中度测定[J]. 科技与管理,2014,2:16—20.
- [26] 刘纯彬,李叶妍等. 基于DEA模型的汽车制造业生产效率分析——以天津市西青区为例[J]. 现代管理科学,2014,1:21—23.
- [27] 马鸿飞,徐宝宇. 黑龙江省汽车制造业服务传递模式研究. 科技与管理,2014,6:6—12.
- [28] 余景亮,孙峰等. 江苏医药制造业创新能力评价及对策研究[J]. 科技与经济,2014,6:27—31.
- [29] 罗欣,陈玉文. 我国医药制造业中不同规模企业的经济效益比较[J]. 中国药房,2014,13:1153—1155.
- [30] 周芳. 北京市制造业R&D投入的贡献研究——基于CDM模型的技术创新效果评估. 研究与发展管理,2014,6:22—30.
- [31] 薛跃,陈巧. CEO特征对R&D投入的影响——基于中国制造业上市公司的实证分析[J]. 华东师范大学学报(哲学社会科学版),2014,6:129—138.
- [32] 伏玉林,苏畅. 公共R&D投资的生产率效应与结构效应——基于制造业部门面板数据的实证分析[J]. 学术月刊,2014,2:67—78.

[33] 杜运苏. 环境规制影响我国制造业竞争力的实证研究[J]. 世界经济研究,2014,12:71—77.
[34] 朱建民. 我国制造业竞争力的控制力现状与对策[J]. 经济纵横,2014,3:39—44.
[35] 于明远,范爱军. 中国制造业国际竞争力的实证分析——基于主成分分析法的综合评价[J]. 广东社会科学,2014,6:24—32.
[36] 谢获宝,惠丽丽. 代理问题、公司治理与企业成本黏性——来自我国制造业企业的经验证据[J]. 管理评论,2014,12:142—158.
[37] 阳立高,谢锐等. 劳动力成本上升对制造业结构升级的影响研究——基于中国制造业细分行业数据的实证分析. 中国软科学,2014,12:136—147.
[38] 汪和健. 尊严、交易转型与劳动组织治理:解读富士康[J]. 中国社会科学,2014,1:107—120.
[39] 李培楠,赵兰香等. 创新要素对产业创新绩效的影响——基于中国制造业和高新技术产业数据的实证分析[J]. 科学学研究,2014,4:604—612.
[40] 肖挺,聂群华等. 制造业服务化对企业绩效的影响研究——基于我国制造企业的经验数据[J]. 科学学与科学技术管理,2014,4:154—162.
[41] 陈立芸,刘金兰等. 基于方向距离函数的中国制造业环境绩效分析[J]. 干旱区资源与环境,2014,3:17—22.
[42] 杨浩昌,李廉水等. 中国制造业低碳经济发展水平及其行业差异——基于熵权的灰色关联投影法综合评价研究[J]. 世界经济与政治论坛,2014,2:147—162.
[43] 岳书敬,王旭兰. 长三角地区制造业能源消耗的差异性研究——基于细分行业的视角[J]. 东南大学学报(哲学社会科学版),2014,3:38—43.
[44] 傅京燕,张春军. 国际贸易、碳泄漏与制造业 CO_2 排放[J]. 中国人口资源与环境,2014,3:13—18.
[45] 沈友娣,章庆等. 安徽制造业碳排放驱动因素、锁定状态与解锁路径研究[J]. 华东经济管理,2014,6:27—30.

撰稿:谢宏佐
统稿:李廉水　余菜花　宋　捷

第4章 重点推荐阅读的优秀文献

4.1 国外 10 篇重点推荐阅读的学术文献

1. The impact of a carbon tax on manufacturing: Evidence from microdata

中文题目:碳税对制造业的影响:来自微观数据的实证分析

作者:Ralf Martin,Laure B. de Preux,Ulrich J. Wagner

出处:*Journal of Public Economics*(《公共经济学期刊》),2014,117: 1—14

推荐理由:(1) 以微观企业为对象的实证研究替代传统的仿真研究,分析结论更具有说服力。碳税是政府实施环境规制、推动节能减排与应对气候变化的重要举措,其可行性和实施后的效应为多方所探讨。然而由于数据的可得性,国内多采用仿真研究或者以替代变量测度碳税来对其效应进行实证检验,具有一定的局限性。对微观企业数据的计量检验,是对传统研究方法的有益补充,由此得到的检验结果更有说服力。(2) 以计量检验结论为基础提出政策建议,有利于国家针对企业的节能减排进行战略设计。节能减排至少包括区域、产业、企业三个层次,由企业层面提出碳税和节能政策更有针对性,可以将政府的节能减排战略落到实处。

内容简介:基于英国的生产普查面板数据分析了碳税对制造企业的影响,与此同时,将支付全额税收和仅支付 20% 税收的产出结果进行了比较研究。OLS 与 Probit 回归结果显示,碳税对能源强度和电力使用有很强的负面效应,实证分析并没有发现碳税与就业、收入与工厂出口等之间的统计显著关系。

2. Top management and the adoption of energy efficiency practices: Evidence from small and medium-sized manufacturing firms in the US

中文题目:高层管理与能源效率实践的选择:来自美国中小制造企业的证据

作者:Blass V, Corbett, CJ, Delmas, MA, Muthulingam S.

出处:*Energy*(《能源》),2014,65: 560—571

推荐理由:(1) 研究的内容为中小企业高层管理人员的实践对能源效率的影响,极具创新性。能源效率一直是学术界关注的热点话题,不过从部门、行业(或者区域)而非公司高层管理人员的层面进行分析能效因素是当前文献研究的一大特点。基于此,针对高层管理人员的能效实践分析突破了传统研究的局限性,理论上为能源效率的研究拓宽了视野。(2)研究的结论为中小企业的能效治理提供具有操作性的解决方案。中小企业的能源效率应如何改善?应该指出的是,可行的政策措施并不仅限于加大研发投入、实施政府管制,如何激励公司高管也应纳入政策框架体系,因为从公司治理的角度来看,这一措施更具有操作的空间。

内容简介:以美国能源部产业评价中心项目下的752家中小制造业公司的能源效率建议为基础,研究了高层管理人员,尤其是从事能源效率实践的高层管理人员的作用。通过两类高层管理人员的对比发现,高层管理人员的加入能明显增加节能措施的采用;而一般的高层管理人员则对节能措施采用的影响较小或者没有作用,进而指出,为了提高中小企业的能源效率,让管理人员处在级别高且可以专注运营的位置是可取的。

3. Which firms benefit from foreign direct investment? Empirical evidence from Indonesian manufacturing

中文题目:哪类公司受益于外商直接投资?来自印度尼西亚制造业的证据

作者:Suyanto, Ruhul Salim, Harry Bloch

出处:*Journal of Asian Economics*(《亚洲经济期刊》),2014,33:16—29

推荐理由:(1)由微观层面考察FDI技术溢出效应,研究视角较为新颖。虽然FDI的技术溢出效应研究并不是一个新话题,但是大量的研究集中于区域或者产业层面的分析,极少从微观企业的层面考察FDI带来的技术溢出效应。那么FDI可以提升哪类企业的技术效率?通过微观视角的分析可以在理论上回答这一问题,并对政府制定分类企业的招商引资政策有着一定的参考价值。(2)从国内外制造业公司效率差异的层面提出政策建议,政策更具有指导价值。通过实证分析结果发现在外商直接投资部门,如果国内制造企业相对于国外投资的企业效率偏低,则政府可制定激励政策提升FDI溢出效应,因为这类国内公司所得到的溢出效应为正。

内容简介:选取1988—2000年3 318家制造企业作为样本,采用随机前沿方法分析外商直接投资对于印度尼西亚制造业技术效率的溢出效应进行分析。研究结果表明,总体上FDI带来的溢出效应为正,但分行业来看,高效率与低效率两类国内企业得到的溢出效应是相反的;国内外公司的效率差距越大,则国内公司从外商直接投资中得到的收益越大。

4. Synergy, environmental context, and new product performance: A review based on manufacturing firms

中文题目:协同、环境情境与新产品绩效:基于制造企业的评论

作者:Chi-Tsun Huang, Kuen-Hung Tsai

出处:*Industrial Marketing Management*(《工业营销管理》),2014,43:1407—1419

推荐理由:(1)元分析与结构方程结合的独特研究方法。研究新产品的绩效有多种方法,作者另辟蹊径,首先基于元分析方法对1979—2011年间技术协同、营销协同以及环境情境与新产品绩效的关系文献进行疏理,提出研究假设以及变量之间的影响路径,之后由结构方程加以验证,工作量庞大且逻辑紧密。(2)影响制造企业新产品绩效的因素中存在调节变量。技术协同与营销协同可能直接影响制造企业新产品的绩效,但也可能通过产品优势或产品的创新性而间接作用于后者。因此,分析制造企业的新产品绩效影响因素时,应考虑调节变量的作用,这对于提升制造企业新产品的绩效有着重要的政策借鉴价值。

内容简介:采用元分析方法对技术协同、营销协同以及环境情境与新产品绩效的关系实证研究文献进行整理。在聚合研究文献的基础上,运用结构方程进一步分析变量之间的相关性,结果表明:(1)增强技术和营销的协同效应可以提高新产品绩效,营销协同比技术的协同作用的绩效效果更好;(2)增加技术协同作用增强了产品的优势,进而提高新产品的绩效,而增加营销协同却不能增强产品优势;(3)增加技术和营销协同效应可能会阻碍产品创新性;(4)提高产品创新通过产品优势增加新产品绩效。这些发现表明,忽视产品优势和创新性的中间角色,会导致对技术和营销协同效应、环境背景与新产品绩效之间的关系有一个不完整的理解。

5. Persistence of innovation and firm's growth: Evidence from a panel of SME and large Spanish manufacturing firms

中文题目:创新的持续性与公司增长:来自西班牙中小型和大型制造业公司的证据

作者:Angela Triguero, David Córcoles, Maria C. Cuerva

出处:*Small Business Economics*(《小企业经济学》),2014,43,4:787—804

推荐理由:(1)研究内容关注制造业创新所引致的民生问题,后者是政府拟着力解决的问题之一。创新究竟会带来就业的增加还是会因为技术对劳动的替代导致就业的减少?这一问题具有较强的实践价值而在理论上亟待解决,基于此,对于两者关系的考察在一定程度上体现了政府与学术界对民生问题的关切,其研究思路也可以进一步推广至一般性的产业而不是仅仅局限于制造业。(2)研究视角强调公司创新的两种类别对就业的影响,角度新颖,且研究结论有助于分类创新政策的制定。(3)研究方法GMM模型可以有效地解决因被解释变量就业的上一期水平可能影响当期就业而导致的模型内生性难题。

内容简介:选取西班牙制造业公司作为样本,分析1990—2008年间公司过程创新与产品创新的持续性与就业的关系。结果支持了过程创新对就业的正向影响,特别是对中小企业的影响,但是产品创新的影响并不显著;创新影响的效果出现在当期,但随着滞后期的增加,其效果有所增强。

6. ICTs and time-span in technical efficiency gains: A stochastic frontier approach over a panel of Italian manufacturing firms

中文题目:技术效率收益中信息通信技术和时间跨度:意大利制造企业的面板随机前沿分析

作者:Concetta Castiglione, Davide Infante

出处:*Economic Modelling*(《经济模型》),2014,41:55—65

推荐理由:(1) 以信息通信技术的投资为切入点研究制造业信息化问题,研究内容具有前沿性。制造业的信息化在一定程度上反映了制造业新型化程度,是落实两化融合、实现中国制造2025的重要举措之一。在此现实背景下,制造业信息化问题,尤其是信息化的效果(或效率)评估,为学术界所关注。(2) 以大量的一定规模以上的制造企业为调查研究对象,研究思路与方案具有很强的借鉴性。当前国内针对制造业信息化实证分析极为匮乏,究其原因在于数据的缺乏。首先对5 137家制造业公司进行分层抽样,之后对雇员数量超过500的企业进行调查研究,调查内容主要包括公司雇员、公司年龄、销售收入、是否进行信息通信技术投资等,工作量庞大;具体实证分析过程中,将平衡和非平衡两种面板数据模型进行比较分析,思路清晰。

内容简介:以1995—2006年间意大利制造企业为样本,运用随机前沿方法分析信息通信技术投资与生产效率、技术效率之间的关系。研究得到了三个结论:一是非信息通信技术资本比信息通信技术资本的弹性要高,表明意大利制造业尚未完成信息通信技术的过渡;二是高信息通信技术投资减少了公司的非效率,但这种减少需要经历很长一段时间;三是ICT对技术效率的回报受到公司特征因素如管理实践、劳工组织和研发的影响。

7. Optimization of manufacturing systems under environmental considerations for a greenness-dependent demand

中文题目:绿色需求条件下基于环境的制造系统优化研究

作者:Imen Nouira, Yannick Frein, Atidel B. Hadj-Alouane

出处:*Int. J. Production Economics*(《生产经济学国际期刊》),2014,150:188—198

推荐理由:(1) 考虑环境问题的理论模型具有创新价值。现阶段一般性的生产决策模型构建未能将环境问题纳入分析框架。由此,首先对理论模型进行重新设计,并考虑普通与绿色顾客两种市场情境下的生产决策。显然,在模型中同时考察环境与市场分割问题是对传统理论模型的突破。(2)算例研究具有较强的政策指导意义。尽管是以纺织业为例进行算例研究,行业的选择并不具有典型性,但是研究的结论揭示,公司给两类市场提供不同的产品将比仅提供一种产品获得的利润要多,该结论使得公司进一步明确其市场细分的必要性。

内容简介:基于环境问题,制造业的生产过程和投入要素需要重新调整。由此理念出发,Nouira等构建了两种优化模型,其中第一种模型中,公司提供了唯一产品,产品的需求取决于其是否为绿色产品。在第二种模型中,市场分割为普通的和绿色的顾客,公司针对不同市场提供不同类型的产品。通过以上模型的构建,认为生产和供应链优化模型需要考虑产品的环境绩效与需求、价格的相关性。最后以纺织业为例,探求产品绿色集成是如何影响系统利润与决策的。

8. Does services liberalization affect manufacturing firms' export performance? Evidence from India

中文题目:服务自由化影响制造企业的出口绩效了吗?——来自印度的证据

作者:Maria Bas

出处:*Journal of Comparative Economics*(《比较经济学期刊》),2014,42:569—589

推荐理由:(1)研究内容对同样进行服务部门改革的中国政府有着极为重要的借鉴价值。与中国的情境类似,印度的能源、电信以及运输部门在20世纪80年代时国有企业起了主导作用,90年代后国家制定了相关政策吸引外资、私人企业参与经营服务部门。印度服务部门的自由化改革对下游的制造企业出口绩效有着显著的影响作用,由此给予同样经历服务部门改革的中国政府以反思。(2)理论模型分析与计量检验形成了完整的体系。文章首先引入公司出口决定因素的一个简单模型,从理论上诠释出口决策的动机,进而建立影响出口的面板数据模型,通过计量检验加以论证。全文结构严谨、内容饱满。

内容简介:构建了能反映上游服务部门规制成本变化的服务指数,应用面板数据模型实证研究了能源、电信和运输服务的改革对制造业公司出口绩效的影响,实证结果显示,上游服务的改革增加了下游制造业出口的可能性和出口的销售额。这也意味着,对于起始阶段有效率的公司而言,服务业自由化对制造业出口绩效的影响程度更大。

9. Manufacturing exports and growth: When is a developing country ready to transition from primary exports to manufacturing exports?

中文题目:制造业出口和增长:发展中国家何时愿意从初级产品出口转变为

制造产品出口?

作者:Brandon J. Sheridan

出处:*Journal of Macroeconomics*(《宏观经济学期刊》),2014,42:163—173

推荐理由:(1)发现典型国家产品出口结构转变的困境所在。发展中国家出口产品的升级是产业甚至国家竞争力提升的标志之一,过于依赖初级产品的出口则容易造成国内的产业结构扭曲,不利于产业结构的高度化。因而剖析发展中国家出口产品结构升级转变的机理具有重大意义,计量检验也使得论证具有较强的说服力,通过实证研究揭示发展中国家出口产品结构升级的困境所在。(2)应用门槛面板和回归树模型分析制约出口结构升级的关键原因。两个模型的采用不仅可以决定关键变量的门槛值,也可获知哪些应对措施才是重要的,研究方法设定的独特性、数据的可靠性以及政策建议的可操作性为政府的政策制定提供决策借鉴。

内容简介:采用门槛回归模型对117个国家1970—2009年的面板数据进行计量检验,结果表明,低人力资本的国家没有从出口中获益,制造业出口与经济增长的关系是负向的。然而,一旦一个国家的熟练工人数量达到临界水平,则出口制成品的回报则大幅增加。该结论意味着从初级出口依赖转向制造出口之前需要达到一个最低的人力资本水平。

10. Global competitive conditions driving the manufacturing location decision

中文题目:驱动制造业区位决策的全球竞争性条件

作者:Wendy L. Tate, Lisa M. Ellram, Tobias Schoenherr, Kenneth J. Petersen

出处:*Business Horizons*(《商业视野》),2014,57:381—390

推荐理由:(1)构建了制造业回流研究的系统分析框架。欧盟、美国与日本等发达经济体的制造业回流在一定程度上会减少对中国相关产业的技术溢出效应,并可能撼动中国"世界工厂"的地位,由此制造业的回流问题为近年来的研究热点之一。然而当前相当一部分学者将研究的视角集中于引起制造业回流的因素上,而未能系统、全面地把握该问题。Tate等研究的突出之处在于,沿着制造业回流的吸引力—美国制造业的竞争优势演变—区位决策的风险性—管理者应如何做出正确决定这一思路展开分析,系统的分析框架使相关研究人员对美国制造业回流问题有了初步的总体把握。(2)提出制造业回流的切实可行的研究方法。一直以来,制造业回流研究多停留在定性分析以及宏观研究层面,鲜有文献从企业微观的视角切入并进行调查研究。鉴于此,针对319家离岸企业的调查研究具有工作量大、论证有说服力等特点,为以后的学者进行计量实证研究奠定了基础。

内容简介:针对319家离岸企业的公司进行了调查研究,构建了劳动力成本、熟练工人、能源成本、外汇兑换与税收结构等维度的回流影响因素分析框架,论证了美国制造业回流的合理性。研究认为,这些公司中的40%倾向于选择回流至美国生产,公司越来越重视顾客希望它们在哪里选择生产区位,以及区位选择如何帮助公司拓展市场。

4.2 国内10篇重点推荐阅读的学术文献

2014年度有关制造业研究主题的中文文献继续保持了数目增长、总体质量提升、热点问题更加深入研究等特点。从这些文献中挑选高质量、有特色、有代表性的论文是极其困难的工作。为了保证我们的工作质量,我们采用了如下过程:第一,按照总体、区域、产业、企业、低碳经济分成五个小组,分别检索文献;第二,每个小组从文献中选取30篇文献进行重点阅读,并从文献创新程度、贡献度、规范度等几个维度对文献打分;第三,每个小组从30篇文献中选择10篇进行集中讨论;第四,为了防止遗漏重要文献,还邀请专家特别推荐一些备选文献;第五,从这些文献中选择值得阅读的10篇学术论文,希望能够准确地反映2014年国内制造业研究动态,并给予研究者一定的引导和启示。

1. 我国区域制造业综合发展能力评价研究——基于东、中、西部制造业的分析

作者:李廉水,杨浩昌,刘军

发表刊物:《中国软科学》2014年第2期

英文题名:Evaluation Study on Comprehensive Developing Ability of Regional Manufacturing Industry in China Based on the Empirical Analysis of Manufacturing Industry in East, Middle and West China

推荐理由:(1)研究视角新颖:以往在制造业发展水平评价方面的研究多从单一层面进行研究,对纵向和横向双层面的研究涉及较少。该文章基于制造业"新型化"视角,从经济创造能力、科技创新能力、环境资源保护能力三个方面构建区域制造业综合发展能力评价指标体系。研究视角贯穿制造业发展水平的主要方面,能够对于制造业发展水平的区域特征进行全面、立体的评价。(2)研究方法科学精准:基于FAHP-熵权组合赋权的灰色关联投影法综合评价模型既发挥了灰色关联投影法不需要大样本统计数据,对评价指标数据没有太苛刻要求的优势,又利用了FAHP-熵权组合赋权兼顾主观偏好和客观信息的优势,这使得我国区域制造业综合发展能力综合评价研究结果更加科学、准确。(3)研究结论具有指导价值:文章立足于构建一个全面、立体的评价指标体系,运用了科学精准的评价方法,对我国制造业区域发展水平状况进行了科学评价;并且在以上研究工作的基础上,提出了具有现实指导价值的研究结论和政策建议,东、中、西部地区应

该因地制宜,根据各个区域独有的产业发展条件和资源,进行选择性的产业错位发展;引导东部地区的优势产业向中西部转移,促进区域协调发展;经济创造能力、科技创新能力、资源环境保护能力三个方面要统筹兼顾,全面提升我国制造业的综合发展水平。

内容简介:运用基于FAHP-熵权组合赋权的灰色关联投影法综合评价模型,对2003—2011年我国东、中、西部地区制造业综合发展能力进行纵向和横向评价。结果显示,我国区域制造业综合发展能力总体呈上升的发展趋势,但存在明显的区域差异,中西部地区制造业综合发展能力明显低于东部地区。基于上述结论,提出区域制造业综合发展的政策建议,发挥地区比较优势,实施产业错位发展战略;制定合理的产业转移政策,促进区域间制造业协调发展;统筹兼顾,全面提升制造业综合发展能力。

2. 1980—2011年中国制造业空间集聚格局及其演变趋势

作者:罗胤晨,谷人旭

发表刊物:《经济地理》2014年第7期

英文题名:The Pattern and Evolutional Trend of Chinese Manufacturing's Spatial Agglomeration—an Empirical Analysis Based on Data from 1980 to 2011

推荐理由:(1)研究意义重大:文章利用1980—2011年的中国工业经济统计年鉴数据,对改革开放以来19个主要制造业的空间集聚格局及其演变趋势进行了较为系统的描述和分析。通过研究,文章从空间、时间以及产业三个维度系统详细地描述和分析了我国制造业集聚的主要特征以及形成原因。文章的研究结论为政府从区域经济、产业结构调整等方面着手实现转型升级提供了有力的依据。(2)文章思路清晰、结构规范完整:在综合相关理论和文献基础上,从空间、时间以及产业三个维度,运用空间计量分析方法研究改革开放以来中国制造业的集聚特征和趋势,并对2004年之后制造业集聚程度达到峰值后下降的原因进行了详细分析,以期为中国制造业发展的产业转移、产业结构调整等路径选择与政策制定提供参考。

内容简介:利用中国工业经济统计数据,考察1980—2011年中国19个两位数制造业在省域尺度的空间集聚格局及其演变趋势,同时对2004年后制造业空间集聚程度持续下降的原因进行了探讨。结果表明:(1)从空间维度看,中国制造业出现了显著的集聚趋势,尤其是向东部沿海地区集中的态势明显,制造业地理集聚存在空间差异。(2)从产业特性看,不同类型产业的空间集聚趋势也存在显著差异。资源依赖型产业空间集聚程度相对较低,而资本和技术密集型产业空间集聚程度较高,劳动密集型产业由于以出口为主导,促进了产业向接近国外市场的东部沿海地区集聚。(3)从时间维度看,1980—2004年集聚程度呈稳定上升趋势,并在2004年达到最高点,而2004—2011年集聚程度呈持续下滑态势。

3. 企业创新能否推动节能技术的运用——基于中国制造业创新调查的实证分析

作者:秦佩恒,赵兰香,李美桂

发表刊物:《科学学研究》2014年第1期

英文题名:Is Innovation the Driver of Energy Efficiency Technologies Adoption—Evidence from Chinese Manufacturing Innovation Survey

推荐理由:(1) 研究意义重大:文章从企业微观层面出发,探讨企业创新行为(包括产品创新、工艺创新和管理创新)对节能技术决策的驱动作用,以期使政策制定者和企业管理者更深入地了解企业创新行为与节能行为之间的关系,从而为政府和企业制定更具有针对性、科学性和可操作性的政策或措施提供参考。(2) 全文结构严谨:文章的第一部分为文献评述,第二部分详细地介绍了概念模型和研究假设,第三部分介绍数据、变量说明和解释及分解方法以及模型计算结果分析,最后给出了全文的结论及政策含义。文章结构规范完整,形成一套完整的科研论文体系。(3) 研究结论具有创新价值:在涉及企业碳减排的研究中,通常将其分为技术和管理两个领域,并认为企业的节能与工艺创新密不可分,该文的研究进一步验证了该结论;然而当前较少有研究去关注通过企业管理运营方式的创新来实现企业的节能减排,该文的实证研究发现企业管理创新也可以促使企业采用节能技术,这对于当前企业节能驱动因素研究是一个很好的补充。

内容简介:基于2009年中国制造业创新调查数据,在企业微观层面探讨了企业创新,包括产品创新、工艺创新和管理创新对企业节能技术决策的影响。结果表明,企业的创新行为,包括产品创新、工艺创新和管理创新均会对企业节能技术决策产生积极影响;企业能耗成本的差异会进一步调节企业创新行为与节能技术决策之间的关系,能耗成本高的企业在创新过程中更倾向于选择节能技术。从企业管理的角度来看,企业创新行为与节能技术投资行为根本目标相一致。对政策制定者来说,为更好地推动中国制造业节能,政府应当同时积极采取措施推动企业创新,尤其是管理创新。

4. "躯干国家"制造向"头脑国家"制造转型的路径选择——基于高端装备制造产业成长路径选择的视角

作者:李坤,于渤,李清均

发表刊物:《管理世界》2014年第7期

英文题名:The Path Selection from National Trunk Manufacturing to Mental State Manufacturing: Based on the Perspective of the High-end Equipment Manufacturing's Growth Path

推荐理由:(1)研究选题与现实联系紧密并具备前瞻性:制造业回归目前已经成为国家制造能力较强各国应对国际金融危机深度影响、提振经济增长的重要途径之一。从"躯干国家"制造向"头脑国家"制造转型,实质是高端装备制造产业成长机制正向激励的发展结果,已经成为中国国家制造的新目标,旨在实现由"中国制造"向"中国智造"的历史性跨越。如何寻求"躯干国家"制造向"头脑国家"制造转型的演化路径,是研究领域的一个空白;这也是该文章关切的中心论题。(2)文章结构规范、严密:首先,构建理论分析框架,界定研究对象,进行数理分析,解释其转型路径演化的机理与机制;然后,再进行实证研究,从国家、行业和企业三个层面找出经验证据,回应理论分析提出的研究命题;最后,做出总结,并针对现实存在的问题,提出相应的政策建议。(3)研究结论具有现实指导价值:首先,文章认为"躯干国家"制造向"头脑国家"制造转型战略意义重大。通过构建高端制造产业成长机制,实现对国家制造实体回归的正向激励,旨在全球化制造业某一领域体现发展引领性;其次,文章明确指出"躯干国家"制造向"头脑国家"制造转型路径演化存在技术创新与制度创新交互作用与影响的"大道定理";最后,"躯干国家"制造向"头脑国家"制造转型需要从国家、行业、企业三个层面共同互动推进。

内容简介:文章基于高端装备制造产业成长路径选择的视角,关注"躯干国家"制造向"头脑国家"制造转型过程中的经济发展与科技创新问题。研究认为,国家制造由"躯干国家"制造和"头脑国家"制造构成,前者向后者的高级演化需要国家制造创新能力支撑;高端装备制造产业成长的路径演化存在一个"大道定理"。研究发现:高端装备制造产业成长是国外国家制造转型升级的内生动力;高端装备制造产业成长上升国家战略对于国家制造转型是至关重要的;高铁装备制造产业成长经验契合这样的路径选择,本地化的技术创新更有利于地方发展;哈电集团"市场换技术"是企业制造成功经验,但前提必须依靠本土力量实现技术跨越。

5. 制造业行业收入不平等变动趋势及成因分解

作者:严兵,冼国明,韩剑

发表刊物:《世界经济》2014 年第 12 期

英文题名:Agglomeration Level Measurement of Manufacturing in Shaanxi Province and Its Influencing Factors Empirical Analysis

推荐理由:(1)研究问题有实践指导意义:在涉及制造业的研究中,或是将行业差异作为收入不平等的来源之一进行考察,或是考察某些特定因素如行业开放度、外资比重等对行业收入不平等的影响,这些研究均没有揭示制造业整体的收入不平等状况、变化过程以及收入不平等变动背后各因素的影响。对制造业行业收入不平等进行准确度量,把握其变化趋势并找出决定因素,具有重要的实践意义。(2)全文结构严谨:在第一部分给出研究制造业行业收入差距研究现状与不足基础之上,第二部分为文献评述,第三部分对2003—2008年中国制造业行业收入差距变化趋势进行分析,第四部分介绍数据、工资决定方程及分解方法,第五部分是回归结果及行业收入不平等的分解结果,最后是结论及政策含义。文章结构规范完整,形成一套完整的科研论文体系。(3)研究结论具有现实指导价值:第一,人力资本对行业收入差距的影响较大且呈上升趋势;第二,以国有企业比重来衡量的行业行政垄断程度是造成行业收入不平等的主要因素;第三,针对行业出口比率与行业工资水平负相关的结果,要进一步优化中国出口商品结构,不断提升出口产品附加值,通过参与全球市场来改善工人福利,降低在工资收入方面出现"贸易的贫困化增长"风险;第四,针对行业盈利能力及效率水平对行业工资水平没有显著影响这一现状,要制定有效的激励措施,促使效率工资机制发挥作用,同时将工资水平与企业盈利状况挂钩,建立绩效导向型薪酬分配体系。

内容简介:基于2004—2008年经济普查细分行业数据,文章利用基于回归方程的夏普里值分解方法,定量分析了人力资本、行政垄断、外资比重、生产效率和市场垄断等因素对制造业行业工资水平以及行业收入差距的影响及其变动趋势。研究发现,2003—2008年,制造业行业收入差距逐年缩小,行业间人力资本差异是造成行业收入差距的重要原因且贡献趋于上升态势,行政垄断、企业平均规模、外资比重、资本密集度和盈利能力的影响排在第二梯队,行业贸易开放度的影响一直较小,而市场垄断程度和行业生产效率的影响几乎可以忽略。

6. 制造业结构优化的技术进步路径选择——基于动态面板的经验分析

作者:傅元海,叶祥松,王展祥

发表刊物:《中国工业经济》2014年第9期

英文题名:The Selection of Technology Progress Path of Manufacturing Structure Optimization An Empirical Analysis Based on Dynamic Panel Data Model

推荐理由:(1)研究选题新颖:已有的文献更多地讨论了技术进步对制造业结构升级的影响,然而,技术进步对制造业结构合理化的影响研究鲜有报道,更没有成果考察制造业结构既高度化又合理化的技术进步路径。该文章试图通过理论分析和实证检验自主创新、外资技术溢出和二者相互作用对制造业结构优化的影响,探索制造业结构同时高度化和合理化的最优技术进步路径,以期弥补现有研究的不足。(2)研究结构规范、完整:从问题提出、现状机理分析、方法模型介绍到实证分析及结论与政策含义解释等形成了完整体系。(3)研究结论具有政策指导意义:文章通过理论分析与实证检验厘清了优化制造业结构技术进步路径选择的内在逻辑,得到了研究结论具有较强的政策指导意义。研究结论表明,只有在引进技术基础上的自主创新才能促进制造业结构趋于高度化和合理化,但是必须破解高端技术产业核心技术或关键技术及其生产要素自由流动的瓶颈,否则制造业结构升级不会出现高附加值化;外资技术不会自动溢出并优化制造业结构,只有本地产业具有一定技术能力,外资才发生技术溢出促进制造业结构升级并趋于合理。

内容简介:文章运用两步稳健系统 GMM 进行估计发现,自主创新促进制造业结构趋于合理但不能促进其升级;外资不会自动发生技术溢出优化制造业的结构。进一步实证检验发现制造业结构优化的技术进步路径:在消化吸收外资技术基础上的自主创新能促进制造业结构的高度化与合理化,但通过利用外资引进先进技术寻求高端产业核心技术创新能力的突破,制造业结构升级才会伴随高附加值化;提高本地产业技术能力,外资才会发生技术溢出促进制造业结构升级并趋于合理,提升高端产业核心技术创新的能力才能促使外资转移先进技术,进而促进制造业结构升级并实现高附加值化;同时,加快推进市场化进程,制造业结构升级且实现中高端产业高附加值化,生产要素才能通过结构转换促使结构不断趋于合理。

7. 中国制造业环境效率、行业异质性与最优规制强度

作者:韩晶,陈超凡,施发启

发表刊物:《统计研究》2014 年第 3 期

英文题名:Environment Efficiency of Chinese Manufacturing, Industry Heterogeneity and Optimal Regulation Intensity

推荐理由:(1)研究方法独特创新:在总结大量前人研究方法不足的基础之上,该文章试图从异质性行业特征出发,运用方向性距离函数测度资源和环境约束下的中国制造业产业效率,并进一步构建 SYS-GMM 模型和面板门槛模型,对环境规制与环境效率之间的关系进行拟合及检验,为实现经济与环境双赢发展提供一定的政策参考。(2)研究结论有价值:总体而言,我国制造业环境效率呈现上升态势,但要显著低于不考虑资源投入和环境负产出的估算结果,制造业环境效率水平表现出明显的行业异质性。从制造业整体看,环境规制对环境效率的改善起到了显著正向影响。但从异质性角度分析,环境规制对重度污染行业的环境效率影响为负,对中度污染和轻度污染行业环境绩效的改善起到促进作用。

内容简介:以制造业面板为基础,以污染排放综合强度为行业异质性划分依据,运用方向性距离函数在考虑了能源投入和非期望产出的条件下测算出了制造业各行业的环境效率水平,然后通过构建 SYS-GMM 模型和面板门槛模型对环境规制与环境效率之间的关系进行拟合及检验,研究表明:(1)我国制造业环境效率呈现上升态势,但要显著低于不考虑资源投入和环境负产出的估算结果,制造业环境效率水平表现出明显的行业异质性。(2)环境规制对制造业全行业环境

效率的改善起到了显著正向影响。其中,环境规制对中度污染和轻度污染行业的环境效率影响为正,但对重度污染行业的影响为负。(3)环境规制强度与环境效率之间存在三重门槛效应,并呈现非线性"U"形特征,但不同类型行业环境规制强度对环境效率的门槛检验存在差异。

8. 环境管制、对外开放与中国工业的绿色科技进步

作者: 景维民,张璐

发表刊物:《经济研究》2014年第9期

英文题名: Environmental Regulation, Economic Opening and China's Industrial Green Technology Progress

推荐理由:(1)研究意义现实而重大:探索在经济增长的同时改善环境质量的动力机制,是当前中国经济可持续发展所面对的关键问题。文章主要研究EKC转折点出现的第二类原因——偏向能源节约和清洁生产的绿色技术进步。之所以聚焦于此,主要是出于以下原因:首先,中国作为一个发展中的大国,需要以绿色技术进步作为可持续发展的主要渠道;其次,技术进步的偏向性对于经济活动的环境结果有着深刻的影响,同时,它也受到来自经济活动和环境管制的约束和激励;再次,中国绿色技术进步的影响因素还没有得到理论和实证上的足够理解。(2)研究模型设计合理得当:文章参照Acemoglu等(2012)构建了一个包含清洁型和污染型生产技术的两部门模型,允许两种技术以不同的速度进步,从而可以刻画出技术进步的偏向性。改进后的模型将环境管制引入分析框架,考察了研发补贴和环境税两种管制方式对绿色技术进步所产生的影响,并且将对外开放所带来的技术模仿和基于比较优势的产品结构变化引入分析框架,考察了对外开放影响绿色技术进步的技术溢出效应和产品结构效应。(3)研究结论具备政策指导意义:合理制定并实施的环境管制政策十分必要,并且从过去10年的数据来看,环境管制的正向效果已有所体现;要特别强调对出口和FDI企业进行合理的引导和监管,取消或最大可能地减少对这些企业的环境优惠,鼓励有利于清洁生产和能源节约的技术引进和自主创新,从而更好地发挥对外开放的技术溢出效应、降低产品结构效应;制定并实施的环境管制政策不仅在封闭条件下对中国工业的绿色技术进步起到关键作用,更对中国能否在对外开放的过程中获得可持续发展的动力产生决定性影响。

内容简介: 文章在Acemoglu等(2012)的偏向性技术进步框架下,考察了环境管制及对外开放影响绿色技术进步的机制,并运用2003—2010年中国33个工业行业的面板数据,采用可行广义最小二乘法和系统广义矩阵方法,对理论分析结果进行了检验。文章构造出基于SBM模型的全局Luenberger指数度量中国工业的绿色技术进步。主要结论是:(1)技术进步具有路径依赖性,合理的环境管制

能够转变技术进步方向,有助于中国工业走上绿色技术进步的轨道。(2)在目前较弱的环境管制和偏向污染性的技术结构下,开放对中国绿色技术进步的影响可以分解为正向的技术溢出效应和负向的产品结构效应。二者在对外开放的三个方面有着不同程度的体现:进口在国内研发努力地配合下对绿色技术进步具有推进作用;出口则造成了负面影响;FDI中两种效应均有显著体现,其正向效果的发挥有赖于环境管制的加强和政策上的合理引导。

9. 劳动力成本上升对制造业结构升级的影响研究——基于中国制造业细分行业数据的实证分析

作者:阳立高,谢锐等

发表刊物:《中国软科学》2014年第12期

英文题名:Research on the Impact of Rising Labor Cost on Manufacturing Structure Upgrading: An Empirical Analysis Based on the Data of Sub-sectors of Chinese Manufacturing

推荐理由:(1)文章结构规范完整:文章首先指出了该项研究的重要意义,并且对劳动力成本与产业机构的关系方面的研究文献进行系统梳理;然后计量检验结果,并对基本回归结果进行分析;最后是结论与简单的政策建议。定性研究丰富,定量研究严密,文章结构板块安排规范完整。(2)研究结论有政策指导价值:该文章的研究结论明确指出了劳动力成本上升对劳动、资本、技术密集型制造业的影响分别为显著为负、显著为正、为正但不显著;劳动力成本上升已成为促进制造业结构升级的重要推手;我国劳动密集型制造业传统优势日渐消失,且通过大量的劳动、资本与R&D投入同样难以维系其可持续发展;当前应有机融合资本与劳动要素,重点发展资本密集型制造业,同时推进实施创新驱动战略,强力扶持技术密集型制造业发展。

内容简介:文章基于2003—2012年中国制造业细分行业面板数据,对劳动力成本上升影响制造业结构升级的效应展开实证研究,结果表明:劳动力成本上升对劳动、资本、技术密集型制造业的影响分别为显著为负、显著为正、为正但不显著;劳动力成本上升已成为促进制造业结构升级的重要推手;我国劳动密集型制造业传统优势日渐消失,且通过大量的劳动、资本与R&D投入同样难以维系其可持续发展;当前应有机融合资本与劳动要素,重点发展资本密集型制造业,同时推进实施创新驱动战略,强力扶持技术密集型制造业发展。

10. 中国制造业转移的机制、次序与空间模式

作者:胡安俊,孙久文

发表刊物:《经济学(季刊)》2014年第4期

英文题名:Migration of Manufacturing Industries in China: Whether, How and Where

推荐理由:(1)研究视角新颖:在政府与市场的双重作用下,东部地区的产业是否已经向中西部地区转移了呢?如果发生了转移,产业转移的次序是怎样的,又呈现什么样的空间模式?回答以上的现实问题,文章采用更为细分的数据(比如三位数城市数据)对产业是否已经由东部向中西部转移做出判断。(2)文章结构安排合理:从文献回顾、方法模型介绍到实证分析及结论与政策含义解释等形成了完整体系。(3)研究结论富有价值:该文的研究结论验证了新经济地理模型在中国的适用性;同时,较为全面地回答了中国制造业的转移状况,缓解了东部产业是否向中西部转移的争论,为国家调整产业转移次序、优化空间布局提供了理论与经验依据。

内容简介:文章借助产业转移理论模型,提出了"核心区产业能否转移""按什么次序转移""以什么空间模式转移"三个假说。在此基础上,利用中国地级行政单元的三位数制造业数据对上述假说进行了检验。结果表明,中国制造业已经出现由东部向中西部地区的大规模转移;在转移次序上,按照产业替代弹性的逆序展开。高替代弹性产业先转移,低替代弹性产业后转移;在空间模式上,低替代弹性产业呈现等级扩散模式,高替代弹性产业呈现扩展扩散模式。

参考文献

[1] Ralf Martin, Laure B. de Preux, Ulrich J. Wagner. The impact of a carbon tax on manufacturing: Evidence from microdata[J]. Journal of Public Economics, 2014, 117: 1—14.

[2] Blass V, Corbett, CJ, Delmas, MA, Muthulingam S. Top management and the adoption of energy efficiency practices: Evidence from small and medium-sized manufacturing firms in the US [J]. Energy, 2014, 65: 560—571.

[3] Suyanto, Ruhul Salim, Harry Bloch. Which firms benefit from foreign direct investment? Empirical evidence from Indonesian manufacturing[J]. Journal of Asian Economics, 2014, 33: 16—29.

[4] Sandra Valle, Francisco García, Lucía Avella. Offshoring intermediate manufacturing: Boost or hindrance to firm innovation? [J]. Journal of International Management, 2015, 21: 117—134.

[5] Angela Triguero, David Córcoles, Maria C. Cuerva. Persistence of innovation and firm's growth: evidence from a panel of SME and large Spanish manufacturing firms[J]. Small Business Economics, 2014, 43(4): 787—804.

[6] Concetta Castiglione, Davide Infante. ICTs and time-span in technical efficiency gains. A stochastic frontier approach over a panel of Italian manufacturing firms[J]. Economic Modelling, 2014, 41: 55—65.

[7] Imen Nouira, Yannick Frein, Atidel B. Hadj-Alouane. Optimization of manufacturing systems under environmental considerations for a greenness-dependent demand[J]. Production Economics

2014,150:188—198.

[8] Maria Bas. Does services liberalization affect manufacturing firms' export performance? Evidence from India[J]. Journal of Comparative Economics, 2014,42:569—589.

[9] Brandon J. Sheridan. Manufacturing exports and growth: When is a developing country ready to transition from primary exports to manufacturing exports?[J]. Journal of Macroeconomics, 2014,42:163—173.

[10] Wendy L. Tate, Lisa M. Ellram, Tobias Schoenherr, Kenneth J. Petersen. Global competitive conditions driving the manufacturing location decision[J]. Business Horizons, 2014,57:381—390.

[11] 李廉水,杨浩昌等.我国区域制造业综合发展能力评价研究——基于东、中、西部制造业的实证分析[J].地理科学进展,2014,3:399—408.

[12] 罗胤晨,谷人旭.1980—2011年中国制造业空间集聚格局及其演变趋势[J].经济地理,2014,7:82—89.

[13] 秦佩恒,赵兰香等.企业创新能否推动节能技术的应用——基于中国制造业创新调查的实证分析[J].科学学研究,2014,1:140—147.

[14] 李坤,于渤等."躯干国家"制造向"头脑国家"制造转型的路径选择——基于高端装备制造产业成长路径选择的视角[J].管理世界,2014,7:1—11.

[15] 严兵,冼国明等.制造业行业收入不平等变动趋势及成因分解[J].世界经济,2014,12:27—46.

[16] 傅元海,叶祥松等.制造业结构优化的技术进步路径选择——基于动态面板的经验分析[J].中国工业经济,2014,9:78—89.

[17] 韩晶,陈超凡等.中国制造业环境效率、行业异质性与最优规制强度[J].统计研究,2014,3:61—67.

[18] 景维民,张璐.环境管制、对外开放与中国工业的绿色科技进步[J].经济研究,2014,9:34—47.

[19] 阳立高,谢锐等.劳动力成本上升对制造业结构升级的影响研究——基于中国制造业细分行业数据的实证分析[J].中国软科学,2014,12:136—147.

[20] 胡安俊,孙久文.中国制造业转移的机制、次序与空间模式[J].经济学(季刊),2014,4:1533—1554.

撰稿:张慧明　谢宏佐
统稿:李廉水　余菜花

第二部分
发展评价篇

第5章 中国制造业发展综合评价

本章分别从经济创造能力、科技创新能力、能源节约能力、环境保护能力四个方面界定制造业"新型化"的内涵;根据制造业"新型化"内涵,构建由4个主指标、31个子指标构成的制造业"新型化"评价指标体系;运用制造业"新型化"评价指标体系对中国制造业发展状况进行总体评价。

5.1 "新型制造业"的现实内涵

关于制造业"新型化"内涵及其评价的研究目前主要集中在国内。李廉水和杜占元(2004)首次界定了"新型制造业"的概念,新型制造业是指依靠科技创新、降低能源消耗、减少环境污染、增加就业、提高经济效益、提升竞争能力、能够实现可持续发展的制造业。

5.1.1 "新型制造业"研究现状

制造业"新型化"评价指标体系是基于"新型制造业"的概念提出的,主要包括经济创造能力、科技竞争能力和资源环境保护能力3个主指标、20个子指标。

李廉水和周勇(2005)以制造业"新型化"评价指标体系,用主成分分析方法从经济创造能力、科技竞争能力和资源环境保护能力三方面对中国30个省份制造业的"新型化"程度进行了比较分析和聚类分析,归纳了各类地区的制造业发展特征。

李廉水和臧志彭(2008)基于新型制造业理念,采用新型制造业的三维时序方法,从经济创造、科技创新、资源环境保护三大维度对中国与世界主要发达国家制造业进行了比较研究。研究发现,中国制造业产值仍然与美国、日本有较大差距,科技创新投入和产出方面都远低于发达国家水平,带有明显的高能耗、高污染的发展特点,对于污染治理的投入明显不足;在增长速度、产品产量、吸纳就业、劳动力成本等方面具有一定的相对优势。

徐晓春(2010)基于环境保护的视角,构建了基于低能耗、低污染、低排放的三维制造业"新型化"程度评价指标体系,并分析了江苏制造业的"新型化"程度。也有学者以特定产业为研究样本,构建了制造业"新型化"评价指标体系,并对特定产业进行评价。

刘佳(2006)提出了新型装备制造业的概念和内涵,并构建了新型装备制造业竞争力评价体系,分别从产业科技竞争力、产业经济效益竞争力、产业人力资源竞争力、区域科技竞争力四个维度,运用数理统计方法对辽宁新型装备制造业竞争力进行定量分析。

袁长跃(2007)构建了辽宁省装备制造业新型化评价体系,构建了包括装备制造业信息化、资源利用、科技含量、经济效益、环境保护、人力资源利用和开放性指标7个主指标以及20个子指标的评价指标体系;应用层次分析法,构建了装备制造业新型化综合评价模型。

王子龙(2007)从经济效益、科技潜力和环境和谐三个维度对装备制造业演化水平进行系统评价,通过经济指标反映装备制造业对国民经济当前的贡献,通过科技指标反映装备制造业未来的竞争能力,通过环境指标反映装备制造业的持续发展能力和长期效益。

张静(2009)对电子及通信设备制造业技术创新能力进行了评价研究,将电子及通信设备制造业技术创新能力划分为创新环境指标、创新潜在资源指标、创新投入能力指标、创新产出能力指标4个一级指标和15个二级指标,对中国电子及通信设备制造业的技术创新能力进行综合评价。

郑宝华(2010)从中国医药制造业产业安全角度建立了由医药制造业自主创新能力、医药制造业发展环境、医药制造业国际竞争力、医药制造业产业控制力和医药制造业对外依存度五个因素层指标构成的评价体系。

上述关于制造业"新型化"内涵及其评价的研究,取得了较为丰富的研究成果,具有较高的理论价值和较强的现实意义,其评价指标主要集中在经济创造能力、科技创新能力和资源环境保护能力等方面。本报告着眼于中国新型制造业整体最新的发展态势,拓展制造业新型化的内涵,并将评价的时间设定为近八年(2006—2013年),以求反映中国制造业"新型化"进程的最新特点,以便更好地把握中国制造业未来的发展脉络,为实施制造强国战略从而实现中华民族伟大复兴服务。

5.1.2 制造业"新型化"的内涵

依据"新型制造业"的概念,制造业"新型化"的内涵主要包括经济创造能力、科技创新能力、能源节约能力和环境保护能力,由此,可以从这四个角度对制造业新型化的内涵展开分析。

1. 经济创造能力

经济创造能力是制造业"新型化"的重要组成部分,是衡量制造业"新型化"程度的重要一维。对于尚处于工业化发展阶段的国家来说,经济创造能力尤为重要;只有创造经济效益,中国制造业才会有持续发展的动力,才能为发展科技、提高效率、增加就业、提高纳税能力、保护环境提供物质支持。

2. 科技创新能力

科技创新能力也是制造业"新型化"的重要组成部分。从粗放型的传统制造业向集约型的新型制造业转变的过程中,科学技术的作用至关重要。只有充分利用现代科学技术,依靠科技创新,依赖人力资本,才能提高效率、增加效益、降低污染,才能实现传统制造业的转型升级,才有可能发展高新技术产业,才能实现"中国制造"向"中国创造"的转变。

3. 能源节约能力

当前,传统制造业低效益、高消耗、高污染的粗放型生产造成中国资源严重匮乏、生态急剧恶化。本报告研究的资源主要指与制造业发展相关的自然资源以及其他作为工业原料的生物资源。这些资源是制造业生产活动的物质基础,很多资源具有不可再生性。不合理的资源利用会造成资源浪费和环境恶化。合理利用资源,提高资源利用效率对经济社会的可持续发展越来越重要。

4. 环境保护能力

环境保护能力是指在制造业生产活动过程中解决现实或潜在的污染问题,协调经济活动与环境的关系,保障经济社会可持续发展的综合能力。环境和生态保护是实现经济社会可持续发展的前提。依靠技术进步保护环境,将会在制造业可持续发展过程中产生越来越显著的影响。

5.2 中国制造业评价"四维"指标体系

基于以上对制造业"新型化"内涵的分析,本年度报告对历年《中国制造业发展研究报告》采用的三维"新型化"评价指标体系进行拓展,扩充为新的"四维"制造业"新型化"评价指标体系,使之更符合新时期制造业发展的需求。

5.2.1 指标体系设计原则

制造业"新型化"内涵是构建制造业"新型化"评价指标体系的指导思想。制造业"新型化"内涵包括经济创造能力、科技创新能力、能源节约能力及环境保护能力四个主要方面,每一方面又涉及多项内容。因此,必须在科学原则的指导下才能设计出合理的评价指标体系,才能系统、准确地反映制造业"新型化"的程度。本报告认为,构建制造业"新型化"评价指标体系,要遵循科学性原则、系统性原则、可比性原则及可操作性原则。

1. 科学性原则

制造业"新型化"评价的结果是否准确、合理,在很大程度上取决于评价指标的选取、评价标准的设置,以及评价方法的选取是否科学。制造业"新型化"评价指标体系的科学性原则主要包括准确性和完整性两个方面。准确性要求指标的概念要准确,含义要明晰,尽可能避免和减少主观臆断;指标体系的层次和结构应合理,且各指标之间应协调统一地为整个评价体系服务。完整性要求指标体系应围绕评价目的,全面完整地反映评价对象,突出重点,兼顾全面,不遗漏重要方面。

2. 系统性原则

制造业"新型化"内涵涉及多个方面,每个方面有一些相应的指标表征,这要求指标的选取不但要具有足够的覆盖面,而且要具有一定的代表性,要涵盖制造业"新型化"的主要内涵、特征,反映其现状和发展,还应体现制造业"新型化"内涵中各个方面的内在联系,并具有清晰的层次。系统性原则要求评价指标体系不是一些指标的简单堆积,而应是一个统一的有机整体。

3. 可比性原则

统计指标在不同制造业之间存在一些差异。制造业"新型化"评价指标的选取应充分考虑到不同制造业统计指标的差异,尽量保证指标含义、统计口径和范围的一致性,以保证指标的可比性。另外,还要考虑到各省份之间统计标准和统计口径的差异。选取评价指标时,要综合考虑制造业产业间、区域间统计指标和统计口径的一致性,使得指标体系和评价标准在产业间和区域间具有一定的可比性。

4. 可操作性原则

构建制造业"新型化"评价指标体系,除了要遵循科学性、系统性、可比性原则之外,还要遵循可操作性原则,即指标体系所需的数据应易于收集、易于处理、便于操作,而且评价结果也易于利用,能够指导制造业发展实践。

5.2.2 制造业"新型化"评价指标体系

基于制造业"新型化"的内涵,制造业"新型化"评价指标体系主要包括经济创造能力、科技创新能力、能源节约能力和环境保护能力四大指标,通过经济指标反映制造业对国民经济的贡献,通过科技指标反映制造业未来的竞争能力,通过能源指标反映制造业发展与能源消耗的依赖程度,通过环境指标反映制造业对环境的影响和损害程度。据此,本报告构建了由4个主指标、31个子指标构成的制造业"新型化"评价指标体系,具体如表5-1所示。

表 5-1 制造业"新型化"评价指标体系

总指标	序号	主指标	序号	主指标	子指标
制造业新型化指标体系	A	经济指标	A1	产值	制造业总产值(亿元)
			A2		制造业总产值占工业总产值比重(%)
			A3	利润	制造业企业利润总额(亿元)
			A4		制造业就业人员人均利润率(元/人)
			A5	效率	制造业就业人员劳动生产率(万元/人)
			A6	市场	制造业产品销售率(%)
			A7	就业	制造业就业人员人数(万人)
			A8		制造业就业人员人数占总就业人数比重(%)
			A9	税收	制造业企业利税总额(亿元)
			A10		制造业就业人员人均利税率(万元/人)
	B	科技指标	B1	R&D	制造业R&D经费支出(万元)
			B2		制造业R&D人员全时当量(人年)
			B3		制造业R&D投入强度(%)
			B4		制造业R&D人员占就业人员人数比重(%)
			B5	产品开发	制造业新产品开发项目数(项)
			B6		制造业新产品开发经费(万元)
			B7	专利	制造业专利申请数(项)
			B8		制造业专利拥有数(项)
			B9	技术转化	制造业新产品产值(万元)
			B10		制造业新产品产值率(%)
			B11		制造业技术创新投入产出系数
	C	能源指标	C1	总量消耗	制造业能源消耗量(万吨标准煤)
			C2		制造业单位产值能源消耗量(万吨标准煤/亿元)
			C3	电力消耗	制造业电力消耗量(亿千瓦时)
	D	环境指标	D1	废水	制造业污染排放量(废水)(万吨)
			D2		制造业单位产值污染排放量(废水)(万吨/亿元)
			D3	废气	制造业污染排放量(废气)(亿标立方米)
			D4		制造业单位产值污染排放量(废气)(亿标立方米/亿元)
			D5	固体废物	制造业污染排放量(固体废物)(吨)
			D6		制造业单位产值污染排放量(固体废物)(吨/亿元)
			D7	综合	三废综合利用产品产值(万元)

1. 经济指标

经济创造能力主要从产值、利润、效率、市场、就业和税收等方面来衡量。在表5-1中，A1、A2为产值指标，用来反映制造业的产出水平和对国民经济的贡献。A3、A4为利润指标，用来反映制造业企业的利润总量和人均利润率。A5为效率指标，用来反映制造业企业的劳动生产效率。A6为市场指标，反映了制造业产品已实现的销售情况，以及制造业产品满足社会需要的程度。A7为就业总量指标，反映制造业企业吸纳就业的能力。A8为就业相对指标，反映制造业就业人员人数占总就业人数比重。A9、A10为税收指标，反映制造业企业对国家的税收贡献。各项指标的说明及具体计算方法如下：

（1）制造业总产值 $= \sum_{j=1}^{30} \text{TVP}_j$。其中，$\text{TVP}_j$表示第$j$个制造业行业工业总产值，$j=1,2,\cdots,30$。制造业的行业分类依据是国家统计局的国民经济行业分类与代码（GB/T4754-2002）。

（2）制造业总产值占工业总产值比重 $= \dfrac{\sum_{j=1}^{30} \text{TVP}_j}{\text{TP}} \times 100\%$。其中，$\sum_{j=1}^{30} \text{TVP}_j$为制造业总产值，TP为工业总产值。

（3）制造业企业利润总额是所有制造业企业利润之和，由30个两位数制造业行业利润加总得出，用字母S表示。

（4）制造业就业人员人均利润率 $= \dfrac{S \times 10\,000}{L}$。其中，$S$为制造业企业利润总额（亿元），$L$为制造业企业就业人员人数（万人）。

（5）制造业就业人员劳动生产率 $= \dfrac{\sum_{j=1}^{30} \text{TVP}_j}{L} \times 100\%$。

（6）制造业产品销售率 $= \dfrac{\sum_{k=1}^{30} \text{SR}_k}{\sum_{j=1}^{30} \text{TVP}_j} \times 100\%$。其中，$\text{SP}_k$为第$k$个制造业行业产品销售收入，$k=1,2,\cdots,30$；$\text{TVP}_j$表示第$j$个制造业行业工业总产值，$j=1,2,\cdots,30$。

（7）制造业就业人员人数，以字母L表示。

（8）制造业就业人员人数占区域就业人员人数比重 $= \dfrac{L}{L_q} \times 100\%$。其中，$L$为制造业企业就业人员人数，$L_q$为区域就业人员人数。

(9) 制造业企业利税总额,以字母 T 表示。

(10) 制造业就业人员人均利税率 $= \dfrac{T \times 10\,000}{L}$。其中,$T$ 为制造业企业利税总额(亿元),L 为制造业企业就业人员人数(万人)。

2. 科技指标

科技创新能力主要从 R&D、产品开发、专利和技术转化等方面来衡量。在表 5-1 中,B1、B2、B3、B4 为制造业 R&D 指标,反映了制造业企业研发活动的总支出和支出强度。B5、B6 为产品开发指标,这两个指标能较为客观地反映制造业企业在新产品开发上的投入和力度。B7、B8 为专利指标,反映了制造业企业科技创新活动的活跃性程度和产出情况。B9、B10、B11 为技术转化指标,是制造业企业技术转化及技术应用能力的体现。这 11 项指标分别从研发投入、新产品开发、科技产出和技术转化与应用等几个方面反映了制造业的科技创新能力。各项指标的说明及计算方法如下:

(1) 制造业 R&D 经费支出,是所有制造业 R&D 经费支出。

(2) 制造业 R&D 人员全时当量,是所有制造业 R&D 人员全时当量。

(3) 制造业 R&D 投入强度 $= \dfrac{\text{R\&D}}{\text{GDP}} \times 100\%$。其中,R&D 为制造业 R&D 经费支出,GDP 为国内生产总值。

(4) 制造业 R&D 人员占就业人员人数比重 $= \dfrac{L'}{L} \times 100\%$。其中,$L'$ 为制造业 R&D 人员数,L 为制造业就业人员人数。

(5) 制造业新产品开发项目数,是所有制造业新产品开发项目数量。

(6) 制造业新产品开发经费,是所有制造业新产品开发经费。

(7) 制造业专利申请数,是所有制造业专利申请数。

(8) 制造业专利拥有数,是所有制造业专利拥有数。

(9) 制造业新产品产值,是所有制造业新产品产值。

(10) 制造业新产品产值率 $= \dfrac{\text{NPV}}{\sum_{j=1}^{30} \text{TVP}_j} \times 100\%$。其中,NPV 为制造业新产品产值(亿元);$\text{TVP}_j$ 为第 j 个制造业行业工业总产值(亿元),$j = 1, 2, \cdots, 30$。

(11) 制造业技术创新投入产出系数 $= \dfrac{\text{NPV}}{\text{NPR}} \times 10\,000$。其中,NPV 为制造业新产品产值(亿元),NPR 为制造业新产品开发经费(万元)。

3. 能源指标

能源节约能力主要从能源总消费和电力消费两个方面来衡量。在表 5-1 中，C1 和 C2 是能源总消费指标，分别反映了制造业能源消费总量和能源强度。C3 为电力消费指标，反映了制造业发展对电力的依赖程度。这三个指标综合反映了制造业发展与能源消费依赖与脱钩关系，是制造业能源节约能力的综合体现。各项指标的说明及计算方法如下：

（1）制造业能源消耗量，是所有制造业能源消耗量，以 CC 表示。

（2）制造业单位产值能源消耗量 $= CC \big/ \sum_{j=1}^{30} TVP_j$。其中，CC 为制造业能源消耗量。

（3）电力消耗量（亿千瓦时）。

4. 环境指标

环境保护能力主要从废水、废气、固体废物排放和"三废"综合利用四个指标来综合衡量。D1、D2 反映废水排放总量和废水排放强度；D3、D4 反映废气排放总量和废气排放强度；D3、D4 即废气排放总量和废气排放强度；D5、D6 即固体废物排放总量和固体废物排放强度；D7 即"三废"综合利用产品产值，是制造业循环经济的具体体现。以上指标从不同方面反映了制造业的环境保护能力，各项指标的说明及具体计算方法如下：

（1）制造业污染排放量（废水），是所有制造业废水排放量。

（2）制造业单位产值污染排放量（废水）$= \dfrac{WWD}{\sum_{j=1}^{30} TVP_j}$。其中，WWD 为报告期制造业废水排放量。

（3）制造业污染排放量（废气），是所有制造业废气排放量。

（4）制造业单位产值污染排放量（废气）$= \dfrac{WGD}{\sum_{j=1}^{30} TVP_j}$。其中，WGD 为报告期制造业废气排放量。

（5）制造业污染排放量（固体废物），是所有制造业固体废物排放量。

（6）制造业单位产值污染排放量（固体废物）$= \dfrac{WSD}{\sum_{j=1}^{30} TVP_j}$。其中，WSD 为报告期制造业固体废弃物排放量。

（7）三废综合利用产品产值，是所有制造业三废综合利用产品产值。

5.3 中国制造业发展综合(新型化)评价

接下来利用制造业经济、科技、能源以及环境等指标的相关数据,运用多指标离差最大化决策方法,先对制造业经济创造能力、科技创新能力、能源节约能力和环境保护能力进行评估与排序,然后综合这四个维度,对制造业"新型化"发展进行综合评价。

对中国制造业的综合发展进行评估和排序涉及多个指标,因此这是一个多属性决策问题。多属性也称多准则决策,其核心和关键是指标权重的确定,本报告采用"离差最大化"决策方法确定权重。该方法是一种完全客观的评价方法,消除了主观评价方法中人为因素的影响,而且这种方法概念清楚、含义明确且算法简单,因此在实践中得到了广泛的应用。

令 $A = \{A_1, A_2, \cdots, A_n\}$ 表示多指标评价问题的方案集,$G = \{G_1, G_2, \cdots, G_m\}$ 表示指标集,$y_{ij}(i=1,2,\cdots,n;j=1,2,\cdots,m)$ 表示 A_i 方案对 G_j 指标的指标值,$Y = (y_{ij})_{n \times m}$ 矩阵表示 A 方案集对 G 指标集的属性矩阵,即评价矩阵。

通常,根据指标的性质,指标可以分为效益型、成本型、固定型和区间型四类指标。因为评价指标不同,量纲和量纲单位也会不同。所以,我们将评价指标进行无量纲化处理,即规范化处理,从而解决了量纲和量纲单位不同构成的不可公度性问题。本节指标仅涉及效益型和成本型两类,效益型指标为指标值越大越好的指标,成本型指标为指标值越小越好的指标,其规范化处理方法如下:

针对成本型指标,令

$$Z_{ij} = \frac{y^{\max} - y_{ij}}{y^{\max} - y^{\min}}, \quad i=1,2,\cdots,n;j=1,2,\cdots,m. \tag{1}$$

针对效益型指标,令

$$Z_{ij} = \frac{y_{ij} - y^{\min}}{y^{\max} - y^{\min}}, \quad i=1,2,\cdots,n;j=1,2,\cdots,m. \tag{2}$$

其中,$y_j^{\min}$、$y_j^{\max}$ 分别表示指标 G_j 的最小值、最大值。

以 $Z = (Z_{ij})_{n \times m}$ 表示无量纲化处理后所得到的评价矩阵,很明显,Z_{ij} 总是越大越好。令 $w = (w_1, w_2, \cdots, w_m)^T > 0$ 表示评价指标的加权向量,同时,还需满足单位化约束条件:

$$\sum_{j=1}^{m} w_j^2 = 1 \tag{3}$$

在求得加权向量 w 之后,构造如下所示的评价矩阵:

$$C = \begin{array}{c} \\ A_1 \\ A_2 \\ \vdots \\ A_n \end{array} \begin{array}{cccc} G_1 & G_2 & \cdots & G_m \end{array} \\ \left[\begin{array}{cccc} w_1 z_{11} & w_2 z_{12} & \cdots & w_m z_{1m} \\ w_1 z_{21} & w_2 z_{22} & \cdots & w_m z_{2m} \\ \vdots & \vdots & \vdots & \vdots \\ w_1 z_{n1} & w_2 z_{n2} & \cdots & w_m z_{nm} \end{array} \right] \quad (4)$$

再由简单算术平均加权法,得到 A_i 方案的多指标综合评价值,如公式(5)所示:

$$D_i(w) = \sum_{j=1}^m z_{ij} w_j, \quad i = 1, 2, \cdots, n \quad (5)$$

同样,$D_i(w)$ 总是越大越好,$D_i(w)$ 越大表明 A_i 方案越优。因此,当加权向量 w 已知时,根据公式(1)—(5)可以对各方案 A_i 进行评价并排序。

接着,我们进一步分析确定加权向量 w 的方法。如果某一指标 G_j 对决策方案 A_i 的最终评价值和排序没有影响,那么可以令 G_j 的权重取 0;相反,如果某一指标 G_j 可以让决策方案 A_i 的最终评价值和排序有很大变化,可以令这类指标 G_j 取得较大的权重。针对 G_j 指标,用 $v_{ij}(w)$ 表示 A_i 方案与其他决策方案的离差,则有:

$$v_{ij}(w) = \sum_{k=1}^n \left| w_j z_{ij} - w_j z_{kj} \right|, \quad i = 1, 2, \cdots, n; j = 1, 2, \cdots, m \quad (6)$$

令

$$v_j(w) = \sum_{i=1}^n v_{ij}(w) = \sum_{i=1}^n \sum_{k=1}^n \left| z_{ij} - z_{kj} \right| w_j, \quad j = 1, 2, \cdots, m \quad (7)$$

那么,$v_j(w)$ 表示在 G_j 指标下,所有方案 A_i 与其他方案的离差之和。因为选择的加权向量 w 需使得所有指标对所有方案的离差之和取得最大值,所以,构造如下目标函数:

$$\max F(w) = \sum_{j=1}^m v_j(w) = \sum_{j=1}^m \sum_{i=1}^n \sum_{k=1}^n \left| z_{ij} - z_{kj} \right| w_j \quad (8)$$

于是,求加权向量 w 的问题等价于求非线性规划问题:

$$\begin{cases} \max F(w) = \sum_{j=1}^m v_j(w) = \sum_{j=1}^m \sum_{i=1}^n \sum_{k=1}^n \left| z_{ij} - z_{kj} \right| w_j \\ \text{s.t.} \sum_{j=1}^m w_j^2 = 1 \end{cases} \quad (9)$$

解此非线性规划问题,并将 w^* 做归一化处理,得:

$$w_j^* = \frac{\sum_{i=1}^n \sum_{k=1}^n \left| z_{ij} - z_{kj} \right|}{\sum_{j=1}^m \sum_{i=1}^n \sum_{k=1}^n \left| z_{ij} - z_{kj} \right|}, \quad j = 1, 2, \cdots, m. \quad (10)$$

综上,采用离差最大化方法对多指标问题进行评价与排序的步骤可概括为以下三步:

(1) 将效益型及成本型指标进行处理得到规范化评价矩阵 $Z = (Z_{ij})_{n \times m}$;

(2) 采用离差最大化方法求出最优的权向量 $w^* = (w_1^*, w_2^*, \cdots, w_m^*)^T$,然后根据权向量求出各方案 A_i 的综合评价值 $D_i(w), i = 1, 2, \cdots, n$;

(3) 根据步骤(2)中各评价方案的综合评价值大小,我们可以对多指标问题做出合理评价及排序分析。

5.3.1 经济创造能力综合评价

通过查阅《中国统计年鉴》2006—2013 年中国制造业经济方面的数据,选取能客观、全面地反映制造业经济创造水平的指标,如企业利润总额、制造业总产值等,采用离差最大化方法计算出各指标的权重,并结合各指标的规范化数值得到 2006—2013 年中国制造业经济创新能力的综合评价值。

1. 制造业 2006—2013 年经济指标综合评价值逐年增加

从图 5-1 可看出,中国制造业经济指标综合评价值从 2006 年的 0.0333 逐渐增加至 2013 年的 0.8736,说明制造业经济综合水平逐年提高。2006—2013 年中国制造业经济创造能力的综合评价表明,中国制造业经济创造能力不仅逐年提升,而且整体的增长幅度也有明显的加快,特别是在 2009—2010 年,制造业经济创造能力增长幅度最大,综合评价值从 0.4117 快速增加至 0.7944。

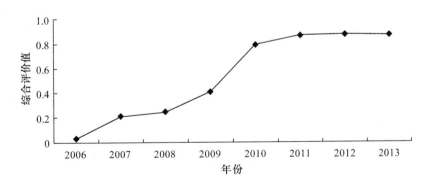

图 5-1 中国制造业 2006—2013 年经济指标综合评价

2. 制造业经济创造能力单项指标分析

(1) 制造业总产值急剧增加,2009—2011 年增幅最大。就总产值而言,在整个 8 年间,制造业总产值呈现上升趋势,在一定程度上反映了中国制造业的发展形势。在衡量 2006—2013 年制造业所涉及的指标中,制造业总产值指标所占权重为 0.1498。制造业总产值反映了国家制造业的发展情况。在如图 5-2 所示的制造业总产值统计表中,可以看到,制造业总产值在2006—2013年呈稳步上升趋势,2009—2011年该指标变化幅度最大,从479 199.72亿元增加至733 984.01亿元。

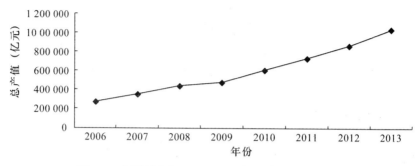

图5-2 中国制造业2006—2013年制造业总产值

(2)制造业企业利润总额所占权重较高,中国制造业经济利润额呈现总体增速放缓迹象。制造业企业利润总额是制造业类企业在生产经营过程中各种收入扣除各种耗费后的盈余,反映在报告期内实现的盈亏总额的一个经济指标,在一定程度上反映了中国制造业企业的盈利能力。在衡量2006—2013年制造业所涉及的指标中,制造业企业利润总额所占权重较高,达到了0.1854。在图5-3中我们可以发现制造业企业利润总额在总体上呈现递增趋势,说明了中国制造业企业利润总额的盈利值逐年增加的一个良好态势,尤其是2009—2010年这一阶段,其利润总额增长呈现了一个迅猛发展势头,可以看出在经济危机以来的这一段时间内,国内制造业受到的影响并不是太大。但是随着欧洲债务危机持续3年之久,2013年欧债问题的阴云依然困扰着欧洲经济的发展,美日等世界主要经济体经济复苏的乏力以及新兴经济体发展增速的放缓,世界实体经济受到了严重冲击。在外部市场需求不旺、国内经济下行压力增大的大环境下,2013年中国制造业经济利润额等呈现总体增速放缓迹象。

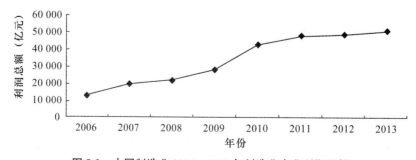

图5-3 中国制造业2006—2013年制造业企业利润总额

(3)制造业就业人员劳动生产率整体呈现上升趋势,2011年就业人员劳动生产率增幅较大。如图5-4所示,在整个2006—2013年的生产制造过程中,制造业就业人员劳动生产率整体呈现上升趋势,在一定程度上反映了制造业发展的良好局势。其中,在2006—2010年,劳动生产率的增长率基本保持在同一水平,在2009—2013年,由图中折线的斜率可以解读出在这一时期内劳动生产率的增长率较先期有所提高。不难发现,在2008年年底,中国用诸如4万亿等超常规经济刺激计划应对国际金融危机取得了一定的成效。结合各方面的预测,2011年将是中国经济经过危机冲击触底之后、进入新一轮经济上升周期的起点。因此,2011年制造业就业人员劳动生产率增幅较大。

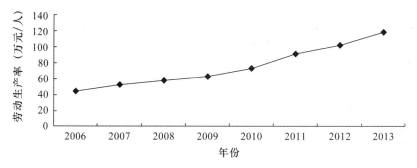

图5-4 中国制造业2006—2013年制造业就业人员劳动生产率

(4)中国制造业产品的销售还处于摸索阶段,整体的销售方式仍需创新。制造业产品销售率是用报告期制造业产品销售与同期全部制造业行业总产值的比值表示的,该指标可用来反映制造业产品已实现销售的程度、分析制造业产销衔接情况、研究制造业产品满足社会的需求程度。通过该项指标,可以直观地看出该产品的销售状况,从而帮助促进销售商的盈利。制造业产品销售率变化趋势如图5-5所示,产品销售率在2006—2013年呈波浪式变化,减增交替,2006—2008年的产品销售率呈现下降趋势,并且在2008年反弹。在衡量2006—2013年制造业所涉及的指标中,制造业产品销售率所占权重为0.1905,为6项中最高。过往资料显示,2002—2006年期间,中国对美国的出口一直保持高速增长,中国海关的统计数据均在24.9%以上。但2007年8月以来,中国对美国出口增长速度急剧下降,12月单月对美出口增长速度为6.8%(中方数据)。所以,次贷危机导致的美国经济疲软对中国制造业销售率的回落起了很大作用。制造业产品销售率在2009—2010年有一定幅度的增长,在2012年有较小幅度回落,但在2013年又有较大幅度的增长,且在2013年该指标变化幅度较大。这表明中国在这一时期内的制造业产品销售还处于一定的摸索阶段,多次的波折发展体现了整体的销售方式以及制造业产品生产社会需求度的问题。

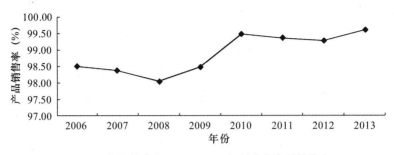

图 5-5 中国制造业 2006—2013 年制造业产品销售率

(5) 制造业就业人员人数反映了一个地区一定时间内制造业就业的总规模,其变化趋势如图 5-6 所示。2006—2013 年,我国制造业就业规模先是不断扩大的,2006 年为 3 351.6 万人,到 2013 年达到高峰,就业人数增长到 5 257.9 万人,8 年间增加了 1 900 多万人。2011—2013 年就业人数开始快速上升,2011 年为 4 088.3 万人,2012 年上升为 4 262.2 万人,2013 年急剧上升,达到 5 257.9 万人。就业人数上升的原因可能是国家就业政策和就业规模的扩大。

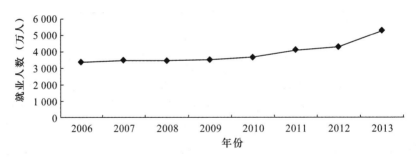

图 5-6 中国制造业就业人数

(6) 制造业就业人员人数占总就业人数的比重反映了制造业在吸纳就业方面的贡献能力,是衡量制造业社会服务能力的重要指标,其变化趋势图如图 5-7 所

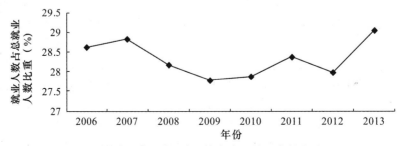

图 5-7 制造业就业人员人数占总就业人数比重

示。2006—2013 年我国制造业就业人员人数占总就业人数的比重呈现波动态势，2006 年比重为 28.61%，2007 年稍有上升，为 28.82%；此后两年呈下降态势，2009 年为 27.77%，是样本期内的最低值；然后波动上升，2013 年达到了 29.04%，是近年来的最高峰。数据表明中国制造业仍然是吸纳就业的主要力量。

（7）制造业企业利税总额反映了制造业企业在提供国家税收方面的贡献能力，其变化趋势如图 5-8 所示。从图中可以看出，2006—2013 年我国制造业企业利税总额逐年上升，从 2006 年最初的 23 665.38 亿元跃升至 2013 年的 87 642.34 亿元，增长了 3.70 倍，年均增幅高达 21.37%。从环比增速看，2007 年增长最快，为 42.87%；其次是 2010 年，增长率为 39.91%；增长最慢的是 2012 年，仅增长了 4.74%。

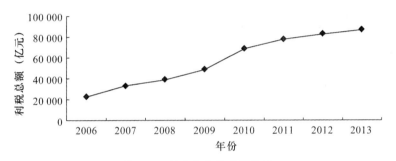

图 5-8　制造业企业利税总额

（8）制造业就业人员人均利税率反映了制造业企业在提供国家税收方面的平均贡献水平，其变化趋势如图 5-9 所示，从图中可以看出，2006—2010 年，我国制造业就业人员人均利税率不断增加，从 2006 年的人均 7.0609 万元上升至 2010 年的 19.1321 万元，5 年间增长了 2.71 倍；但是 2010—2012 年增长缓慢；2012—2013 年呈现下降趋势，从 2012 年的人均 19.6327 万元下降为 2013 年的人均 16.6687 万元。这表明制造业生产技术在逐年进步，劳动生产率在逐年缓慢提高。

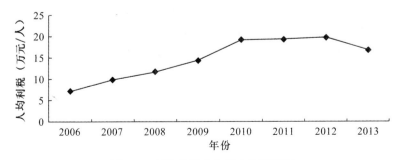

图 5-9　制造业就业人员人均利税率

5.3.2 科技创新能力综合评价

制造业作为技术复杂、先进技术应用广泛的行业,其科技创新能力受到越来越多的关注,西方发达国家在制造业企业投入了70%左右的研发人员和经费,而中国虽在2010年获得制造业产值世界第一的荣誉,但制造业科技创新能力总体偏弱,这已经成为制约制造业转型的重要障碍。如何客观评价中国制造业科技创新能力,找出阻碍中国科技创新能力的关键因素,加快实现制造业科技创新能力的新跨越,推动制造业向技术密集型产业转变,已成为迫切需要解决的问题。

根据2007—2014年《中国统计年鉴》和《中国科技统计年鉴》中国制造业科技创新方面的数据,选取能客观、全面地反映制造业科技创新水平的11项指标,采用离差最大化方法计算出各指标的权重,并结合各指标的规范化数值得到2006—2013年中国制造业科技创新能力的综合评价值。依据各指标的原始数据、规范化数据、权重、创新能力综合评价值及其排序结果,并对科技创新能力做出评价。中国制造业科技创新能力各项评价指标的原数据如表5-2所示。

根据公式(2),构造中国制造业2006—2013年各项科技指标规范化数据,如表5-3所示。

计算中国制造业2006—2013年各项科技指标权重,综合评价中国制造业各年度科技创新能力,如表5-4所示。

1. 中国制造业科技创新能力整体评价

从表5-4可看出,制造业2006—2013年科技创新能力综合评价值逐年增加,从2006年的0.0932逐渐增加至2013年的0.8925,说明制造业科技创新水平逐年提高,且2013年的科技创新水平较2006年大幅提升。

结合图5-10,除技术创新投入产出系数外,其余10项指标在2011年的增长幅度与其他年份相比异常大。中国在2010年制造业产值达到1.955万亿美元,位居制造业产值世界第一,但经济研究和咨询公司在2011年的IHS Global Insight报告指出,就劳动生产效率来说,中国制造业人均产值仅为美国的1/8,这说明"中国制造"只是在数量上超过"美国制造"。在保住中国制造业产值世界第一的同时,增强制造业科技创新能力在一定程度上激励中国制造业在2011年对R&D、新产品开发和专利方面给予更大的重视与投入。因此,2011年中国制造业在科技创新方面表现出巨大的增长幅度是可以解释的。另外,中国规模以上高科技制造业在2011年创造了9.2万亿元的总产值,产值规模在世界排名第二,这也充分说明继2010年中国成为制造业产值世界第一后,制造业更加注重科技实力的提升。

表 5-2 中国制造业 2006—2013 年各项科技指标数据表

年份	R&D经费支出（万元）	R&D人员全时当量（人·年）	R&D投入强度（%）	R&D人员占就业人员比重（%）	新产品开发项目数（项）	新产品开发经费（万元）	专利申请数（项）	发明专利拥有数（项）	新产值（万元）	新产品产值率（%）	技术创新投入产出系数
2006	15 513 883.9000	621 991	0.7172	0.9800	98 040	18 335 256.0000	67 227	28 168	318 862 362.0000	11.6131	17.3907
2007	20 095 640.5000	777 570	0.7560	1.1342	109 305	24 025 786.0000	93 576	4 455	422 591 301.0000	11.9501	17.5891
2008	25 463 701.8000	922 832	0.8108	1.1936	116 679	30 284 884.2000	118 048	54 223	510 857 359.4000	11.5747	16.8684
2009	30 142 350.8000	1 207 549	0.8842	1.5643	147 778	35 503 978.8000	162 694	78 905	578 707 859.3000	12.0765	16.2998
2010	37 713 266.9000	1 275 445	0.9393	1.5199	155 072	43 240 022.2000	192 661	109 721	729 658 232.1000	11.9703	16.8746
2011	56 923 791.5000	1 823 783	1.2032	2.2645	261 564	67 234 362.1000	374 112	196 521	988 687 652.3000	13.4702	14.7051
2012	68 408 380.5000	2 126 589	1.3182	2.7511	316 883	78 372 872.8000	468 831	270 841	1 085 763 794.0000	13.7052	13.8538
2013	79 502 287.0000	2 368 205	1.3976	4.5041	351 682	90 561 522.0000	534 927	327 989	1 265 454 673.0000	14.1047	13.9734

资料来源：2007—2013 年《中国科技统计年鉴》。

表 5-3 中国制造业 2006—2013 年各项科技指标规范化数据表

年份	R&D经费支出（万元）	R&D人员全时当量（人·年）	R&D投入强度（%）	R&D人员占就业人员比重（%）	新产品开发项目数（项）	新产品开发经费（万元）	专利申请数（项）	发明专利拥有数（项）	新产值（万元）	新产品产值率（%）	技术创新投入产出系数
2006	0.0000	0.0000	0.0000	0.0000	0.0000	0.0000	0.0000	0.0000	0.0000	0.0152	0.9469
2007	0.0716	0.0891	0.0570	0.1238	0.0444	0.0788	0.0563	0.0477	0.1096	0.1484	1.0000
2008	0.1555	0.1723	0.1376	0.2653	0.0735	0.1654	0.1087	0.0869	0.2028	0.0000	0.8071
2009	0.2286	0.3353	0.2454	0.5113	0.1961	0.2377	0.2041	0.1692	0.2745	0.1983	0.6548
2010	0.3469	0.3742	0.3264	0.5268	0.2249	0.3448	0.2682	0.2720	0.4340	0.1564	0.8087
2011	0.6471	0.6882	0.7143	0.8314	0.6447	0.6770	0.6562	0.5615	0.7076	0.7492	0.2279
2012	0.8266	0.8616	0.8833	1.0000	0.8628	0.8312	0.8587	0.8094	0.8102	0.8421	0.0000
2013	1.0000	1.0000	1.0000	0.8451	1.0000	1.0000	1.0000	1.0000	1.0000	1.0000	0.0320

资料来源：根据作者整理计算得出。

表 5-4 中国制造业 2006—2013 年科技创新能力及排序比较

权系数	0.0890	0.0896	0.0931	0.0886	0.0923	0.0892	0.0915	0.0888	0.0876	0.0934	0.0969		
年份	R&D经费支出（万元）	R&D人员全时当量（人·年）	R&D投入强度（%）	R&D人员占就业人员比重（%）	新产品开发项目数（项）	新产品开发经费（万元）	专利申请数（项）	发明专利拥有数（项）	新产品产值（万元）	新产品产值率（%）	技术创新投入产出系数	评价值 $D_i(w)$	排序号
2006	0.0000	0.0000	0.0000	0.0000	0.0000	0.0000	0.0000	0.0000	0.0000	0.0152	0.9469	0.0932	8
2007	0.0716	0.0891	0.0570	0.1238	0.0444	0.0788	0.0563	0.0477	0.1096	0.1484	1.0000	0.1715	7
2008	0.1555	0.1723	0.1376	0.2653	0.0735	0.1654	0.1087	0.0869	0.2028	0.0000	0.8071	0.2008	6
2009	0.2286	0.3353	0.2454	0.5113	0.1961	0.2377	0.2041	0.1692	0.2745	0.1983	0.6548	0.2976	5
2010	0.3469	0.3742	0.3264	0.5268	0.2249	0.3448	0.2682	0.2720	0.4340	0.1564	0.8087	0.3727	4
2011	0.6471	0.6882	0.7143	0.8314	0.6447	0.6770	0.6562	0.5615	0.7076	0.7492	0.2279	0.6433	3
2012	0.8266	0.8616	0.8833	1.0000	0.8628	0.8312	0.8587	0.8094	0.8102	0.8421	0.0000	0.7755	2
2013	1.0000	1.0000	1.0000	0.8451	1.0000	1.0000	1.0000	1.0000	1.0000	1.0000	0.0320	0.8925	1

资料来源：根据作者整理计算得出。

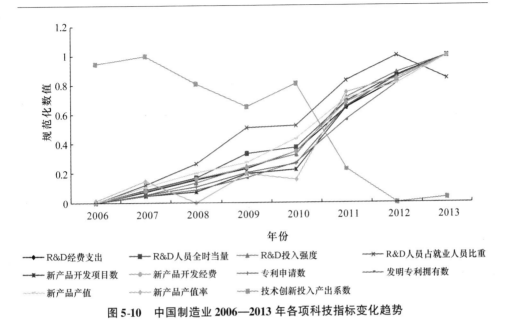

图 5-10 中国制造业 2006—2013 年各项科技指标变化趋势

2. 中国制造业科技创新能力单项指标评价

下面分别从 R&D、新产品开发、专利和新产品效益四个方面对中国制造业科技创新能力进行评价：

（1）R&D 能力分析

R&D 4 项指标值基本呈逐年增加的趋势，且增长幅度相似。R&D 活动的规模及强度可以反映一个企业、行业甚至国家的科技创新水平和核心竞争力。图 5-11 表明，除 2013 年制造业 R&D 人员占就业人员人数比重与 2012 年相比有略微下降之外，R&D 方面选取的 4 项指标在 2006—2013 年内指标值逐年增加，且增长幅度相似，这也体现了企业 R&D 经费支出与 R&D 人员投入间的正比关系，同时表明制造业对 R&D 更加重视，在人力、经费方面的投入均有所增加。

R&D 投入强度是国际上广受关注的指标。虽然制造业对 R&D 的投入强度在不断增加，但中国制造业 R&D 投入强度在 8 年内仅从 2006 年的 0.7172% 增长到 2013 年的 1.3976%，8 年内只增长 0.68%，增长趋势缓慢。尽管这一指标受中国 GDP 增速快的影响很大，但 R&D 经费支出在短期内很难跟上 GDP 水平，也从侧面说明中国 R&D 经费投入虽在总量上增长迅速，但质量仍有待继续提高。另外，除 2011 年外，近几年制造业 R&D 投入强度的增长率维持在 5%—10%，平均增长率为 10.2314%，而在 2011 年该指标增长率显著增大，达到 28.0954% 的水平。制造业 R&D 投入强度在 2011 年出现较高的增长率可能与中国在"十一五"期间（2006—2010 年）制定的 R&D/GDP 比例达到 2% 的目标有关。事实上，时任总理

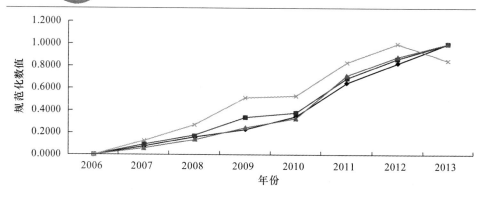

图 5-11 制造业 2006—2013 年 R&D 投入变化趋势

温家宝也在 2011 年指出：R&D/GDP 这一指标比 GDP 更加重要，《国民经济和社会发展第十二个五年规划纲要》中又制定了 2015 年 R&D/GDP 比例达到 2.2% 的目标。这验证了政府对 R&D 投入强度的高度重视及制定的相关政策与规划，在一定程度上促成了 2011 年中国制造业 R&D 投入强度的高增长率。

R&D 人员占就业人员比重增长幅度较小。另外，从图 5-11 知，R&D 人员占就业人员比重在 11 项指标中权重很低。R&D 人员占就业人员比重虽然在近 8 年内呈上升态势，但 2006—2013 年制造业 R&D 人员占就业人员比重增长幅度只在 2009 年和 2011 年出现明显上升现象，其余年份增长幅度均很小，平均增长率为 14.2992%。这说明 8 年内制造业对 R&D 人员的投入量相对总的就业人数而言虽然比重有增加但增加幅度较小。

（2）新产品开发情况分析

新产品开发项目增幅较大，新产品开发经费增幅较高。开发新产品说明了需求的多样性与多变性，是现代社会对企业提出的必然要求，任何一家企业唯有适时地提供适应大众需求的新产品才不会被市场淘汰。从新产品开发项目数来看，中国制造业企业从 2006 年新产品立项不到 10 万项，发展到 2013 年立项 35 万项，如此大的增长幅度充分说明中国制造业企业对新产品开发的高度重视。

新产品开发离不开经费的支持。随着开发项目的增多，新产品开发经费也从 2006 年的 18 335 256 万元增长至 2013 年的 90 561 522 万元。这表明，产品生命周期的短暂导致企业的运营成本和风险越来越大，而试图通过推出新产品来抢占市场和开拓经营领域的企业，不得不投入越来越多的资金进行新产品开发。

（3）专利情况分析

中国制造业专利产出增长巨大，制造业发明专利拥有数年均增幅超过 30%。从专利申请数看，中国制造业专利申请数从 2006 年的 67 227 项增加至 2013 年的

534 927项,专利产出增长巨大。专利数量的增加与政府对专利等知识产权的管理和保护密不可分。自"十一五"开始,中国多次对专利方面的法律法规进行修订,2007年党的十七大报告中明确提出实施"知识产权战略",2008年中国顺利实施《国家知识产权战略纲要》。法律法规的完善对专利的发明创造提供了有力保障,间接地促进了中国制造业对专利的研发热情。

发明专利是最能反映科技创新程度高低的专利类型,体现了原始创新能力的差异。中国制造业发明专利拥有数在2006年为28 168项,2013年增加至327 989项,总量上升迅速,表明中国制造业企业在科技创新方面越来越活跃,产出也不断增大。在增长率方面,除2011年外,近几年制造业发明专利的增长率维持在21%—51%,2011年该指标增长率却达到79%的水平,比2010年增加了40%。另外,2011年年底中国有效发明专利拥有数高达351 288项,首次超越外国在中国的发明专利拥有数,大陆内部每万人口发明专利拥有数也高达2.37项。上述成果与中国在2011年首次将"每万人口发明专利拥有量3.3件"这一指标纳入国家"十二五"规划纲要及各地区在2011年出台的相关举措密切相关。

(4) 新产品效益情况分析

制造业新产品产值呈逐年上升,新产品产值率变化不稳定,技术创新投入产出系数变化趋势比较异常。结合图5-12的规范化数据可知,新产品效益中的3项指标在2006—2013年内变化趋势差异较大。新产品产值呈逐年上升趋势,这表明制造业新产品开发的效益可观。新产品产值率虽然在2008年和2010年出现下降现象,但并不影响该指标在2013年达到8年内最高值。从图5-12可知,制造业新产品产值率在11项指标中的权重很大,说明近8年制造业新产品产值率是11项指标中变化很大且最不稳定的指标,也表明制造业新产品产值对工业总产值的贡献较不稳定。

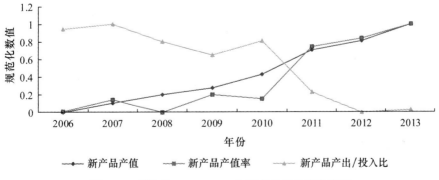

图5-12 制造业2006—2013年新产品效益变化趋势

需要特别指出的是,技术创新投入产出系数变化趋势比较异常。该指标值在2006—2007年较大,以后几年均低于这两年的水平,并在2012年降至8年内最低水平。虽然2013年制造业科技创新能力综合评价值在8年内最高,但2013年技术创新投入产出系数较2006年17.3907的水平降低了3.4173。技术创新投入产出系数反映了制造业科技创新项目收益与成本的比例,该指标值近乎逐年下降的趋势不可忽视,这说明随着科技的日益发展,制造业通过科技创新获取收益越来越困难,投入相同的经费,并不能取得和以往相同的收益,也表明科技创新需要更多的经费支撑。从另一角度看,这一情况体现了中国制造业经费投入的经济效益低下。

3. 中国制造业科技创新能力评价小结与建议

中国制造业科技创新投入力度在2006—2013年有显著的提升,产出也随之增加,除个别指标如技术创新投入产出系数较不理想外,中国制造业科技创新实力已达到新的水平,但提升空间较大。根据以上对中国制造业科技创新能力的分析,提出如下建议:

(1) 持续加大R&D、新产品开发等经费的投入。中国制造业在科技创新方面投入的经费逐年增加,在专利数和新产品产值等方面也不断取得新的成果。但中国研发经费投入不高仍是事实,尤其是R&D/GDP这一指标,与发达国家2%—3%的水平差距更大。为进一步提升中国制造业科技创新能力,加大经费投入是必然的要求。

(2) 大力增强创新型人员投入和队伍建设。研发人员是科技创新的主力军,是提升中国制造业科技水平的关键力量。近几年中国制造业研发人员数和研发人员投入强度在不断增加,但企业研发投入强度依然偏低。人才投入与队伍建设是避免研发经费被浪费的关键力量,为此,必须坚决加大研发人员投入,建设高质量研发队伍,从而促进制造业向技术密集型产业结构的转变。

(3) 加强科技转化能力,促进科技研发与市场应用的有效接轨。中国制造业在专利申请数、发明专利拥有数、新产品产值等方面已得到很大的提升,但技术创新投入产出系数在近几年几乎呈逐年下降趋势。这与中国片面强调R&D投入、专利拥有数、量化论文等评价科技创新能力的体系有重大关联。只有转化为有竞争力的创新才是真正意义上的创新,因此,必须面向市场进行研发创新,促进科技转化为实实在在的生产力,从而促进"中国制造"向"中国智造"的巨大转变。

5.3.3 能源节约能力综合评价

制造业的规模和水平是衡量一个国家综合国力的重要标志。改革开放以来,我国制造业有了很大的发展,其总量和水平都取得了长足的进步,制造业增长值占GDP的比重一直处于1/3以上。从增速上来讲,中国成为世界制造大国乃至

"世界制造业中心"指日可待。制造业是每个国家国际竞争的主要领域,很多工业国家也都依靠制造业的产品出口来推动国家经济发展。改革开放以来,我国的出口货物有了很大的变化:纺织物取代石油成为我国第一大出口的产品。这意味着我国已经脱离以资源为主产品的出口,进入劳动密集型产品出口的时代,资本和技术密集型的产品占出口的比重也在逐年增加。因此,制造业已经成为拉动我国经济发展的一个主要动力。

随着我国工业化发展,从2002年开始,我国的能源消耗与供应之间的矛盾越演越烈,煤炭、电力和石油等主要能源的供应告急,能源的缺乏已经成为我国国民经济可持续发展的重大约束。我国的能源紧缺形势不容乐观,因此节能减排必须加紧实行,这是政府和企业都不得不面对的问题。

制造业作为我国国民经济的支柱产业也是能耗最大的产业,其能源消耗总量的降低是全国能耗总量下降的关键。我国制造业能源消耗强度在不断下降,原因是产业结构调整和能源使用效率提高。因此,评价我国制造业能源消耗的情况就显得尤为重要。

本节主要是针对制造业能源消耗进行分析研究,对《中国统计年鉴》所统计的2006—2013年的相关数据进行收集和计算分析。本节针对制造业2006—2013年能源消耗主要指标,采用离差最大化方法,计算各指标的权重综合评价中国制造业能源消耗发展趋势。

中国制造业2006—2013年能源消耗规范化数据如表5-5所示,中国制造业2006—2013能源消耗水平综合评价如表5-6所示。

表5-5 中国制造业2006—2013年能源消耗规范化数据表

年份	制造业能源消耗量	制造业单位产值能源消耗量	制造业电力消耗量
2006	1.0000	0.0000	1.0000
2007	0.8343	0.2760	0.7939
2008	0.6344	0.4568	0.7575
2009	0.5276	0.5021	0.6748
2010	0.4282	0.7380	0.4348
2011	0.2784	0.8641	0.2346
2012	0.2122	0.9108	0.1369
2013	0.0000	1.0000	0.0000

资料来源:根据作者整理计算得出。

表 5-6 中国制造业 2006—2013 年能源消耗水平综合评价

权重	0.3222	0.3323	0.3455		
年份	制造业能源消耗量（万吨标准煤）	制造业单位产值能源消耗量（万吨标准煤/亿元）	制造业电力消耗量（亿千瓦/小时）	评价值 $D_i(w)$	排序号
2006	1.0000	0.0000	1.0000	0.6677	1
2007	0.8343	0.2760	0.7939	0.6348	2
2008	0.6344	0.4568	0.7575	0.6179	3
2009	0.5276	0.5021	0.6748	0.5700	4
2010	0.4282	0.7380	0.4348	0.5334	5
2011	0.2784	0.8641	0.2346	0.4579	6
2012	0.2122	0.9108	0.1369	0.4183	7
2013	0.0000	1.0000	0.0000	0.3323	8

资料来源：根据作者整理计算得出。

根据制造业 2006—2013 年各项能源消耗归一化数据表，建立其具体直线分布趋势折线表，如图 5-13 所示。

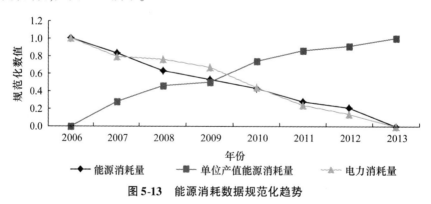

图 5-13 能源消耗数据规范化趋势

1. 中国制造业资源能源消耗水平综合评价

中国制造业 2006—2013 年能源消耗综合评价值逐年降低。从表 5-6 可以看出制造业能源消耗评价值由 2006 年的 0.6677 逐年降低到 2013 年 0.3323。中国制造业能源消耗方面的综合水平逐年降低表明，在能源巨额消耗对可持续发展压力持续增大的前提下，制造业通过产业结构调整和能源使用效率提高等措施使得制造业能源消耗强度不断降低。

2. 中国制造业能源消耗水平的单项指标评价

这里从能源消耗量、电力消耗量、单位产值能源消耗量三个方面对资源能源

消耗水平进行评价:

(1) 中国制造业能源消耗总量逐年增多。从图5-14可以看出,制造业能源消耗量逐年递增,从2006年的143 051万吨标准煤到2013年的222 528万吨标准煤。制造业能源逐年增加表明,制造业中的大多数行业对能源具有高消耗、高依赖性的特点,随着制造业总量的迅速发展,对能源的依赖也越来越大。中国制造业要在未来相当长的时期内实现可持续发展,增强自身的竞争实力,就必须采取各种有效的方法降低能源消耗。

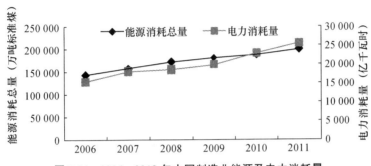

图5-14　2006—2013年中国制造业能源及电力消耗量

(2) 中国制造业的电力消耗量呈递增趋势。从图5-14可以看出,电力消耗量逐年递增,电力消耗量从2006年的15 371亿千瓦时到2013年的28 638亿千瓦时。制造业电力消耗量逐年递增表明,制造业行业对电力资源具有较强的依赖性,并且由于总量的迅速发展,对电力的依赖越来越大。因此,制造业为提高自身的竞争力必须降低电力资源消耗的水平。

(3) 制造业单位产值能源消耗量逐年降低。从图5-15可以看出,制造业单位产值能源消耗量从2006年的0.5210万吨标准煤/亿元逐年降低到2013年的0.2340

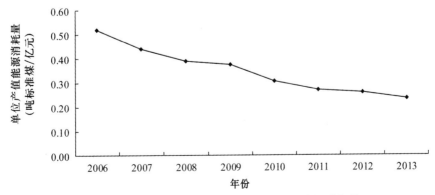

图5-15　2006—2013年中国制造业单位产值能源消耗量

万吨标准煤/亿元,表明了制造业近年来响应国家节能减排的政策,重视节能减排,注重能源的高效率应用,以提高行业资源的利用效率。

3. 中国制造业资源消耗水平评价小结与建议

在能源消耗方面,我国制造业对能源的依赖越来越大,能源消耗总量和电力消耗总量逐年递增,所以我国现在更应该注重节能减排的工作,并制定相应的政策,从而促进能源的高效利用。从单位产值能源消耗逐年降低也可以看出我国制造业发展已经越来越重视能源的节约和高效利用。

中国未来经济发展需要制造业的强大支撑,要想提高制造业乃至中国经济的国际竞争力,在加快经济发展的同时,必须让制造业产业与资源能源协调发展,降低资源能源消耗水平,提高资源能源利用率,这需要在国家能源科技发展战略中给予制造业和资源能源高度关注。根据以上对中国制造业资源能源消耗的分析,提出如下建议:

(1) 制造业行业需调整产业结构。在保持制造业发展速度的前提下,注重制造业的发展质量,合理调整产业结构、改变增长方式以降低资源能源的消耗。限制甚至禁止高能耗制造业行业的发展,鼓励低能耗制造业行业发展,并且对绿色环保行业的发展给予大力支持。

(2) 制造业行业需进行技术升级。制造业行业需要加大对技术创新活动的研究和开发力度,淘汰低技术、高耗能的产品,开发技术含量高的产品,将企业的资源合理分配给高技术产品,引导企业由传统的高耗能产业向低耗能、高技术产业过渡,提高资源能源的利用效率。

(3) 制造业行业需提高生产效率。制造业行业需要改善生产技术、提高生产效率,增加制造业的产值,降低制造业的单位产值能源消耗量。一方面,对于那些生产效率低的企业,要么提高企业的生产效率,要么淘汰低效率的企业,从而提高整个行业的生产效率;另一方面,对于生产效率高的企业,鼓励其保持生产效率,带动其他企业的生产效率,从而增加整个行业的产值,提高资源的单位产值利用率。

5.3.4 环境保护能力评价

根据2006—2013年的统计数据,从废水、废气、固体废物和三废综合利用四个层面分析各自的变化趋势及其原因,并评价各方面防治工作的成效与不足,希望能为制造业污染控制、整治工作提供一些研究支持。采用离差最大化方法,将各指标归一化,进行综合比较,并分析环境效率变化趋势,以及三废排放和综合利用对环境效率的贡献率,从而提出提高环境效率的着力点。

1. 数据处理与计算

本节所用的环境指标2006—2013年数据主要来自历年的《中国统计年鉴》,

其中,2006—2013年制造业废气排放量、2006年三废综合利用产品产值数据来自《中国环境统计年鉴》,2012—2013年制造业总产值采用《中国工业统计年鉴》中的制造业销售产值代替,两者数值接近,替代不会对分析评价造成太大影响,2011—2013年的制造业固体废物排放量和三废综合利用产品产值在各主要年鉴中均未查询到,因此,以2005—2010年的《中国统计年鉴》相应数据为原数据,用灰色GM(1,1)预测模型进行相关推算,如表5-7所示。

表5-7 中国制造业环境指标数据

年份	污染排放量（废水）（万吨）	单位产值污染排放量（废水）（万吨/亿元）	污染排放量（废气）（亿标立方米）	单位产值污染排放量（废气）（亿标立方米/亿元）	污染排放量（固体废物）（吨）	单位产值污染排放量（固体废物）（吨/亿元）	三废综合利用产品产值（万元）
2006	1 666 639.00	6.07	217 628.00	0.79	3 881 210.00	13.95	9 163 162.20
2007	1 810 570.29	5.12	254 326.90	0.72	2 821 850.00	7.98	12 430 524.20
2008	1 791 223.00	4.06	273 702.00	0.62	2 140 000.00	4.85	14 805 573.00
2009	1 747 242.57	3.87	281 675.00	0.62	1 708 070.00	3.72	14 186 126.70
2010	1 766 872.10	2.66	328 155.00	0.54	997 860.00	1.64	16 066 049.70
2011	1 730 429.00	2.36	463 004.00	0.63	853 141.16	1.16	18 399 111.83
2012	1 702 421.00	2.15	420 576.00	0.53	630 946.31	0.80	20 567 760.92
2013	4 006 729.00	4.47	435 474.00	0.49	547 257.86	0.73	22 371 742.45

资料来源:《中国环境统计年鉴》《中国统计年鉴》。

根据公式(1)、(2)无量纲化方法,中国制造业环境指标无量纲化数据如表5-8所示。

表5-8 中国制造业环境指标无量纲化数据

年份	污染排放量（废水）（万吨）	单位产值污染排放量（废水）（万吨/亿元）	污染排放量（废气）（亿标立方米）	单位产值污染排放量（废气）（亿标立方米/亿元）	污染排放量（固体废物）（吨）	单位产值污染排放量（固体废物）（吨/亿元）	三废综合利用产品产值（万元）
2006	1.0000	0.0000	1.0000	0.0000	0.0000	0.0000	0.0000
2007	0.9385	0.2423	0.8504	0.2298	0.3177	0.4516	0.2474
2008	0.9468	0.5128	0.7715	0.5581	0.5223	0.6884	0.4272
2009	0.9656	0.5612	0.7390	0.5581	0.6518	0.7738	0.3803
2010	0.9572	0.8699	0.5496	0.8207	0.8648	0.9312	0.5226
2011	0.9727	0.9464	0.0000	0.5252	0.9083	0.9675	0.6992
2012	0.9847	1.0000	0.1729	0.8535	0.9749	0.9947	0.8634
2013	0.0000	0.4092	0.1122	1.0000	1.0000	1.0000	1.0000

资料来源:根据作者整理计算得出。

中国制造业环境指标综合评价值及排序如表5-9所示。

表5-9 中国制造业环境指标比较与排序

年份	制造业污染排放量（废水）（万吨）	制造业单位产值污染排放量（废水）（万吨/亿元）	制造业污染排放量（废气）（亿标立方米）	制造业单位产值污染排放量（废气）（亿标立方米/亿元）	制造业污染排放量（固体废物）（吨）	制造业单位产值污染排放量（固体废物）（吨/亿元）	三废综合利用产品产值（万元）	综合评价值	排序
2006	1.0000	0.0000	1.0000	0.0000	0.0000	0.0000	0.0000	0.2615	8
2007	0.9385	0.2423	0.8504	0.2298	0.3177	0.4516	0.2474	0.4495	7
2008	0.9468	0.5128	0.7715	0.5581	0.5223	0.6884	0.4272	0.6173	6
2009	0.9656	0.5612	0.7390	0.5581	0.6518	0.7738	0.3803	0.6462	5
2010	0.9572	0.8699	0.5496	0.8207	0.8648	0.9312	0.5226	0.7753	2
2011	0.9727	0.9464	0.0000	0.5252	0.9083	0.9675	0.6992	0.6925	3
2012	0.9847	1.0000	0.1729	0.8535	0.9749	0.9947	0.8634	0.8159	1
2013	0.0000	0.4092	0.1122	1.0000	1.0000	1.0000	1.0000	0.6648	4
权重	0.0957	0.1563	0.1658	0.1440	0.1525	0.1401	0.1456	—	

资料来源：根据作者整理计算得出。

2. 中国制造业环境影响程度分析

(1) 制造业废水排放水平

2007—2012年中国制造业废水排放呈下降趋势，2012年废水排放量重新降回2006年的排放水平，但2013年的废水排放量又上升为2012年的两倍多。图5-16反映了中国制造业30多个行业总废水排放情况：2006年中国制造业废水排放总量最低，2012—2013年废水排放量陡增。主要是因为2013年黑色金属冶炼及压延加工业、化学原料和化学制品制造业这两个行业废水的大量增加。2013年黑色金属冶炼及压延加工业的工业废水治理设施当年运行费用仅为2012年的0.8%，工业废水处理量也只有2012年的48%，而工业废水排放量为2 186 335万吨，是2012年排放量的20.6倍，占了制造业废水排放总量的55%，超越造纸及纸制品业，成为废水排放量最多的行业。化学原料和化学制品制造业的工业废水治理设施当年运行费用仅为2012年的0.2%，工业废水排放量为409 677万吨，占了制造业废水排放总量的10%，成为废水排放量第二多的行业。2013年工业废水治理设施当年运行费用总金额急剧减少，只有25 642万元，仅为上一年的0.38%，用于治理废水的投资大量降低，废水排放的问题没有得到很好的管理，环境治理方面出现了一些反弹，因此环境问题需要长期重视，废水排放量的控制问题仍旧是重点对象。

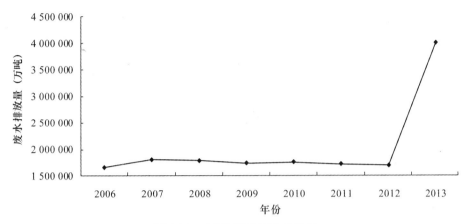

图 5-16　中国制造业废水排放量

2006—2012 年废水单位产值排放量呈现稳定的下降趋势,2013 年陡然上升,主要是因为 2013 年的废水排放量大幅增加,其增长的速度超过了制造业总产值的增长速度,从而回到了 2008 年的水平。从图 5-17 中可以看出,废水单位产值排放量总体还好。总的来说,中国制造业在发展的同时,其废水污染状况还需要进一步改善。

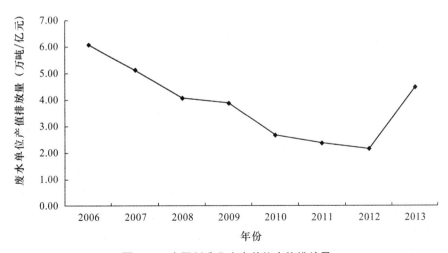

图 5-17　中国制造业废水单位产值排放量

(2) 制造业废气排放水平

2006—2011 年中国制造业废气排放量呈递增趋势,2011—2012 年有所下降,2013 年略有上升。图 5-18 是中国制造业废气排放量的变化趋势图,从图中可以看出,2006—2011 年废气排放量呈递增趋势,2011—2013 年总体上有所下降。该指标是成本型指标中唯一总体呈增长趋势的。废气排放的主要制造业行业是黑色金属冶炼及压延加工业、非金属矿物制品业、有色金属冶炼及压延加工业、化学原料和化学制品制造业,高能耗、高污染的制造业行业在 IGP 中一直名列前位,是废气排放量不断增加的原因,抵消了一定程度科技进步导致废气排放量的减少。

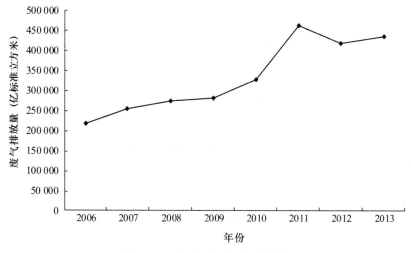

图 5-18　中国制造业废气排放量

中国制造业废气单位产值排放量总体呈缓慢下降趋势。中国制造业总产值和废气排放量在 2006—2013 年均呈增长趋势,但从图 5-19 中可以看出,废气单位产值排放量总体呈缓慢下降趋势,在 2006—2008 年稳定下降,而 2009—2012 年上下波动,但幅度较小,2013 年下降为 8 年中最低。图 5-20 能够很好地反映废气单位产值排放量的变化情况,2007、2008、2010、2012、2013 年制造业总产值的增长率都大于废气排放量增长率,因此 2006—2008 年、2009—2010 年、2011—2013 年废气单位产值排放量呈下降趋势,而 2009 年两者的增长率相近,2008—2009 年废气单位产值排放量变化很小,2011 年废气排放量增长率大于制造业单位产值增长率,因此 2010—2011 年废气单位产值排放量呈上升趋势。2008—2012 年废气单位产值排放量上下波动,说明在这 5 年间中国废气减排遇到了"瓶颈",主要是受技术水平限制,科研投入应适当增加。

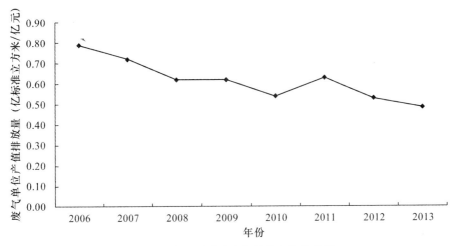

图 5-19　中国制造业废气单位产值排放量

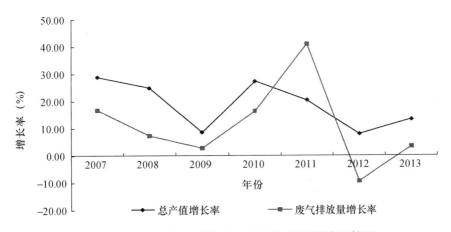

图 5-20　制造业总产值增长率与废气排放量增长率比较图

（3）制造业固体废物污染水平

2006—2013 年中国制造业固体废物排放量逐年递减，固体废物排放量下降趋势逐渐趋缓。图 5-21 是中国制造业固体废物排放量的逐年变化图，从图中可以看出，2006—2013 年制造业固体废物排放量逐年减少；从图中每两年间连线的直线斜率可以看出，固体废物排放量下降率也呈逐年减小的趋势，即固体废物排放量下降趋势逐渐趋缓。1996 年 4 月 1 日实施的《中华人民共和国固体废物污染环境防治法》确立了废物污染防治的"三化"原则和"全过程"管理原则，为固体废物处理提供了有力的法律保障。此外，自 2004 年，上述下降趋势还得益于以下诸多因素,例如:从事固体废物处理的企业的大规模发展;国家不断加强法规建设的科学基础研究;危险废物集中处置设施的建设,以提高危险废物的处理率和处理水平;对于固体废物产生源的调查引进;相关的法律法规和污染控制标准的进一步完善;固体废物示范工程的建设和引导作用。下降率趋缓,则是由于固体废物排放处理、整治措施的全面到位,所以,固体废物排放量的减少关键在于技术改革,而这一点还需中国制造业的不断探索。

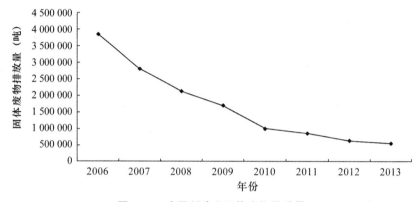

图 5-21 中国制造业固体废物排放量

中国制造业固体废物排放量逐年递减,固体废物单位产值排放量下降趋缓。从图 5-22 可以看出:2006—2013 年,固体废物单位产值排放量呈递减趋势,且每两年间连的直线斜率逐年减小,即固体废物单位产值排放量下降趋缓,且从 2013 年数据来看,已达到一个较低水平。固体废物排放的主要制造业行业是黑色金属

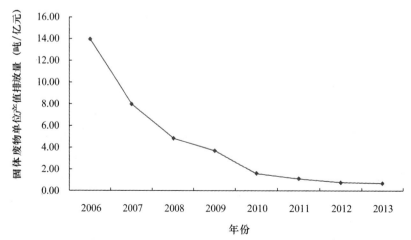

图 5-22 中国制造业固体废物单位产值排放量

冶炼及压延加工业、非金属矿物制品业、化学原料及化学制品制造业、有色金属冶炼及压延加工业和石油加工、炼焦及核燃料加工业,其中,非金属矿物制品业对于制造业总产值的贡献率小于其固体废物排放的贡献率,而纺织业对于制造业总产值贡献率则大于其固体废物排放量贡献率,其他 28 个行业的总产值贡献率与固体废物排放量贡献率则近似成正比。从宏观制造业来看,固体废物排放得到了有效的减少,但是要想取得可持续的成效,就必须着眼于固体废物排放的主要行业,尤其是非金属矿物制品业,加大在这几个行业的监管力度。

(4) 中国制造业三废综合利用水平

中国制造业三废综合利用产品产值总体呈增长趋势。三废综合利用产品产值指标为效益型指标,遵循越大越好的原则。从图 5-23 可以看出:2006—2008 年和 2009—2013 年,三废中利用产品总产值呈增长趋势,2008—2009 年有小幅下降,原因从图 5-17 和图 5-19 中可以看到废水、废气单位产值排放量在 2008—2009 年也基本持平,图 5-22 显示固体废物单位产值排放量在 2008—2009 年减少,因此可以推测当年的综合利用量也有小幅减少。就总体而言,其呈增长趋势。1996 年《关于进一步开展资源综合利用意见》,推动了中国的资源综合利用工作不断向前;2001 年《资源节约与综合利用"十五"规划》,提出了三废综合利用的合理长期规划;2003 年 1 月 1 日起实施的《清洁生产促进法》为三废综合利用奠定了坚实的法律基础;在 2006—2012 年度环保计划中,三废综合利用项目一直占较大比重。2006 年与 2013 年三废综合利用产品总产值翻了一番,在仅仅 7 年取得这样大的进展着实令人欣慰。制造业三废综合利用水平不断提升,有赖于科技的进步、循环利用意识的增强和政府的鼓励措施。各级政府和部门应抓好产生三废的重点

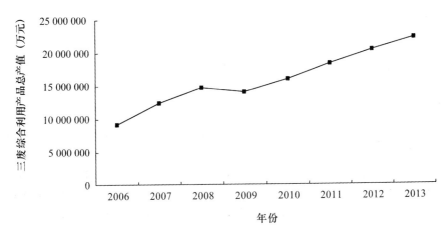

图 5-23 中国制造业三废综合利用产品总产值

行业与地点,对各制造业行业的情况做好监督工作,为企业提供资源综合利用咨询和信息服务,有效地提高了三废综合利用水平,对于节约资源、改善环境、提高经济效益、促进经济增长方式转变、实现资源优化配置和可持续发展都具有重要意义。

3. 中国制造业环境效率综合分析与评价

(1) 环境效率综合分析

根据 2006—2013 年环境效率综合评价数据分析中国环境现状及前景。采用离差最大化方法,可求中国制造业各环境效率指标权重,进而确定这些权重对环境效率综合评价值的影响程度。从图 5-24 可以看出:依照从大到小排序,影响环境效率综合评价值的主要因子包括废气排放量、废水单位产值排放量、固体废物排放量、三废综合利用产品总产值、废气单位产值排放量、固体废物单位产值排放量、废水排放量。

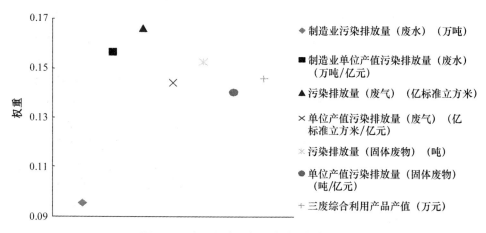

图 5-24 中国制造业各环境效率指标权重

中国制造业环境效率综合评价值总体呈增长趋势,环境效率不断提高。环境效率指标加权规一化值的增长趋势说明其对环境效率提高有正面影响,而下降趋势则说明对环境效率提高有不利影响。从图 5-25 中可以看出:除废气排放量、废水排放量、废水单位产值排放量三个指标以外,其他四个指标总体均呈增长趋势,这四个指标变化趋势良好且稳定,其中废气单位产值排放量在 2010—2011 年有较大幅度的下降,但废气排放量指标在 2006—2011 年保持稳定下降趋势,对环境效率产生负影响,2011—2012 年有增长,对环境效率综合评价值开始产生了积极影响,2012—2013 年又有所下降,但幅度较小,总体上废气污染状况改善。

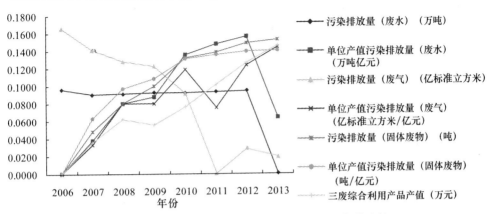

图 5-25 中国制造业各环境效率指标加权归一化值比较

从图 5-26 可以看出：中国制造业环境效率综合评价值在 2006—2010 年和 2011—2012 年呈增长趋势，在 2010—2011 年和 2012—2013 年有小幅下降，总体来看，呈增长趋势，环境效率不断提高，其排序按 2006—2012 年分别为 8、7、6、5、2、3、1、4。从图 5-25 中可以知道，2010—2011 年废气排放量和废气单位产值排放量这两个指标的加权规一化值都在下降，且减幅较大，从图 5-19 和图 5-20 可以知道，2010—2011 年废气排放量出现相对较大幅度的增长，且其增长率超过了当年制造业总产值的增长率，从而废气单位产值排放量由原来的下降转变为消极的增长，抵消了其他指标带来的有利影响，这是 2010—2011 年环境效率下降的原因。

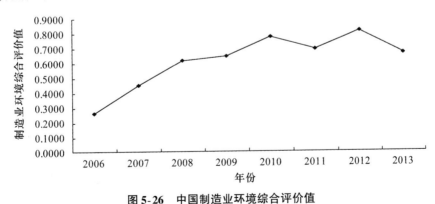

图 5-26 中国制造业环境综合评价值

(2) 环境效率综合评价

中国制造业的环境效率总体上不断提高，废气单位产值排放量总体呈波动式减缓，对环境效率的影响较大。我们所讨论的环境效率是指制造业增加的总产值与增加的环境影响的比值。环境效率的研究包括废水、废气、固体废物排放和三废综合利用。环境效率与可持续发展息息相关,没有环境效率的发展是负发展。从前述分析可以知道,中国制造业的环境效率不断提高,从指标层面来看,固体废物的排放以及三废综合利用情况都较好且变化趋势较稳定,尽管废气单位产值排放量总体呈良好的减少趋势,但有比较明显的波动,比较不稳定,对环境效率的影响较大,而废气排放更应引起重视,它是导致废气单位产值排放量波动的主要原因,更是阻碍环境效率增长的主要因素,应该更积极地采取加大力度研发除硫技术、完善碳交易市场体系等一系列举措,至于废水的排放,在2006—2012年都呈现较为良好的发展趋势,由于2013年黑色金属冶炼及压延加工业、化学原料和化学制品制造业的废水量的急速增加而导致状况不佳,应密切关注这两个行业的废水排放以及处理情况。从行业层面来看,通过制造业各行业在2006—2013年三废排放强度均值的比较,通用设备制造业,专用设备制造业,交通运输设备制造业,电气、机械及器材制造业,通信设备、计算机及其他电子设备制造业,仪器仪表及文化办公用机械制造业,属于低污染密集度行业;非金属矿物制品业、金属冶炼及压延加工业的污染排放,纺织业、造纸及纸制品业、印刷以及文教用品制造业,石油加工、炼焦及核燃料加工业,化学原料及化学制品制造业,属于高污染密集度行业,应成为防治污染和改善环境的重点关注行业。

尽管中国制造业的环境效率呈现良好势头,但是中国与其他发达国家差距仍较明显。中国环境治理的投资额逐年增加,但与美国、德国相比,仍旧差距很大,2005年中国治理环境污染的投入额仅略高于美国的21%。中国制造业从2006年发展至今,污染治理投入已赶超英国,但从治理污染投入占制造业总产值的比重来看却无明显增长,环境污染治理仍需政府和企业共同努力。

(3) 中国制造业环境效率评价建议

综合上述分析,结合中国制造业发展特点提出提高环境效率与促进制造业可持续发展能力的建议:

第一,实行清洁生产。清洁生产是促进环境与经济协调发展的新方法,其含义是对制造业生产过程的各环节采取污染预防战略的生产方式,即把污染治理解决在企业内部。

第二,发展循环经济。发展循环经济要突破传统经济体制的束缚,同时保证科技创新达到必要水平,避免出现不经济、难循环的情况。

第三,制定适当的环境规制强度,确保控制性环境规制与激励性环境规制协调进行。控制性的环境规制措施,如环境标准、基于环境标准的排放标准、技术标准以及其他形式的规章等,通过强制企业达标,保障排放量的控制。激励性的环境规制措施,如排污权交易制度、排污收税制度、补贴和押金返还制度、自愿性协议制度等,有利于刺激绿色技术和管理创新。

5.3.5 中国制造业新型化综合评价

中国制造业要实现可持续发展,必须依据科学发展观,走出一条具有中国特色的新型制造业道路。通过对 2006—2013 年制造业总体"新型化"程度进行评价,我们可以把握制造业历年的现实发展水平和未来发展潜力。采用离差最大化评价方法,可以得到中国制造业 2006—2013 年新型化综合指数,如表 5-10 和图 5-27 所示。

表 5-10 中国制造业新型化综合指数

权重	经济 0.3841	科技 0.2184	能源 0.1887	环境 0.2088	综合指数
2006	0.0333	0.0728	0.3321	0.6517	0.2088
2007	0.2153	0.1335	0.3641	0.6436	0.3219
2008	0.2505	0.1745	0.3850	0.4611	0.2610
2009	0.4117	0.2696	0.4328	0.3730	0.3474
2010	0.7944	0.3752	0.4660	0.2712	0.4373
2011	0.8694	0.6258	0.5394	0.3471	0.6226
2012	0.8774	0.7730	0.5776	0.2014	0.6677
2013	0.8841	0.7908	0.6679	0.2316	0.8052

资料来源:根据作者整理计算得出。

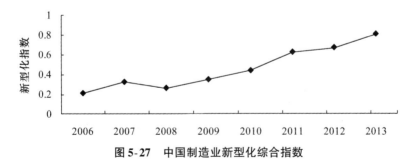

图 5-27 中国制造业新型化综合指数

从总体排名情况看,2006—2013 年中国制造业新型化指数持续增长,从 2006 年的 0.2088 增加到 2013 年的 0.8052,说明我国制造业总体发展态势良好,新型化程度不断提高,保持了良性的发展势头。

根据表 5-10,从经济、科技、能源以及环境四个维度的权重来看,最高的是经济,其权重为 0.3841,在对制造业新型化的评价中具有举足轻重的地位;其次是科技,其权重为 0.2184;比重最小的是能源指标,为 0.1887。

实际上,经济创造能力是制造业新型化的重要组成部分,是衡量制造业新型化程度的重要部分。对于尚处于工业化发展阶段的国家来说,经济创造能力尤为重要;只有创造经济效益中国制造业才会有持续发展的动力,才能为发展科技、提高效率、增加就业、提高纳税能力、保护环境提供物质支持。

科技创新能力是制造业新型化的重要组成部分,是实现环境保护、能源节约、经济创造等能力提高的重要保障。只有充分利用现代科学技术,依赖人力资本,依靠科技创新,中国制造业才能从粗放型的传统制造业向集约型的新型制造业转变,从劳动密集型向资本和技术密集型转变,从投资拉动向创新驱动转变,实现中国制造业的可持续发展。环境和生态保护是实现经济社会可持续发展的前提,多年来中国制造业的粗放式发展给环境带来了巨大的破坏,给人民生活带来了严重影响。因此,加大经济和科技指标的权重是合理的。

中国制造业新型化道路曲折,但前景光明。当前中国制造业发展的国内外环境已经发生了变化,国内经济下行压力较大,经济增速放缓,国际上金融危机的影响仍然存在,这些因素对中国制造业的发展产生了冲击,使得制造业发展放缓。但对近 8 年的制造业新型化综合评价结果表明,我国制造业总体发展态势良好,新型化程度不断提高。上述制造业新型化评价结果可以为政府部门加强制造业发展的宏观调控、制定相关经济政策和考核制造业企业经营业绩提供决策依据。

5.4 本章小结

本章分别从经济创造能力、科技创新能力、能源节约能力以及环境保护能力四个维度阐述了制造业新型化的内涵。本节构建了由 4 个主指标、31 个子指标构成的制造业新型化评价指标体系。本节还运用经济指标、科技指标、能源指标和环境指标 4 个指标对中国制造业发展状况进行评价。从经济创新能力分析,中国制造业经济指标不仅逐年提升,而且整体的增长幅度也有明显的加快。我国制造业就业人数逐年大幅度增加,体现出制造业蕴涵的大量就业机会,切实地解决了大量的社会就业问题,并且制造业的利润总额也每年大幅度地增长,促进了我国国民经济的迅速发展,成为我国国民经济的支柱。从科技创新能力分析,中国制造业正由"中国制造"向"中国创造"转变,科技创造指标也充分说明继 2010 年中国成为制造业产值世界第一后,制造业更加注重科技实力的提升。在能源消耗方面,我国制造业对能源的依赖越来越大,能源消耗总量和电力消耗总量逐年递增,我国更应注重节能减排的工作,无论是政府还是企业都要对此认真地对待,并制定相应的政策以推动节能减排的实行,从而促进能源的高效率应用。从单位产值能源消耗逐年降低也可以看出,我国制造业的发展已经更加注重能源的节约和高利用。近 8 年中国制造业新型化综合评价研究表明,当前中国制造业发展的国内外环境已经发生了变化,国内经济下行压力较大,经济增速放缓,国际金融危机的影响仍然存在。尽管这些因素对中国制造业的发展产生了冲击,使得制造业发展放缓,但是我国制造业总体发展态势良好,新型化程度不断提高,制造业发展前景广阔。

参 考 文 献

[1] 李廉水,周勇. 中国制造业"新型化"状况的实证分析——基于我国 30 个地区制造业评价研究[J]. 管理世界,2005,6:76—88.

[2] 李廉水,臧志彭. 制造业"新型化"三维时序国际比较[J]. 第四届中国科学学与科技政策研究会学术年会论文集(Ⅱ),2008.

[3] 李廉水等. 中国制造业发展研究报告 2012. 北京:科学出版社.

[4] 国家统计局. 中国统计年鉴 2007[M]. 北京:中国统计出版社.

[5] 国家统计局. 中国统计年鉴 2008[M]. 北京:中国统计出版社.

[6] 国家统计局. 中国统计年鉴 2009[M]. 北京:中国统计出版社.

[7] 国家统计局. 中国统计年鉴 2010[M]. 北京:中国统计出版社.

[8] 国家统计局. 中国统计年鉴 2011[M]. 北京:中国统计出版社.

[9] 国家统计局. 中国统计年鉴 2012[M]. 北京:中国统计出版社.

[10] 国家统计局. 中国统计年鉴 2013[M]. 北京:中国统计出版社.

[11] 国家统计局. 中国统计年鉴 2014[M]. 北京:中国统计出版社.

[12] 徐盈之,张全振. 中国制造业能源消耗的分解效应:基于 LMDI 模型的研究[J]. 东南大学学报(哲学社会科学版),2011,04:55—60.

[13] 孙佳. 中国制造业:现状、存在的问题与升级的紧迫性[J]. 吉林省经济管理干部学院学报,2011,06:10—14.

[14] 何霞,刘卫锋. 一种离差组合最大化多属性决策方法[J]. 统计与决策,2012,15:74—76.

[15] 王应明. 运用离差最大化方法进行多指标决策与排序[J]. 系统工程与电子技术,1998,07:26—28.

[16] 常中甫. 中国经济增长与能源消耗的现状分析与对策[J]. 经济研究导刊,2008,15:107—108.

[17] 徐晓春. 江苏制造业"新型化"分析——基于环境保护的视角[J]. 产业与科技论坛,2010,9:7.

撰稿:孙 薇 巩在武 王常凯
统稿:李廉水 巩在武

第6章 中国制造业发展:区域研究

本章从区域层面对中国制造业的发展进行深入剖析。区域制造业是国家制造业的组成部分,全国四大区域31个省份的制造业发展各不相同,本章以区域制造业的客观数据为基础,从经济创造、科技创新、资源利用、环境保护四个方面,对区域制造业"新型化"状况进行评价,全面系统地展现区域制造业的发展水平、取得的成就、对经济与社会的贡献、污染的排放及地区的差异。本章的研究有助于把握中国制造业的区域布局,总结先进区域发展经验,探索和发现区域制造业发展规律,引导各区域合理定位、明确方向,并持续发展。

6.1 区域制造业发展总体评价

本章延续以往《中国制造业发展研究报告》的风格,按照相应的指标体系,评选出中国制造业[①]的"十大强省"和"十大强市",以便更加深入地认识中国制造业的发展状况和发展趋势。

6.1.1 长三角制造业规模领先

长三角两省一市(江苏、浙江、上海),是制造业规模最大区域,2013年长三角制造业总产值占全国制造业总产值[②]的24.02%,而珠三角(广东)的占比为11.19%,长三角制造业规模是珠三角的2.15倍。其中,江苏省制造业占长三角制造业总体规模的近六成。2013年,江苏地区生产总值(GDP)为59161.75亿元,制造业增加值为24227.18亿元,同期,广东(GDP)为62163.97亿元,制造业增加值为23885.43亿元。广东地区经济总量略高于江苏,但制造业规模稍低于后者。图6-1显示了2003—2013年江苏与广东制造业总产值变化趋势,江苏从2008年起后来居上、制造业产值超越广东,并逐渐拉开差距。

---

① 本书涉及中国部分,如未特殊说明均不包括港澳台地区。
② 由于西藏和海南制造业产值数据缺失,且两者制造业规模较小,本章的全国制造业总产值数据未包含这两个省份。

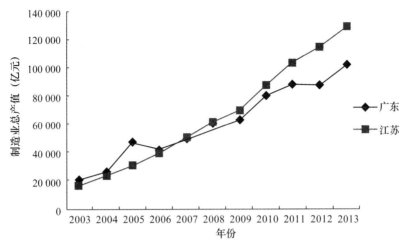

图 6-1 2003—2013 年江苏与广东制造业总产值

纵观长三角制造业,其总体规模领先,同时区域内部制造业呈现差异化——江苏制造业高速扩张,上海则放缓了脚步。这归因于上海由制造业城市向服务型城市发展的"转移"战略,重点发展航运、物流和金融领域,因此制造业比重份额在不断减少,从 2002 年的 7.8% 下降至 2013 年的 3.39%,2013 年制造业规模同比增速仅为 2.32%,远低于全国平均水平。长三角制造业未来重在整合,凭借区域各自优势,融合互补,共同发展。

6.1.2 珠三角制造业高端引领,低端产业压力依旧

珠三角制造业技术创新能力突出,从 2004 年起广东制造业技术创新能力均在区域内位列第一,从其产业结构的分布可见一斑。采用 OECD 技术密集度分类标准对珠三角(广东)制造业进行划分,并和江苏做对比。图 6-2 显示,高技术产业成为广东制造业的最大份额者,2013 年广东高技术制造业占比为 27.38%,比江苏高出了近十个百分点。广东高技术领域本土企业如华为、中兴等在国内同类企业中居于领袖地位,也是国际研发的主力军,为广东制造业技术水平的提高做出了巨大贡献。

值得注意的是,2013 年低技术产业在广东制造业产业结构中也占据了较大份额,比江苏多出 5 个百分点。在人口红利逐渐消失、经济下行压力较大、内外需市场双双乏力等因素影响下,珠三角未来发展仍需要加快产业结构调整,将中低端产业向粤东西北和内地转移;大力提高劳动生产率,提高机械化、自动化、智能化水平;强化自身在产业全球供应链中的角色和地位,向产业链的中高端发展,同时重视关键基础零部件的制造,由单一的组装向上下游延伸,变成完

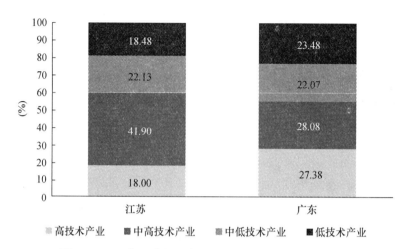

图 6-2 2013 年江苏与广东制造业各类型制造业产值占比

整的产业链;此外,还要重视环境的保护和污染的治理,避免企业重经济、轻环保。

6.1.3 规模增速下滑,东北制造业发展遇阻亦或阶段性调整?

2003 年中央实施东北振兴战略,2008—2012 年期间,东北平均经济增长速度高达 12.4%,比全国平均水平高出近 3 个百分点。但 2013 年以来,增速明显下滑,辽宁、吉林、黑龙江三省经济增速分别为 8.98%、8.73%、5.05%,在全国 31 个省份中,排名靠后,黑龙江省也处于经济增长速度最慢的经济板块。制造业占据东北经济的半壁江山,制造业增长下滑将使区域经济增长失去重要拉动力,图 6-3 给出了 2004—2013 年东北制造业的产值增长情况,可以看出,2013 年东北制造业产值增幅是 10 年来最低的一年。

国家发改委副秘书长范恒山指出,东北地区是国家重要的装备制造业、能源原材料的产业基地。2013 年以来,装备制造业受全国投资需求的影响,市场订单减少,企业效益下滑,煤炭、原油、钢铁等原材料产品价格下降,使资源行业企业陷入了困境。从需求结构看,主要是投资需求增速下滑所致。2013 年和 2014 年第一季度以来,东北地区的投资增速明显下滑,投资对经济的拉动作用有所减弱。

从规模增长看,东北制造业增长减缓,但 2013 年东北制造业利润保持两位数以上增长(16.80%),高于前两年,也高于长三角、京津冀区域。辽宁省(特别是其省会城市沈阳)在国内同类区域经济创造能力的排名中名列第二,反映了东北区域深厚的工业基础。东北制造业以装备制造业和资源型制造业为主,属生产资料型制造业产品,处于供应链上游,受经济形势波动影响最大。而资源型产业污染

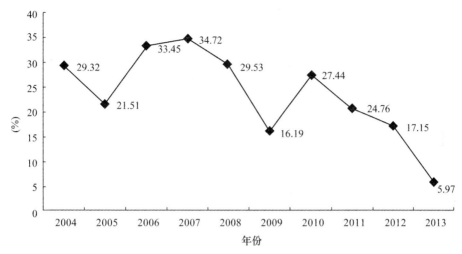

图 6-3 2004—2013 年东北制造业产值增长

大,附加值低,是产业结构升级优化的主要调整对象,原先占有较大比重的高污染产业的淘汰转移也对东北制造业规模增长产生重要影响。

不论是发展遇阻抑或阶段性调整,事实上东北制造业仍停留在依靠投资拉动,依靠大量资源投入、粗放的、外延扩张式的发展阶段。研发投入不够(2013 年 R&D 投入强度四区域中最低,仅为珠三角一半)(见表 6-1),科技创新缺乏导致东北制造业产业结构主要集中在中低端领域,以辽宁为例,图 6-4 显示辽宁高技术产业规模仅为制造业总体的 4.12%(珠三角为 27.38%),在资源匮乏和经济下行环境下难以获得可持续的产业竞争力。

表 6-1 2013 年四大区域 R&D 投入强度

区域	京津冀	东北	长三角	珠三角
R&D 投入强度	0.81	0.57	1.02	1.16

李克强总理在振兴东北地区老工业基地工作会议上表示,推动东北经济发展,要注重发展东北自身优势,做强装备制造业,促进技术、产品创新,推动"东北装备"走向世界。东北地区拥有其独有的"厚重的装备工业基础",未来东北区域再次振兴,须吸取上阶段教训,继续深化国企改革,加大科技创新投入,加速制造业转型升级,推动装备制造业向高端方向发展。

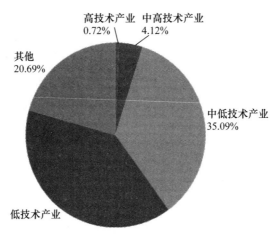

图 6-4 辽宁各类型制造业产值占比

6.1.4 "克服污染"成为京津冀制造业发展的关键问题

2013 年北京制造业的总产值为 12 210.2148 亿元,同比增长 10.80%;天津制造业的总产值为 22 558.4144 亿元,同比增长 14.19%;河北省制造业总产值为 38 777.48 亿元,同比增长 8.58%。

北京、天津两地区制造业增长、科研及人才配备都远高于河北,有助于拉动河北制造业整体提升。习近平总书记在 2014 年 2 月 26 日讲话中明确表态,要自觉打破自家"一亩三分地"的思维定式,为京津冀协同发展指明了方向。这要求京津冀工业区加强本区域内的产业分工与合作,实现本区域的制造业协同发展,打造先进制造业的深度融合。

值得注意的是:京津冀深度融合在环境上遭遇尴尬——全国大气污染最严重的前 10 个城市,京津冀通常都有一半以上列于其中。这一方面源于其特定的地理区位和气候因素,另一方面则是由于工业污染排放,加剧了环境污染。北京和天津制造业环境保护能力突出,但河北排名最后(见 6.2.3 环境保护能力排名),拉低了区域的整体表现。京津冀区域制造业规模比长三角、珠三角、东北区域都小,而工业废气排放和固体废弃物产生量却高于其他区域(见图 6-5),北京、天津一些低端高污染产业的移出,对处于接受辐射和外溢位置的河北提出了考验。

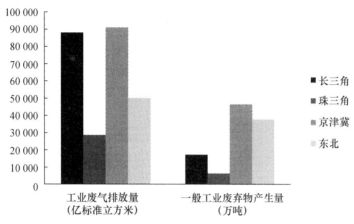

图6-5 四大区域工业废气和固体废弃物产生量

6.2 中国制造业:"十大强省"

中国制造业强省评价,强调通过数字说话,力求内容的权威性、客观性、科学性、完整性,所用指标的数据均来自全国和各省份的统计年鉴及行业年鉴,各省份排名采用离差最大化进行综合评价。具体方法参见第5章。

6.2.1 制造业强省评价指标

关于各省份制造业发展的评价方法,通常局限于制造业的经济指标方面,主要是规模和效益两个板块,重点是描述单项和总量指标。虽然这些评价方法可以一定程度上反映地区制造业发展状况,尤其是对国民经济发展和地区经济发展方面的贡献。然而,越来越多的能源超限耗费,越来越严重的环境污染,已经说明这样的评价存在缺陷。我们认为,对于各个地区制造业发展程度的评价,应当从"新型制造业"角度,即应当从经济、科技、能源和环境四维指标进行系统性评价,通过经济指标反映制造业对国民经济当前的贡献,通过科技指标反映制造业未来的竞争能力,通过能源指标反映资源紧缺背景下制造业对能源的合理利用和集约使用能力,通过环境指标反映制造业对环境的污染以及可持续发展能力。

在初选60个指标的基础上,采用专家调查和实际数据分析方法,可以对现阶段中国各省份制造业发展状况进行模拟计算和评价。考虑到评价指标应尽可能与国家统计年鉴中现有指标同步,满足科学性、可比性、系统性和可操作性的评价原则,我们构建了一套由4个主指标、32个子指标构成的制造业强省排名评价指标体系(见表6-2)。

表 6-2　中国制造业强省评价指标体系

总指标	序号	主指标	序号	主指标	子指标
制造业强省指标体系	A	经济创造能力	A1	产值	制造业总产值
			A2		制造业总产值占工业总产值比重
			A3	利润	制造业企业利润总额
			A4		制造业就业人员人均利润率
			A5	效率	制造业就业人员劳动生产率
			A6	市场	制造业产品销售率
			A7	就业	制造业企业就业人数
			A8		制造业就业人员占地方就业人员比重
			A9	税收	制造业企业利税总额
			A10		制造业就业人员人均利税率
	B	科技创新能力	B1	R&D	制造业 R&D 经费支出
			B2		制造业 R&D 人员全时当量
			B3		制造业 R&D 投入强度
			B4		制造业 R&D 人员占就业人员人数比重
			B5	产品开发	制造业新产品开发项目数
			B6		制造业新产品开发经费
			B7	专利	制造业专利申请数
			B8		制造业有效发明专利数
			B9	技术转化	制造业新产品销售收入
			B10		制造业新产品销售收入占比
			B11		制造业技术创新投入产出系数
	C	能源集约能力	C1	能源	制造业能源消耗量
			C2		制造业单位产值能耗
			C3		制造业电力消耗占比
			C4		制造业煤炭消耗占比
	D	环境保护能力	D1	废水	制造业污染排放量(废水)
			D2		制造业单位产值污染排放量(废水)
			D3	废气	制造业污染排放量(废气)
			D4		制造业单位产值污染排放量(废气)
			D5	固体废物	制造业固体废弃物排放量
			D6		制造业单位产值固体废弃物排放量
			D7	综合	制造业固体废弃物综合利用率

1. 经济创造能力

经济创造能力是区域制造业发展的重要组成部分。对于处于工业化发展阶段的国家来说,经济效益就更为严重;只有具有经济效益才会有持续发展的动力,才能为发展科技、提高效率、节约资源、保护环境提供支持(见表 6-3)。

表 6-3 制造业经济创造能力指标集

序号	制造业强省经济指标		单位
A1	产值	制造业总产值	亿元
A2		制造业总产值占工业总产值比重	%
A3	利润	制造业企业利润总额	亿元
A4		制造业就业人员人均利润率	万元/人
A5	效率	制造业就业人员劳动生产率	万元/人
A6	市场	制造业产品销售率	%
A7	就业	制造业企业就业人数	万人
A8		制造业就业人员占地方就业人员比重	%
A9	税收	制造业企业利税总额	亿元
A10		制造业就业人员人均利税率	万元/人

其中,A1、A2 为产值指标,用来反映制造业的规模水平(一般而言,规模大的企业年产值指标也大)和制造业生产活动的财富创造对国民经济的贡献。A3、A4 为利润指标,用来反映制造业企业经营活动的利润水平。A5 为效率指标,用来反映制造业企业的劳动生产效率。A6 为市场指标,反映了制造业产品已实现销售情况,以及制造业产品满足社会需要的程度和产品的社会竞争力。A7、A8 为制造业就业指标,A7 是制造业就业总量指标,反映制造业企业吸纳就业的能力;A8 是相对指标,反映制造业就业人员人数占总就业人数比重。A9、A10 为税收指标,反映制造业企业对国家的税收贡献。各项指标的计算方法为:

$$制造业总产值 = \sum_{j=1}^{m} TVP_j$$

$$制造业总产值占工业总产值比重 = \frac{\sum_{j=1}^{m} TVP_j}{TP} \times 100\%$$

$$制造业单位企业产值 = \frac{\sum_{j=1}^{m} TVP_j}{N}$$

其中,TVP_j 为第 j 个制造业行业工业总产值;TP 为工业总产值;N 为国有及规模以上制造业企业个数。

$$制造业就业人员人均利润率 = \frac{S}{L}$$

$$制造业产值利润率 = \frac{S}{\sum_{j=1}^{m} TVP_j} \times 100\%$$

$$\text{制造业就业人员劳动生产率} = \frac{\sum_{j=1}^{m} \text{TVP}_j}{L} \times 100\%$$

其中,S 为制造业企业利润总额;L 为制造业企业就业人员人数。

$$\text{制造业产品销售率} = \frac{\sum_{k=1}^{m} \text{SR}_k}{\sum_{j=1}^{m} \text{TVP}_j} \times 100\%$$

其中,SR_k 为第 k 个制造业行业产品销售收入。

$$\text{制造业就业人员人数占地方就业人员人数比重} = \frac{L}{L_q} \times 100\%$$

$$\text{制造业就业人员人均利税率} = \frac{T}{L}$$

其中,T 为制造业企业利税总额;L 为制造业企业就业人员人数;L_q 为地方就业人员人数。

2. 科技创新能力

制造业科技创新能力指标如表 6-4 所示。

表 6-4 制造业科技创新能力指标集

序号		制造业科技创新能力指标	单位
B1	R&D	制造业 R&D 经费支出	万元
B2		制造业 R&D 人员全时当量	人年
B3		制造业 R&D 投入强度	%
B4		制造业 R&D 人员占就业人员人数比重	%
B5	产品开发	制造业新产品开发项目数	项
B6		制造业新产品开发经费	万元
B7	专利	制造业专利申请数	项
B8		制造业有效发明专利数	项
B9	技术转化	制造业新产品销售收入	万元
B10		制造业新产品销售收入占比	%
B11		制造业技术创新投入产出系数	

其中,B1、B2、B3、B4、B5 为 R&D 指标,反映了制造业企业研发活动的总量和强度。B6 为产品开发指标,一定程度上揭示了目前制造业企业在新产品开发上的力度。B7、B8 为专利指标,反映了制造业企业科技创新活动的活跃性程度。B9、B10、B11 为技术转化指标,是制造业企业技术应用能力的体现。这 11 项指标分别从研发投入、科研人员投入、科技产出和科技进步等几个侧面反映了制造业科技力量、科技

投入和科技产出的状况,是制造业强省程度的重要检验指标。其具体计算方法为:

$$制造业 R\&D 投入强度 = \frac{R\&D}{主营业务收入} \times 100\% \text{①}$$

$$制造业 R\&D 人员占就业人员人数比重 = \frac{L'}{L} \times 100\%$$

其中,L'为制造业 R&D 人员人数;L为制造业就业人员人数。

$$制造业新产品销售收入占比 = \frac{NPV}{\sum_{j=1}^{m} TVP_j} \times 100\%$$

其中,NPV② 为制造业新产品销售收入,单位为亿元;TVP_j 为第 j 个制造业行业工业总产值,j 为 1,2,3,…,30。

$$制造业技术创新投入产出系数 = \frac{NPV}{NPR}$$

其中,NPR 为制造业新产品开发经费,单位为万元。

3. 能源集约能力

能源资源是制造业生产活动的物质基础,具有有限可利用的特性,即资源具有不可再生性;同时,随着人类认识能力的提高、科学技术的进步,可利用资源的范围将不断扩大,能源资源利用的效率将不断提高。不合理的资源利用会造成资源短缺和环境恶化。在能源紧缺、环境污染形势严峻的大背景下,强化制造业能源资源的合理利用和集约使用已成为制造业企业提升竞争力、实现可持续发展的重要指标。

能源集约能力指标主要从 C1 能耗总量、C2 单位产值能耗、C3 电力消耗占比、C4 煤炭消耗占比四个方面衡量(见表 6-5)。

表 6-5 制造业能源集约能力指标集

序号	制造业环境资源状况指标集	单位
C1	制造业能源消耗量	万吨标准煤
C2	制造业单位产值能耗	万吨标准煤/亿元
C3	制造业电力消耗占比	%
C4	制造业煤炭消耗占比	%

4. 环境保护能力

环境和生态保护是实现经济社会可持续发展的前提。传统制造业高发展、高消耗、高污染的粗放型生产造成中国资源严重匮乏、生态急剧恶化。因此,环境保护指标是衡量制造业"绿化"程度的重要标准(见表 6-6)。

---

① 由于统计口径的变化,根据第二次全国科学研究与试验发展(R&D)资源清查主要数据公报(第二号)所定义,制造业 R&D 投入强度由原先 R&D 经费与 GDP 之比变为 R&D 经费与主营业务收入之比。
② 之前 NPV 为新产品产值,由于统计年鉴数据之后无新产品产值数据,这里用新产品销售收入。

表 6-6　制造业环境保护能力指标集

序号	制造业环境保护能力指标集		单位
D1	废水	制造业污染排放量(废水)	万吨
D2		制造业单位产值污染排放量(废水)	万吨/亿元
D3	废气	制造业污染排放量(废气)	亿标立方米
D4		制造业单位产值污染排放量(废气)	亿标立方米/亿元
D5	固体废物	制造业固体废弃物排放量	万吨
D6		制造业单位产值固体废弃物排放量	吨/亿元
D7	综合利用	制造业固体废弃物综合利用率	%

其中,D1、D2 反映了制造业企业在生产活动中的废水排放及强度;D3、D4 反映制造业企业在生产活动中的废气排放及强度;D5、D6 反映制造业企业在生产活动中的固体废弃物排放及强度;D7 则体现制造业企业对废弃物的综合利用能力。

6.2.2　各省(直辖市、自治区)单项指标排名

1. 经济创造能力排名

(1) 制造业总产值排名

作为衡量地区制造业生产规模和水平的重要指标——制造业总产值,2013 年稳速增长。由 2012 年的 806 923.2115 亿元上升至 2013 年的 907 784.6461[①] 亿元,同比增长 12.4995%;排名前 28 的省份平均制造业产值由 2012 年的 28 713.9455 亿元提高到 2013 年的 32 362.9248 亿元。其次,总产值排名基本延续了 2011 年及 2012 年的排名状况,个别省份排名略有变动。但江苏、山东、广东、浙江仍稳居前四,累计产值比重达 45% 左右,为全国制造业规模贡献了半壁江山(见图 6-6 和表 6-7)。

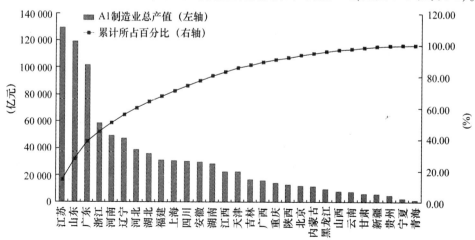

图 6-6　2013 年各省、直辖市、自治区制造业总产值帕累托分布

---

① 上述产值数据不含西藏、海南。

表6-7 2013年各省、直辖市、自治区制造业总产值

名次	地区	制造业总产值(亿元)	占总体制造业比重(%)	累计比重(%)
1	江苏	129 079.0300	14.22	14.22
2	山东	119 276.3701	13.14	27.36
3	广东	101 623.5700	11.19	38.55
4	浙江	58 246.3400	6.42	44.97
5	河南	49 285.9683	5.43	50.40
6	辽宁	47 427.1800	5.22	55.62
7	河北	38 777.4800	4.27	59.89
8	湖北	36 221.9600	3.99	63.88
9	福建	31 241.1871	3.44	67.33
10	上海	30 736.8400	3.39	70.71
11	四川	30 410.0300	3.35	74.06
12	安徽	29 540.4200	3.25	77.32
13	湖南	28 732.7100	3.17	80.48
14	江西	22 647.3682	2.49	82.98
15	天津	22 558.4144	2.48	85.46
16	吉林	16 813.7856	1.85	87.31
17	广西	16 344.8731	1.80	89.11
18	重庆	14 545.4724	1.60	90.72
19	陕西	13 021.6153	1.43	92.15
20	北京	12 210.2148	1.35	93.50
21	内蒙古	12 074.9660	1.33	94.83
22	黑龙江	9 667.9465	1.07	95.89
23	山西	8 178.9660	0.90	96.79
24	云南	7 837.2800	0.86	97.66
25	甘肃	6 214.355	0.68	98.34
26	新疆	5 968.1188	0.66	99.00
27	贵州	5 129.4400	0.57	99.56
28	宁夏	2 349.9931	0.26	99.82
29	青海	1 622.7514	0.18	100.00
30	海南	—	—	—
30	西藏	—	—	—

资料来源:《中国统计年鉴2014》及2014年各省统计年鉴。

（2）制造业总产值占工业总产值的比重排名

将制造业总产值占工业总产值的比重作为衡量制造业对地区工业发展贡献大小的重要指标，一定程度上反映了制造业在工业中的地位。根据表6-8所示，近三成的省份制造业对地区工业发展贡献超过90%，与上年相比大部分地区制造业占工业产值比重有所增加，仅山东、吉林、云南、北京、山西五个省份出现下降，其中吉林下降显著，下跌了12个百分点，一定程度上反映了区域工业内产业结构的大幅调整。

表6-8　2013年各省直辖市、自治区制造业总产值占工业总产值比重

名次	地区	制造业总产值（亿元）	工业总产值（亿元）	制造业总产值占工业总产值比重（%）
1	江苏	129 079.0300	134 648.900	95.8634
2	上海	30 736.8400	32 088.880	95.7866
3	广东	101 623.5700	109 673.100	92.6605
4	浙江	58 246.3400	62 980.290	92.4834
5	湖北	36 221.9600	39 208.980	92.3818
6	福建	31 241.1871	33 853.360	92.2839
7	重庆	14 545.4724	15 785.410	92.1451
8	山东	119 276.3701	129 906.000	91.8174
9	江西	22 647.3682	24 676.910	91.7756
10	辽宁	47 427.1800	52 892.010	89.6679
11	湖南	28 732.7100	32 157.780	89.3492
12	广西	16 344.8731	18 362.380	89.0128
13	安徽	29 540.4200	33 756.820	87.5095
14	四川	30 410.0300	35 328.550	86.0778
15	天津	22 558.4144	26 514.510	85.0795
16	河南	49 285.9683	58 779.980	83.8482
17	河北	38 777.4800	46 316.660	83.7225
18	甘肃	6 214.3550	7 996.516	77.7133
19	吉林	16 813.7856	22 061.370	76.2137
20	云南	7 837.2800	10 289.070	76.1709
21	黑龙江	9 667.9465	13 719.300	70.4697
22	北京	12 210.2148	17 370.900	70.2912
23	新疆	5 968.1188	8 679.630	68.7601

(续表)

名次	地区	制造业总产值(亿元)	工业总产值(亿元)	制造业总产值占工业总产值比重(%)
24	陕西	13 021.6153	18 982.470	68.5981
25	宁夏	2 349.9931	3 502.315	67.0983
26	青海	1 622.7514	2 537.104	63.9608
27	贵州	5 129.4400	8 074.600	63.5256
28	内蒙古	12 074.9660	20 098.350	60.0794
29	山西	8 178.9660	16 585.800	49.3131
30	海南	—	—	—
30	西藏	—	—	—

资料来源:《中国统计年鉴2014》及2014年各省统计年鉴。

(3)制造业就业人员人均产值排名

采用制造业就业人员人均产值衡量一个地区制造业的劳动生产率水平,位居榜首的是山东省,人均产值为272.8188万元/人,辽宁、河北、内蒙古、安徽紧随其后,分别为264.2183万元/人、258.0005万元/人、254.2098万元/人、245.3523万元/人。与上年相比,各地区制造业人均产值总体均值小幅提升,个别地区排名出现较大变化,福建、重庆上升较为明显;下降的省份中又以河南、四川、吉林、江苏较为显著,其中河南由上年的第9名降至2013年的19名,下降最为明显(见表6-9)。

表6-9 2013各省、直辖市、自治区制造业就业人员人均产值

名次	地区	制造业总产值(亿元)	制造业就业人数(万人)	制造业就业人员人均产值(万元/人)
1	山东	119 276.3701	437.2	272.8188
2	辽宁	47 427.1800	179.5	264.2183
3	河北	38 777.4800	150.3	258.0005
4	内蒙古	12 074.9660	47.5	254.2098
5	安徽	29 540.4200	120.4	245.3523
6	江苏	129 079.0300	555.4	232.4073
7	湖南	28 732.7100	134.2	214.1037
8	广西	16 344.8731	80.8	202.2880
9	吉林	16 813.7856	88.4	190.2012
10	湖北	36 221.9600	190.9	189.7431

（续表）

名次	地区	制造业总产值(亿元)	制造业就业人数(万人)	制造业就业人员人均产值(万元/人)
11	广东	101 623.5700	540.9	187.8787
12	宁夏	2 349.9931	12.6	186.5074
13	天津	22 558.4144	122.3	184.4515
14	江西	22 647.3682	125.8	180.0268
15	新疆	5 968.1188	33.7	177.0955
16	重庆	14 545.4724	86.4	168.3504
17	浙江	58 246.3400	357.9	162.7447
18	甘肃	6 214.3550	39.2	158.5295
19	河南	49 285.9683	312.7	157.6142
20	黑龙江	9 667.9465	65.0	148.7376
21	四川	30 410.0300	204.6	148.6316
22	上海	30 736.8400	211.8	145.1220
23	青海	1 622.7514	11.8	137.5213
24	福建	31 241.1871	252.6	123.6785
25	陕西	13 021.6153	107.9	120.6823
26	北京	12 210.2148	103.5	117.9731
27	山西	8 178.9660	73.1	111.8874
28	贵州	5 129.4400	46.4	110.5483
29	云南	7 837.2800	74.0	105.9092
30	海南	—	—	—
30	西藏	—	—	—

资料来源:《中国统计年鉴2014》及2014年各省统计年鉴。

(4) 制造业单位企业产值排名

制造业单位企业产值反映了地区制造业企业的规模大小情况。较大的制造业单位产值表明该地区制造业企业规模较大,行业集中度高,容易形成规模效应;而较小的制造业单位产值表明该地区存在大量中小型规模的制造业企业,竞争比较激烈。表6-10显示,天津、青海、甘肃是制造业单位企业产值最高的区域,规模以上制造业企业产值达4亿元/个。全国各地区制造业单位企业的产值平均为3.0306亿元/个,大部分区域单位企业产值较上年出现上升,青海、山西、宁夏、吉林、贵州等区域有所下降,下降区域多集中于西部,反映了西部区域制造业竞争程度的深化。

表 6-10 2013 年各省、直辖市、自治区制造业单位产值

名次	地区	国有及规模以上制造业企业个数(个)	制造业单位企业产值(亿元/个)
1	天津	5 369	4.2016
2	青海	387	4.1932
3	甘肃	1 545	4.0222
4	内蒙古	3 057	3.9499
5	陕西	3 566	3.6516
6	吉林	4 718	3.5638
7	山西	2 327	3.5148
8	北京	3 518	3.4708
9	新疆	1 747	3.4162
10	广西	4 925	3.3188
11	江西	6 864	3.2994
12	上海	9 705	3.1671
13	云南	2 501	3.1337
14	河北	12 475	3.1084
15	辽宁	15 346	3.0905
16	山东	38 940	3.0631
17	重庆	4 910	2.9624
18	江苏	45 811	2.8176
19	四川	11 129	2.7325
20	宁夏	881	2.6674
21	湖北	13 596	2.6642
22	河南	19 001	2.5939
23	黑龙江	3 741	2.5843
24	广东	40 261	2.5241
25	湖南	11 762	2.4428
26	贵州	2 300	2.2302
27	福建	14 872	2.1007
28	安徽	15 463	1.9104
29	浙江	39 050	1.4916
30	海南	—	—
30	西藏	—	—

资料来源:《中国统计年鉴 2014》及 2014 年各省统计年鉴。

(5) 制造业企业利润总额

制造业企业利润总额,是衡量区域制造业盈利能力的重要指标。数据显示,2012年全国各地区平均利润为1 558.4704亿元,2013年为1 895.0649亿元,同比增长22%,江苏、山东、广东、河南、浙江三年稳居全国前五,仅第一名和第二名互换了位次,山东省取代江苏省位居榜首。甘肃、宁夏、江西、重庆和辽宁是利润增幅最大的区域(甘肃制造业利润数据来自甘肃省统计年鉴,记录的工业利润值为768.4489亿元,但同年中国工业统计年鉴中同口径的工业利润为300.4600亿元,两者有较大出入,而上年度甘肃制造业利润为63.2094亿元,上述原因导致甘肃利润的异常增加);山西、青海、陕西、黑龙江四区域利润出现负增长。

表6-11 2013年制造业企业利润总额

名次	地区	制造业企业利润总额(亿元)
1	山东	7 683.8287
2	江苏	7 339.1000
3	广东	5 627.9000
4	河南	4 005.7300
5	浙江	3 226.8000
6	辽宁	2 597.8300
7	上海	2 313.4800
8	湖北	2 192.6400
9	福建	2 019.0011
10	河北	1 915.4400
11	四川	1 915.3100
12	安徽	1 881.1200
13	湖南	1 794.7900
14	江西	1 613.7924
15	天津	1 499.1718
16	吉林	1 180.1304
17	广西	882.1757
18	北京	880.1390
19	重庆	771.8792
20	内蒙古	718.6548
21	陕西	664.8198
22	贵州	484.1500

(续表)

名次	地区	制造业企业利润总额(亿元)
23	甘肃	472.7270
24	云南	458.9200
25	黑龙江	387.2601
26	新疆	212.6892
27	山西	106.7828
28	宁夏	70.1975
29	青海	40.4222
30	海南	—
30	西藏	—

资料来源：《中国统计年鉴2014》及2014年各省统计年鉴。

(6) 制造业就业人数占地方就业人数的比重排名

制造业就业人数占地方就业人数的比重反映了地区制造业在吸纳就业方面的贡献大小。从表6-12可以看出，排名前五位的是天津、福建、江苏、上海、山东，分别吸纳了当地40.4431%、39.2236%、36.9454%、34.2275%、33.8757%的就业人口，说明这些地区制造业吸纳就业贡献大；值得注意的是，这些地区均为东部沿海发达区域，制造业就业人数占地方就业人数比重较上年下降。新疆、海南和西藏仍居末位，但该指标数值均较上年有所上升，反映了产业结构的演进规律——随着经济的发展，劳动力首先由第一产业向第二产业转移，当经济进一步发展时，劳动力便从第二产业向第三产业转移。

表6-12 2013年各省、直辖市、自治区制造业就业人数占地方就业人数比重

名次	地区	制造业就业人数(万人)	制造业就业人数占地方就业人数比重(%)
1	天津	122.3	40.4431
2	福建	252.6	39.2236
3	江苏	555.4	36.9454
4	上海	211.8	34.2275
5	山东	437.2	33.8757
6	浙江	357.9	33.3987
7	河南	312.7	29.0613
8	江西	125.8	28.2697
9	广东	540.9	27.4987

（续表）

名次	地区	制造业就业人数（万人）	制造业就业人数占地方就业人数比重(%)
10	湖北	190.9	27.4085
11	吉林	88.4	26.1229
12	辽宁	179.5	26.0485
13	四川	204.6	24.1787
14	安徽	120.4	23.1672
15	河北	150.3	23.0028
16	湖南	134.2	22.3295
17	重庆	86.4	21.4925
18	陕西	107.9	21.3537
19	广西	80.8	20.0496
20	青海	11.8	18.3801
21	宁夏	12.6	17.4515
22	云南	74.0	17.2857
23	山西	73.1	15.7543
24	贵州	46.4	15.6387
25	内蒙古	47.5	15.6353
26	甘肃	39.2	15.2767
27	北京	103.5	13.9431
28	黑龙江	65.0	13.8948
29	新疆	33.7	10.8885
30	海南	10.6	10.7287
31	西藏	1.1	3.5484

资料来源：《中国统计年鉴2014》及2014年各省统计年鉴。

(7) 制造业企业利税总额

制造业企业利税总额反映了区域制造业对于国家税收的贡献能力，也是衡量制造业社会贡献能力的重要指标。通过对各省、自治区、直辖市制造业企业利税总额进行分析，排名前五位和上年保持一致，依旧是山东、江苏、广东、河南、浙江五省。对比上年排名情况，总体来说名次变化不大，但是绝大部分省份企业利税总额较上年上升，另有22.58%的省份利税总额较上年是下降的，山西省下降绝对值最大，为109亿元左右（见表6-13）。

表 6-13 2013 年制造业企业利税总额排名

名次	地区	制造业企业利税总额(亿元)
1	山东	12 206.4000
2	江苏	12 103.4600
3	广东	9 703.7700
4	河南	5 840.3700
5	浙江	5 434.8200
6	辽宁	4 620.0800
7	上海	4 062.4700
8	湖北	3 957.7200
9	湖南	3 777.6900
10	四川	3 536.1900
11	福建	3 245.5130
12	安徽	3 106.8100
13	河北	3 030.1900
14	天津	2 605.7160
15	吉林	2 167.6850
16	江西	1 867.3650
17	广西	1 681.4970
18	重庆	1 568.2120
19	云南	1 537.4000
20	北京	1 499.8570
21	陕西	1 389.3250
22	内蒙古	1 195.1170
23	贵州	934.1100
24	黑龙江	893.4344
25	新疆	567.1995
26	甘肃	354.8112
27	山西	343.9823
28	宁夏	182.4803
29	青海	94.1151
30	海南	—
31	西藏	—

资料来源:《中国统计年鉴 2014》及 2014 年各省统计年鉴。

2. 科技创新能力排名

(1) 制造业企业 R&D 活动经费支出排名

制造业企业 R&D 活动经费支出,直接反映了制造业科技经费投入状况,间接反映了一个地区制造业的增长潜力和科学实力。表6-14数据显示,排在前五名的分别是江苏、广东、山东、浙江、上海,与上年保持一致。与2012年相比,内蒙古位次上升了1个名次,进入前20;黑龙江则下降一个名次,跌出前20。海南位次29,上升一个名次,青海下降一个名次,位次31。中部地区在前10中占据了2个席位,依旧为湖北与河南;西部地区位次最高的四川仅排第15位。

表6-14 2013年各省、直辖市、自治区制造业规模以上企业 R&D 经费支出

名次	地区	制造业 R&D 经费（万元）	制造业 R&D 经费占整体 R&D 经费比重(%)
1	江苏	12 395 745	14.9016
2	广东	12 374 791	14.8764
3	山东	10 528 097	12.6564
4	浙江	6 843 562	8.2270
5	上海	4 047 800	4.8661
6	辽宁	3 331 303	4.0047
7	湖北	3 117 987	3.7483
8	天津	3 000 377	3.6069
9	河南	2 953 410	3.5505
10	福建	2 791 966	3.3564
11	湖南	2 703 987	3.2506
12	安徽	2 477 246	2.9780
13	河北	2 327 418	2.7979
14	北京	2 130 618	2.5613
15	四川	1 688 902	2.0303
16	陕西	1 401 480	1.6848
17	重庆	1 388 199	1.6688
18	山西	1 237 698	1.4879
19	江西	1 106 443	1.3301
20	内蒙古	1 004 406	1.2075
21	黑龙江	950 335	1.1424
22	广西	817 063	0.9822
23	吉林	698 136	0.8393
24	云南	454 278	0.5461

(续表)

名次	地区	制造业 R&D 经费 （万元）	制造业 R&D 经费占整体 R&D 经费比重(%)
25	甘肃	400 743	0.4818
26	贵州	342 541	0.4118
27	新疆	314 257	0.3778
28	宁夏	167 494	0.2014
29	海南	93 567	0.1125
30	青海	89 540	0.1076
31	西藏	4 617	0.0056

资料来源：《中国统计年鉴2014》。

（2）制造业企业 R&D 人员全时当量排名

制造业规模以上企业 R&D 人员全时当量反映了制造业科技人员的投入现状。观察表6-15，排名前五位的省是广东、江苏、浙江、山东、河南。与2012年相比，排名发生了细微变化，安徽、辽宁、四川、江西、内蒙古、甘肃上升了一个位次，湖北下降了一个位次，北京、吉林、云南下降了两个位次。前十位排名中，东部地区占了6席，中部地区占4席，西部地区无一入围。制造业科技人员的投入是制造业发展的动力，对其投入的不足恐进一步拉大东西部地区的差距。

表6-15　2013年各省、直辖市、自治区制造业规模以上企业 R&D 人员全时当量

名次	地区	制造业 R&D 人员 全时当量(人年)	占整体比重 （%）
1	广东	426 330	17.0945
2	江苏	393 942	15.7959
3	浙江	263 507	10.5658
4	山东	227 403	9.1182
5	河南	125 091	5.0157
6	福建	100 200	4.0177
7	上海	92 136	3.6944
8	安徽	86 000	3.4483
9	湖北	85 826	3.4414
10	湖南	73 558	2.9494
11	天津	68 175	2.7336
12	河北	65 049	2.6082
13	辽宁	59 090	2.3693
14	四川	58 148	2.3315

（续表）

名次	地区	制造业 R&D 人员全时当量(人年)	占整体比重（%）
15	北京	58 036	2.3271
16	陕西	45 809	1.8368
17	黑龙江	37 296	1.4954
18	重庆	36 605	1.4678
19	山西	34 024	1.3642
20	江西	29 519	1.1836
21	内蒙古	26 990	1.0822
22	吉林	23 709	0.9507
23	广西	20 700	0.8300
24	贵州	16 049	0.6435
25	甘肃	12 472	0.5001
26	云南	11 811	0.4736
27	新疆	6 668	0.2674
28	宁夏	4 817	0.1931
29	海南	2 882	0.1156
30	青海	2 039	0.0818
31	西藏	81	0.0032

资料来源:《中国统计年鉴2014》。

（3）制造业新产品开发项目数排名

制造业新产品开发项目数反映制造业的新产品开发状况和科技实力。观察表6-16,排名前五位的省是江苏、浙江、广东、山东、安徽,浙江超越广东跃居第二,安徽上升1个名次进入前五。从表中可以看出,东部沿海省份的新产品开发项目数占据了很大的比重,一定程度上是因为该地区的制造业中高新技术产业占有较大的比重,经济实力和科技投入也远高于其他区域。对比2012年,各区域排名相对稳定,变化较大的只有吉林上升5个名次,排17位。

表6-16 2013年各省、直辖市、自治区制造业新产品开发项目数

名次	地区	制造业企业新产品开发项目数(项)	占整体百分比（%）
1	江苏	58 353	16.2867
2	浙江	47 778	13.3351
3	广东	47 387	13.2260
4	山东	31 100	8.6802

（续表）

名次	地区	制造业企业新产品开发项目数(项)	占整体百分比(%)
5	安徽	17 320	4.8341
6	上海	17 295	4.8271
7	北京	13 310	3.7149
8	四川	12 681	3.5393
9	天津	11 977	3.3429
10	河南	11 150	3.1120
11	湖北	10 722	2.9926
12	福建	10 534	2.9401
13	湖南	9 089	2.5368
14	辽宁	8 568	2.3914
15	河北	7 194	2.0079
16	重庆	6 820	1.9035
17	吉林	6 516	1.8187
18	陕西	6 491	1.8117
19	江西	4 381	1.2228
20	黑龙江	3 438	0.9596
21	广西	3 332	0.9300
22	山西	2 938	0.8200
23	贵州	1 908	0.5325
24	云南	1 903	0.5311
25	甘肃	1 629	0.4547
26	内蒙古	1 581	0.4413
27	新疆	1 103	0.3079
28	宁夏	966	0.2696
29	海南	704	0.1965
30	青海	111	0.0310
31	西藏	8	0.0022

资料来源：《中国统计年鉴2014》。

（4）制造业有效发明专利数排名

制造业有效发明专利数反映制造业的科技创新活动成效，在一定程度上反映着制造业的科技产出。从表6-17可以看出，排名前五位依次是广东、江苏、浙江、上海、山东。广东稳居第一的位置，虽然其2013年有效发明专利数占整体比重略有下降，但依然高达28.94%，遥遥领先于其他四个省份，这主要得益于广东对科技人才的重视及科技创新奖励政策。排前五名的省份有效发明的专利数比重达62.86%,表明了科技创新主要集中于少数重点区域。从排名变化上来看,江西上升2个位次排名第21,广西下降2个位次排名第24,其他省份排名相对稳定。

表6-17 2013年各省、直辖市、自治区制造业有效发明专利数

名次	地区	制造业有效发明专利数	占整体比重(%)
1	广东	97 052	28.9361
2	江苏	52 718	15.7179
3	浙江	22 578	6.7316
4	上海	20 140	6.0048
5	山东	18 340	5.4681
6	北京	16 402	4.8903
7	安徽	13 582	4.0495
8	湖南	10 512	3.1342
9	天津	10 191	3.0385
10	四川	9 043	2.6962
11	湖北	8 745	2.6073
12	福建	7 119	2.1225
13	辽宁	6 923	2.0641
14	河南	6 470	1.9290
15	陕西	5 449	1.6246
16	重庆	4 792	1.4287
17	河北	4 049	1.2072
18	山西	3 008	0.8968
19	吉林	2 985	0.8900
20	黑龙江	2 342	0.6983
21	江西	2 333	0.6956
22	云南	2 280	0.6798
23	贵州	1 985	0.5918
24	广西	1 889	0.5632
25	内蒙古	1 444	0.4305
26	甘肃	1 028	0.3065
27	新疆	695	0.2072
28	海南	683	0.2036
29	宁夏	387	0.1154
30	青海	205	0.0611
31	西藏	32	0.0095

资料来源:《中国科技年鉴2014》。

(5) 制造业 R&D 投入强度排名

制造业 R&D 投入强度以制造业企业 R&D 经费与主营业务收入的比值来衡量,它反映了制造业 R&D 的投入力度。表 6-18 数据显示,与其他科技指标东部地区压倒性优势有所不同,R&D 投入强度指标排名,中西部皆有区域进榜,西部重庆该项指标排名依然突出,位列第 7;中部地区中湖南、湖北都进入前 10,分别列第 8、第 10。前 15 的区域中,中西部区域占据了六席。反映一些中西部地区对科技的重视,加大了 R&D 的投入力度。此外,主营业务收入基数小,对该指标反映较为显性,也从一定程度上影响了排名。但需要注意的是,较小的营业收入基数并未改变吉林、新疆、四川等省份排名落后的状况,说明支撑制造业发展的科技动力缺乏,这些地区需要警惕制造业陷入未来发展的困境。

表 6-18 2013 年各省、直辖市、自治区制造业 R&D 投入强度

名次	地区	制造业 R&D 投入强度(%)
1	广东	1.1938
2	上海	1.1721
3	北京	1.1440
4	天津	1.1108
5	浙江	1.1080
6	江苏	0.9372
7	重庆	0.9004
8	湖南	0.8552
9	福建	0.8500
10	湖北	0.8235
11	山东	0.7957
12	陕西	0.7890
13	安徽	0.7489
14	黑龙江	0.7003
15	山西	0.6725
16	辽宁	0.6388
17	海南	0.5703
18	内蒙古	0.5137
19	河北	0.5085
20	贵州	0.4980
21	河南	0.4967
22	宁夏	0.4964

（续表）

名次	地区	制造业 R&D 投入强度（%）
23	西藏	0.4945
24	广西	0.4885
25	四川	0.4791
26	甘肃	0.4746
27	云南	0.4648
28	青海	0.4378
29	江西	0.4144
30	新疆	0.3651
31	吉林	0.3180

资料来源：《中国统计年鉴2014》及2014年各省统计年鉴。

（6）制造业新产品销售收入排名

制造业新产品销售收入反映制造业的新产品开发状况和科技创新转化成效。从表6-19来看，江苏、广东、浙江、山东、上海排在前列，这些省份的R&D经费、科技人员投入均排在前列。相比2012年，变化幅度较大的地区有：河南排名第8，上升5个位次进入前八；吉林下降5个位次，排名21。其他省份排名相对稳定。

表6-19　2013年各省、直辖市、自治区制造业新产品销售收入

名次	地区	企业新产品产值（万元）
1	江苏	197 142 112
2	广东	180 137 410
3	浙江	148 820 993
4	山东	142 841 782
5	上海	76 883 835
6	湖南	57 246 324
7	天津	55 696 886
8	河南	47 914 474
9	湖北	46 544 784
10	安徽	43 790 809
11	辽宁	40 931 774
12	北京	36 727 656
13	福建	34 400 997
14	河北	29 160 256
15	重庆	26 961 130

(续表)

名次	地区	企业新产品产值(万元)
16	四川	24 758 761
17	江西	16 829 309
18	广西	15 866 038
19	山西	10 272 735
20	陕西	10 154 791
21	吉林	7 031 878
22	内蒙古	6 285 040
23	甘肃	6 185 275
24	黑龙江	5 825 023
25	云南	4 433 810
26	贵州	3 683 200
27	新疆	3 533 318
28	宁夏	2 796 416
29	海南	1 601 202
30	青海	125 430
31	西藏	23 454

资料来源:《中国科技统计年鉴2014》。

(7) 制造业新产品销售收入占主营业务收入比重排名

制造业新产品销售收入占主营业务收入比重可以反映制造业企业科技转化效果和技术的创新程度。2013年具体数据见表6-20,与上年相比,浙江上升2个位次至第一名。与以往一样,该项指标的排名起伏波动较大,宁夏上升5个位次,河南上升10个位次,贵州下降5个名次,吉林下降16个位次。东、中、西部地区均出现了较大的波动,说明短期内制造业企业科技转化的偶然性。

表6-20 2013年各省、直辖市、自治区制造业新产品销售收入占主营业务收入比重

名次	地区	新产品销售收入占主营业务收入比重(%)
1	浙江	24.0945
2	上海	22.2635
3	天津	20.6200
4	北京	19.7197
5	湖南	18.1064
6	重庆	17.4878
7	广东	17.3786

(续表)

名次	地区	新产品销售收入占主营业务收入比重(%)
8	江苏	14.9045
9	安徽	13.2381
10	湖北	12.2924
11	山东	10.7953
12	福建	10.4731
13	海南	9.7593
14	广西	9.4859
15	宁夏	8.2869
16	河南	8.0590
17	辽宁	7.8488
18	甘肃	7.3254
19	四川	7.0234
20	河北	6.3716
21	江西	6.3031
22	陕西	5.7168
23	山西	5.5816
24	贵州	5.3547
25	云南	4.5367
26	黑龙江	4.2926
27	新疆	4.1047
28	内蒙古	3.2147
29	吉林	3.2035
30	西藏	2.5119
31	青海	0.6132

资料来源:《中国科技统计年鉴 2014》。

(8) 制造业企业新产品开发经费排名

制造业企业新产品开发经费反映了制造业企业对于制造业新产品的经费投入情况。从表 6-21 可以看出,排名前五的均为东部省份,一方面因为东部地区经济基础好,另一方面与这些地区注重科技创新、重视新产品开发不无关系。中部地区湖北、安徽、湖南仍然在前十中占据了三席,反映中部地区对新产品开发的重视,保持了对新产品开发的稳定经费投入。相比 2012 年,排名基本稳定,只有一两个位次的细微变动。

表 6-21 2013 年各省、直辖市、自治区制造业企业新产品开发经费

名次	地区	新产品开发经费(万元)
1	江苏	16 693 195
2	广东	14 065 712
3	山东	10 206 343
4	浙江	8 216 556
5	上海	5 282 586
6	辽宁	3 360 539
7	湖北	3 317 175
8	安徽	3 244 687
9	湖南	2 959 845
10	北京	2 931 908
11	河南	2 660 106
12	福建	2 656 091
13	天津	2 459 585
14	四川	2 135 771
15	河北	2 025 041
16	陕西	1 799 803
17	重庆	1 438 649
18	山西	991 958
19	江西	977 849
20	广西	849 395
21	黑龙江	782 854
22	吉林	740 849
23	内蒙古	619 217
24	云南	496 845
25	甘肃	403 460
26	贵州	403 004
27	新疆	394 450
28	宁夏	149 924
29	海南	114 916
30	青海	87 949
31	西藏	1 177

资料来源:《中国科技年鉴 2014》。

3. 能源集约能力排名[①]

(1) 制造业能耗量排名

我国是个能源消耗大国,石油、电力、煤炭等均为我国常见的能源消耗种类,有些直接来自自然界,有些经过再次转换生成。各类能源的转化效率存在差异,仅以某一类能源实物消耗量衡量能源消耗情况一方面有失全面性,另一方面若对实物消耗量简单累加,计算单位难以统一。这里能耗量统一折算为标准煤后进行衡量。表6-22显示,河北成为能源消耗最大的区域,其后是江苏、山东、广东、河南,前5个省份制造业能耗累计值达到了总体的35.36%;西藏、海南、北京、青海、重庆列最后5位,制造业能耗累计值约为总体的3.34%,大幅降低能源消耗,减少污染物排放,关键还在于少数高耗能区域能源的节约。

表6-22 2013年各省、直辖市、自治区制造业能源消耗量

名次	地区	制造业综合能源消耗量(万吨标准煤)
1	河北	25 104.3113
2	江苏	21 825.1000
3	山东	20 441.0000
4	广东	17 895.7800
5	河南	17 335.8800
6	四川	14 287.0000
7	辽宁	13 188.4277
8	湖北	12 380.0000
9	山西	12 345.6100
10	内蒙古	12 299.9200
11	浙江	11 868.8552
12	湖南	10 318.7700
13	新疆	8 742.1433
14	安徽	8 119.4800
15	福建	7 928.6300
16	云南	7 621.5600
17	广西	6 869.7900
18	陕西	6 765.0500
19	吉林	6 760.8200
20	天津	6 059.6310

[①] 能源消耗数据摘自各省统计年鉴,为各省工业口径能源消耗量,其中,北京、浙江、重庆、新疆四个省份2014年统计年鉴无2013年工业口径能耗记录,因此沿用2012年数据。

(续表)

名次	地区	制造业综合能源消耗量(万吨标准煤)
21	贵州	6 006.2600
22	上海	5 998.5900
23	黑龙江	5 933.5000
24	甘肃	5 308.4200
25	江西	5 176.3400
26	宁夏	3 899.9671
27	重庆	3 513.5270
28	青海	3 015.3100
29	北京	2 275.7000
30	海南	879.4000
31	西藏	

资料来源:2014年各省统计年鉴。

(2) 制造业单位产值能耗排名

制造业单位产值能耗反映了地区制造业对能源的使用效率。单位产值能源消耗量越小,表明使用的效率越高。从表6-23中可以看出,北京的制造业单位产值能耗最少为0.1459万吨标准煤/亿元,比上年0.1418万吨/亿元略有上升。整体来看,全国大部分省份的单位产值能耗出现了不同程度的下降。其中,制造业单位产值能源消耗量最高的五个省份是青海、新疆、宁夏、山西、贵州,这些地区的制造业能源使用效率低,归根于其区域经济和科技发展水平制约了制造业能源使用效率的提高;相反,北京、江苏、山东、江苏、广东、上海则是单位产值能耗最低的五个区域,皆属东部的制造业强势区域,凭借突出的产值优势,弱化了其能耗总量影响,单位产值的能源消耗较小。

表6-23 2013年各省、直辖市、自治区制造业单位产值能源消耗量

名次	地区	制造业单位产值能耗(万吨标准煤/亿元)
1	青海	1.1885
2	新疆	1.1606
3	宁夏	1.1135
4	山西	0.7443
5	贵州	0.7438
6	云南	0.7407
7	甘肃	0.6638
8	内蒙古	0.6120

(续表)

名次	地区	制造业单位产值能耗(万吨标准煤/亿元)
9	河北	0.5420
10	海南	0.4943
11	黑龙江	0.4325
12	四川	0.4044
13	广西	0.3741
14	陕西	0.3564
15	湖南	0.3209
16	湖北	0.3157
17	吉林	0.3065
18	河南	0.2949
19	重庆	0.2683
20	辽宁	0.2493
21	安徽	0.2405
22	福建	0.2342
23	天津	0.2285
24	江西	0.2098
25	浙江	0.2007
26	上海	0.1869
27	广东	0.1632
28	江苏	0.1621
29	山东	0.1574
30	北京	0.1459
31	西藏	—

资料来源:2014 年各省统计年鉴。

4. 环境保护能力排名[①]

(1) 制造业工业废水排放量排名

制造业工业废水排放量反映地区制造业对水环境的污染程度。从表6-24可以看出,江苏是中国制造业工业废水排放量最多的省份,山东、广东、浙江、河南列在其后。总体来看,东部制造业强势区域废水排放量明显高于其他地区,经济的高速发展加大了污染的排放。广西依然表现特殊,制造业废水排放大,各项经济、科技表现却落后,地方政府需警惕这一状况的继续恶化,强化对高污染行业的管

---

① 现有官方公布数据没有全面的各省份制造业污染物排放统计,本章统一采用工业口径污染物排放数据作为制造业污染物排放代表。

理与监督,采取手段加强对废水的治理,积极引导产业结构调整,降低制造业高污染、低效率产业的比重。

表 6-24　2013 年各省、直辖市、自治区制造业废水排放量

名次	地区	制造业废水排放量(万吨)
1	江苏	220 559
2	山东	181 179
3	广东	170 463
4	浙江	163 674
5	河南	130 789
6	河北	109 876
7	福建	104 658
8	湖南	92 311
9	广西	89 508
10	湖北	84 993
11	辽宁	78 286
12	安徽	70 972
13	江西	68 230
14	四川	64 864
15	黑龙江	47 796
16	山西	47 795
17	上海	45 426
18	吉林	42 656
19	云南	41 844
20	内蒙古	36 986
21	陕西	34 871
22	新疆	34 718
23	重庆	33 451
24	贵州	22 898
25	甘肃	20 171
26	天津	18 692
27	宁夏	15 708
28	北京	9 486
29	青海	8 395
30	海南	6 744
31	西藏	400

资料来源:《中国环境统计年鉴 2014》。

(2) 制造业单位产值污染排放量(废水)排名

制造业单位产值污水排放值是制造业污水排放值与产值的比,反映了地区制造业生产所付出的水环境代价。从表6-25中可以看出,北京、天津、山东、上海、辽宁五个省份的制造业单位产值废水排放量较低,排最后5名,均为东部区域,制造业表现强势,其单位产值污染排放(废水)却较低,反映了单位制造业生产付出的水环境代价相对较低,但庞大的废水总量排放不容忽视。广西、宁夏、西藏、云南、新疆等省份单位产值制造业牺牲的水环境代价较大。当地政府应重视地方产业结构优化,限制那些高污染、高排放企业的数量,积极采取相关措施对水污染进行处理。与2012年相比,西藏上升4位列第3名,山西上升4位列第10名,内蒙古上升4位列第22名,黑龙江下降5位列第8名。

表6-25 2013年各省、直辖市、自治区制造业单位产值废水排放量

名次	地区	制造业单位产值废水排放量(万吨/亿元)
1	广西	4.8745
2	宁夏	4.4850
3	西藏	4.1199
4	云南	4.0668
5	新疆	3.9999
6	海南	3.7904
7	青海	3.6368
8	黑龙江	3.4839
9	福建	3.0915
10	山西	2.8817
11	湖南	2.8706
12	贵州	2.8358
13	江西	2.7649
14	浙江	2.5988
15	甘肃	2.5225
16	河北	2.3723
17	河南	2.2251
18	湖北	2.1677
19	重庆	2.1191
20	安徽	2.1024
21	吉林	1.9335

(续表)

名次	地区	制造业单位产值废水排放量(万吨/亿元)
22	内蒙古	1.8403
23	陕西	1.8370
24	四川	1.8360
25	江苏	1.6380
26	广东	1.5543
27	辽宁	1.4801
28	上海	1.4156
29	山东	1.3947
30	天津	0.7050
31	北京	0.5461

资料来源：《中国统计年鉴2013》和《中国环境统计年鉴2013》。

(3) 制造业废气排放量排名

制造业废气排放量反映地区制造业对空气的污染程度。从表6-26中可以看出，制造业废气排放量较大的是河北、江苏、山东、山西、河南，除山西省，其余四地区制造业经济创造力较强，同时也带来了大量的制造业废气排放。同为制造业强势区域的天津、北京废气排放量则不高，反映了制造业发展与环境保护存在矛盾，但若政府合理引导，企业有效控制，能够在一定程度上缓解这一矛盾。与2012年相比，贵州上升9位列第11名。

表6-26 2013年各省、直辖市、自治区制造业废气排放量

名次	地区	制造业废气排放量(亿标立方米)
1	河北	79 121.3
2	江苏	49 797.3
3	山东	47 159.8
4	山西	41 276.0
5	河南	37 665.3
6	内蒙古	31 128.4
7	辽宁	29 443.5
8	广东	28 433.7
9	安徽	28 335.4
10	浙江	24 564.8

(续表)

名次	地区	制造业废气排放量(亿标立方米)
11	贵州	24 466.5
12	广西	21 369.4
13	湖北	19 986.9
14	四川	19 760.6
15	新疆	18 464.5
16	湖南	17 276.4
17	陕西	16 279.5
18	福建	16 183.2
19	云南	15 958.1
20	江西	15 573.8
21	上海	13 344.1
22	甘肃	12 676.7
23	黑龙江	10 622.0
24	吉林	9 803.6
25	重庆	9 532.4
26	宁夏	8 909.2
27	天津	8 080.0
28	青海	5 620.6
29	海南	4 721.1
30	北京	3 692.2
31	西藏	114.7

资料来源:《中国环境统计年鉴2013》。

(4) 制造业单位产值污染排放值(废气)排名

制造业单位产值废气排放值是制造业废气排放值与产值的比,反映了地区制造业生产所付出的大气环境代价。表6-27数据显示,北京、广东、天津、山东、江苏的制造业单位产值废气排放量较小,位居最后五位,这些均为制造业经济强省。而贵州、海南、山西、宁夏、青海的制造业单位产值废气排放量较大。纵观31个省份的单位产值废气排放量,并未呈现较以往下降的趋势,说明制造业废气排放状况并未得到地方的重视,抑或政府现有手段只起到短期遏制作用,并未有效引导,建立长期改善机制。与2012年相比,排名变化较大的有:海南上升10位列第2名,广西下降5位列第12名,其余地区排名相对稳定。

表 6-27 2013 年各省、直辖市、自治区制造业单位产值废气排放量

名次	地区	制造业单位产值废气排放量(亿标立方米/亿元)
1	贵州	3.0301
2	海南	2.6535
3	宁夏	2.5438
4	山西	2.4886
5	青海	2.4349
6	新疆	2.1273
7	河北	1.7083
8	甘肃	1.5853
9	云南	1.5510
10	内蒙古	1.5488
11	西藏	1.1814
12	广西	1.1638
13	陕西	0.8576
14	安徽	0.8394
15	黑龙江	0.7742
16	河南	0.6408
17	江西	0.6311
18	重庆	0.6039
19	四川	0.5593
20	辽宁	0.5567
21	湖南	0.5372
22	湖北	0.5098
23	福建	0.4780
24	吉林	0.4444
25	上海	0.4158
26	浙江	0.3900
27	江苏	0.3698
28	山东	0.3630
29	天津	0.3047
30	广东	0.2593
31	北京	0.2126

资料来源:《中国统计年鉴 2014》和《中国环境统计年鉴 2013》。

(5) 工业固体废弃物产生量排名

制造业固体废弃物排放量反映了地区制造业对空间环境的污染程度。同样由于数据可获得性的限制,在这里我们对各主要城市工业固体废弃物产生量进行

排名,从而一定程度上反映各主要城市制造业固体废弃物产生的情况。从表6-28可以看出,工业固体废弃物产生量最多的省份依次为河南、山西、辽宁、内蒙古、山东。而西藏、海南、北京、天津、上海为工业固体废弃物产生量最少的五个城市。

表6-28 2013年各省、直辖市、自治区一般工业固体废弃物产生量排放量

名次	地区	一般工业废弃物产生量(万吨)
1	河北	43 289
2	山西	30 520
3	辽宁	26 759
4	内蒙古	20 081
5	山东	18 172
6	河南	16 270
7	云南	16 040
8	四川	14 007
9	青海	12 377
10	安徽	11 937
11	江西	11 518
12	江苏	10 856
13	新疆	9 283
14	福建	8 535
15	贵州	8 194
16	湖北	8 181
17	湖南	7 806
18	广西	7 676
19	陕西	7 491
20	黑龙江	6 094
21	广东	5 912
22	甘肃	5 907
23	吉林	4 591
24	浙江	4 300
25	宁夏	3 277
26	重庆	3 162
27	上海	2 054
28	天津	1 592
29	北京	1 044
30	海南	415
31	西藏	362

资料来源:《中国统计年鉴2014》和《中国环境统计年鉴2013》。

(6) 工业单位产值固体废弃物产生量排名

工业单位产值固体废弃物排放量,是工业固体废弃物排放量与工业产值的比,反映了工业生产所付出的空间环境代价。从表6-29可以看出,青海、西藏、山西、云南、新疆工业单位产值固体废弃物排放量高,广东、天津、北京、上海、浙江,排放量少,这五个区域均是经济发达区域,对固体废弃物污染防治的效果凸显。

表6-29 2013年各省、直辖市、自治区一般工业单位产值固体废弃物排放量

名次	地区	一般工业单位产值固体废弃物产生量(万吨/亿元)
1	青海	5.3619
2	西藏	3.7285
3	山西	1.8401
4	云南	1.5589
5	新疆	1.0695
6	贵州	1.0148
7	内蒙古	0.9991
8	宁夏	0.9357
9	河北	0.9346
10	甘肃	0.7387
11	辽宁	0.5059
12	江西	0.4668
13	黑龙江	0.4442
14	广西	0.4180
15	四川	0.3965
16	陕西	0.3946
17	安徽	0.3536
18	河南	0.2768
19	福建	0.2521
20	湖南	0.2427
21	海南	0.2332
22	湖北	0.2087
23	吉林	0.2081
24	重庆	0.2003
25	山东	0.1399
26	江苏	0.0806
27	浙江	0.0683
28	上海	0.0640

(续表)

名次	地区	一般工业单位产值固体废弃物产生量(万吨/亿元)
29	北京	0.0601
30	天津	0.0600
31	广东	0.0539

资料来源:《中国统计年鉴 2014》和《中国环境统计年鉴 2013》。

(7) 制造业固体废弃物综合利用率排名

制造业固体废弃物综合利用率指通过回收、加工、循环、交换等方式,从固体废物中提取或者使其转化为可以利用的资源、能源和其他原材料的固体废物数量占固体废弃物总量的百分比,它反映了制造业生产对固体废弃物的循环利用能力。表 6-30 中综合利用率前五的省份是天津、青海、上海、海南、浙江,制造业强省山东表现突出。而排名末尾的西藏制造业固体废弃物综合利用率仅为 1.86%,与其他区域相比,存在一定的差距。值得注意的是,天津和青海一般工业固体废弃物综合利用率高达 99.62% 和 97.63%,对固体废弃物的综合利用能力的提高,有助于增强对资源的循环利用,减少对环境的污染排放。

表 6-30　2013 年各省、直辖市、自治区制造业固体废物综合利用量及综合利用率

名次	地区	一般工业固体废弃物综合利用量(万吨)	固体废弃物综合利用率(%)
1	天津	1 582.0000	99.6200
2	青海	6 798.0000	97.6300
3	上海	1 995.0000	97.3400
4	海南	271.0000	96.3333
5	浙江	4 091.0000	95.0309
6	新疆	4 814.0000	94.2350
7	江苏	10 502.0000	93.5692
8	四川	5 780.0000	92.5567
9	广东	5 024.0000	91.9053
10	福建	7 544.0000	91.4900
11	山东	17 134.0000	88.7735
12	安徽	10 462.0000	87.4869
13	河南	12 466.0000	85.3747
14	黑龙江	4 145.0000	83.3455
15	湖北	6 196.0000	82.5842
16	江西	6 431.0000	81.7727
17	重庆	2 695.0000	81.6500

(续表)

名次	地区	一般工业固体废弃物综合利用量(万吨)	固体废弃物综合利用率(%)
18	湖南	5 011.0000	81.4900
19	宁夏	2 398.0000	81.3940
20	吉林	3 712.0000	80.5738
21	北京	904.0000	78.9600
22	陕西	4 758.0000	76.1230
23	广西	5 425.0000	75.5414
24	贵州	4 160.0000	70.8133
25	山西	19 815.0000	70.3209
26	甘肃	3 300.0000	69.2492
27	辽宁	11 742.0000	60.4738
28	云南	8 414.0000	56.3775
29	内蒙古	9 984.0000	53.2144
30	河北	18 356.0000	41.0450
31	西藏	5.0000	1.8600

资料来源:《中国统计年鉴 2013》和《中国环境统计年鉴 2013》。

6.2.3 各省(自治区、直辖市)集类指标排名

在评价的方法上,本年度研究报告采用离差最大化方法取代了往年的主成分分析法,对相关指标进行测评,避免了由主成分分析法分析时数据信息的丢失。为适应"新型化"制造业的要求,同前几年的研究报告不同,本年度报告的指标体系做了一些调整。选取经济创造能力、科技创新能力、能源集约能力、环境保护能力和社会贡献能力五个主指标,考虑数据的可获取性与指标体系的凝练需要,最终确定了 32 个子指标进行制造业强省的综合排名。本综合评价指标体系与制造业强省评价指标体系(见表 6-2)一致。它采用总量指标和单位指标相结合,克服了单纯采用总量指标或单位指标评价的片面性,兼顾连贯性。

1. 经济创造能力排名

以 A1—A10 为基础指标,对各地区制造业经济创造能力进行综合评价。采用离差最大化方法,衡量制造业经济创造能力的 10 项指标分配权重,并结合各指标的规范化数值得到 2013 年我国制造业经济创造能力的综合评价值。从表 6-31 可以看出,山东、江苏、广东沿袭上年仍位居前三,稍有不同的是山东取代江苏位居榜首。其余上升省份,以浙江、甘肃、福建、天津最为显著,均上升了不低于 5 个位次;然而,以吉林为代表的下降位次也及其明显,高达 8 个位次,此外,东北工业区的吉林和黑龙江均呈现较大下跌。

表 6-31　区域制造业经济创造能力综合评价

排名	地区	综合得分
1	山东	1.4423
2	江苏	1.3799
3	广东	1.0910
4	辽宁	0.9533
5	浙江	0.8483
6	河南	0.8410
7	安徽	0.8407
8	湖南	0.8095
9	河北	0.7903
10	湖北	0.7881
11	天津	0.7791
12	上海	0.7784
13	福建	0.6907
14	江西	0.6747
15	吉林	0.6649
16	四川	0.6321
17	广西	0.6220
18	内蒙古	0.5929
19	重庆	0.5591
20	陕西	0.4818
21	甘肃	0.4673
22	宁夏	0.4394
23	新疆	0.3905
24	云南	0.3657
25	北京	0.3369
26	贵州	0.3295
27	黑龙江	0.3099
28	青海	0.3078
29	山西	0.0715
29	西藏	—
29	海南	—

资料来源:《中国统计年鉴 2014》及各省 2014 年统计年鉴。

2. 科技创新能力排名

以 B1—B11 为基础指标,对各地区制造业科技竞争力进行综合评价。采用离差最大化方法计算,衡量制造业科技创新能力的 11 项指标分配权重,并结合各指标的规范化数值得到 2013 年我国制造业科技创新能力的综合评价值。2013 年具体数据如表 6-32 所示，与 2012 年相比变化较大的省份：江西和宁夏分别上升 6 个位次和 5 个位次；贵州下降 7 个位次，黑龙江和吉林下降 6 个位次。其他省份排名变化不大。前五强依旧是广东、江苏、浙江、山东、上海，可以看出东部地区科技创新能力具有明显优势。

表 6-32 区域制造业科技创新能力综合评价

排名	地区	综合得分
1	广东	0.8850
2	江苏	0.8283
3	浙江	0.7491
4	山东	0.5560
5	上海	0.5107
6	天津	0.4756
7	北京	0.4280
8	湖南	0.4008
9	安徽	0.3720
10	湖北	0.3413
11	重庆	0.3389
12	福建	0.3227
13	河南	0.2855
14	辽宁	0.2548
15	河北	0.2247
16	四川	0.2075
17	陕西	0.1943
18	广西	0.1918
19	江西	0.1728
20	山西	0.1711
21	宁夏	0.1656
22	黑龙江	0.1653
23	海南	0.1582
24	甘肃	0.1552
25	内蒙古	0.1411
26	贵州	0.1174
27	西藏	0.1123
28	吉林	0.1007
29	云南	0.0981
30	新疆	0.0775
31	青海	0.0299

资料来源：《中国统计年鉴 2014》及各省 2004 年统计年鉴。

3. 能源集约能力排名

以 C1—C4 为基础指标,对各地区制造业能源集约能力进行综合评价。采用离差最大化方法,衡量制造业经济创造能力的 4 项指标分配权重,并结合各指标的规范化数值得到 2013 年我国制造业能源集约能力的综合评价值。将综合得分汇总排序,得到各省份制造业能源集约能力综合排名。列前五名的分别是北京、浙江、上海、海南和广东;河北、山西、新疆、湖北和贵州则列后五位(除西藏外)。北京、浙江、上海和广东均为东部经济发达省份,高水平的能源集约能力反映区域经济发展制造业能源利用效率以及能源使用结构优于其他区域。河北与湖北制造业不俗的经济创造实力(第 9 和第 10)与能源集约能力(第 30 和第 27)形成鲜明对比,反映了其制造业的粗放式发展(见表6-33)。

表6-33　区域制造业能源集约能力综合评价

排名	地区	综合得分
1	北京	1.1643
2	浙江	1.0015
3	上海	0.9461
4	海南	0.9298
5	广东	0.9050
6	福建	0.8521
7	青海	0.8502
8	天津	0.8124
9	甘肃	0.7617
10	重庆	0.7506
11	江苏	0.7326
12	江西	0.7115
13	黑龙江	0.7114
14	陕西	0.6788
15	湖南	0.6660
16	安徽	0.6647
17	广西	0.6646
18	吉林	0.6540
19	内蒙古	0.6468
20	宁夏	0.6404
21	河南	0.6372
22	贵州	0.6285
23	辽宁	0.6234

（续表）

排名	地区	综合得分
24	湖北	0.6034
25	山东	0.5965
26	四川	0.5708
27	新疆	0.5374
28	云南	0.5153
29	山西	0.4092
30	河北	0.2648
31	西藏	—

资料来源：《中国统计年鉴2014》及各省2014年统计年鉴。

4. 环境保护能力排名

以 D1—D7 为基础指标，对各地区制造业环境保护能力进行综合评价。采用离差最大化方法，衡量制造业环境保护能力的 7 项指标分配权重，并结合各指标的规范化数值得到 2013 年我国制造业环境保护能力的综合评价值。将综合得分汇总排序，得到各省份制造业资源保护能力综合排名。区域制造业环境资源保护能力中，排名前五名的分别是北京、天津、上海、吉林、重庆；而河北、青海、贵州、宁夏、新疆综合排名靠后，河北制造业虽然比其他四个省份发达，但是各项污染指标中，河北排名靠前，说明河北在发展制造业的同时环境成本偏高，制造业发展方式有必要改善。江苏、广东均为制造业大省，在总量上远远超过其他省份，由于规模效应，这两个省份的污染排放较高，导致综合评价得分靠后（见表6-34）。

表6-34 区域制造业环境资源保护能力综合评价

名次	地区	综合得分
1	北京	0.9604
2	天津	0.9577
3	上海	0.8905
4	吉林	0.8451
5	重庆	0.8405
6	陕西	0.7985
7	四川	0.7903
8	湖北	0.7756
9	广东	0.7608
10	黑龙江	0.7519
11	江西	0.7469
12	湖南	0.7446
13	安徽	0.7446

（续表）

名次	地区	综合得分
14	福建	0.7423
15	浙江	0.7315
16	甘肃	0.7295
17	辽宁	0.6984
18	海南	0.6938
19	河南	0.6797
20	山东	0.6790
21	江苏	0.6654
22	内蒙古	0.6476
23	新疆	0.6292
24	宁夏	0.6183
25	广西	0.6109
26	青海	0.5987
27	西藏	0.5975
28	贵州	0.5900
29	云南	0.5858
30	山西	0.4910
31	河北	0.4017

资料来源：《中国统计年鉴2013》。

6.2.4 中国制造业"十大强省"排序

综合全部32个指标，对各地区制造业"新型化"能力进行综合评价。采用离差最大化方法，衡量32个指标的分配权重，并结合各指标的规范化数值得到2013年我国制造业各省份的综合评价值。将综合评价值汇总排序，得到我国制造业强省综合排名(见表6-35)。

表6-35　中国制造业强省排名

排名	地区	综合得分
1	广东	0.7489
2	江苏	0.7319
3	天津	0.7254
4	上海	0.7193
5	浙江	0.7113
6	山东	0.6908
7	北京	0.6621
8	湖南	0.6336

(续表)

排名	地区	综合得分
9	安徽	0.6197
10	重庆	0.6175
11	湖北	0.6000
12	福建	0.5931
13	吉林	0.5741
14	辽宁	0.5693
15	江西	0.5663
16	河南	0.5623
17	四川	0.5361
18	广西	0.5093
19	甘肃	0.4916
20	陕西	0.4909
21	黑龙江	0.4831
22	内蒙古	0.4677
23	宁夏	0.4418
24	贵州	0.4087
25	新疆	0.4004
26	云南	0.3965
27	河北	0.3931
28	青海	0.3388
29	山西	0.3109
30	西藏	—
31	海南	—

资料来源:《中国统计年鉴2014》。

通过对经济创造、科技创新、能源集约、环境保护四大方面32个指标的分析，运用离差最大化分析方法，我们得到了2013年中国制造业十大强省，依次为广东、江苏、天津、上海、浙江、山东、北京、湖南、安徽、重庆。综合2013年制造业强省排名，主要表现如下：

（1）广东综合实力超越江苏排名第一，江苏第二。广东、江苏是制造业强省综合实力榜首位置出现频率最高的区域，2008、2009、2010、2013年广东排名第一，2005、2007、2011、2012年江苏占据榜首。近几年成绩回顾，经济创造能力、社会贡献能力、能源集约能力江苏暂处上风，环境保护能力广东略胜一筹，科技创新方面，江苏近年来在R&D经费投入第一，但科技产出不及广东，广东科技创新能力总体占优，综合来看，现阶段两省制造业综合实力仍不相上下。

（2）河北、陕西制造业综合发展能力下降。往年两省都曾进入十强榜单，

2003年陕西最高排名第9之后迅速下跌,2013年列第20。河北2005、2006年均上榜,2012年第19,2013年第27,几年时间跌幅明显。观察这两个省份,虽然地理区位不同,但有一个共同的特征——都属资源型省份,河北唐山的石油,陕西榆林的石油、煤,延安的天然气等闻名全国。这两个省未来制造业发展重点应调整产业结构,摆脱对资源的过度依赖。

(3) 吉林表现疲软。东北实施振兴计划,吉林从2008年开始排名迅速上升,2008年第18,2009、2010年列第12、13,2011年突破性进入前十,但2012年以来相对乏力,排名回落至第13位,经济创造能力较上年明显退步,背后原因从R&D研发经费、新产品开发投入不足等表现可见一斑,科技仍然是制约区域发展的重要原因。

6.3 中国制造业"十大强市"

目前中国共有大中小城市600多个,为了在众多城市中遴选出样本城市,我们继续沿用"中心城市"的概念。所谓中心城市,是指在城市体系中居于核心地位、发挥主导作用的城市。我们把中心城市定位于省会城市、副省级城市和少量较大规模的城市(直辖市不包括在内)。根据制造业发展程度较高和资料可获得性的双重要求,选择中国33个城市作为样本城市进行比较研究,这33个城市分别是南京、宁波、苏州、郑州、西安、深圳、成都、南昌、济南、杭州、呼和浩特、乌鲁木齐、昆明、长沙、广州、无锡、东莞、武汉、银川、福州、长春、沈阳、厦门、青岛、大连、南宁、石家庄、哈尔滨、海口、合肥、太原、兰州和贵阳。北京、天津、上海、重庆等城市是直辖市,属于省级排名范围,因此,尽管这些城市的制造业综合发展能力很高,但它们不参与制造业强市的排名。但是由于《大连统计年鉴2014》和《石家庄统计年鉴2014》迟迟未出版,而《东莞统计年鉴2014》制造业统计不全,因此,根据相关数据的可获得性,最终参加强市综合排名的样本城市实际为30个,分别是南京、宁波、苏州、郑州、西安、深圳、成都、南昌、济南、杭州、呼和浩特、乌鲁木齐、昆明、长沙、广州、无锡、武汉、银川、福州、长春、沈阳、厦门、青岛、南宁、哈尔滨、海口、合肥、太原、兰州和贵阳。

6.3.1 制造业各市单项指标排名

1. 经济创造能力排名

(1) 制造业总产值排名

制造业总产值反映了一个地区一定时期内制造业生产的总规模和总水平。总体上,2013年全国各主要城市制造业总产值较2012年度普遍有所增长,其制造业平均产值由2012年的7 560.98亿元提高到8 034.29亿元,上升了6.26%(见表6-36)。其中,在30个城市中,高于平均制造业产值水平的城市为13个,其余17个城市低于平均值水平。制造业产值贡献呈帕累托式分布(见图6-7)显示,前7个城市的累计制造业总产值比重超过了50%,而后13位的产值累计不到总体的15%。

表6-36 2013年各主要城市制造业总产值

名次	城市	制造业总产值(亿元)	占总体制造业比重(%)	累计比重(%)
1	苏州	29 724.0143	12.3322	12.3322
2	深圳	21 788.3475	9.0397	21.3719
3	广州	15 755.0980	6.5366	27.9085
4	青岛	15 021.3864	6.2322	34.1407
5	无锡	14 636.8354	6.0727	40.2133
6	沈阳	13 340.9344	5.5350	45.7483
7	南京	12 262.7272	5.0877	50.8360
8	宁波	12 020.3392	4.9871	55.8231
9	杭州	11 508.6196	4.7748	60.5979
10	郑州	10 275.5992	4.2632	64.8611
11	武汉	9 406.5300	3.9027	68.7638
12	成都	8 821.3900	3.6599	72.4237
13	长春	8 657.5433	3.5919	76.0156
14	长沙	7 963.7281	3.3041	79.3197
15	合肥	6 864.8089	2.8481	82.1678
16	福州	6 194.7800	2.5701	84.7379
17	厦门	4 463.7907	1.8520	86.5899
18	济南	4 432.9060	1.8392	88.4291
19	西安	4 174.2072	1.7318	90.1609
20	南昌	3 939.3062	1.6344	91.7953
21	昆明	3 344.2283	1.3875	93.1828
22	哈尔滨	3 240.7409	1.3445	94.5273
23	南宁	2 385.2448	0.9896	95.5169
24	乌鲁木齐	2 085.4373	0.8652	96.3821
25	兰州	2 074.9018	0.8609	97.2430
26	太原	1 998.3658	0.8291	98.0721
27	贵阳	1 872.0162	0.7767	98.8488
28	呼和浩特	1 162.6640	0.4824	99.3311
29	银川	1 150.3513	0.4773	99.8084
30	海口	461.7950	0.1916	100.0000
31	石家庄	—	—	—
32	东莞	—	—	—
33	大连	—	—	—

资料来源:《中国城市统计年鉴2014》及2014年各省统计年鉴。

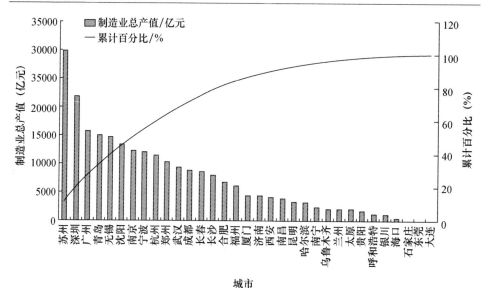

图 6-7 2013 年各城市制造业总产值帕累托分布

(2) 制造业总产值占工业总产值的比重排名

制造业总产值占工业总产值的比重反映了地区制造业在工业中的地位,从中可以看出制造业发展对地区工业发展的贡献大小。由表 6-37,有 8 个城市的制造业总产值占工业总产值比重超过了 95%,而制造业总产值占工业总产值的比重超过 90% 的城市有 22 个,这充分表明制造业是我国城市工业的绝对主体。其中,2013 年全国主要城市制造业总产值占工业总产值比重排名前五位的城市依次是无锡、苏州、南京、沈阳、青岛,江苏省"独中三元",一定程度上印证了江苏省是典型的制造业大省。

表 6-37 2013 年各主要城市制造业总产值占工业总产值比重

名次	城市	制造业总产值(亿元)	工业总产值(亿元)	制造业总产值占工业总产值比重(%)
1	无锡	14 636.8354	14 876.3310	98.3901
2	苏州	29 724.0143	30 276.2935	98.1759
3	南京	12 262.7272	12 563.0932	97.6091
4	沈阳	13 340.9344	13 735.1780	97.1297
5	青岛	15 021.3864	15 512.6805	96.8330
6	成都	8 821.3900	9 171.1596	96.1862
7	长沙	7 963.7281	8 289.1332	96.0743
8	哈尔滨	3 240.7409	3 399.2630	95.3366

(续表)

名次	城市	制造业总产值(亿元)	工业总产值(亿元)	制造业总产值占工业总产值比重(%)
9	厦门	4 463.7907	4 716.2101	94.6478
10	深圳	21 788.3475	23 095.2085	94.3414
11	长春	8 657.5433	9 228.0427	93.8178
12	南宁	2 385.2448	2 557.1348	93.2780
13	贵阳	1 872.0162	2 014.3140	92.9357
14	西安	4 174.2072	4 497.6200	92.8092
15	济南	4 432.9060	4 777.4737	92.7877
16	杭州	11 508.6196	12 418.0035	92.6769
17	海口	461.7950	499.5513	92.4420
18	宁波	12 020.3392	13 010.0892	92.3924
19	广州	15 755.0980	17 198.7181	91.6062
20	福州	6 194.7800	6 786.3300	91.2832
21	合肥	6 864.8089	7 526.5754	91.2076
22	武汉	9 406.5300	10 394.0700	90.4990
23	南昌	3 939.3062	4 437.5203	88.7727
24	兰州	2 074.9018	2 416.1985	85.8746
25	乌鲁木齐	2 085.4373	2 428.8525	85.8610
26	昆明	3 344.2283	3 917.8453	85.3589
27	郑州	10 275.5992	12 153.5229	84.5483
28	呼和浩特	1 162.6640	1 495.3762	77.7506
29	太原	1 998.3658	2 648.8396	75.4431
30	银川	1 150.3513	1 928.0304	59.6646
31	东莞	—	11 918.1707	—
32	大连	—	—	—
33	石家庄	—	—	—

资料来源:《城市统计年鉴2014》及2014年各市统计年鉴。

(3) 制造业从业人员劳动生产率排名

制造业产值反映了地区制造业产出,而制造业总产值与制造业从业人员的比值则可以反映出一个地区制造业的劳动生产率水平。从表6-38可以看出,沈阳制造业从业人员人均产值为369.11万元/人,位居榜首,制造业从业人员劳动生产率均超过300万元/人;紧随其后的呼和浩特、乌鲁木齐、银川、长春与其相差较大,分别为257.80万元/人、246.51万元/人、230.84、215.11万元/人。相较其他

地区,沈阳的制造业从业人员劳动生产率的领先优势明显。

表6-38 2013年各主要城市制造业从业人员劳动生产率

名次	城市	制造业总产值(亿元)	制造业从业人数(人)	制造业从业人员劳动生产率(万元/人)
1	沈阳	13 340.9344	361 432	369.1133
2	呼和浩特	1 162.664	45 100	257.7969
3	乌鲁木齐	2 085.4373	84 600	246.5056
4	银川	1 150.3513	49 833	230.8413
5	长春	8 657.5433	402 468	215.1113
6	青岛	15 021.3864	714 400	210.2658
7	南京	12 262.72719	585 501	209.4399
8	长沙	7 963.7281	38 0497	209.2981
9	合肥	6 864.8089	339 898	201.9667
10	无锡	14 636.8354	733 700	199.4935
11	武汉	9 406.53	528 600	177.9518
12	兰州	2 074.9018	123 600	167.8723
13	南宁	2 385.2448	147 762	161.4248
14	广州	15 755.098	985 000	159.9502
15	杭州	11 508.6196	726 790	158.3486
16	宁波	12 020.3392	787 900	152.5617
17	郑州	10 275.5992	681 300	150.8234
18	苏州	29 724.0143	1 991 676	149.2412
19	昆明	3 344.2283	226 816	147.4423
20	福州	6 194.78	435 660	142.1930
21	济南	4 432.9060	325 105	136.3531
22	南昌	3 939.3062	299 459	131.5474
23	哈尔滨	3 240.7409	292 400	110.8325
24	贵阳	1 872.0162	177 200	105.6443
25	太原	1 998.3658	208 100	96.0291
26	西安	4 174.2072	449 800	92.8014
27	海口	461.795	53 100	86.9670
28	深圳	21 788.3475	2 558 749	85.1523
29	成都	8 821.3900	1 045 500	84.3748
30	厦门	4 463.7907	540 800	82.5405
31	东莞	—	1 991 100	—
32	大连	—	547 800	—
33	石家庄	—	225 200	—

资料来源:《中国城市统计年鉴2014》及2014年各市统计年鉴;其中,制造业总产值的统计口径为规模以上工业,制造业从业人员数为"全市"统计口径的制造业从业人员数。

(4) 制造业企业利润总额排名

制造业企业利润总额反映了区域制造业的盈利能力,是衡量制造业经济创造能力的重要指标。从表6-39可以看到,2013年各主要城市的制造业利润总额平均水平为449.9590亿元,超过这一平均值的城市有14个。苏州、广州、深圳、南京、郑州位列前五,其中苏州制造业企业利润总额为1 254.8333亿元,远远超过排名第二、第三的广州和深圳。兰州虽然位列最后,但相对于上年-28.8亿元的制造业企业利润,已经实现转亏为盈。总体来讲,城市制造业企业的利润状况明显好转。

表6-39 2013年制造业企业利润总额

名次	城市	制造业企业利润总额(亿元)
1	苏州	1 254.8333
2	广州	982.6348
3	深圳	982.2355
4	南京	940.0228
5	郑州	908.3125
6	青岛	878.4306
7	杭州	814.4319
8	无锡	782.9699
9	长春	757.4212
10	沈阳	732.0854
11	宁波	588.0570
12	长沙	562.5081
13	成都	544.3548
14	合肥	472.7624
15	武汉	440.6800
16	福州	372.5682
17	东莞	276.8933
18	济南	243.1070
19	南昌	237.1998
20	厦门	212.0381
21	西安	169.5842
22	南宁	159.2115
23	昆明	140.7076
24	哈尔滨	121.7636

(续表)

名次	城市	制造业企业利润总额(亿元)
25	贵阳	111.8003
26	呼和浩特	89.1836
27	乌鲁木齐	48.2303
28	银川	42.1519
29	海口	33.0222
30	太原	32.5849
31	兰州	16.9400
32	大连	—
33	石家庄	—

资料来源:《城市统计年鉴2014》及2014年各市统计年鉴。

(5) 制造业从业人数占城市从业人数的比重排名

制造业从业人数占城市从业人数的比重反映了城市制造业在吸纳就业方面的贡献大小。从表6-40可以看出,2013年制造业从业人数占城市从业人数的比重排名前五位的城市依次是苏州、无锡、青岛、厦门和宁波,分别吸纳了当地66.0284%、53.7798%、52.8062%、49.0686%和46.9319%的从业人数,这些城市的制造业吸纳就业贡献较大;而海口、银川和乌鲁木齐制造业从业人数占城市从业人数的比重位列最后三位,其中海口的制造业从业人数占城市从业人数的比重只有11.3333%,反映了制造业在这些城市产业结构中比重较低。

表6-40　2013年各城市制造业从业人数占城市从业人数比重

名次	城市	制造业从业人数(人)	制造业从业人数占城市从业人数比重(%)
1	苏州	882 800	66.0284
2	无锡	473 800	53.7798
3	青岛	681 200	52.8062
4	厦门	579 500	49.0686
5	宁波	819 900	46.9319
6	深圳	1 263 800	45.1357
7	大连	460 500	41.3004
8	南京	535 500	36.3297
9	广州	1 171 100	35.8244
10	郑州	553 100	34.1420

(续表)

名次	城市	制造业从业人数（人）	制造业从业人数占城市从业人数比重(%)
11	福州	462 600	32.1921
12	长沙	367 400	29.6290
13	南昌	281 600	29.2723
14	杭州	804 700	28.5456
15	长春	282 900	28.2900
16	西安	465 420	28.1051
17	成都	589 100	27.7485
18	武汉	517 200	26.9515
19	沈阳	325 500	26.6803
20	济南	344 500	24.3463
21	合肥	280 300	24.2474
22	太原	247 500	23.9246
23	石家庄	212 309	23.4119
24	兰州	123 600	22.8466
25	贵阳	179 600	21.7170
26	南宁	172 900	21.5050
27	哈尔滨	274 900	19.8771
28	呼和浩特	61 500	17.9300
29	昆明	214 500	17.9048
30	乌鲁木齐	88 900	14.1111
31	银川	44 300	13.2239
32	海口	51 000	11.3333

资料来源：《城市统计年鉴 2014》，统计口径为"全市"。

(6) 制造业企业利税总额排名

制造业企业利税总额反映了城市制造业对于国家和地方税收的贡献能力，是衡量制造业社会贡献能力的重要指标。通过对各主要城市制造业企业利税总额进行分析，排名前五位的城市依次为苏州、深圳、广州、青岛、南京，利税总额分别是 1 721.5352 亿元、1 530.7331 亿元、1 467.2063 亿元、1 394.7245 亿元、1 328.2313 亿元。2013 年 32 个城市的制造业企业利税总额平均值为 739.3497 亿元，共有 16 个城市的制造业利税超过这一平均值（见表 6-41）。

表 6-41　2013 年各主要城市制造业企业利税总额

名次	城市	制造业企业利税总额(亿元)
1	苏州	1 721.5352
2	深圳	1 530.7331
3	广州	1 467.2063
4	青岛	1 394.7245
5	南京	1 328.2639
6	长沙	1 316.2313
7	郑州	1 283.3612
8	无锡	1 214.4877
9	成都	1 123.4214
10	长春	1 121.1553
11	大连	1 100.6098
12	沈阳	1 083.7655
13	宁波	1 003.1330
14	武汉	972.5700
15	石家庄	779.4742
16	合肥	744.0054
17	福州	549.8924
18	杭州	538.5915
19	济南	422.4378
20	昆明	389.2314
21	厦门	382.5929
22	南昌	373.3612
23	哈尔滨	303.1799
24	西安	295.3278
25	贵阳	261.9567
26	南宁	188.6509
27	太原	174.4791
28	兰州	168.9000
29	呼和浩特	144.7999
30	乌鲁木齐	107.8347
31	银川	104.3957
32	海口	68.8813

资料来源：各城市统计年鉴 2014。

(7) 制造业从业人员人均利税率排名

制造业从业人员人均利税率反映了区域制造业人均对国家税收的贡献能力,也是衡量制造业社会贡献能力的重要指标。通过对各主要城市制造业人均利税率(见表6-42)进行分析,排名前五位的城市依次为长春、石家庄、长沙、沈阳和合肥,其人均利税率分别是39.63万元/人、36.71万元/人、35.83万元/人、33.30万元/人和26.54万元/人。值得注意的是,人均利税率前五位的城市地域上均属于中部地区,长春和沈阳更是东北老工业基地制造业中心城市。

表6-42 2013各主要城市制造业从业人员人均利税率

名次	城市	制造业人均利税率(万元/人)
1	长春	39.63
2	石家庄	36.71
3	长沙	35.83
4	沈阳	33.30
5	合肥	26.54
6	无锡	25.63
7	南京	24.80
8	大连	23.90
9	银川	23.57
10	呼和浩特	23.54
11	郑州	23.20
12	青岛	20.47
13	苏州	19.50
14	成都	19.07
15	武汉	18.80
16	昆明	18.15
17	贵阳	14.59
18	兰州	13.67
19	海口	13.51
20	南昌	13.26
21	广州	12.53
22	济南	12.26
23	宁波	12.23
24	乌鲁木齐	12.13
25	深圳	12.11
26	福州	11.89

(续表)

名次	城市	制造业人均利税率(万元/人)
27	哈尔滨	11.03
28	南宁	10.91
29	太原	7.05
30	杭州	6.69
31	厦门	6.60
32	西安	6.35

资料来源:各城市统计年鉴2014。

2. 环境资源保护能力排名

(1) 工业废水排放量排名

由于各城市均没有细分至制造业的废水排放量的统计数据,在这里我们用工业口径的废水排放量的统计数据来分析各城市工业对水环境的污染程度,在一定程度上反映了各城市制造业对水环境的污染程度。从表6-43可以看出,2013年苏州是中国工业废水排放量最多的城市,杭州、石家庄、厦门、大连位列其后。总体来看,东部制造业强势区域工业废水排放量明显高于其他地区,占总体废水排放的份额有进一步增加的势头。相比2012的工业废水排放,共计20个城市实现了工业废水排放量的减少,其中无锡市最为突出,工业废水排放增速为 -35.58%;相较之下,另有13个城市的工业废水排放呈增加态势,尤以西安为重,其工业废水排放增速达到了181.73%。

表6-43　2013年各主要城市工业废水排放量

名次	城市	2012年工业废水排放量(万吨)	2013年工业废水排放量(万吨)	工业废水排放增长率(%)
1	苏州	70 754.00	66 916.00	-5.42
2	杭州	42 724.00	39 186.00	-8.28
3	石家庄	31 058.00	27 753.00	-10.64
4	厦门	26 948.00	27 256.00	1.14
5	大连	30 795.00	26 154.00	-15.07
6	南京	24 223.00	25 291.00	4.41
7	东莞	26 909.00	23 463.00	-12.81
8	无锡	35 846.00	23 093.00	-35.58
9	广州	22 677.00	22 558.00	-0.52
10	宁波	20 125.00	19 666.00	-2.28

(续表)

名次	城市	2012年工业废水排放量(万吨)	2013年工业废水排放量(万吨)	工业废水排放增长率(%)
11	武汉	20 851.00	14 700.00	-29.50
12	深圳	13 831.00	12 012.00	-13.15
13	郑州	12 538.00	11 835.00	-5.61
14	青岛	11 146.00	10 641.00	-4.53
15	南昌	10 929.00	10 602.00	-2.99
16	成都	11 780.00	10 524.00	-10.66
17	南宁	12 496.00	9 752.00	-21.96
18	西安	3 185.00	8 973.00	181.73
19	济南	6 653.00	8 596.00	29.20
20	沈阳	7 705.00	8 533.00	10.75
21	银川	5 963.00	6 194.00	3.87
22	合肥	5 971.00	6 018.00	0.79
23	长春	5 309.00	5 482.00	3.26
24	兰州	4 652.00	4 910.00	5.55
25	乌鲁木齐	5 980.00	4 889.00	-18.24
26	昆明	5 211.00	4 808.00	-7.73
27	福州	5 333.00	4 682.00	-12.21
28	哈尔滨	6 497.00	4 487.00	-30.94
29	太原	3 161.00	4 085.00	29.23
30	长沙	3 777.00	4 049.00	7.20
31	贵阳	2 008.00	2 262.00	12.65
32	呼和浩特	2 187.00	2 082.00	-4.80
33	海口	879.00	824.00	-6.26

资料来源:《中国城市统计年鉴2014》。

(2) 工业单位产值废水排放量排名

工业单位产值废水排放量指标,可以用来分析城市工业生产所付出的水环境代价,在一定程度上反映制造业生产所付出的水环境代价。其中,单位产值污染排放(废水)较低,反映了单位工业生产付出的水环境代价相对较低。从表6-44中可以看出,工业单位产值废水排放量最大的城市依次为厦门、南宁、石家庄、银川、杭州,其制造业生产所付出的水环境代价较大;而长沙、深圳、长春、沈阳、青岛五个城市的工业单位产值废水排放量最低,依次位列最后5名,表明其制造业生产所付出的水环境代价较小。

表 6-44　2013 年各主要城市工业单位产值废水排放量

名次	城市	工业单位产值废水排放量(万吨/亿元)
1	厦门	5.7792
2	南宁	3.8136
3	石家庄	3.6399
4	银川	3.2126
5	杭州	3.1556
6	大连	2.2700
7	南昌	2.2192
8	苏州	2.2102
9	兰州	2.0321
10	南京	2.0131
11	乌鲁木齐	2.0129
12	西安	1.9951
13	东莞	1.9687
14	济南	1.9371
15	海口	1.6495
16	无锡	1.5523
17	太原	1.5422
18	宁波	1.5116
19	武汉	1.4143
20	呼和浩特	1.3923
21	哈尔滨	1.3200
22	广州	1.3116
23	昆明	1.2272
24	成都	1.1475
25	贵阳	1.1230
26	郑州	0.9738
27	合肥	0.7996
28	福州	0.6899
29	青岛	0.6860
30	沈阳	0.6213
31	长春	0.5941
32	深圳	0.5201
33	长沙	0.4885

资料来源:《中国城市统计年鉴 2014》及各城市统计年鉴 2014。

(3) 工业二氧化硫排放量排名

制造业废气排放量反映地区制造业对空气的污染程度。由于城市废气排放数据可获得性的限制,我们采用工业二氧化硫的排放量来反映各城市工业对空气的污染程度,从而在一定程度上反映各城市制造业对空气的污染程度。从表6-45中可以看出,工业二氧化硫排放量最大的城市依次是石家庄、苏州、宁波、沈阳、东莞。可以看到,苏州、沈阳、东莞的制造业在创造了较强的经济实力的同时,也带来了大量的制造业废气排放;而同为制造业强势区域的深圳废气排放量不高。这反映了制造业发展与环境保护虽然存在矛盾,但若政府合理引导,企业有效控制,就能够从一定程度上缓解这一矛盾。整体来看,多数城市2013年的工业二氧化硫排放量比2012年明显减少,五个城市工业二氧化硫排放量保持了增加的态势,沈阳增幅明显,达到了35.05%,需要尤为关注其制造业发展带来的空气污染问题。

表6-45 2013年各主要城市工业废气(二氧化硫)排放量

名次	城市	2012年工业二氧化硫排放量(吨)	2013年工业二氧化硫排放量(吨)	工业二氧化硫排放增速(%)
1	石家庄	179 942	181 532	0.88
2	苏州	183 401	164 969	-10.05
3	宁波	144 356	134 630	-6.74
4	沈阳	96 756	130 672	35.05
5	东莞	118 663	112 132	-5.50
6	南京	119 155	110 665	-7.13
7	郑州	110 056	106 123	-3.57
8	大连	114 589	102 938	-10.17
9	昆明	113 277	101 669	-10.25
10	武汉	100 072	97 600	-2.47
11	呼和浩特	99 375	96 190	-3.21
12	银川	105 743	92 369	-12.65
13	太原	101 780	88 900	-12.65
14	无锡	99 857	83 213	-16.67
15	杭州	86 181	82 021	-4.83
16	济南	103 187	81 118	-21.39
17	福州	76 255	76 043	-0.28
18	乌鲁木齐	118 059	74 216	-37.14
19	兰州	68 654	72 148	5.09
20	贵阳	65 259	70 602	8.19

（续表）

名次	城市	2012年工业二氧化硫排放量(吨)	2013年工业二氧化硫排放量(吨)	工业二氧化硫排放增速(%)
21	青岛	72 563	69 337	-4.45
22	哈尔滨	80 740	65 987	-18.27
23	西安	83 063	64 664	-22.15
24	广州	68 379	63 331	-7.38
25	长春	69 046	57 246	-17.09
26	成都	56 730	52 040	-8.27
27	合肥	45 572	41 483	-8.97
28	南昌	43 470	40 756	-6.24
29	南宁	30 626	33 045	7.90
30	长沙	21 210	21 173	-0.17
31	厦门	19 276	18 772	-2.61
32	深圳	9 847	8 193	-16.80
33	海口	1 731	1 798	3.87

资料来源：《中国城市统计年鉴2014》。

（4）工业单位产值二氧化硫排名

制造业单位产值废气排量是制造业废气排放量与制造业总产值的比，反映了地区制造业生产所付出的大气环境代价。由于数据可获得性的限制，我们用工业二氧化硫排放量与工业总产值的比值排名，在一定程度上可以反映各城市制造业生产所付出的大气环境代价。根据表6-46，深圳、长沙、海口、广州、厦门的工业单位产值废气排放量较小，位居最后五位；呼和浩特、银川、贵阳、太原、乌鲁木齐的工业单位产值废气排放量较大，位列前五位。其中深圳、广州作为制造业强市，工业单位产值二氧化硫排放量却较少，说明当地政府对工业废气污染的监管比较重视，采取的环境规制手段比较有效；而呼和浩特、银城、乌鲁木齐等城市制造业发展相对落后，但工业单位产值二氧化硫排放量却较高，需要引起相关部门的重视。

表6-46 2013年各主要城市工业单位产值二氧化硫排放量

名次	城市	工业单位产值二氧化硫排放量(吨/亿元)
1	呼和浩特	64.3250
2	银川	47.9085
3	贵阳	35.0501
4	太原	33.5619

(续表)

名次	城市	工业单位产值二氧化硫排放量(吨/亿元)
5	乌鲁木齐	30.5560
6	兰州	29.8601
7	昆明	25.9502
8	石家庄	23.8084
9	哈尔滨	19.4121
10	济南	18.2800
11	西安	14.3774
12	南宁	12.9227
13	福州	11.2053
14	宁波	10.3481
15	沈阳	9.5137
16	东莞	9.4085
17	武汉	9.3900
18	大连	8.9344
19	南京	8.8087
20	郑州	8.7319
21	南昌	8.5309
22	杭州	6.6050
23	长春	6.2035
24	成都	5.6743
25	无锡	5.5937
26	合肥	5.5115
27	苏州	5.4488
28	青岛	4.4697
29	厦门	3.9803
30	广州	3.6823
31	海口	3.5992
32	长沙	2.5543
33	深圳	0.3547

资料来源:《中国城市统计年鉴2014》。

(5) 工业固体废弃物产生量排名

制造业固体废弃物排放量反映了地区制造业对空间环境的污染程度。同样由于数据可获得性的限制,在这里我们对各主要城市工业固体废弃物产生量进行排名,从而一定程度上反映各主要城市制造业固体废弃物产生的情况。从表6-47可以看出,工业固体废弃物产生量最多的城市依次为昆明、太原、苏州、石家庄、郑州,而海口、长沙、厦门、深圳、南昌为工业固体废弃物产生量最少的五个城市。对比2012年各市工业固体废弃物产生量的情况,超过一半的城市工业废弃物产生量在减少,整体态势良好。同时我们注意到,部分城市的工业固体废弃物产生量出现了增加,尤其是石家庄,其工业固体废弃物产生量出现了105.18%的增速。

表6-47　2013年各主要城市工业固体废弃物产生量

名次	城市	2012年工业固体废弃物产生量(万吨)	2013年工业固体废弃物产生量(万吨)	工业固体废弃物产生量增速(%)
1	昆明	3 002.6800	3 319.1200	10.5386
2	太原	2 787.3900	2 632.1300	-5.5701
3	苏州	2 214.0000	2 486.0000	12.2855
4	石家庄	759.4900	1 558.3200	105.1798
5	郑州	1 500.2300	1 548.7200	3.2322
6	武汉	1 381.3000	1 384.1400	0.2056
7	乌鲁木齐	1 299.7000	1 299.7000	0.0000
8	南京	1 615.9500	1 253.0400	-22.4580
9	宁波	1 246.6300	1 246.6300	0.0000
10	贵阳	1 122.3800	1 104.3700	-1.6046
11	无锡	922.0000	1 051.8900	14.0879
12	合肥	1 076.8500	1 024.1000	-4.8985
13	济南	1 012.2100	932.3900	-7.8857
14	呼和浩特	1 121.9600	875.6500	-21.9535
15	青岛	853.4500	821.8300	-3.7050
16	福州	728.4000	809.6300	11.1518
17	沈阳	703.7500	790.9300	12.3879
18	杭州	706.8400	687.4800	-2.7390
19	银川	728.7200	685.6900	-5.9049
20	兰州	627.8800	624.5700	-0.5272
21	长春	469.5500	606.0200	29.0640
22	哈尔滨	571.1800	574.5300	0.5865
23	广州	614.9600	555.5600	-9.6592
24	成都	585.2700	533.3500	-8.8711
25	大连	706.6900	517.9800	-26.7034

(续表)

名次	城市	2012年工业固体废弃物产生量(万吨)	2013年工业固体废弃物产生量(万吨)	工业固体废弃物产生量增速(%)
26	南宁	356.4900	396.3200	11.1728
27	西安	258.2200	254.8500	-1.3051
28	南昌	186.3200	224.2300	20.3467
29	深圳	105.2300	111.3100	5.7778
30	厦门	114.4700	102.8800	-10.1249
31	长沙	103.5100	100.5600	-2.8500
32	海口	6.1500	6.4100	4.2276

资料来源：各城市2013、2014年统计年鉴。

(6) 工业单位产值固体废弃物产生量排名

工业单位产值固体废弃物排放量,是工业固体废弃物排放量与工业产值的比,反映了工业生产所付出的空间环境代价。从表6-48可以看出,太原、昆明、呼和浩特、贵阳、乌鲁木齐工业单位产值固体废弃物产生量高,主要是由于这些省份地域上处中西部区域,矿产资源丰富,工业产业构成上黑色金属冶炼及压延加工业、石油加工及炼焦业、化学原料及化学制品制造业比重较高,属于工业固体废弃物污染较重的制造业行业。

表6-48 2013年各主要城市工业单位产值固体废弃物产生量

名次	城市	工业单位产值固体废弃物产生量(吨/亿元)
1	太原	0.9937
2	昆明	0.8472
3	呼和浩特	0.5856
4	贵阳	0.5483
5	乌鲁木齐	0.5351
6	银川	0.3556
7	大连	0.3404
8	兰州	0.2585
9	济南	0.2101
10	石家庄	0.2044
11	哈尔滨	0.1690
12	南宁	0.1550
13	合肥	0.1361
14	武汉	0.1332

(续表)

名次	城市	工业单位产值固体废弃物产生量(吨/亿元)
15	郑州	0.1274
16	福州	0.1193
17	南京	0.0997
18	宁波	0.0958
19	苏州	0.0821
20	无锡	0.0707
21	长春	0.0657
22	成都	0.0582
23	沈阳	0.0576
24	西安	0.0567
25	杭州	0.0554
26	青岛	0.0530
27	南昌	0.0469
28	东莞	0.0453
29	广州	0.0323
30	厦门	0.0218
31	海口	0.0128
32	长沙	0.0121
33	深圳	0.0048

资料来源:各城市统计年鉴2014。

(7) 工业固体废弃物综合利用率排名

制造业固体废弃物综合利用率指通过回收、加工、循环、交换等方式,从固体废物中提取或者使其转化为可以利用的资源、能源和其他原材料的固体废物数量占固体废弃物总量的百分比,它反映了制造业生产对固体废弃物的循环利用能力。根据表6-49,综合利用率前五的城市依次是长春、成都、济南、石家庄、苏州,苏州作为制造业总产值排名第一的制造业强市,在固体废弃物综合利用方面也表现突出。

表6-49 2013年各城市制造业固体废弃物综合利用率

名次	城市	工业固体废弃物综合利用率(%)
1	长春	99.7900
2	成都	99.0000
3	济南	98.7200

(续表)

名次	城市	工业固体废弃物综合利用率(%)
4	石家庄	98.6100
5	苏州	97.9000
6	南昌	97.8000
7	兰州	97.4000
8	西安	95.4300
9	广州	95.1700
10	武汉	95.0000
11	青岛	94.8700
12	南宁	94.6400
13	福州	94.3200
14	厦门	94.1800
15	杭州	94.0000
16	哈尔滨	93.8500
17	海口	93.7600
18	合肥	93.2700
19	沈阳	92.6900
20	南京	91.2000
21	无锡	91.0000
22	大连	90.3300
23	宁波	90.0600
24	乌鲁木齐	87.6400
25	长沙	85.6700
26	银川	84.7800
27	东莞	78.9400
28	深圳	78.6900
29	郑州	73.5500
30	贵阳	60.7500
31	太原	54.5100
32	昆明	40.9000
33	呼和浩特	35.7400

资料来源:各城市2014年统计年鉴。

6.3.2 制造业强市评价方法与指标

1. 评价方法和数据来源

本部分的评价方法与第 5 章一致,采用离差最大化方法进行强市制造业的分析与排名。同时,为了保证评价结果的准确性,样本原始数据采自各城市 2014 年统计年鉴及《中国城市统计年鉴 2014》。

2. 中国制造业十大强市评价指标体系

制造业城市评价指标设置的原则见制造业强省评价指标设计的原则,两者具有一致性,区别仅仅表现在个别指标的选择上。与此同时,由于城市层面在科技创新和能源消耗方面统计指标和数据严重不全,因此本部分从两个方面(经济创造能力、环境保护能力)对城市制造业进行综合发展能力的评价。

表 6-50 城市制造业综合发展能力评价指标体系

总指标	序号	主指标	序号	子指标	
制造业强市指标体系	A	经济创造能力	A1	产值	制造业总产值
			A2		制造业总产值占工业总产值比重
			A3	利润	制造业企业利润总额
			A4		制造业企业从业人员人均利润率
			A5	效率	制造业从业人员劳动生产率
			A6	市场	制造业产品销售率
			A7	就业	制造业从业人员数
			A8		制造业从业人员占城市从业人员比重
			A9	税收	制造业企业利税总额
			A10		制造业企业从业人员人均利税额
	B	环境保护能力	B1	废水	制造业废水排放量
			B2		制造业单位产值废水排放量
			B3	废气	制造业二氧化硫排放量
			B4		制造业单位产值二氧化硫排放量
			B5	固体废物	制造业固体废弃物产生量
			B6		制造业单位产值固体废弃物产生量
			B7	综合	制造业固体废弃物综合利用率

(1) 经济创造能力

经济创造能力是城市制造业综合发展能力的重要组成部分。只有具有经济效益,城市才会有持续发展的可能,才能为科技创新、提高效率、保护环境提供支持。表 6-51 列出了反映城市经济创造能力的 10 个指标。

表 6-51　城市制造业经济创造能力指标集

序号		经济创造指标集
A1	产值	制造业总产值(亿元)
A2		制造业总产值占工业总产值比重(%)
A3	利润	制造业企业利润总额(亿元)
A4		制造业从业人员人均利润率(万元/人)
A5	效率	制造业从业人员劳动生产率(万元/人)
A6	市场	制造业产品销售率(%)
A7	就业	制造业从业人员数(人)
A8		制造业从业人员占城市从业人员比重(%)
A9	税收	制造业企业利税总额(亿元)
A10		制造业企业从业人员人均利税额(万元/人)

其中，A1 和 A2 为产量指标，用来反映制造业产值的总体规模以及相对规模水平；A3 和 A4 为利润指标，反映了制造业的利润总量以及人均利润贡献率；A5 为效率指标，反映了制造业的劳动效率水平；A6 为市场指标，反映制造业产品满足社会需求的程度；A7 和 A8 为就业指标，反映制造业提供就业的总量及占城市就业的比重；A9 和 A10 为利税指标，反映城市制造业的利税总额及人均利税。

同时有：

$$人均利润率 = \frac{制造业利润总额}{制造业从业人员数}$$

$$劳动生产率 = \frac{制造业总产值}{制造业从业人员数}$$

$$制造业产品销售率 = \frac{制造业销售产值}{制造业总产值}$$

（2）环境保护能力

环境保护能力指标主要从制造业在生产过程中的污染排放以及污染治理情况，反映城市制造业的环境保护能力。表 6-52 列出了反映制造业环境保护能力的 7 个评价指标。B1—B6 为制造业"三废"排放指标，其中，B1 和 B2 反映了制造业企业的废水排放情况；B3 和 B4 反映了制造业企业的废气排放情况；B5 和 B6 反映了制造业企业的固体废弃物排放情况；B7 为制造业污染治理指标，反映制造业废物的综合利用情况。

表 6-52 城市制造业环境保护能力指标集

序号		环境保护指标集
B1	废水	制造业废水排放量(万吨)
B2		制造业单位产值废水排放量(万吨/亿元)
B3	废气	制造业二氧化硫排放量(吨)
B4		制造业单位产值二氧化硫排放量(吨/亿元)
B5	固体废物	制造业固体废弃物产生量(万吨)
B6		制造业单位产值固体废弃物产生量(万吨/亿元)
B7	综合	制造业固体废弃物综合利用率(%)

6.3.3 中国制造业强市评价指标排名

通过经济创造能力、环境保护能力进行单独测评,从不同侧面反映 30 个样本城市制造业两个方面的能力。

1. 经济创造能力排名

以 A1—A10 为基础指标,对各城市制造业经济创造能力进行综合评价。采用离差最大化方法,对制造业经济创造能力的 10 项指标分配权重,并结合各指标的规范化数值,得到 2013 年我国制造业经济创造能力强市的综合评价值(见表 6-53)。

表 6-53 2013 年城市制造业经济创造能力综合评价

排名	城市	得分
1	苏州	0.7112
2	沈阳	0.6379
3	南京	0.6354
4	青岛	0.6232
5	长春	0.5940
6	深圳	0.5904
7	广州	0.5804
8	长沙	0.5518
9	郑州	0.5242
10	杭州	0.5097
11	无锡	0.5000
12	宁波	0.4579
13	合肥	0.4329
14	武汉	0.4312
15	呼和浩特	0.3714
16	成都	0.3619

(续表)

排名	城市	得分
17	福州	0.3563
18	南昌	0.2859
19	济南	0.2796
20	南宁	0.2759
21	厦门	0.2483
22	哈尔滨	0.2188
23	乌鲁木齐	0.2157
24	昆明	0.2017
25	贵阳	0.2015
26	银川	0.1963
27	西安	0.1816
28	兰州	0.1793
29	海口	0.1613
30	太原	0.1336

从表6-53可以看到，2013年制造业经济创造能力排名前十的城市依次为苏州、沈阳、南京、青岛、长春、深圳、广州、长沙、郑州和杭州。相比前几年的排名，2013年制造业经济创造强市的排名呈现出以下特点：

第一，从区域划分看，2013年制造业经济创造能力"十强"城市中，东部地区占据六席、中部地区占两席、东北地区占两席[1]，西部地区未有城市进入经济创造能力"十强"。这说明，我国制造业在经济创造能力上仍然存在着明显的区域差异。

第二，沈阳和长春均进入经济创造能力前五排名，其中，沈阳排名第二位，吉林虽然在强省排名中有所退步，但其省会城市长春经济创造能力反有所提升，排第五位。区域制造业发展过多侧重于中心城市或是原因之一，另外，与其他城市相比，由于制造业劳动力基数相对较小，沈阳和长春的制造业从业人员的人均利润率和劳动生产率具有明显的效率优势。

第三，江苏省的城市制造业发展保持了其经济创造优势，两个城市（苏州、南

---

[1] 按照中国统计局的最新划分，东部地区包括北京、天津、河北、上海、江苏、浙江、福建、山东、广东和海南10个省份；中部地区包括山西、安徽、江西、河南、湖北和湖南6个省份；西部地区包括内蒙古、广西、重庆、四川、贵州、云南、西藏、陕西、甘肃、青海、宁夏和新疆12个省份；东北地区包括辽宁、吉林和黑龙江3个省份。

京)进入制造业经济创造"三强"城市排名,分列第一和第三位,无锡排名第十一。观察三个城市的制造业规模,可以发现其制造业总产值占工业总产值的比重都超过了97%,而无锡的比重甚至达到了98.4%,均属于典型的以制造业为主体的工业体系。其中,苏州的制造业企业利润总额在所有样本城市中是最高的,表现出了强劲的盈利能力;南京制造业经济创新能力则首次进入前三位,从2012年的第八位跃居2013年的第三位(见图6-8)。

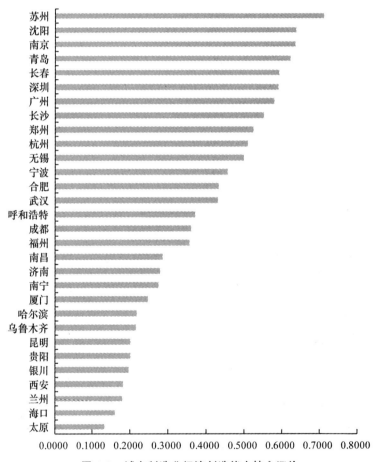

图6-8 城市制造业经济创造能力综合评价

2. 环境保护能力排名

以 B1—B7 为基础指标,对各城市制造业环境保护能力进行综合评价。采用离差最大化方法,对制造业环境保护能力的7项指标分配权重,并结合各指标的规范化数值,得到2013年我国制造业环境保护能力强市的综合评价值(见表6-54)。

表 6-54 城市制造业环境保护能力综合评价

排名	城市	得分
1	深圳	0.8693
2	长沙	0.8522
3	海口	0.8284
4	长春	0.7442
5	合肥	0.7396
6	成都	0.7323
7	青岛	0.7289
8	广州	0.7114
9	福州	0.7113
10	西安	0.7035
11	哈尔滨	0.6903
12	郑州	0.6832
13	南昌	0.6779
14	沈阳	0.6748
15	东莞	0.6728
16	济南	0.6707
17	南宁	0.6670
18	无锡	0.6644
19	贵阳	0.6578
20	厦门	0.6489
21	武汉	0.6297
22	呼和浩特	0.6263
23	兰州	0.6191
24	宁波	0.6058
25	南京	0.6033
26	杭州	0.6027
27	大连	0.6002
28	乌鲁木齐	0.5680
29	昆明	0.5467
30	银川	0.5404
31	太原	0.5118
32	石家庄	0.4148
33	苏州	0.4122

由表6-54可知,制造业环境保护能力排名前十的城市依次是深圳、长沙、海口、长春、合肥、成都、青岛、广州、福州和西安。观察2013年城市制造业环境保护能力排名,可以发现:

首先,2013年制造业环境保护"十强"城市中,东部地区占五席、中部占两席、西部占两席、东北地区占一席;相比上年的状况(东部地区占五席、中部地区占两席、西部地区占两席、东北地区占两席),东部地区城市的制造业环境状况明显好转。总体来看,由于制造业规模较大,东部地区的"三废"排放总量较大,但是制造业"三废"排放强度相对较小。

其次,与2012年的情况类似,江苏的三个城市的环境保护能力排名仍然处于非常靠后的状况。其中,无锡排名第18、南京排名第25,苏州更是排名最后,这与其制造业经济创造能力形成了强烈的对比(苏州排名第2、南京排名第3、无锡排名第6),江苏省城市制造业发展以环境污染为代价的状况依然如故。江苏省作为传统的制造业大省,仍然面临制造业产业结构调整升级、工业污染治理的巨大压力。

最后,苏州和深圳作为传统的中国城市制造业经济强市,在环境保护方面的表现"天壤之别":深圳居环境保护能力首位,而苏州的环境保护能力位居末位。比较环境保护能力各指标,苏州在废水排放量和工业二氧化硫排放总量方面,都面临巨大压力,其中,废水排放量居各城市之首;而深圳无论"三废"排放总量,或者"三废"排放强度,均表现良好。同为制造业经济强市,苏州无疑付出了更大的环境代价(见图6-9)。

6.3.4 中国制造业"十大强市"排名

由于科技创新指标和能源指标的缺失,所以2013年度的制造业"十大强市"是综合考虑了30个样本城市的经济创造能力和环境资源保护能力而综合排名得出的。

由表6-55可知,2013年中国制造业综合发展能力最强的十个城市依次是深圳、青岛、长春、长沙、沈阳、广州、南京、苏州、无锡和合肥。

表6-55 城市制造业综合能力评价

排名	城市	得分
1	深圳	0.7153
2	青岛	0.7083
3	长春	0.7049
4	长沙	0.6964
5	沈阳	0.6906
6	广州	0.6767

(续表)

排名	城市	得分
7	南京	0.6611
8	苏州	0.6469
9	无锡	0.6009
10	合肥	0.5923
11	郑州	0.5905
12	杭州	0.5901
13	成都	0.5558
14	武汉	0.5509
15	宁波	0.5487
16	福州	0.5345
17	南昌	0.4836
18	济南	0.4825
19	南宁	0.4713
20	海口	0.4605
21	厦门	0.4489
22	哈尔滨	0.4409
23	西安	0.4265
24	呼和浩特	0.4059
25	兰州	0.3952
26	乌鲁木齐	0.3807
27	贵阳	0.3582
28	银川	0.3529
29	昆明	0.2795
30	太原	0.2484

第一，与2012年一样，东部地区城市继续保持了传统上的制造业优势，中西部地区（尤其是西部地区）城市制造业发展滞后。在城市制造业综合发展能力"十强"排名中，东部地区占六席、中部地区占两席、东北地区占两席，西部地区没有城市进入"十强"排名。城市制造业综合发展能力的地区差异明显。

第二，"十强"排名中，"长三角"占据三席（南京、苏州、无锡），"珠三角"占据两席（深圳和广州），东北地区占据两席（长春和沈阳）。相比"长三角"和"珠三角"的传统强势，东北地区城市制造业的经济创造效率更高，制造业人均利润和劳

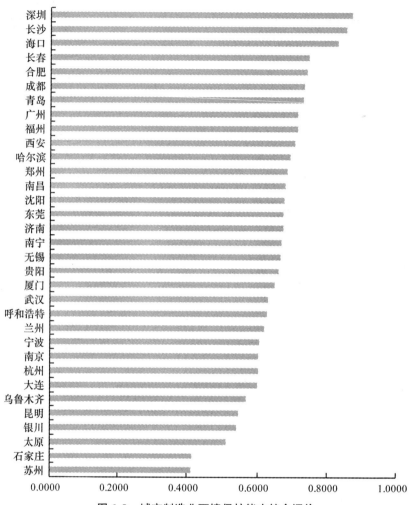

图6-9 城市制造业环境保护能力综合评价

动生产率优势明显;但东北区域科技创新能力表现较弱,城市部分由于科技相关指标的缺失,因此综合排名中未考虑科技因素,从一定程度上拉高了东北地区城市的综合排名。

第三,2013年江苏省三个样本城市(南京、苏州、无锡)均进入制造业综合发展能力"十强"排名,分列第7、8、9位,说明江苏省城市制造业的整体发展能力相对较强。但同时,江苏省城市制造业发展的环境污染问题也相对比较严重,江苏省要想实现城市制造业的进一步发展,则必须借鉴深圳等城市的经验,在发展城市制造业的同时着力解决其制造业发展所带来的环境污染问题(见图6-10)。

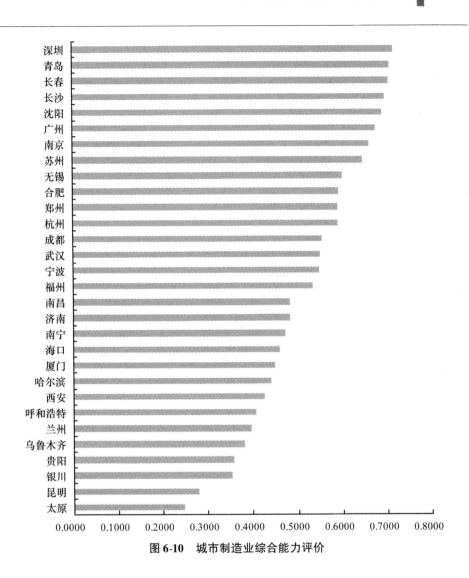

图 6-10　城市制造业综合能力评价

6.4　本章小结

从区域层面分析制造业发展,有助于总结先进地区发展经验,探索和发现区域制造业发展规律,引导各区域合理定位、明确方向并持续发展。本章以区域制造业的客观数据为基础,从经济创造、科技创新、资源利用、环境保护四个方面,对区域制造业"新型化"状况进行评价,东部地区的广东和江苏在制造业综合能力上领跑全国;中部的安徽、河南、湖南快速崛起,制造业规模迅速增长,各项污染排放也大幅增加,废气和固体废弃物排放量现各区域之最,需警惕走上"先污染后治理"的老路;西部制造业表现相对疲软,在经济创造能力上,与发达区域的差距继续拉大,综合表现仅重庆踩线进入前十。

城市制造业是区域制造业的重要组成部分,对区域制造业发展有重要的辐射和带动作用。选取30个制造业中心城市,基于城市制造业数据的可获得性,对城市制造业从经济创造和环境保护进行"新型化"评价,东部地区城市制造业的经济创造能力突出,尤其是江苏省,苏州和南京均进入三强;形成强烈对比的是,江苏省城市制造业的环境保护能力堪忧,尤其是苏州的环境保护能力排名最后。而同为制造业经济创造能力强市的深圳,资源保护能力同样突出,值得苏州和其他制造业城市学习和借鉴。

参 考 文 献

[1] 安徽省统计局. 安徽统计年鉴2014. 北京:中国统计出版社,2014.
[2] 北京市统计局. 北京统计年鉴2014. 北京:中国统计出版社,2014.
[3] 长春市统计局. 长春统计年鉴2014. 北京:中国统计出版社,2014.
[4] 长沙市统计局. 长沙统计年鉴2014. 北京:中国统计出版社,2014.
[5] 成都市统计局. 成都统计年鉴2014. 北京:中国统计出版社,2014.
[6] 大连市统计局. 大连统计年鉴2014. 北京:中国统计出版社,2014.
[7] 福建省统计局. 福建统计年鉴2014. 北京:中国统计出版社,2014.
[8] 福州市统计局. 福州统计年鉴2014. 北京:中国统计出版社,2014.
[9] 甘肃省统计局. 甘肃统计年鉴2014. 北京:中国统计出版社,2014.
[10] 广东省统计局. 广东统计年鉴2014. 北京:中国统计出版社,2014.
[11] 广西区统计局. 广西统计年鉴2014. 北京:中国统计出版社,2014.
[12] 广州市统计局. 广州统计年鉴2014. 北京:中国统计出版社,2014.
[13] 贵阳市统计局. 贵阳统计年鉴2014. 北京:中国统计出版社,2014.
[14] 贵州省统计局. 贵州统计年鉴2014. 北京:中国统计出版社,2014.
[15] 国家统计局. 中国科技统计年鉴2014. 北京:中国统计出版社,2014.
[16] 国家统计局. 中国统计年鉴2014. 北京:中国统计出版社,2014.
[17] 哈尔滨市统计局. 哈尔滨统计年鉴2014. 北京:中国统计出版社,2014.
[18] 海南省统计局. 海南统计年鉴2014. 北京:中国统计出版社,2014.
[19] 杭州市统计局. 杭州统计年鉴2014. 北京:中国统计出版社,2014.
[20] 河北省统计局. 河北统计年鉴2014. 北京:中国统计出版社,2014.
[21] 河南省统计局. 河南统计年鉴2014. 北京:中国统计出版社,2014.
[22] 黑龙江统计局. 黑龙江统计年鉴2014. 北京:中国统计出版社,2014.
[23] 湖北省统计局. 湖北统计年鉴2014. 北京:中国统计出版社,2014.
[24] 湖南省统计局. 湖南统计年鉴2014. 北京:中国统计出版社,2014.

[25] 吉林省统计局. 吉林统计年鉴2014. 北京:中国统计出版社,2014.
[26] 济南市统计局. 济南统计年鉴2014. 北京:中国统计出版社,2014.
[27] 江苏省统计局. 江苏统计年鉴2014. 北京:中国统计出版社,2014.
[28] 江西省统计局. 江西统计年鉴2014. 北京:中国统计出版社,2014.
[29] 昆明市统计局. 昆明统计年鉴2014. 北京:中国统计出版社,2014.
[30] 兰州市统计局. 兰州统计年鉴2014. 北京:中国统计出版社,2014.
[31] 李廉水,杜占元. 中国制造业发展研究报告2004. 北京:科学出版社,2004.
[32] 李廉水,杜占元. 中国制造业发展研究报告2005. 北京:科学出版社,2005.
[33] 李廉水,杜占元. 中国制造业发展研究报告2006. 北京:科学出版社,2006.
[34] 李廉水,杜占元. 中国制造业发展研究报告2007. 北京:科学出版社,2007.
[35] 辽宁省统计局. 辽宁统计年鉴2014. 北京:中国统计出版社,2014.
[36] 内蒙古统计局. 内蒙古统计年鉴2014. 北京:中国统计出版社,2014.
[37] 南昌市统计局. 南昌经济社会统计年鉴2014. 北京:中国统计出版社,2014.
[38] 南宁市统计局. 南宁统计年鉴2014. 北京:中国统计出版社,2014.
[39] 宁波市统计局. 宁波统计年鉴2014. 北京:中国统计出版社,2014.
[40] 宁夏统计局. 宁夏统计年鉴2014. 北京:中国统计出版社,2014.
[41] 青岛市统计局. 青岛统计年鉴2014. 北京:中国统计出版社,2014.
[42] 青海统计局. 青海统计年鉴2014. 北京:中国统计出版社,2014.
[43] 山东省统计局. 山东统计年鉴2014. 北京:中国统计出版社,2014.
[44] 山西省统计局. 山西统计年鉴2014. 北京:中国统计出版社,2014.
[45] 陕西省统计局. 陕西统计年鉴2014. 北京:中国统计出版社,2014.
[46] 上海市统计局. 上海统计年鉴2014. 北京:中国统计出版社,2014.
[47] 深圳市统计局. 深圳统计年鉴2014. 北京:中国统计出版社,2014.
[48] 沈阳市统计局. 沈阳统计年鉴2014. 北京:中国统计出版社,2014.
[49] 石家庄市统计局. 石家庄统计年鉴2014. 北京:中国统计出版社,2014.
[50] 四川省统计局. 四川统计年鉴2014. 北京:中国统计出版社,2014.
[51] 苏州市统计局. 苏州统计年鉴2014. 北京:中国统计出版社,2014.
[52] 天津市统计局. 天津统计年鉴2014. 北京:中国统计出版社,2014.
[53] 西安市统计局. 西安统计年鉴2014. 北京:中国统计出版社,2014.
[54] 新疆统计局. 新疆统计年鉴2014. 北京:中国统计出版社,2014.
[55] 浙江省统计局. 浙江统计年鉴2014. 北京:中国统计出版社,2014.
[56] 郑州市统计局. 郑州统计年鉴2014. 北京:中国统计出版社,2014.
[57] 重庆市统计局. 重庆统计年鉴2014. 北京:中国统计出版社,2014.
[58] 国家统计局. 中国城市统计年鉴2014. 北京:中国统计出版社,2014.
[59] 无锡统计局. 无锡统计局鉴2014. 北京:中国统计出版社,2014.
[59] 南京统计局. 南京统计年鉴2014. 北京:中国统计出版社,2014.
[60] 太原统计局. 太原统计年鉴2014. 北京:中国统计出版社,2014.

[61] 银川统计局. 银川统计年鉴2014. 北京:中国统计出版社,2014.
[62] 乌鲁木齐统计局. 乌鲁木齐统计年鉴2014. 北京:中国统计出版社,2014.
[63] 呼和浩特统计局. 呼和浩特统计年鉴2014. 北京:中国统计出版社,2014.
[64] 厦门统计局. 厦门统计年鉴2014. 北京:中国统计出版社,2014.
[65] 西藏统计局. 西藏统计年鉴2014. 北京:中国统计出版社,2014.
[66] 福州统计局. 福州统计年鉴2014. 北京:中国统计出版社,2014.
[67] 武汉统计局. 武汉统计年鉴2014. 北京:中国统计出版社,2014.
[68] 李廉水,杜占元. 中国制造业发展研究报告2008. 北京:科学出版社,2008.
[69] 李廉水,杜占元. 中国制造业发展研究报告2009. 北京:科学出版社,2009.
[70] 李廉水,杜占元. 中国制造业发展研究报告2010. 北京:科学出版社,2010.
[71] 李廉水,杜占元. 中国制造业发展研究报告2011. 北京:科学出版社,2011.
[72] 李廉水,杜占元. 中国制造业发展研究报告2012. 北京:科学出版社,2012.
[73] 李廉水,杜占元. 中国制造业发展研究报告2013. 北京:科学出版社,2013.

撰稿:徐常萍　吴敏捷
统稿:李廉水

第7章 中国制造业发展:产业研究

本章共分为六部分:第一部分是中国制造业发展状况分析及其新型化评价,第二部分是科技创新对中国制造业经济增长的影响,第三部分是中国制造业能源效率及其影响因素,第四部分是信息化对中国制造业绿色增长的影响效应分析,第五部分是产业聚集对中国制造业技术创新的影响研究,第六部分是本章小结。

7.1 中国制造业发展状况及其新型化评价

本节根据新型制造业的发展要求,基于中国制造业最新行业分类并结合四维评价指标体系(详见第5章),分别从制造业的经济创造能力、科技创新能力、能源效率和环境污染状况四个维度分析中国制造业产业发展的总体状况并对产业的新型化程度进行了评价。

7.1.1 制造业经济创造能力分析

衡量制造业的最重要指标就是经济创造能力,经济效益是企业乃至行业发展中最关注的问题。为了确定制造业产业在经济创造方面的发展程度,本部分将从经济发展产业规模、利润总额、产值增幅等方面对制造业经济创造能力进行分析研究。

1. 中国制造业产业规模分析

(1) 总体规模分析

制造业的发展,离不开产业规模的增长。本节主要选取制造业工业总产值、主营业务收入和利润总额三个指标来分析中国制造业的发展规模,如表7-1所示。

表7-1 制造业产业规模相关指标

指标名称	2012年数值（亿元）	2013年数值（亿元）	增长率（%）
制造业工业总产值	806 923.21	870 464.04	7.87%
制造业主营业务收入	805 662.29	901 941.51	11.95%
制造业利润总额	48 570.46	50 705.69	4.40%

资料来源:2013年和2014年《中国统计年鉴》,中国统计出版社。

由表7-1可以看出,2013年,中国制造业工业总产值为870 464.04亿元,比2012年增长7.87%;制造业主营业务收入为901 941.51亿元,比2012年增长11.95%;制造业利润总额为50 705.69亿元,比2012年增加4.40%。图7-1是2003—2013年这11年中国制造业工业总产值及年增长率图,由该图可得中国制造业工业总产值呈逐年上升态势,但由于受2008年全球金融危机影响,2009年比2008年增长速度大幅回落,自2009年起又强劲回升,然而从2010年起中国制造业工业生产总值增长速度大幅下降(见图7-1)。

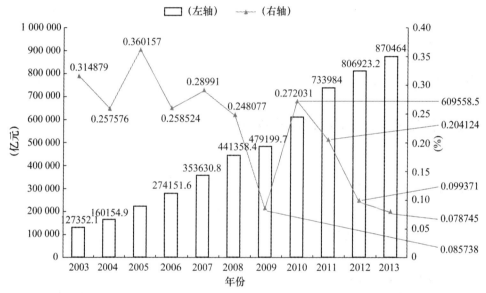

图7-1　2003—2013年中国按行业分规模以上制造业工业总产值及其增长速度

资料来源:根据2004—2014年《中国统计年鉴》相关数据计算、整理所得。

(2) 分行业分析

首先对制造业行业分类进行说明。根据《国家统计局关于执行新国民经济行业分类国家标准的通知》要求,新《国民经济行业分类》(GB/T4757-2011)从2012年统一开始使用。该标准[①]采用线分类法和分层次编码方法,将国民经济行业划分为门类、大类、中类和小类四级。代码由一位拉丁字母和四位阿拉伯数字组成。其中门类代码用一位拉丁字母表示,即用字母A、B、C……依次代表不同门类;大类代码用两位阿拉伯数字表示,打破门类界限,从01开始按顺序编码;中类代码用三位阿拉伯数字表示,前两位为大类代码,第三位为中类顺序代码;小类代码用

---

① 国家统计局,《国民经济行业分类》(GB/T 4754-2011)。

四位阿拉伯数字表示,前三位为中类代码,第四位为小类顺序代码。根据此标准,中国制造业属于门类C,下属31个大类。本章制造业行业分类采用此标准,如表7-2所示。

表7-2 中国制造业行业分类

行业代码	行业名称
C	制造业
C13	农副食品加工业
C14	食品制造业
C15	酒、饮料和精制茶制造业
C16	烟草制品业
C17	纺织业
C18	纺织服装、服饰业
C19	皮革、毛皮、羽毛及其制品和制鞋业
C20	木材加工和木、竹、藤、棕、草制品业
C21	家具制造业
C22	造纸及纸制品业
C23	印刷业和记录媒介的复制业
C24	文教、工美、体育和娱乐用品制造业
C25	石油加工、炼焦和核燃料加工业
C26	化学原料和化学制品制造业
C27	医药制造业
C28	化学纤维制造业
C29	橡胶和塑料制品业
C30	非金属矿物制品业
C31	黑色金属冶炼和压延加工业
C32	有色金属冶炼和压延加工业
C33	金属制品业
C34	通用设备制造业
C35	专用设备制造业
C36	汽车制造业
C37	铁路、船舶、航空航天和其他运输设备制造业
C38	电气机械和器材制造业
C39	计算机、通信和其他电子设备制造业
C40	仪器仪表制造业
C41	其他制造业
C42	废弃资源综合利用业
C43	金属制品、机械和设备修理业

资料来源:国家统计局,《国民经济行业分类》(GB/T 4754-2011)。

鉴于2014年《中国统计年鉴》中未公布分行业的工业总产值数据,因此,本节采用主营业务收入这一指标进行研究。数据来自2014年《中国统计年鉴》。表7-3列出了2013年中国按行业分规模以上制造业主营业务收入排名情况。

表7-3 2013年按行业分规模以上制造业主营业务收入排名

名次	行业	主营业务收入（亿元）	主营业务收入占制造业主营业务收入比重(%)
1	计算机、通信和其他电子设备制造业	77 226.31	8.56
2	化学原料和化学制品制造业	76 329.77	8.46
3	黑色金属冶炼和压延加工业	76 316.93	8.46
4	电气机械和器材制造业	61 018.14	6.77
5	汽车制造业	60 540.00	6.71
6	农副食品加工业	59 497.12	6.60
7	非金属矿物制品业	51 284.28	5.69
8	有色金属冶炼和压延加工业	46 536.30	5.16
9	通用设备制造业	42 789.01	4.74
10	石油加工、炼焦和核燃料加工业	40 679.77	4.51
11	纺织业	36 160.60	4.01
12	金属制品业	32 842.94	3.64
13	专用设备制造业	32 057.48	3.55
14	橡胶和塑料制品业	27 310.62	3.03
15	医药制造业	20 592.93	2.28
16	纺织服装、服饰业	19 250.91	2.13
17	食品制造业	18 164.99	2.01
18	铁路、船舶、航空航天和其他运输设备制造业	16 545.12	1.83
19	酒、饮料和精制茶制造业	15 185.20	1.68
20	造纸和纸制品业	13 471.58	1.49
21	皮革、毛皮、羽毛及其制品和制鞋业	12 493.09	1.39
22	文教、工美、体育和娱乐用品制造业	12 037.80	1.33
23	木材加工和木、竹、藤、棕、草制品业	12 021.90	1.33
24	烟草制品业	8 292.67	0.92
25	仪器仪表制造业	7 681.88	0.85
26	化学纤维制造业	7 281.76	0.81
27	家具制造业	6 462.75	0.72
28	印刷和记录媒介复制业	5 291.30	0.59
29	废弃资源综合利用业	3 340.04	0.37
30	其他制造业	2 307.84	0.26
31	金属制品、机械和设备修理业	930.48	0.10

图 7-2 直观地反映了按行业分规模以上制造业主营业务收入的排名情况。

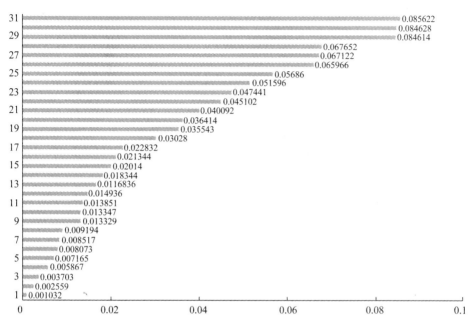

图 7-2　2013 年按行业分规模以上制造业主营业务收入排名情况

资料来源:根据 2014 年《中国统计年鉴》相关数据计算、整理所得。

可以看出,规模以上制造业主营业务收入排名前十的行业分别是计算机、通信和其他电子设备制造业、化学原料和化学制品制造业、黑色金属冶炼和压延加工业、电气机械和器材制造业、汽车制造业、农副食品加工业和非金属矿物制品业、有色金属冶炼和压延加工业、通用设备制造业以及石油加工、炼焦和核燃料加工业,这十个行业的主营业务收入占整个制造业主营业务收入的 65.66%。排名后十的分别是金属制品、机械和设备修理业,其他制造业,废弃资源综合利用业,印刷和记录媒介复制业,家具制造业,化学纤维制造业,仪器仪表制造业,烟草制品业,木材加工和木、竹、藤、棕、草制品业,文教、工美、体育和娱乐用品制造业,这十个行业的主营业务收入仅占整个制造业主营业务收入的 7.28%,可见制造业各行业间主营业务收入差距很大。

2. 中国制造业工业利润总额分析

图 7-3 列出了近六年中国制造业工业利润总额及其增长速度情况,同近六年制造业工业总产值相类似,制造业利润总额 2008—2010 年大幅增长,2010—2012 年增速迅速回落,2013 年起增速有所回升。

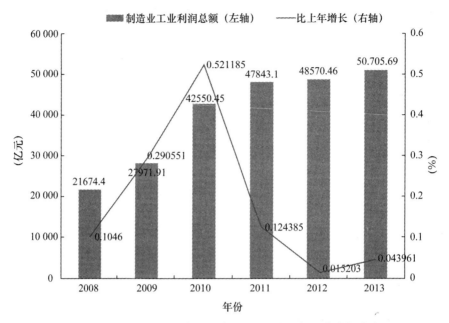

图 7-3 2008—2013 年中国制造业工业利润总额及其增长速度

资料来源：根据 2008—2014 年《中国统计年鉴》相关数据计算、整理所得。

3. 中国制造业产值增幅分析

在工业化过程中，制造业增长通常要依次经历以非耐用消费品工业、中间投入品工业和资本品及耐用消费品工业的增长为主导的时期。为此，我们需要了解产值增幅最快的行业有哪些，具备什么样的特征。表 7-4 和图 7-4 是按行业分规模以上制造业主营业务收入 2013 年比 2012 年增长幅度排名情况。

表 7-4 按行业分规模以上制造业主营业务收入 2013 年比 2012 年增幅排名表

行业	增幅（%）	增幅排名
医药制造业	18.78	1
汽车制造业	18.16	2
文教、工美、体育和娱乐用品制造业	17.13	3
木材加工和木、竹、藤、棕、草制品业	17.00	4
印刷和记录媒介复制业	16.67	5
非金属矿物制品业	16.58	6
仪器仪表制造业	15.40	7
食品制造业	14.72	8

(续表)

行业	增幅(%)	增幅排名
废弃资源综合利用业	14.36	9
农副食品加工业	14.10	10
家具制造业	13.98	11
橡胶和塑料制品业	13.06	12
金属制品业	12.98	13
有色金属冶炼和压延加工业	12.77	14
化学原料和化学制品制造业	12.65	15
通用设备制造业	12.47	16
纺织业	12.16	17
酒、饮料和精制茶制造业	12.08	18
电气机械和器材制造业	11.91	19
专用设备制造业	11.65	20
纺织服装、服饰业	11.37	21
其他制造业	11.30	22
皮革、毛皮、羽毛及其制品和制鞋业	10.87	23
计算机、通信和其他电子设备制造业	9.65	24
烟草制品业	9.52	25
化学纤维制造业	7.97	26
造纸和纸制品业	7.76	27
黑色金属冶炼和压延加工业	6.65	28
铁路、船舶、航空航天和其他运输设备制造业	5.06	29
金属制品、机械和设备修理业	5.04	30
石油加工、炼焦和核燃料加工业	3.25	31

从排名来看,增幅最快的前十个行业分别是医药制造业,汽车制造业,文教、工美、体育和娱乐用品制造业,木材加工和木、竹、藤、棕、草制品业,印刷业和记录媒介复制业,非金属矿物制品业,仪器仪表制造业,食品制造业,废弃资源综合利用业和农副食品加工业,这十个行业的平均增幅为16.29%。增幅最慢的十个行业分别是其他制造业,皮革、毛皮、羽毛及其制品和制鞋业,计算机、通信和其他电子设备制造业,烟草制品业,化学纤维制造业,造纸和纸制品业,黑色金属冶炼及压延加工业,铁路、船舶、航空航天和其他运输设备制造业,金属制品、机械和设备

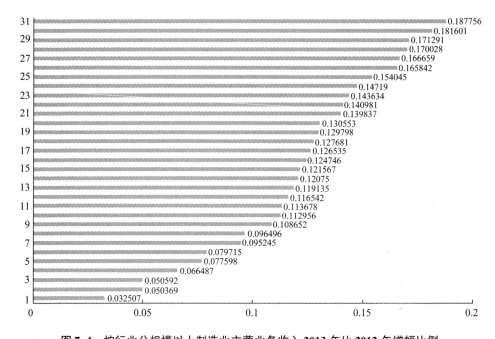

图 7-4 按行业分规模以上制造业主营业务收入 2013 年比 2012 年增幅比例

修理业和石油加工及炼焦和核燃料业,这十个行业的平均增幅为 7.71%。

7.1.2 制造业科技创新能力分析

本节主要分析制造业科技创新的现状、投入及产出状况,有助于了解目前中国制造业的科技创新能力,明确今后的发展方向。

1. 制造业科技创新的投入结构

选取 R&D 经费支出(万元)、R&D 人员全时当量(人年)和新产品开发经费等指标分析科技创新投入结构。

鉴于 2010 年国家统计局没有按行业分规模以上工业企业研究与试验发展(R&D)活动情况的统计口径,为了便于对统计结果进行对比分析,选取中国制造业科技创新投入数据的样本时间为 2012—2013 年(见表 7-5)。2013 年中国制造业规模以上工业企业 R&D 活动经费支出为 83 293 775 万元,比 2012 年增长 15.46%;R&D 活动人员全时当量为 2 368 205 人年,比 2012 年增长 11.10%;R&D 项目数为 309 081 项,比 2012 年增长 12.60%;开发新产品经费达 90 561 522 万元,比 2012 年增加 15.45%。

表 7-5 2012—2013 年中国制造业规模以上工业企业科技创新投入

指标	2012 年	2013 年	增长率(%)
R&D 活动经费支出(万元)	72 139 785	83 293 775	15.46
R&D 项目数(项)	274 504	309 081	12.60
R&D 活动人员全时当量(人年)	2 131 537	2 368 205	11.10
开发新产品经费(万元)	78 444 022	90 561 522	15.45

资料来源:根据 2013—2014 年《中国统计年鉴》和《中国科技统计年鉴》相关数据计算、整理所得。

(1) 各行业 R&D 活动经费支出

制造业各个行业的 R&D 活动经费支出,直接反映了制造业行业科技经费投入状况,也间接反映出一个行业的增长潜力和科学实力。2013 年制造业各行业 R&D 经费(包括内部支出与外部支出总和)排名如表 7-6 所示,由此可以发现,计算机、通信和其他电子设备制造业,电气机械和器材制造业,汽车制造业,化学原料和化学制品制造业,黑色金属冶炼和压延加工业,通用设备制造业,专用设备制造业这七个行业的 R&D 经费支出占制造业 R&D 经费支出的一半以上,高达 64.93%。

表 7-6 2013 年制造业各行业规模以上工业企业 R&D 经费支出排名

名次	行业	R&D 经费(万元)	R&D 经费支出占制造业 R&D 经费比重(%)
1	计算机、通信和其他电子设备制造业	13 093 354.2	15.72
2	电气机械和器材制造业	8 418 152.5	10.11
3	汽车制造业	7 533 227.6	9.04
4	化学原料和化学制品制造业	6 807 853.5	8.17
5	黑色金属冶炼和压延加工业	6 491 372.9	7.79
6	通用设备制造业	5 671 753.2	6.81
7	专用设备制造业	5 232 136.9	6.28
8	铁路、船舶、航空航天和其他运输设备制造业	4 148 074.5	4.98
9	医药制造业	3 884 740.4	4.66
10	有色金属冶炼和压延加工业	3 145 590.9	3.78
11	金属制品业	2 346 052.2	2.82
12	非金属矿物制品业	2 191 460.5	2.63
13	橡胶和塑料制品业	2 048 469.7	2.46
14	农副食品加工业	1 806 016.0	2.17
15	纺织业	1 610 178.4	1.93
16	仪器仪表制造业	1 556 053.4	1.87

（续表）

名次	行业	R&D 经费(万元)	R&D 经费支出占制造业 R&D 经费比重(%)
17	食品制造业	1 033 573.5	1.24
18	石油加工、炼焦和核燃料加工业	954 143.0	1.15
19	造纸和纸制品业	891 321.1	1.07
20	酒、饮料和精制茶制造业	855 773.7	1.03
21	纺织服装、服饰业	713 506.0	0.86
22	化学纤维制造业	679 153.3	0.82
23	文教、工美、体育和娱乐用品制造业	504 343.9	0.61
24	皮革、毛皮、羽毛及其制品和制鞋业	344 546.3	0.41
25	印刷和记录媒介复制业	310 686.3	0.37
26	烟草制品业	281 966.5	0.34
27	木材加工和木、竹、藤、棕、草制品业	278 947.6	0.33
28	家具制造业	231 296.5	0.28
29	其他制造业	149 007.8	0.18
30	金属制品、机械和设备修理业	81 022.2	0.10

资料来源：根据 2014 年《中国统计年鉴》相关数据计算、整理所得。

为了直观地反映制造业各行业规模以上工业企业 R&D 经费支出排名，绘制了如图 7-5 所示的制造业按行业分规模以上工业企业 R&D 经费支出排名图。

从 R&D 经费的投入结构来看，2013 年中国制造业科技创新产业的投入在行业间呈现出不平衡的局面。2013 年制造业的科技创新产业分布主要集中在计算机、通信和其他电子设备制造业(15.40%)，电气机械和器材制造业(10.16%)，黑色金属冶炼及压延制造业(8.99%)，汽车制造业(8.91%)，化学原料和化学制品制造业(7.95%)，通用设备制造业(6.85%)，专用设备制造业(6.06%)七个主要行业上，这七个行业的研发经费内部支出额占了制造业总额的 64.57%。同时也有很多行业的研发经费投入不足，如木材加工及木、竹、藤、棕、草制品业(0.26%)，家具制造业(0.21%)和金属制品、机械和设备修理业(0.07%)等传统产业。

（2）各行业 R&D 活动人员全时当量

制造业规模以上企业 R&D 人员全时当量反映了制造业科技人员的投入状况。表 7-7 显示了各个行业 2013 年 R&D 活动人员全时当量的排名情况，由此可以看出，计算机、通信和其他电子设备制造业，电气机械和器材制造业，汽车制造业，通用设备制造业，专用设备制造业，化学原料和化学制品制造业和医药制造业这七个行业的 R&D 活动人员全时当量占制造业 R&D 活动人员全时当量的一半以上，高达 63.60%。

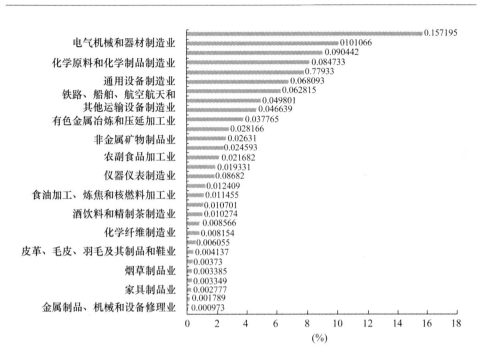

图 7-5 2013 年制造业各行业规模以上企业 R&D 经费支出分布

资料来源：根据 2014 年《中国统计年鉴》相关数据计算、整理所得。

表 7-7 2013 年制造业各行业规模以上企业 R&D 人员全时当量排名

名次	行业	R&D 活动人员全时当量（人年）	占整体比重（%）
1	计算机、通信和其他电子设备制造业	390 977	16.51
2	电气机械和器材制造业	255 835	10.80
3	汽车制造业	195 682	8.26
4	通用设备制造业	191 916	8.10
5	专用设备制造业	178 461	7.54
6	化学原料和化学制品制造业	170 087	7.18
7	医药制造业	123 200	5.20
8	黑色金属冶炼和压延加工业	107 190	4.53
9	铁路、船舶、航空航天和其他运输设备制造业	105 869	4.47
10	金属制品业	79 315	3.35
11	非金属矿物制品业	73 646	3.11
12	仪器仪表制造业	69 174	2.92

(续表)

名次	行业	R&D活动人员全时当量(人年)	占整体比重(%)
13	橡胶和塑料制品业	64 068	2.71
14	有色金属冶炼和压延加工业	57 560	2.43
15	纺织业	53 289	2.25
16	农副食品加工业	38 162	1.61
17	纺织服装、服饰业	34 322	1.45
18	食品制造业	27 389	1.16
19	酒、饮料和精制茶制造业	21 113	0.89
20	文教、工美、体育和娱乐用品制造业	20 909	0.88
21	造纸和纸制品业	20 557	0.87
22	化学纤维制造业	16 563	0.70
23	石油加工、炼焦和核燃料加工业	13 993	0.59
24	皮革、毛皮、羽毛及其制品和制鞋业	13 532	0.57
25	印刷和记录媒介复制业	11 363	0.48
26	家具制造业	9 383	0.40
27	木材加工和木、竹、藤、棕、草制品业	8 208	0.35
28	其他制造业	7 082	0.30
29	金属制品、机械和设备修理业	5 115	0.22
30	烟草制品业	4 246	0.18

资料来源:根据2014年《中国统计年鉴》相关数据计算、整理所得。

为了直观地反映制造业各行业规模以上工业企业R&D人员全时当量排名,绘制了如图7-6所示的制造业按行业分规模以上工业企业R&D人员全时当量排名图。

同制造业各行业规模以上工业企业R&D经费支出一样,制造业各行业规模以上企业R&D人员全时当量也极不平衡,其中家具制造业(0.40%)、木材加工和木、竹、藤、棕、草制品业(0.35%)、其他制造业(0.30%)、金属制品、机械和设备修理业(0.22%)、烟草制品业(0.18%)五个行业的R&D人员全时当量最少,占制造业R&D人员全时当量的比重均不足0.5%。从图7-6可以看出计算机、通信和其他电子设备制造业(16.51%)、电气机械和器材制造业(10.80%)、汽车制造业(8.26%)、通用设备制造业(8.10%)、专用设备制造业(7.54%)、化学原料和化学制品制造业(7.18%)六个行业R&D人员全时当量之和占制造业R&D人员全时当量的比重较大,达到58.40%。

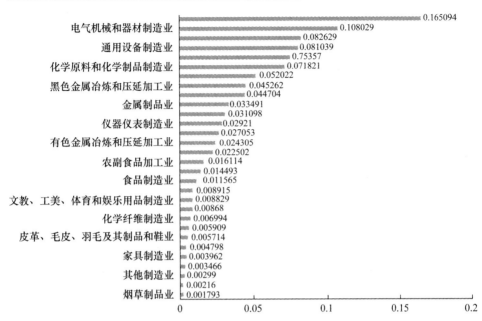

图 7-6 2013 年制造业各行业规模以上企业 R&D 人员全时当量权重分布

资料来源:根据 2014 年《中国统计年鉴》相关数据计算、整理所得。

(3) 各行业开发新产品经费

新产品开发是指从研究选择适应市场需要的产品开始到产品设计、工艺制造设计,直到投入正常生产的一系列决策过程。从广义而言,新产品开发既包括新产品的研制,也包括原有老产品的改进与换代。新产品开发是企业研究与开发的重点内容,也是企业生存和发展的战略核心之一。新产品开发经费的高低也反映了制造业科技经费投入状况,间接反映出一个行业的增长潜力和未来发展能力。2013 年制造业各行业规模以上工业企业开发新产品经费排名如表 7-8 所示。

表 7-8 2013 年制造业各行业规模以上工业企业新产品开发经费排名

名次	行业	开发新产品经费(万元)	占整体比重(%)
1	计算机、通信和其他电子设备制造业	15 558 039	17.18
2	电气机械和器材制造业	10 453 249	11.54
3	汽车制造业	7 979 138	8.81
4	通用设备制造业	6 555 971	7.24
5	化学原料和化学制品制造业	6 292 466	6.95
6	黑色金属冶炼和压延加工业	6 060 242	6.69
7	专用设备制造业	5 887 267	6.50

(续表)

名次	行业	开发新产品经费(万元)	占整体比重(%)
8	铁路、船舶、航空航天和其他运输设备制造业	4 399 013	4.86
9	医药制造业	3 645 006	4.02
10	有色金属冶炼和压延加工业	2 629 012	2.90
11	金属制品业	2 473 429	2.73
12	橡胶和塑料制品业	2 415 348	2.67
13	非金属矿物制品业	2 193 521	2.42
14	农副食品加工业	2 140 687	2.36
15	纺织业	1 905 566	2.10
16	仪器仪表制造业	1 778 592	1.96
17	石油加工、炼焦和核燃料加工业	1 131 379	1.25
18	食品制造业	1 049 122	1.16
19	酒、饮料和精制茶制造业	941 907	1.04
20	化学纤维制造业	939 358	1.04
21	纺织服装、服饰业	860 353	0.95
22	造纸和纸制品业	795 368	0.88
23	文教、工美、体育和娱乐用品制造业	665 984	0.74
24	皮革、毛皮、羽毛及其制品和制鞋业	414 210	0.46
25	印刷和记录媒介复制业	328 121	0.36
26	木材加工和木、竹、藤、棕、草制品业	300 401	0.33
27	家具制造业	283 318	0.31
28	烟草制品业	195 984	0.22
29	其他制造业	181 309	0.20
30	金属制品、机械和设备修理业	108 165	0.12

资料来源:根据 2014 年《中国统计年鉴》相关数据计算、整理所得。

为了直观地反映制造业各行业规模以上工业企业新产品开发经费排名,绘制了如图 7-7 所示的制造业按行业分规模以上工业企业新产品开发经费分布图。

由表 7-8 和图 7-7 可以明显发现,计算机、通信和其他电子设备制造业(17.18%)、电气机械和器材制造业(11.54%)、汽车制造业(8.81%)、通用设备制造业(7.24%)、化学原料和化学制品制造业(6.95%)、黑色金属冶炼和压延加工业(6.69%)和专用设备制造业(6.50%)七个行业的新产品开发经费高达64.91%。而文教、工美、体育和娱乐用品制造业(0.74%)、皮革、毛皮、羽毛及其制品和制鞋业(0.46%)、印刷和记录媒介复制业(0.36%)、木材加工和木、竹、藤、棕、草制品业(0.33%)、家具制造业(0.31%)、烟草制品业(0.22%)、其他制造业(0.20%)和金属制品、机械和设备修理业(0.12%)八个行业的新产品开发经费仅

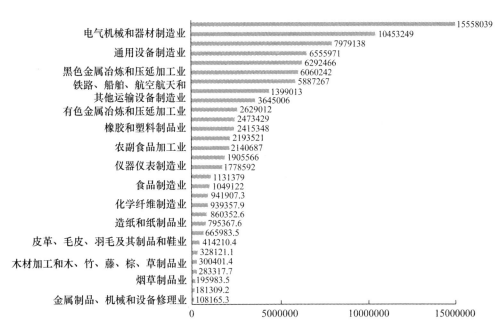

图 7-7 2013 年制造业各行业规模以上工业企业新产品开发经费分布情况

资料来源：根据 2014 年《中国统计年鉴》相关数据计算、整理所得。

占 2.74%，可见，新产品开发经费在制造业各行业间也存在极大的分布不均情况。

2. 制造业科技创新的产出结构

选取新产品开发项目数（项）、新产品销售收入（万元）和发明专利数（项）等指标分析科技创新产出结构。由于国家统计局 2010 年没有按行业分规模以上工业企业专利情况的统计口径，因此，为了便于分析，数据仍选取 2012 年和 2013 年数据，如表 7-9 所示。

表 7-9 2012—2013 年中国制造业规模以上工业企业科技创新产出情况

科技创新产出指标	2012 年	2013 年	增长率(%)
新产品开发项目数(项)	317 317	351 682	10.83
新产品销售收入(万元)	1 086 427 500	1 265 454 673	16.48
发明专利数(项)	169 410	195 598	15.46

资料来源：根据 2013—2014 年《中国统计年鉴》相关数据计算、整理所得。

2013 年中国制造业的科技创新产出依旧保持高速增长，这与其科技创新投入相一致，其中新开发产品项目数达到 351 682 项，比 2012 年增长了 10.83%；发明专利数为 195 598 项，比 2012 年增长了 15.46%；新产品销售收入 1 265 454 673 万

元,比 2012 年增长了 16.48%。

(1) 各行业新产品开发项目数

制造业新产品开发项目数反映出制造业新产品的开发状况和科技实力。表 7-10 列出了 2013 年制造业各行业规模以上工业企业新产品开发项目数排名情况。

表 7-10　2013 年制造业各行业规模以上工业企业新产品开发项目数排名

名次	行业	新产品开发项目数	占整体百分比(%)
1	计算机、通信和其他电子设备制造业	45 390	12.91
2	电气机械和器材制造业	43 991	12.51
3	通用设备制造业	34 325	9.76
4	专用设备制造业	31 313	8.90
5	医药制造业	26 523	7.54
6	汽车制造业	25 374	7.22
7	化学原料及化学制品制造业	23 590	6.71
8	金属制品业	12 353	3.51
9	仪器仪表制造业	12 330	3.51
10	橡胶和塑料制品业	12 281	3.49
11	铁路、船舶、航空航天和其他运输设备制造业	11 895	3.38
12	非金属矿物制品业	9 936	2.83
13	黑色金属冶炼和压延加工业	8 971	2.55
14	纺织业	8 614	2.45
15	农副食品加工业	6 816	1.94
16	有色金属冶炼和压延加工业	6 131	1.74
17	食品制造业	4 982	1.42
18	纺织服装、服饰业	4 308	1.22
19	文教、工美、体育和娱乐用品制造业	4 022	1.14
20	酒、饮料和精制茶制造业	2 969	0.84
21	造纸及纸制品业	2 112	0.60
22	家具制造业	2 059	0.59
23	化学纤维制造业	1 980	0.56
24	印刷和记录媒介复制业	1 913	0.54
25	皮革、毛皮、羽毛及其制品和制鞋业	1 886	0.54
26	石油加工、炼焦及核燃料加工业	1 707	0.49
27	木材加工和木、竹、藤、棕、草制品业	1 335	0.38
28	其他制造业	1 104	0.31
29	烟草制品业	948	0.27
30	金属制品、机械和设备修理业	524	0.15

资料来源:根据 2014 年《中国统计年鉴》相关数据计算、整理所得。

为了直观地反映制造业各行业规模以上工业企业新产品开发项目数排名,绘制了如图7-8所示的制造业按行业分规模以上工业企业新产品开发项目数分布图。

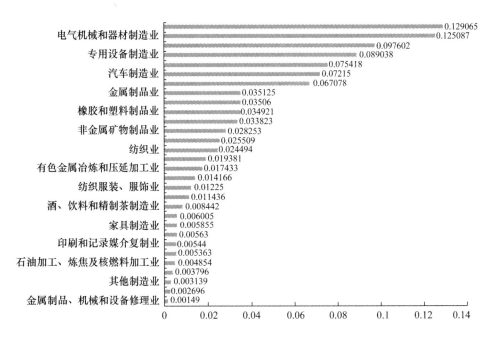

图7-8 2013年各制造业行业规模以上企业新产品开发项目数分布

资料来源:根据2014年《中国统计年鉴》相关数据计算、整理所得。

从表7-10和图7-8可以看出,计算机、通信和其他电子设备制造业(12.91%),电气机械和器材制造业(12.51%),通用设备制造业(9.76%),专用设备制造业(8.90%),医药制造业(7.54%),汽车制造业(7.22%),化学原料和化学制品制造业(6.71%)七个行业项目数几乎全在20 000项以上,明显高于其他行业,占整体的百分比高达65.54%。而排名后10位的行业新产品开发项目数占整体百分比均不足1%,这十个行业新产品开发项目数总和占整体的百分比仅为4.43%,且从排名第6的行业开始,新产品开发项目数急剧减少。

(2)各行业新产品销售收入

制造业新产品产值反映制造业的新产品开发状况和科技创新转化成效,由于2013年中国统计年鉴中没有这一指标,因而用新产品销售收入近似代替。表7-11列出了制造业各行业规模以上工业企业新产品销售收入排名情况。

表 7-11　2013 年制造业各行业规模以上工业企业新产品销售收入排名

名次	行业	新产品销售收入（万元）	占整体比重（%）
1	计算机、通信和其他电子设备制造业	241 635 186	19.09
2	汽车制造业	150 840 960	11.92
3	电气机械和器材制造业	138 605 058	10.95
4	化学原料及化学制品制造业	91 376 298	7.22
5	黑色金属冶炼和压延加工业	79 719 166	6.30
6	通用设备制造业	72 693 613	5.74
7	专用设备制造业	58 947 065	4.66
8	有色金属冶炼和压延加工业	51 915 643	4.10
9	铁路、船舶、航空航天和其他运输设备制造业	47 561 595	3.76
10	纺织业	40 512 571	3.20
11	医药制造业	36 061 674	2.85
12	橡胶和塑料制品业	29 316 616	2.32
13	金属制品业	27 219 666	2.15
14	石油加工、炼焦及核燃料加工业	26 469 416	2.09
15	非金属矿物制品业	24 108 128	1.91
16	农副食品加工业	21 216 453	1.68
17	烟草制品业	15 913 130	1.26
18	化学纤维制造业	15 093 388	1.19
19	仪器仪表制造业	14 898 717	1.18
20	纺织服装、服饰业	14 766 136	1.17
21	造纸及纸制品业	13 822 520	1.09
22	酒、饮料和精制茶制造业	11 337 692	0.90
23	食品制造业	10 968 404	0.87
24	文教、工美、体育和娱乐用品制造业	8 721 707	0.69
25	皮革、毛皮、羽毛及其制品和制鞋业	7 389 407	0.58
26	印刷和记录媒介复制业	4 360 006	0.34
27	家具制造业	3 910 685	0.31
28	木材加工和木、竹、藤、棕、草制品业	3 355 674	0.27
29	其他制造业	1 778 923	0.14
30	金属制品、机械和设备修理业	939 178	0.07

资料来源：根据 2014 年《中国统计年鉴》相关数据计算、整理所得。

图 7-9 直观地反映了制造业各行业规模以上工业企业新产品销售收入排名。

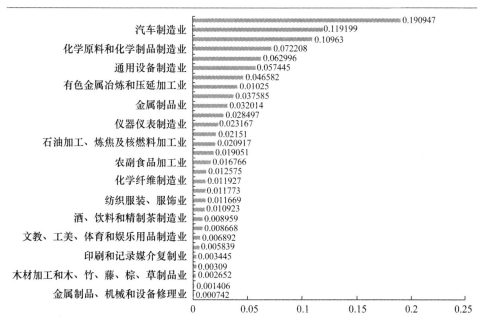

图 7-9 2013 年各制造业行业规模以上企业新产品销售收入分布

资料来源：根据 2014 年《中国统计年鉴》相关数据计算、整理所得。

表 7-11 和图 7-9 显示，计算机、通信和其他电子设备制造业（19.09%），汽车制造业（11.92%），电气机械和器材制造业（10.95%），化学原料和化学制品制造业（7.22%）和黑色金属冶炼和压延加工业（6.30%）五个行业新产品销售收入名列前茅。排名前五的行业新产品产值总额占制造业整体的一半以上，达 55.49%，而新产品销售收入排名后十个行业的总和仅占 5.26%。

（3）各行业有效发明专利数

制造业有效发明专利数反映制造业的科技创新活动成效。表 7-12 列出了制造业各行业规模以上工业企业有效发明专利数排名情况。

表 7-12　2013 年制造业各行业规模以上工业企业有效发明专利数排名

名次	行业	有效发明专利数	占整体比重（%）
1	计算机、通信和其他电子设备制造业	97 994	29.88
2	电气机械和器材制造业	38 601	11.77
3	专用设备制造业	28 145	8.58
4	通用设备制造业	23 994	7.32
5	化学原料及化学制品制造业	22 005	6.71
6	医药制造业	19 558	5.96

(续表)

名次	行业	有效发明专利数	占整体比重(%)
7	汽车制造业	14 106	4.30
8	金属制品业	9 656	2.94
9	铁路、船舶、航空航天和其他运输设备制造业	9 461	2.88
10	仪器仪表制造业	9 236	2.82
11	非金属矿物制品业	8 941	2.73
12	黑色金属冶炼和压延加工业	7 018	2.14
13	有色金属冶炼和压延加工业	6 753	2.06
14	橡胶和塑料制品业	6 086	1.86
15	文教、工美、体育和娱乐用品制造业	3 355	1.02
16	农副食品加工业	3 221	0.98
17	食品制造业	3 105	0.95
18	纺织业	2 587	0.79
19	纺织服装、服饰业	1 977	0.60
20	石油加工、炼焦及核燃料加工业	1 710	0.52
21	酒、饮料和精制茶制造业	1 538	0.47
22	印刷和记录媒介复制业	1 404	0.43
23	化学纤维制造业	1 288	0.39
24	造纸及纸制品业	1 282	0.39
25	烟草制品业	1 168	0.36
26	木材加工和木、竹、藤、棕、草制品业	1 011	0.31
27	其他制造业	933	0.28
28	家具制造业	880	0.27
29	皮革、毛皮、羽毛及其制品和制鞋业	712	0.22
30	金属制品、机械和设备修理业	264	0.08

资料来源:根据2014年《中国统计年鉴》相关数据计算、整理所得。

为了直观地反映制造业各行业规模以上工业企业有效发明专利数分布情况,绘制了如图7-10所示的制造业按行业分规模以上工业企业有效发明专利数分布情况图。

由表7-12和图7-10可知,计算机、通信和其他电子设备制造业的有效发明专利数占整体比重高达29.88%,远远高于其他行业。排名前五的制造业行业依次是计算机、通信和其他电子设备制造业(29.88%),电气机械和器材制造业(11.77%),专用设备制造业(8.58%),通用设备制造业(7.32%),化学原料及化学制品制造业(6.71%),这五个行业有效发明专利数之和(64.25%)超过制造业整体有效发明专利数的一半。有15个行业有效发明专利数不足整体的1%,如金

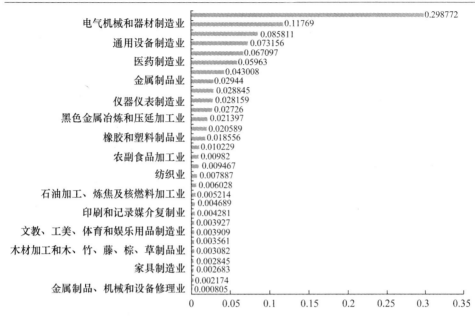

图 7-10 2013 年各制造业行业规模以上企业有效发明专利数分布

资料来源：根据 2014 年《中国统计年鉴》相关数据计算、整理所得。

属制品、机械和设备修理业仅占 0.08%，皮革、毛皮、羽毛及其制品和制鞋业仅占 0.22%，家具制造业仅占 0.27%。由图 7-10 可见，各个行业之间有效发明专利数分布极度不均衡，排名第一的行业有效发明专利数是排名最后一位行业的 371 倍以上。

3. 制造业各行业科技创新指标排名分析

制造业行业各个科技创新指标排名情况如表 7-13 所示。根据 k-means 聚类分析，可以把 30 个行业分为四类。其中，第一类有 20 个行业：农副食品加工业，食品制造业，酒、饮料和精制茶制造业，烟草制品业，纺织业，纺织服装、服饰业，皮革、毛皮、羽毛及其制品和制鞋业，木材加工和木、竹、藤、棕、草制品业，家具制造业，造纸和纸制品业，印刷和记录媒介复制业，文教、工美、体育和娱乐用品制造业，石油加工、炼焦和核燃料加工业，化学纤维制造业，橡胶和塑料制品业，非金属矿物制品业，有色金属冶炼和压延加工业，金属制品业，仪器仪表制造业，其他制造业。第一类行业恰好是 R&D 经费支出和 R&D 活动人员全时当量排名后 20 的行业，即科技创新投入后 20 的行业，其中金属制品业在新产品开发项目数和有效发明专利数中排名均为第八，仪器仪表制造业在新产品开发项目数和有效发明专利数中排名分列第九和第十，这两个行业在第一类行业中是较为特殊的行业。第二类仅仅包含一个行业，即计算机、通信和其他电子设备制造业，该行业在五项指标中均排名第一，而且五项指标远远高于其他行业。第三类有三个行业：通用设备制造业、汽车制造业以及电气机械和器材制造业,这三个行业R&D人员全时当量排名分别为第四、三、二,新产品开发项目数排名分别为第三、六、二,有效发明专利数排名分别为第四、七、二,新产品产值排名分别为第六、二、三,从总体上来看,第三类行业的科技创新投入与产出处于较高水平。第四类有五个行业:化学原料和化学制品制造业,医药制造业,黑色金属冶炼和压延加工业,专用设备制造业,铁路、船舶、航空航天和其他运输设备制造业,其中黑色金属冶炼和压延加工业科技创新投入较多而产出较少,专用设备制造业科技创新投入较少而产出相对较多。

表7-13　2013年制造业各行业科技创新各指标排名情况

行业	R&D经费（万元）	R&D活动人员全时当量(人年)	新产品开发项目数	有效发明专利数	新产品销售收入（万元）
计算机、通信和其他电子设备制造业	1	1	1	1	1
电气机械和器材制造业	2	2	2	2	3
汽车制造业	3	3	6	7	2
化学原料和化学制品制造业	4	6	7	5	4
黑色金属冶炼和压延加工业	5	8	13	12	5
通用设备制造业	6	4	3	4	6
专用设备制造业	7	5	4	3	7
铁路、船舶、航空航天和其他运输设备制造业	8	9	11	9	9
医药制造业	9	7	5	6	11
有色金属冶炼和压延加工业	10	14	16	13	8
金属制品业	11	10	8	8	13
非金属矿物制品业	12	11	12	11	15
橡胶和塑料制品业	13	13	10	14	12
农副食品加工业	14	16	15	16	16
纺织业	15	15	14	18	10
仪器仪表制造业	16	12	9	10	19
食品制造业	17	18	17	17	23
石油加工、炼焦和核燃料加工业	18	23	26	20	14
造纸及纸制品业	19	21	21	24	21
酒、饮料和精制茶制造业	20	19	20	21	22
纺织服装、服饰业	21	17	18	19	20
化学纤维制造业	22	22	23	23	20
文教、工美、体育和娱乐用品制造业	23	20	19	15	24
皮革、毛皮、羽毛及其制品和制鞋业	24	24	25	29	25

(续表)

行业	R&D经费 (万元)	R&D活动 人员全时 当量(人年)	新产品 开发 项目数	有效 发明 专利数	新产品 销售收入 (万元)
印刷和记录媒介复制业	25	25	24	22	26
烟草制品业	26	30	29	25	17
木材加工和木、竹、藤、棕、草制品业	27	27	27	26	28
家具制造业	28	26	22	28	27
其他制造业	29	28	28	27	29
金属制品、机械和设备修理业	30	29	30	30	30

资料来源:根据2013年《中国统计年鉴》相关数据计算、整理所得。

以上分析表明,计算机、通信和其他电子设备制造业是科技创新投入与产出最高的行业,电气机械和器材制造业,汽车制造业,通用设备制造业,黑色金属冶炼和压延加工业,化学原料和化学制品制造业,专用设备制造业,铁路、船舶、航空航天和其他运输设备制造业,医药制造业是科技创新投入与产出较高的行业,其他行业科技创新投入产出普遍不高,然而仪器仪表制造业在新产品开发项目数与有效发明专利数上占优势,但是其新产品产值仍然较低。

7.1.3 制造业能源消耗状况分析

目前,中国正处于工业化加速发展期,对矿产资源、能源消耗急剧增加。本部分主要从制造业能源消耗总量、制造业电力消耗量和能源使用效率这三个方面来研究。每万元产值能耗是反映工业能源经济效益高低的综合指标,它是以吨标准煤来衡量制造业每万元总产值消耗的能源数,该数值越低越好。如表7-14所示,2013年每万元产值能耗为0.28吨标准煤,与2012年相比增加7.99%。与2012年相比,中国制造业2013年电力消耗量增加了8.07%。

表7-14 中国制造业能源消耗情况

能耗及环境指标	2013	2012	增加率(%)
能源消耗总量(万吨标准煤)	239 591	205 667.69	16.49
电力消耗量(亿千瓦时)	28 987	26 822.46	8.07
每万元产值能耗(吨标准煤)	0.275245	0.254879	7.99

资料来源:根据历年《中国统计年鉴》和《中国能源统计年鉴》数据计算、整理所得。

1. 制造业能源耗费结构

根据统计数据,2013年制造业各行业中能源消耗最大的前五个行业同前七年完全一样,依次为黑色金属冶炼和压延加工业,化学原料和化学制品制造业,非金属矿物制品业,石油加工、炼焦和核燃料加工业,有色金属冶炼和压延加工业,这五个行业占制造业能源消耗总量的 77.36%，而消耗能源最少的六个行业也和 2012 年一样，依次为金属制品、机械和设备修理业，废弃资源综合利用业，家具制造业，烟草制品业，文教、工美、体育和娱乐用品制造业，仪器仪表制造业，仅占 0.60%（见表 7-15、图 7-11）。可见制造业各行业对能源的消耗是很不平衡的。

表 7-15　制造业各行业能源消耗总量排名

名次	行业	能源消耗总量（万吨标准煤）	在制造业中所占比重（%）
1	黑色金属冶炼和压延加工业	68 839	28.73
2	化学原料和化学制品制造业	44 081	18.40
3	非金属矿物制品业	36 561	15.26
4	石油加工、炼焦和核燃料加工业	19 255	8.04
5	有色金属冶炼和压延加工业	16 617	6.94
6	纺织业	7 366	3.07
7	金属制品业	4 704	1.96
8	橡胶和塑料制品业	4 350	1.82
9	造纸和纸制品业	4 153	1.73
10	农副食品加工业	3 905	1.63
11	汽车制造业	3 609	1.51
12	通用设备制造业	3 571	1.49
13	计算机、通信和其他电子设备制造业	2 802	1.17
14	电气机械和器材制造业	2 606	1.09
15	医药制造业	2 179	0.91
16	专用设备制造业	1 914	0.80
17	化学纤维制造业	1 909	0.80
18	食品制造业	1 890	0.79
19	酒、饮料和精制茶制造业	1 610	0.67
20	其他制造业	1 597	0.67
21	木材加工和木、竹、藤、棕、草制品业	1 522	0.64
22	铁路、船舶、航空航天和其他运输设备制造业	1 045	0.44
23	纺织服装、服饰业	971	0.41
24	皮革、毛皮、羽毛及其制品和制鞋业	652	0.27
25	印刷和记录媒介复制业	448	0.19
26	文教、工美、体育和娱乐用品制造业	368	0.15
27	仪器仪表制造业	329	0.14
28	烟草制品业	256	0.11
29	家具制造业	247	0.10
30	废弃资源综合利用业	169	0.07
31	金属制品、机械和设备修理业	66	0.03

资料来源：根据《中国能源统计年鉴》(2014) 数据计算、整理所得。

为了直观地反映制造业各行业能源消耗情况,绘制了如图 7-11 所示的制造业各行业能源消耗量分布图。

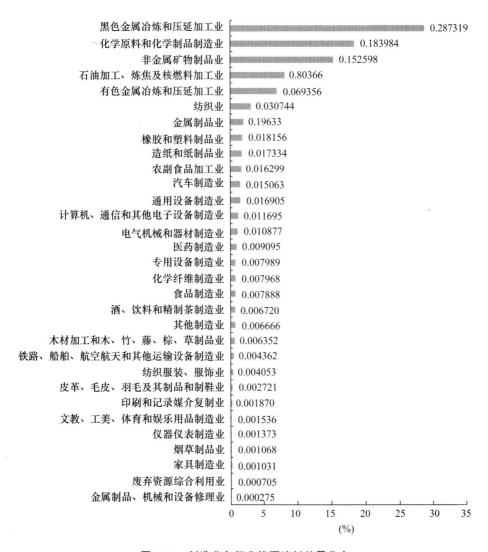

图 7-11　制造业各行业能源消耗总量分布

资料来源:根据《中国能源统计年鉴》(2014)数据计算、整理所得。

由图 7-11 可以看出,能源消耗总量大的行业主要集中于黑色金属冶炼、非金属制造、石油加工等重工业领域。其中,黑色金属冶炼和压延加工业在制造业能源消耗所占的比重为 28.73%,能源消耗总量排名第 1,这是因为黑色金属冶炼和压延加工业的主体就是钢铁行业,我国是世界上最大的钢铁生产国和消费国。但是也说明了产业结构不合理、技术含量偏低等问题。化学原料和化学制品制造业在制造业能源消耗中所占比重为18.40%,能源消耗总量排名第2,行业能耗相当高,节能减排形势严峻。非金属矿物制造业在制造业能源消耗中所占的比重为的15.26%,能源消耗总量排名第3,因此,在生产非金属矿物的同时,也需要追求较高的技术含量、较低的环境负荷以更适应社会的发展需要。

2. 制造业电力消费结构

经济的发展离不开能源的支持。电力作为一种最基本的能源形式,被广泛运用于国民经济各个领域。用电量是经济运行的"晴雨表",用电量与经济增长同步是正常的。分析制造业与电力消费的关系,对寻求制造业结构调整优化方向和节能降耗对策措施,促进我国经济又好又快发展都具有重要意义。从表7-16和图7-12可以看出,黑色金属冶炼和压延加工业、化学原料和化学制品制造业、有色金属冶炼和压延加工业、非金属矿物制品业这四个行业的用电量消费占整个制造业用电量的60%,可见,用电量的波动同钢铁、水泥、石化等高耗能产业的生产形势有很大关系。

表7-16 制造业各行业电力消费量排名

行业	电力消耗量 (亿千瓦小时)	在制造业中所占 比重(%)	名次
黑色金属冶炼和压延加工业	5 704	19.68	1
化学原料和化学制品制造业	4 341	14.98	2
有色金属冶炼和压延加工业	4 114	14.19	3
非金属矿物制品业	3 148	10.86	4
纺织业	1 533	5.29	5
金属制品业	1 213	4.18	6
橡胶和塑料制品业	1 099	3.79	7
计算机、通信和其他电子设备制造业	809	2.79	8
通用设备制造业	746	2.57	9
石油加工、炼焦和核燃料加工业	677	2.34	10
汽车制造业	674	2.33	11
电气机械和器材制造业	650	2.24	12
造纸和纸制品业	599	2.07	13
农副食品加工业	574	1.98	14

(续表)

行业	电力消耗量（亿千瓦小时）	在制造业中所占比重(%)	名次
其他制造业	416	1.44	15
专用设备制造业	409	1.41	16
化学纤维制造业	350	1.21	17
医药制造业	283	0.98	18
木材加工和木、竹、藤、棕、草制品业	269	0.93	19
食品制造业	230	0.79	20
纺织服装、服饰业	214	0.74	21
铁路、船舶、航空航天和其他运输设备制造业	211	0.73	22
酒、饮料和精制茶制造业	168	0.58	23
皮革、毛皮、羽毛及其制品和制鞋业	152	0.52	24
印刷和记录媒介复制业	110	0.38	25
仪器仪表制造业	83	0.29	26
文教、工美、体育和娱乐用品制造业	69	0.24	27
烟草制品业	54	0.19	28
家具制造业	50	0.17	29
废弃资源综合利用业	24	0.08	30
金属制品、机械和设备修理业	12	0.04	31

资料来源：根据2014年《中国能源统计年鉴》相关数据计算、整理所得。

为了直观地反映制造业各行业电力消费情况，绘制了如图7-12所示的制造业各行业电力消费情况分布图。

3. 能源利用效率分析

能源强度是衡量能源利用效率常用的指标之一，是每生产一个单位的GDP（或产品）所消耗的能源。由于2014年《中国统计年鉴》未报告各行业工业总产值数据，故本报告中：能源强度 = 能源消耗总量（万吨标准煤）/主营业务收入（亿元）。一般而言，能源强度越高，能源利用效率越低。表7-17反映了2013年制造业各行业能源利用效率情况。

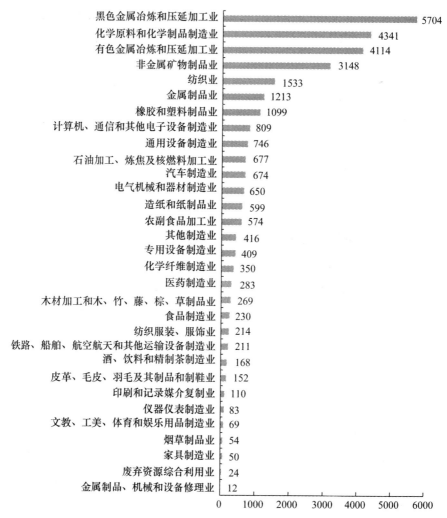

图 7-12　2014 年制造业工业电力消费量的行业分布

资料来源：根据《中国能源统计年鉴》(2014) 数据计算整理所得。

表 7-17　制造业各行业能源利用效率排名

行业	能源强度	能源效率名次
黑色金属冶炼和压延加工业	0.9020	1
非金属矿物制品业	0.7129	2
其他制造业	0.6920	3
化学原料和化学制品制造业	0.5775	4

(续表)

行业	能源强度	能源效率名次
石油加工、炼焦和核燃料加工业	0.4733	5
有色金属冶炼和压延加工业	0.3571	6
造纸和纸制品业	0.3083	7
化学纤维制造业	0.2622	8
纺织业	0.2037	9
橡胶和塑料制品业	0.1593	10
金属制品业	0.1432	11
木材加工和木、竹、藤、棕、草制品业	0.1266	12
酒、饮料和精制茶制造业	0.1060	13
医药制造业	0.1058	14
食品制造业	0.1040	15
印刷和记录媒介复制业	0.0847	16
通用设备制造业	0.0835	17
金属制品、机械和设备修理业	0.0709	18
农副食品加工业	0.0656	19
铁路、船舶、航空航天和其他运输设备制造业	0.0632	20
专用设备制造业	0.0597	21
汽车制造业	0.0596	22
皮革、毛皮、羽毛及其制品和制鞋业	0.0522	23
废弃资源综合利用业	0.0506	24
纺织服装、服饰业	0.0504	25
仪器仪表制造业	0.0428	26
电气机械和器材制造业	0.0427	27
家具制造业	0.0382	28
计算机、通信和其他电子设备制造业	0.0363	29
烟草制品业	0.0309	30
文教、工美、体育和娱乐用品制造业	0.0306	31

资料来源：根据《中国能源统计年鉴》(2014)数据计算整理所得。

为了直观地反映制造业各行业能源利用效率情况，绘制了如图7-13所示的制造业各行业能源利用效率情况分布图。

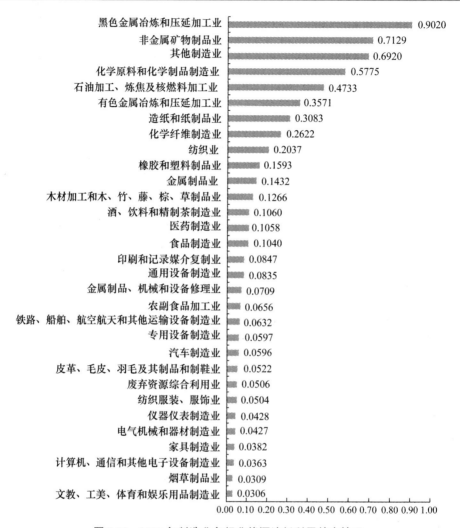

图 7-13　2013 年制造业各行业能源消耗利用效率情况

资料来源：根据《中国能源统计年鉴》(2014) 数据计算整理所得。

从表 7-17 和图 7-13 可以看出，黑色金属冶炼和压延加工业，非金属矿物制品业，其他制造业，化学原料和化学制品制造业，石油加工、炼焦和核燃料加工业，有色金属冶炼和压延加工业等行业的能源利用效率较低，而计算机、通信和其他电子设备制造业、烟草制品业等行业的能源利用效率较高。

7.1.4　制造业环境污染状况分析

"三废"排放量是衡量环境污染状况的重要指标。本部分主要选取工业"三废"排放量对我国制造业环境污染状况进行分析研究。表 7-18 列出了 2011—

2013年我国制造业"三废"排放情况。由此可以看出,2013年工业废水的排放量与2012年相比有很大增幅,从1 703 015万吨上升至4 006 729万吨,增幅高达135.27%。工业二氧化硫排放量与2012年相比略有下降,从953.21万吨降至944.36万吨,一般工业固体废物产生量93 394.1万吨,与2012年相比降低了5.87%。

表7-18 制造业"三废"排放量变化情况

环境指标	2011	2012	2013	增加率(%)
工业废水排放总量(万吨)	1 731 735	1 703 015	4 006 729	135.27
工业二氧化硫排放量(万吨)	968.03	953.21	944.36	-0.93
一般工业固体废物产生量(万吨)	96 881.8	99 219.6	93 394.1	-5.87

资料来源:根据《中国统计年鉴》(2014)和《中国环境统计年鉴》(2014)数据计算、整理所得。

为了分析制造业"三废"排放结构,2013年制造业"三废"排放的行业分布如图7-14、图7-15、图7-16所示。

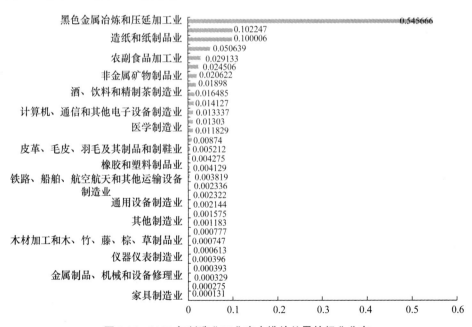

图7-14 2013年制造业工业废水排放总量的行业分布

资料来源:根据《中国环境统计年鉴》(2014)数据计算、整理。

从2013年制造业各行业废水排放及处理情况的统计数据看(见图7-14),黑色金属冶炼和压延加工业(54.57%)、化学原料和化学制品制造业(10.22%)、造纸和纸制品业(10.00%)、纺织业(5.06%)、农副食品加工业(2.91%)是排放废水最多的五个行业,它们排放的废水总量占制造业废水排放总量的82.77%;而排放废水最少的五个行业是家具制造业(0.01%),印刷业和记录媒介的复制(0.03%),金属制品机械和设备修理业(0.03%),文教、工美、体育及娱乐用品制造业(0.04%),仪器仪表制造业(0.04%),这五个行业仅占制造业排放总量的0.15%。

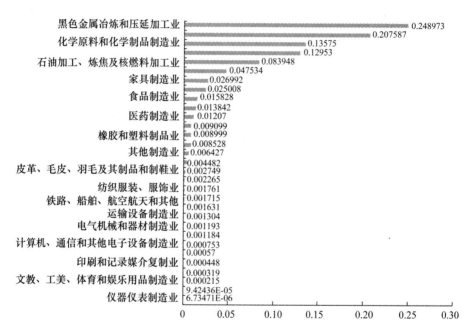

图7-15　2013年制造业废气(SO_2)排放总量的行业分布

资料来源:根据《中国环境统计年鉴》(2014)数据计算、整理。

从图7-15可以看出,2013年二氧化硫排放集中在黑色金属冶炼和压延加工业(24.90%)、非金属矿物制品业(20.76%)、化学原料和化学制品制造业(13.58%)、有色金属冶炼和压延加工业(12.95%)、石油加工炼焦和核燃料加工业(8.39%)、造纸和纸制品业(4.75%)六个行业,占制造业排放总量的85.33%。而排放二氧化硫最少的六个行业是废弃资源综合利用业(0.06%),印刷和记录媒介复制业(0.04%),家具制造业(0.03%),文教、工美、体育及娱乐用品制造业(0.02%),金属制品机械和设备修理业(0.01%),仪器仪表制造业(0.01%),这六个行业仅占制造业排放总量的0.17%。

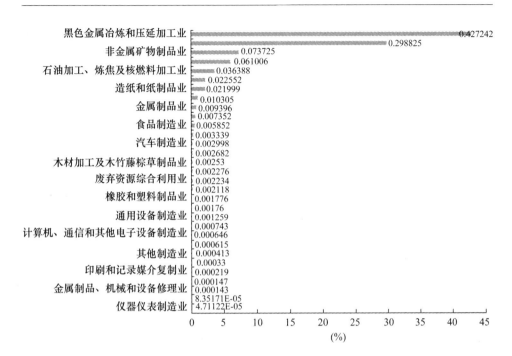

图 7-16　2013年制造业工业固体废弃物排放量的行业分布

资料来源：根据《中国环境统计年鉴》(2014)数据整理、计算所得。

从图7-16可以看出，2013年固体废弃物排放状况很集中，排放量最大的五个行业分别为黑色金属冶炼和压延加工业(42.72%)、化学原料和制品制造业(29.88%)、非金属矿物制品业(7.33%)、有色金属冶炼和压延加工业(6.10%)、石油加工炼焦和核燃料加工业(3.64%)，这五个行业的一般工业固体废物产生总量占总排放量的89.72%，而排放量最小的仪器仪表制造业(0.00%)、文教、工美、体育及娱乐用品制造业(0.01%)、金属制品机械和设备修理业(0.01%)、家具制造业(0.01%)、印刷和记录媒介复制业(0.02%)，这五个行业仅占排放总量的0.0%。

7.1.5　中国制造业产业新型化综合评价

参考第5章对中国制造业的总体评价的方法，本章也从经济创造能力、科技创新能力、能源集约能力和环境保护能力四个维度构建综合指标，评价产业的新型化程度。具体指标如表7-19所示。

表 7-19 中国制造业产业"新型化"评价指标体系

总指标	序号	主指标	序号		子指标
中国制造业产业新型化指标体系	A	经济指标	A1	产值	产业总产值(亿元)
			A2		产业总产值占工业总产值比重(%)
			A3	利润	产业企业利润总额(亿元)
			A4		产业就业人员人均利润率(元/人)
			A5	效率	产业就业人员劳动生产率(万元/人)
			A6	就业	产业就业人员人数(万人)
			A7		产业就业人员人数占总就业人数比重(%)
			A8	税收	产业企业利税总额(亿元)
			A9		产业就业人员人均利税率(万元/人)
	B	科技指标	B1	R&D	产业 R&D 经费支出(万元)
			B2		产业 R&D 人员全时当量(人年)
			B3		产业 R&D 投入强度(%)
			B4		产业 R&D 人员占就业人员人数比重(%)
			B5	产品开发	产业新产品开发项目数(项)
			B6		产业新产品开发经费(万元)
			B7	专利	产业专利申请数(项)
			B8		产业专利拥有数(项)
			B9	技术转化	产业新产品产值(万元)
			B10		产业新产品产值率(%)
			B11		产业技术创新投入产出系数
	C	能源指标	C1	总量消耗	产业能源消耗量(万吨标准煤)
			C2		产业单位产值能源消耗量(万吨标准煤/亿元)
			C3	电力消耗	产业电力消耗占比(%)
			C4	煤炭消耗	产业煤炭消耗占比(%)
	D	环境指标	D1	废水	产业污染排放量(废水)(万吨)
			D2		产业单位产值污染排放量(废水)(万吨/亿元)
			D3	废气	产业污染排放量(废气)(亿标准立方米)
			D4		产业单位产值污染排放量(废气)(亿标准立方米/亿元)
			D5	固体废弃物	产业污染排放量(固体废物)(吨)
			D6		产业单位产值污染排放量(固体废物)(吨/亿元)
			D7		产业固体废弃物处置率(%)

通过对中国制造业产业的"新型化"程度进行评价,可以评价中国制造业各产业的现实发展水平和未来发展潜力。采用离差最大化评价方法(具体方法详见第5章相关内容),评价中国制造业各产业的新型化综合指标(见表7-20)。

表7-20 2013年中国制造业各产业新型化评价得分

行业	新型化评价得分	排名
计算机、通信和其他电子设备制造业	1.283671	1
电气机械和器材制造业	1.092249	2
汽车制造业	1.039817	3
通用设备制造业	0.940573	4
专用设备制造业	0.910022	5
烟草制品业	0.858218	6
铁路、船舶、航空航天和其他运输设备制造业	0.811531	7
医药制造业	0.802509	8
化学原料和化学制品制造业	0.794434	9
仪器仪表制造业	0.755043	10
金属制品业	0.752765	11
农副食品加工业	0.736394	12
橡胶和塑料制品业	0.734979	13
纺织业	0.723666	14
有色金属冶炼和压延加工业	0.690856	15
纺织服装、服饰业	0.677882	16
文教、工美、体育和娱乐用品制造业	0.629578	17
皮革、毛皮、羽毛及其制品和制鞋业	0.627215	18
化学纤维制造业	0.617823	19
食品制造业	0.617216	20
酒、饮料和精制茶制造业	0.609681	21
印刷和记录媒介复制业	0.606659	22
非金属矿物制品业	0.60557	23
家具制造业	0.603539	24
石油加工、炼焦和核燃料加工业	0.59243	25
木材加工和木、竹、藤、棕、草制品业	0.582348	26
金属制品、机械和设备修理业	0.576422	27
废弃资源综合利用业	0.540358	28
其他制造业	0.52753	29
造纸和纸制品业	0.508718	30
黑色金属冶炼和压延加工业	0.459529	31

资料来源:根据《中国统计年鉴》(2014)、《中国科技统计年鉴》(2014)、《中国环境统计年鉴》(2014)、《中国能源统计年鉴》(2014)和《中国工业统计年鉴》(2014)数据整理、计算所得。

从表中排名来看,新型化总体评价排名前五位产业为计算机、通信和其他电子设备制造业,电气机械和器材制造业,汽车制造业、通用设备制造业和专用设备制造业。相对而言,这些产业的经济创造能力、科技创新能力比较高而能源消耗和环境污染相对较低,政府应该大力发展此类产业。排名后五位的分别是黑色金属冶炼和压延加工业、造纸和纸制品业、废弃资源综合利用业、其他制造业和金属制品、机械和设备修理业。其中相对而言,此类产业污染和能源消耗较大且经济创造能力和科技创新能力较低,这些产业可以考虑限制发展。

7.2 科技创新对中国制造业经济增长的影响

知识经济时代的灵魂是创新,党的十八大报告中提出要深化科技体制改革,推动科技与经济的紧密结合,建立健全鼓励原始创新、集成创新、引进消化吸收再创新的体制机制,建立产学研协同创新机制,明确把科技创新摆在国家发展全局的核心位置。长期以来,制造业是经济增长的引擎,制造业的发展受到多方面因素的影响,当前中国处在经济转型升级的关键时期,人口红利逐渐减少,资源环境压力不断加大,唯有提高企业科技创新能力,探索出与我国社会制度及经济发展状况相适应的科技创新道路,制造业才能健康快速发展。

7.2.1 文献综述

关于科技创新对制造业经济增长的研究可分为三类,一类认为科技创新是促进经济增长的重要因素之一。Arundel(2001)用专利数据衡量科技创新,认为专利的增长对经济有着正向促进作用。Devinney(1993)利用面板数据对专利和经济增长之间的关系进行评价,发现二者有显著的正相关关系。Kunt Blind 和 Andre Jungmittag(2008)用 C-D 函数分析了欧洲国家 12 个部门的经济数据,得出专利存量和技术标准存量对经济增长具有显著的影响。张楠等(2013)运用三指标的 VAR 模型,通过格兰杰因果关系检验,利用脉冲响应函数和方差分解来研究技术创新对经济增长的影响,得出 R&D 投入对专利具有正向影响进而有专利对经济的促进作用,同时也发现 R&D 对专利和经济促进效率不高。黄智淋、俞培果(2007)以专利授权量数据作为技术创新活动的代理变量,对我国技术创新活动与经济增长的关系进行实证检验。结果表明:实用新型专利技术对经济增长影响最大,外观设计专利其次,发明专利影响最小,说明我国技术创新成果开发利用率不足。进一步分析表明,技术创新对经济增长的作用,由东到西依次减弱。Kennedy 和 Thirlwall(1972)在一项技术进步的全面调查中发现,R&D 支出的增长对国家总体经济增长具有显著的影响。卢方元、靳丹丹(2011)通过单位根检验和协整检验对 R&D 投入与经济增长之间的长期均衡关系进行实证分析,结果表明 R&D 投入对经济发展具有明显的促进作用,R&D 人员投入的产出弹性大于 R&D 经费投入的产出弹性,且两大投入要素在直接促进技术进步、提高生产率过程中存在一定的时滞效应。朱春奎(2004)认为上海全社会R&D投入与经济增长之间存在较强的相关关系,尽管各自的增长是非稳定的,但就长期而言,它们之间却构成了长期稳定的均衡关系。梁玺等(2006)采用协整理论和误差修正模型研究了经济增长和创新活动之间的关系。研究结果显示,我国创新活动对于经济增长短期内具有显著影响,但其影响程度与长期影响相比还存在着较大差距;从长期看各种创新活动中基础研究能够实现对经济增长更大的推动作用。杨立岩、潘慧峰(2003)通过知识外溢模型将基础研究纳入经济增长框架,认为应用技术的增长受基础科学知识的制约,如果没有基础科学知识的增长,经济也不会有长期增长。郭宝梅(2006)对科技进步对我国产业结构的贡献进行了分析,认为科技进步促进了产业结构的调整与优化升级,对第三产业的崛起和促进就业起到了积极的作用。许倩倩(2012)通过对研发投入和技术创新对GDP的回归关系进行实证研究,结果表明:研发投入和技术创新对GDP的增长有促进作用,并提出研发投入促进经济增长的作用方式在于,研发投入促进了技术创新,技术创新的引入和扩散进一步推动了经济增长。朱勇、张宗益(2005)采用综列数据研究方法,研究了我国八大经济区区域技术创新水平对区域经济增长的影响差异。结论表明:技术创新能力对经济增长的贡献度有较高的解释水平,而我国欠发达地区的技术创新水平及其对经济增长的贡献度均低于发达地区,由此造成两者之间经济发展差距越来越大。

另一类观点认为科技创新对经济增长没有影响。姜秀娟、赵峰(2010)通过对科技投入与经济增长间的T型关联度进行计算和分析,得出技术引进对经济增长的作用很小,科技人员投入对经济增长的作用不显著。王荣、杨晓明(2007)主要采用计量经济学相关分析方法,测算了我国自改革开放以来科技进步对经济增长的贡献度。测算的结果表明我国经济增长主要依靠大量资本的投入,虽然从总体上来看技术水平一直在进步,但是仍处于较低的贡献率水平。李斌、黄乐军(2009)通过构建CES生产函数和C-D生产函数的组合模型,测算了资本投入、劳动投入、科技进步对经济增长的贡献,结果表明:科技进步年均增长率较低,科技进步对经济增长的贡献率较低,我国经济主要依靠资本和劳动等生产要素投入,属于传统的粗放型经济增长模式。牛永泽、孙茂辉(2013)通过广义柯布-道格拉斯函数对甘肃省资本、劳动和技术进步对经济增长的贡献进行分析,得出甘肃省经济发展还处于高资本、劳动投入推动经济增长阶段,经济发展处于粗放式模式,科技进步转化效果并不明显。欠发达地区经济增长由于受到市场化程度、资源配置效率、工业发展基础等影响,技术进步转化生产力水平不高,经济增长效应不佳。Lawrence(1999)对东亚经济增长做了对比研究。他指出主要发达国家的经济增长确实来自创新,但新兴工业国家(或地区)如亚洲四小龙的增长却和创新没有关系,出于战略角度考虑他仍建议发展中国家应该在经济起步时期就重视教育和创新。

最后一类观点认为科技创新抑制了经济增长。窦丽琛、赵翠(2005)以内生经济增长理论为依据,利用实证分析方法,研究了科技投入对经济增长的影响研究,结果显示:大中型工业企业的科技投入对经济增长影响不明显;研发机构的科技投入对经济增长具有显著的负效应;高等院校的科技投入对经济增长具有促进作用。李建平、谢树玉(2007)在规模报酬可变假设条件下做了我国基于技术进步的增长因素分析。研究结果表明我国经济增长目前处于规模报酬递增阶段,主要依靠资本和劳动的投入来实现经济增长,技术进步对经济产出的影响非常小甚至是相反的,平均技术进步率为 -0.39%。秦腾等(2014)以经济发展水平为门槛变量,构建面板门槛模型,实证分析技术进步对经济增长的影响。结果表明:技术进步对经济增长的影响存在显著的"双门槛效应",只有跨越相应的经济发展水平门槛,技术进步对经济增长才会产生积极影响;由于我国地区间发展的不平衡,技术进步对我国经济增长的正效应由东部到西部逐渐减弱。

国内外学者关于科技创新对经济增长影响的研究取得了一定成果,但对于科技创新模式下的自主研发和技术引进对制造业经济增长作用的分析还较少。科技创新主要分为自主创新和其他方式的创新两大类,一般而言,自主创新分为三种模式,即原始创新、集成创新、引进吸收再创新。原始创新主要指自主研发,是企业获得核心技术的主要途径,引进消化吸收再创新是重要的补充。我们从制造业的角度出发,探索科技创新对制造业的影响,并从自主研发和技术引进的角度,通过实证分析得出自主研发和技术引进对制造业经济增长的影响。

7.2.2 实证分析

1. 模型设定

影响制造业经济增长的因素很多,主要包括物质资本投入、劳动投入、科技创新、投资、出口、行业开放程度及政策因素等。为了能够较为精确地研究制造业增长的影响因素,同时考虑到行业面板数据的特性,我们将影响因素归结为物质资本投入、劳动投入、外商直接投资、科技创新和对外开放程度,其中科技创新又分为自主研发和技术引进,计量模型设定为:

$$\ln Y_{it} = \alpha + \beta_1 \ln R\&D_{it} + \beta_2 \ln Tec_{it} + \beta_3 \ln K_{it} + \beta_4 \ln L_{it} + \beta_5 \ln FDI_{it} + \beta_6 Trade_{it} + \varepsilon_{it}$$

其中,Y_{it}、$R\&D_{it}$、Tec_{it}、K_{it}、L_{it}、FDI_{it}、$Trade_{it}$ 分别表示 i 行业 t 年度的制造业经济增长、R&D 经费投入、技术引进经费投入、物质资本投入、劳动投入、外商直接投资、对外开放程度,α 表示常数项,β 为各变量系数,ε 为残差项。

2. 变量说明

（1）制造业经济产值（Y）

制造业经济产值反映了制造业的生产能力，行业的生产能力一般用工业总产值表示，但由于2013年和2014年的《中国统计年鉴》中没有工业总产值统计指标，为了保持数据的连续性，选用主营业务收入指标来代替。主营业务收入反映了企业日常活动中工业品的销售情况，在总产值缺失的情况下主营业务收入最具代表性。制造业各行业主营业务收入数据来自《中国统计年鉴》（2006—2014）。

（2）自主研发（R&D）

科技创新是影响制造业经济创造能力的一个重要因素。科技是第一生产力，制造业企业生产效率的提高离不开科学技术的进步。其中，自主研发更是在科技创新中有着重要的地位，自主研发是企业获得核心技术的主要途径，企业只有有了核心技术才能够保持领先地位。因此，增强自主研发能力，提高企业的核心竞争力对企业有着重要的意义。我们借鉴已有研究，选用R&D经费内部支出来衡量自主研发。我们预期自主研发对制造业经济增长有正向的影响。

（3）技术引进（Tec）

除了R&D活动外，其他技术活动也会对制造业科技创新能力产生影响。制造业企业科学技术进步来自自主研发和技术引进，技术引进虽然能够在短时间内提升制造业企业科学技术水平，但如果长期引进技术，就会产生依赖性，核心技术受制于人，国际竞争力不强，技术引进对制造业经济增长的促进作用不明显。我们借鉴已有研究（储德银，2013）用引进技术经费支出与消化吸收经费支出的和来反映技术引进，我们预期技术引进对制造业经济增长有正向的影响。

（4）物质资本投入（K）

物质资本投入对制造业增长有着直接的影响。物质资本投入一直是我国经济增长的主要因素，中国的经济增长主要是依靠资本的投入，并通过资源的消费来维持，是粗放式的增长方式（吴敬琏，2006；卫兴华，2007）。在一定条件下，物质资本投入越多，企业生产规模越大，生产能力越强，总产值也就越多。考虑到数据的可得性，选用固定资产投资额净值衡量物质资本投入。我们预期，物质资本投入对经济创造能力有正向的影响。

（5）劳动投入（L）

影响制造业增长的又一因素是劳动投入。制造业的发展离不开人的参与，古典经济学和新经济增长理论认为，人的劳动对经济增长有着重要的作用。人员数量直接影响着制造业的生产规模，人员的素质直接影响着制造业的生产效率，人的劳动对制造业增长有着决定性作用。我们借鉴已有研究（朱钟棣，2005；胡小娟,2010),选取全部从业人员年平均数作为劳动投入。我们预期,随着劳动投入的增加,制造业的生产创造能力将增强。

(6)外商直接投资(FDI)

投资是拉动经济增长的三驾马车之一,投资可以促进制造业产值规模的发展,对制造业经济创造能力有着积极的促进作用。姚树洁等(2006)认为外商直接投资能减小国内生产的非效率性,也能够加快我国的技术进步,因此外商直接投资能够拉动经济增长。王万珺(2010)利用2001—2007年31个省份装备制造业内部七个部门的面板数据,通过普通最小二乘法和固定效应模型得出FDI显著地促进了制造业的增长。我们选用外商投资额衡量外商直接投资。我们预期,外商直接投资对制造业经济创造能力有正向的影响。

(7)对外开放程度(Trade)

中国对外开放已经30多年,对外开放程度逐步提高,制造业快速发展。对外开放程度也是影响制造业经济增长的重要因素之一,对外开放程度高的行业,出口所占比重越大,对经济拉动作用越强。吴代红(2012)认为对外开放程度主要通过技术效率路径改善,提高全要素生产率。李子成(2011)认为对外开放的提高对经济增长有比较明显的促进作用。为了更全面地反映制造业经济增长的因素,我们将出口纳入考虑,用制造业出口依存度反映对外开放程度。我们用出口交货值除以制造业产值表示,由于2013年和2014年的《中国统计年鉴》中没有工业总产值统计指标,所以我们用出口交货值除以制造业主营业务收入反映制造业企业对外依存度,我们预期对外开放程度对制造业增长有正向的影响。

3. 数据处理

对获得的数据进行行业分类:

(1)行业合并

2006—2012年《中国科技统计年鉴》将制造业划分为30个行业,其中橡胶制品业和塑料制品业分为两个行业,交通运输设备制造业为一个行业;2013年、2014年《中国统计年鉴》将制造业划分为31个行业,其中汽车制造业,铁路、船舶、航空航天和其他运输设备制造业分为两个行业,而橡胶和塑料制品业被合并为一个行业;因此,为了保证数据的一致性,将2006—2012年的橡胶制品业、塑料制品业合并为橡胶和塑料制品业,同时将2013、2014年中的汽车制造业,铁路、船舶、航空航天和其他运输设备制造业合并为交通运输设备制造业。

(2)行业剔除

2013年、2014年的"其他制造业"与前几年的"工艺品及其他制造业"有所不同,因此剔除该行业。同时由于"废弃资源和废旧材料回收加工业"和"烟草制品业"中的R&D经费投入没有统计和数量较小,因此剔除该行业。

(3) 行业名称的修改

由于2013年、2014年《中国统计年鉴》将部分行业的名称做了修改,为了更为精确地反映现阶段制造业行业的分类,我们把下列行业的名称做了修改:将饮料制造业改为酒、饮料和精制茶制造业,纺织服装、鞋、帽制造业改为纺织服装、服饰业,皮革、毛皮、羽毛(绒)及其制品业改为皮革、毛皮、羽毛及其制品和制鞋业,文教体育用品制造业改为文教、工美、体育和娱乐用品制造业,仪器仪表及文化、办公用机械制造业改为仪器仪表制造业。

(4) 数据缺失值处理

由于2013年《中国统计年鉴》缺少全部从业人员年平均数的统计,因此用2006年与2008年《中国科技统计年鉴》的数据平均值代替。最终研究的行业数为26个,年数为9年。

26个制造业行业分别为:农副食品加工业,食品制造业,酒、饮料和精制茶制造业,纺织业,纺织服装、服饰业,皮革、毛皮、羽毛及其制品和制鞋业,木材加工及木、竹、藤、棕、草制品业,家具制造业,造纸及纸制品业,印刷业和记录媒介的复制,文教、工美、体育和娱乐用品制造业,石油加工、炼焦及核燃料加工业,化学原料及化学制品制造业,医药制造业,化学纤维制造业,橡胶和塑料制品业,非金属矿物制品业,黑色金属冶炼及压延加工业,有色金属冶炼及压延加工业,金属制品业,通用设备制造业,专用设备制造业,交通运输设备制造业,电气机械及器材制造业,计算机、通信和其他电子设备制造业,仪器仪表制造业。

4. 主要变量指标的统计描述

下面对各主要变量的数据特征做简要的描述统计,统计结果如表7-21所示。

表7-21 主要变量指标的描述统计

主要变量	样本量	均值	标准差	最小值	最大值
lnY	234	9.4677	0.9917	7.2346	11.2545
lnR&D	234	4.3493	1.3788	1.1225	7.1329
lnTEC	234	1.8840	1.6373	-2.5121	5.2185
lnK	234	7.3905	1.0579	4.4841	9.5293
lnL	234	5.3904	0.7320	3.7245	6.7805
lnFDI	234	4.6969	1.0534	2.5349	7.4028
Trade	234	0.1740	0.1625	0.0096	0.6758

5. 计量结果及分析

(1) 计量方法的选择

为了得到较为可靠的结论,我们参照国内外学者的通常做法分别采用固定效应(FE)、随机效应(RE)和可行的广义最小二乘法(FGLS)进行估计。分析软件选用 Stata12.0。

(2) 计量结果分析

各解释变量的系数估计结果如表7-22所示,其中第(1)列、第(2)列、第(3)列分别为固定效应模型(FE)、随机效应模型(RE)、可行的广义最小二乘法(FGLS)的估计结果。

表7-22 计量回归分析结果

解释变量	固定效应(FE) 方程(1)	随机效应(RE) 方程(2)	广义的最小二乘法(FGLS) 方程(3)
lnR&D	0.0520* (1.90)	0.0582** (2.27)	0.1623*** (6.55)
lnTEC	0.0259 (1.61)	0.0347** (2.21)	0.1027*** (5.76)
lnK	0.6364*** (20.90)	0.6387*** (23.20)	0.6497*** (27.91)
lnL	0.4040*** (5.79)	0.3335*** (5.72)	0.2085*** (6.84)
lnFDI	0.0269 (0.85)	0.0222 (0.72)	−0.1384*** (−5.04)
Trade	0.4721** (2.39)	0.4079** (2.20)	0.6803*** (7.05)
常数项	2.1030*** (6.66)	2.4554*** (9.36)	3.1447*** (25.65)
R^2	0.8786	0.8903	
样本观察值个数	234	234	234

注:系数下方括号内的值是 t 值;***、**、*分别表示变量系数通过了1%、5%、10%的显著性检验。

根据 Hausman 检验,p 值为 0.041,p 值小于 0.05,拒绝原假设,因此我们在固定效应模型和随机效应模型之间选择固定效应模型。也就是说,根据 Hausman 检验,固定效应的结果优于随机效应。我们比较方程(1)和方程(3)可以发现固定效应和广义最小二乘法(FGLS)两种方法得出的解释变量系数的符号除外商投资外,其余完全一致。由于广义最小二乘法(FGLS)消除了可能存在的异方差性和序列相关性,因此我们认为广义最小二乘法(FGLS)得出的结果是稳健的。通过观察方程(3)我们得到以下几点:

首先,在控制了物质资本投入、劳动投入、外商直接投资、对外开放程度的前提下,自主研发的系数为0.1623,且通过了1%的显著性检验,表明自主研发对制造业经济增长有正向推动作用,这和我们的预期一致;并且自主研发投入每提高1%,制造业经济增长提高0.1623%左右。技术引进的系数为0.1027,且通过了1%的显著性检验,表明技术引进对制造业经济增长有显著的正向推动作用,这与我们的预期一致;并且技术引进投入每提高1%,制造业经济增长提高0.1027%左右。由以上分析可以得出两个结论:一是科技创新对制造业的经济增长有显著的推动作用。其原因在于制造业企业通过加强自主研发,加大技术引进,能够显著地提升制造业企业的科学技术水平,提高企业的竞争力。二是在提升制造业企业经济增长方面,自主研发投入要比技术引进投入能力强。其原因很可能是,企业只有通过自主研发才能获得真正的核心技术,技术引进虽能够提升企业的科技水平,但核心技术很难被引进,从而影响企业产品在市场中的竞争力。因此,技术引进对制造业经济增长的提升能力较弱,这也是我国一直鼓励加强自主研发的原因。制造业企业通过自主研发,掌握核心科学技术,能够提高竞争力。在知识时代的今天,企业只有掌握了核心技术,才能够生存、发展、壮大。其他的技术活动也会对提高制造业企业科技水平产生影响。企业技术来源可以分为自主研发、技术引进和合作开发,技术引进也是提高制造业企业科技水平的有效途径,企业通过技术引进,首先对引进的技术进行消化吸收,然后对其进行有目的的改造,提高企业的技术水平,最后转化为企业的生产力。技术改造是最后的过程,企业只有在技术引进后对整个技术完整地消化吸收,才能为以后的技术改造提供基础,也才能为企业的自主创新奠定基础,最终实现拥有自己的核心技术,在市场竞争中占据优势。

其次,物质资本的系数为0.6497,且均通过了1%的显著性检验,表明现阶段,物质资本投入对制造业经济增长有显著的正向推动作用,这和我们的预期一致;并且物质资本投入每增加1%,制造业经济增长0.6497%左右。物质资本投入是影响制造业经济增长的重要因素之一。劳动投入的系数为0.2085,且通过了1%的显著性检验,表明现阶段劳动投入对制造业经济增长有显著的正向推动作用;并且劳动投入每增加1%,制造业经济增长0.2085%左右。表明劳动投入也是影响制造业增长的重要因素之一,我国制造业从业者数量在逐年增加,从业人员的学历水平也在提高,说明劳动者的技能素质也在提高,从而促进制造业经济的增长。

再次,外商直接投资的系数为-0.1384,且通过了1%的显著性检验,说明外商直接投资对制造业增长的影响为负,即外商直接投资抑制了制造业经济的增长,这和我们的预期不一致。外商直接投资能否促进经济的增长,国内学者对此存在不同的看法,外商直接投资对经济的影响分为两类:一类是外商直接投资能够促进资本积累、技术进步,从而能够促进经济的增长;另一类是外商直接投资对国内投资产生了挤出效应,不利于经济结构的调整,从而抑制了经济的增长。从回归的结果看,外商直接投资抑制了制造业经济的增长,具体可能的原因在于,外商直接投资本身承载着我国制造业企业所缺乏的技术,这种技术短期内能使制造业企业的科技水平提高,生产率提高,生产能力变强,但这种技术受制于人,核心技术很难被转移,长时间难以维持制造业企业技术的进步。企业只依赖国外技术的流入,而不进行自主创新,企业会慢慢失去自主创新的能力,从而失去竞争力。

最后,对外开放程度的系数为 0.6803,并通过了 1% 的显著性检验,说明对外开放程度对制造业经济增长有正向的影响,这和我们的预期一致。我们用企业出口交货值除以主营业务收入反映企业的对外开放程度。出口是拉动经济增长的三驾马车之一,企业对外开放程度越高,说明出口比重越大,企业生产产品的国际竞争力越强,出口拉动经济增长的能力也就越强。

7.2.3 结论与政策建议

利用 2005—2013 年中国制造业行业面板数据研究了自主研发和技术引进对制造业总产值的影响,得出以下结论:在控制了物质资本投入、劳动投入、外商直接投资、对外开放程度等条件下,自主研发和技术引进对制造业经济增长均有正向影响,即自主研发和技术引进能够促进制造业的经济增长;物质资本投入和劳动投入均能正向地促进制造业经济的增长,从影响作用大小上看,自主研发和技术引进对制造业经济的影响要小于物质资本投入和劳动投入;外商直接投资对制造业经济的增长有抑制作用,对外开放程度能够显著地促进制造业经济的增长,从侧面可以看出出口对制造业经济增长有显著的促进作用。

基于上述结论,提出以下政策建议:

(1)加大科研经费投入,提高自主研发水平。通过前面的分析得知,在控制了物质资本投入、劳动投入、外商直接投资、对外开放水平的条件下,自主研发和技术引进均有助于我国制造业经济的增长,可以看出科技创新为我国制造业的发展提供了强有力的支撑。因此,一方面,应该加大科研经费的投入,特别是自主研发经费的投入,自主研发投入产生的边际效益要高于技术引进,技术引进是自主研发的补充,起到辅助作用,我们也应该认识到,真正核心的技术很难被引进来,只有加大自主研发力度,企业才能提高科技水平,企业的生产才会更有效率,才会生产出更具竞争力的产品。在此基础上,有选择性地引进技术,形成自主研发和技术引进相互补充的局面,这样才能促进我国制造业从"中国制造"到"中国智造"的转变。另一方面,政府在政策方面应该为企业科技进步提供支持。目前我国已经对高科技企业的所得税税收实施优惠政策。在技术创新方面,有条件的地方政府也应该为企业提供相应的补贴。

(2) 加大物质资本投入,提升劳动者技能素质。从前面的研究可以看出,物质资本投入和劳动力投入对制造业经济有很强的促进作用,说明目前我国制造业仍处在要素驱动阶段。对于物质资本投入,中国的制造业正处在节能减排的大环境下,唯有淘汰落后机器设备,加强制造业基础设施的建设,提高物质资本的先进性和现代化水平,才能有效地提高制造业的生产效率,加强自身的竞争力;现阶段我国人力资本的优势正逐步丧失,唯有提高劳动者的技能和素质,才能提高制造业的生产效率,从而促进制造业快速发展。

(3) 合理利用外商直接投资。从前面的研究可以看出,外商直接投资对我国制造业经济有负的影响,说明外商直接投资抑制了制造业经济的增长。外商直接投资本身带来了一些先进的技术和管理经验,对我国制造业能产生技术溢出效应,能够在一定程度上促进制造业的发展,但是我们应该认识到先进的技术是买不到的,只有自主研发才能取得核心的技术。因此,我们应该逐步减少利用外资,特别是投资于高耗能、高污染行业的外资,加强自主研发的经费投入,吸引闲散资金到制造业企业中,降低对外资的依赖程度,更好地促进我国制造业经济的健康发展。

(4) 提高出口水平,加大对外开放程度。前面的研究可以看出,对外开放程度对制造业经济增长的边际效益排在第一位,说明对外贸易对我国制造业的经济增长有很强的促进作用,也体现出我国制造业生产的产品国际竞争力很强,制造业的出口虽有利于制造业企业较快地发展,但是产品出口依赖稳定的国际环境,所以说不能对出口产生过度的依赖,在加强出口的同时应该注重拉动国内的需求,平衡好两者,在面对危机的时候,制造业企业才能够保持强有力的生机和活力。

7.3 中国制造业能源效率及其影响因素

一个国家想要启动工业化发展、顺利融入全球化以及实现国家经济快速发展,制造业发展是关键。自改革开放以来,中国经济高速发展,而制造业创造了其近 1/3 的 GDP。中国制造业的发展对于中国经济来说,它的重要性不言而喻,对于中国经济增长的高贡献度不言而喻。然而,制造业发展迅速的同时,其能源消耗量也在所有行业能源消耗量中所占比重居高不下,2004—2012 年中国制造业能源消耗占能源消费总量的 58% 左右。史丹(2014)指出,近 20 年来在中国 GDP 增长率平均保持 10% 的背景下,中国能源消费呈现总量大、增长快的趋势。并且据发达国家发展经验推断,中国能源消费总量还将继续攀升,中国还未迎来人均能耗峰值。

国家"十二五"规划提出"绿色发展",即在传统发展基础上的一种模式创新,强调绿色发展,建设资源节约型、环境友好型社会。中国是制造业大国,中国制造业能源消耗大，环境污染严重，因此促进中国制造业节能减排意义重大。中国制造业要实现可持续发展，除了要素投入，还有资源环境承载能力以及效率的提高，因此对节能减排约束下的制造业能源效率的研究就很有意义。本文将对在环境约束下的中国制造业分行业能源效率影响因素进行研究。

7.3.1 文献综述

Lovell(1993)认为能源效率是一种技术效率，即用较少的包括能源的投入，来获得尽可能多的有用产出。Patterson(1996)定义能源效率为，在生产过程中期望产出与能源投入的比值。近年来，国内外对能源效率的研究可分为两类，一类是未考虑其他要素影响的单要素能源效率；另一类是基于多投入-多产出的全要素能源效率。

单要素能源效率指标在国际上有代表性的是单位 GDP 能耗，即能源消耗强度，以及能源生产率比例，反映了经济活动中能源消耗与有效产出的关系。全要素能源效率的概念是由 Jin-Li Hu,Shih-Chuan Wang(2006)首先提出的，它是指资本、劳动力、能源等多投入和 GDP 产出间的生产关系，全要素能源效率的评价指标为目标投入能源与实际投入能源的比值。

单要素能源效率指标虽然直观且计算简单，但是它未考虑其他投入要素影响，旨在考察能源作为单一投入要素与 GDP 产出的关系，而 GDP 产出是能源与劳动力、资本等相互可替代的要素投入共同组合的结果，它仅仅反映了能源与经济产出之间的比例关系，夸大了能源效率，且无法反映其他生产要素如资本和劳动力对能源的替代作用，具有比较明显的缺陷。全要素能源效率指标在除能源要素投入外的其他要素(如资本、劳动力)保持不变的前提下，按照最佳生产实践，一定产出所需的目标能源投入量与实际投入量的比值，从而有效地弥补了传统单要素能源效率研究方法的缺陷(汪克亮,2011)，且在揭示一个地区资源禀赋对能源效率的影响方面，全要素能源效率指标有着单要素方法无法替代的优势。因此，目前学者大多采用全要素能源效率指标进行能源效率的研究。

国内外许多学者对能源效率的影响因素也进行了相关研究。现归纳如下：

1. 在行业内竞争方面

行业的竞争可以在一定程度上影响能源效率，随着竞争程度越发激烈，越能激励更多研发，刺激企业改进生产技术，带来创新，提高能源效率。一些学者认为行业内竞争可以促进能源效率提高(Arrow,1962;Nickell,1996;Ahn,2002)。但是也有一些学者认为行业内竞争对能源效率有负向影响(Schumpeter,1942;Scharfstein,1988;Raith,2003)。

2. 在技术进步方面

技术进步是影响能源效率的重要因素，但由于能源回弹效应的存在，技术进步对能源效率的影响变得不确定。一些学者研究发现技术进步有利于能源效率提升(李廉水等,2006;龙如银等,2009;姜磊等,2011;唐安宝等,2014)。但是,部分学者研究发现技术进步有可能引致能源回弹效应,从而对能源效率提升的作用不显著(Khazzom,1980;Birol 和 Keppler,2000;Ouyan,2010;王群伟等,2008)。

3. 在能源消费结构方面

很多学者研究认为,能源消费结构改变如煤炭消费比重下降对能源效率提高有正的影响。例如,2013 年中国煤炭消耗量占总消耗量的 66%,石油天然气占 24.2%,风能水能等占 9.8%。煤炭长期占据能源消费的主要部分,且在运输和使用过程中都会产生很多能源损耗(Sinton 和 Fridley,2000;胡晓彬,2009)。但是也有学者得出不同结论(董利,2008;谭忠富等,2010)。

4. 在对外开放方面

许多学者从对外开放角度来分析能源效率,但得出的研究结论却存在较大差异。有些学者认为,对外开放可以促进能源效率的提高(Sinton 和 Fridley,2000;史丹,2002;张贤等,2007;张少华等,2009)。也有些学者认为,对外开放对提高能源效率作用不明显,甚至会有负面作用(何洁,2000;董利,2008;刘畅等,2008;熊妍婷,2009;杨正林,2009)。

5. 在环境规制方面

一些学者认为,环境规制可以促进能源效率的提高(白雪洁等,2009;万伦来等,2010;张瑞,2013)。而也有部分学者认为,环境规制不但不会促进能源效率提高,还会造成能源效率下降(李伟娜等,2011;陈德敏等,2012)。

通过对上述文献的梳理可以发现,对于能源效率的影响因素研究已经取得了丰富成果。但还是存在以下研究不足:第一,许多文献采用数据包络分析(DEA)研究全要素能源效率,它是一种用于评价具有相同类型投入和产出的若干决策单元(DMU)相对效率的方法,基于 Farrell(1957)提出的效率测度思想,通过计算所有决策单元实际生产点与生产前沿面的距离来确定其效率测度。但是 DEA 会带来各决策单元投入要素"松弛"的问题(郭文等,2015)。第二,许多文献忽略能源投入带来的非期望产出,只是将能源作为一种投入要素直接加入 DEA 模型中。这种情况下测度出来的效率值,只是反映了产出最大化的能力和程度,会带来估计和分析的偏误(张兵兵,2014)。例如,测算中国区域生态全要素能源效率,当考虑非期望产出时,发现能源效率值显著偏低(Li,2012)。目前国内将环境约束纳入全要素能源效率研究框架中的文献还比较少,考虑非期望产出的中国全要素能源效率的研究尚处于起始阶段,并且这些研究较少涉及制造业全要素能源效率的研究,多集中于国家总体层面(王珊珊等,2011)。第三,许多文献都是以省域对象为主,而忽视了行业对节能更具有实践意义,行业是国家能源政策的基本出发点。

研究行业能源使用效率及影响因素,为制定合理能源政策、实现节能减排提供了更有力的支持(孙广生等,2012),且以制造业行业为研究单位,信息量更加丰富,将比以省市作为研究单位更能发现能源效率影响因素的制度及行业环境因素(唐玲等,2009)。

在既有的研究基础上,本章尝试在以下两个方面进一步深化研究:第一,考虑伴随生产过程的非期望产出,基于 Tone(2001)提出的适用于多投入多产出的复杂生产系统分析的 SBM 模型,即直接利用投入产出松弛构建模型的目标函数,对环境约束下制造业行业能源效率进行测度。第二,大多数文献都是采用省际面板数据进行分析讨论,这往往忽视了能源效率的行业异质性。针对不同技术水平、能源消耗和环境污染的制造业行业,分析其能源效率大小及对能源效率的影响,从而更好地反映制造业能源效率影响因素的行业异质性。通过"能源效率—环境污染"对中国制造业 29 个行业进行分类,以期为中国制造业各行业根据自身的行业性质有针对性地提出相关政策建议。

7.3.2 环境约束下全要素能源效率的测度及行业分析

1. 非期望 SBM 模型

在以往的研究中,大部分学者采用数据包络分析方法测度全要素能源效率,但往往会忽视非期望产出如环境污染。TONE 提出了 SBM 模型,该模型虽然解决了 DEA 模型中的投入要素和产出的松弛性,适合分析多投入多产出的复杂生产过程,但是 SBM 模型忽视了伴随生产过程的非期望产出。Fukuyama(2009)提出非期望产出和期望产出同时为零,就是说非期望产出会伴随产出同时出现。袁晓玲等(2009)研究表明,不考虑非期望产出会给全要素能源效率的测度带来偏误,使全要素能源效率偏高。因此,我们研究的是考虑非期望产出情况下基于行业异质性的全要素能源效率。

非期望产出 SBM 模型为:

$$
\min_{\lambda, s^+, s^-} \rho = \frac{1 - \left(\frac{1}{m}\right)\sum_{i=1}^{m} \frac{s_i^-}{x_{i0}}}{1 + \left(\frac{1}{n_1 + n_2}\right)\left[\sum_{j=1}^{n_1} \left(\frac{s_j^g}{y_{j0}^g}\right) + \sum_{j=1}^{n_2} \left(\frac{s_j^b}{y_{j0}^b}\right)\right]}
$$

$$
\begin{cases}
x_0 = X\lambda + S^-, \\
y_0^g = Y^g\lambda - S^g, \\
y_0^b = Y^b\lambda + S^b, \\
\lambda \geq 0, S^- \geq 0, S^g \geq 0, S^b \geq 0,
\end{cases}
\tag{1}
$$

式中,m 表示投入要素的种类;n_1 为产出的种类;n_2 为非期望产出的种类;X_0、Y_0、S_j^g、S_j^b 分别表示投入、产出、投入松弛、产出松弛和非期望产出松弛;X、Y、S^-、S^g、S^b 为决策单元的投入、产出、投入松弛、产出松弛和非期望产出松弛矩阵;λ 是一组列向量,代表各投入要素的权重;ρ 为决策单元的效率得分(郭文等,2013)。

2. 变量的选取

能源作为一种重要的生产要素,且随着节能减排越来越受到重视,对能源效率的研究也非常必要。本研究选取的投入要素为资本投入、能源投入和劳动力投入。期望产出为制造业分行业主营业务收入,非期望产出为分行业工业废气排放量、分行业工业废水排放量和分行业工业固体废物产生量。选取中国制造业 29 个行业 2003—2013 年的面板数据作为研究样本,共有 319 个观察值。上述各变量数据来自《中国统计年鉴》(2004—2014)、《中国能源统计年鉴 2014》和《中国环境统计年鉴》(2004—2014)。研究样本统计性描述如表 7-23 所示。

表 7-23 样本数据统计性描述

类别	变量	代理变量	单位	最大值	最小值	标准差	均值
投入	资本投入	固定资产投资	亿元	13 756.58	6.08	2 471.89	2 017.95
	能源投入	能源消费总量	万吨标准煤	68 839.00	33.00	12 662.58	6 579.13
	劳动力投入	行业从业人员	万人	880.50	1.36	179.53	243.84
产出	行业主营业务收入	—	亿元	77 226.31	50.89	17 132.89	15 906.16
	行业工业废水排放量	—	万吨	2 186 335.00	235.00	151 070.00	65 589.55
	行业工业废气排放量	—	亿立方米	173 215.00	8.00	25 674.45	9 896.03
	行业工业固体废物产生量	—	万吨	44 076.00	2.00	6 716.53	2 412.66

3. 测度结果及分析

本文采用 MaxDEA 5.2 软件,模型设定为投入产出双向、规模效率不变的非期望 SBM 模型,对中国制造业 29 个行业整体的全要素能源效率以及分行业全要素能源效率进行测度。表 7-24 列出了制造业 29 个行业 2003—2013 年分行业能源效率以及行业整体能源效率测度值。

观察所得结果,首先从制造业行业整体角度进行分析。图 7-17 为制造业行业 2003—2013 年整体能源效率变动趋势。

表 7-24 制造业分行业全要素能源效率测度值

行业	2003	2004	2005	2006	2007	2008	2009	2010	2011	2012	2013
农副食品加工业	0.6729	0.7071	0.7264	0.7559	0.7764	0.7930	0.8155	0.8283	0.8409	0.8594	0.8675
食品制造业	0.5574	0.5710	0.5956	0.6257	0.6408	0.6583	0.6738	0.6949	0.7114	0.7285	0.7423
酒、饮料和精制茶制造业	0.7516	0.7701	0.7853	0.8056	0.8177	0.8269	0.8417	0.8584	0.8710	0.8846	0.8994
烟草制品业	0.7306	0.7496	0.7613	0.7892	0.8077	0.8216	0.8239	0.8376	0.8502	0.8565	0.8633
纺织业	0.7987	0.8112	0.8243	0.8326	0.8461	0.8526	0.8648	0.8696	0.8720	0.8962	0.9057
纺织服装、服饰业	0.5461	0.5527	0.5549	0.5628	0.5782	0.5898	0.6044	0.6176	0.6343	0.6572	0.6686
皮革、毛皮、羽毛及其制品和制鞋业	0.4214	0.4358	0.4436	0.4629	0.4867	0.5063	0.5233	0.5471	0.5639	0.5964	0.6115
木材加工和木、竹、藤、棕、草制品业	0.4438	0.4591	0.4676	0.4769	0.4837	0.5042	0.5184	0.5320	0.5492	0.5541	0.5707
家具制造业	0.4178	0.4437	0.4724	0.4872	0.5093	0.5265	0.5455	0.5669	0.5616	0.5768	0.5913
造纸及纸制品业	0.6382	0.6474	0.6543	0.6616	0.6685	0.6728	0.6736	0.6821	0.6878	0.6980	0.7076
印刷和记录媒介制业	0.4573	0.4637	0.4755	0.4728	0.4832	0.4948	0.5082	0.5174	0.5206	0.5334	0.5399
文教、工美、体育和娱乐用品制造业	0.5259	0.5343	0.5477	0.5585	0.5691	0.5760	0.5817	0.5963	0.6204	0.6422	0.6537
石油加工、炼焦及核燃料加工业	0.7735	0.7844	0.7951	0.8026	0.8117	0.8194	0.8343	0.8476	0.8418	0.8636	0.8811
化学原料及化学制品制造业	0.5773	0.5860	0.6251	0.6466	0.6552	0.6738	0.6728	0.6698	0.6876	0.7088	0.7196
医药制造业	0.5638	0.5705	0.5796	0.5738	0.5826	0.5933	0.6064	0.6179	0.6256	0.6392	0.6423
化学纤维制造业	0.7296	0.7378	0.7529	0.7600	0.7657	0.7661	0.7786	0.7894	0.8105	0.8243	0.8379
橡胶和塑料制品业	0.5427	0.5542	0.5628	0.5717	0.5749	0.5785	0.5806	0.5855	0.6086	0.6211	0.6373
非金属矿物制品业	0.7319	0.7422	0.7537	0.7536	0.7714	0.7886	0.8024	0.8153	0.8294	0.8436	0.8612

（续表）

行业	2003	2004	2005	2006	2007	2008	2009	2010	2011	2012	2013
黑色金属冶炼和压延加工业	0.7462	0.7538	0.7617	0.7654	0.7786	0.7807	0.7985	0.8021	0.8206	0.8322	0.8481
有色金属冶炼和压延加工业	0.7406	0.7553	0.7763	0.7815	0.7796	0.7816	0.7887	0.7906	0.7939	0.8047	0.8124
金属制品业	0.4384	0.4503	0.4625	0.4760	0.4813	0.5092	0.5174	0.5323	0.5564	0.5713	0.5886
通用设备制造业	0.5475	0.5513	0.5675	0.5732	0.5833	0.6062	0.6179	0.6232	0.6347	0.6394	0.6511
专用设备制造业	0.7498	0.7535	0.7782	0.7985	0.8081	0.8124	0.8357	0.8460	0.8573	0.8612	0.8694
交通运输设备制造业	0.6483	0.6563	0.6785	0.6826	0.6915	0.7023	0.7174	0.7322	0.7419	0.7587	0.7792
电气机械和器材制造业	0.7468	0.7614	0.7735	0.7828	0.8013	0.8256	0.8348	0.8512	0.8680	0.8816	0.8994
计算机,通信和其他电子设备制造业	1.0000	1.0000	1.0000	1.0000	1.0000	1.0000	1.0000	1.0000	1.0000	1.0000	1.0000
仪器仪表制造业	0.5478	0.5771	0.6176	0.6385	0.6519	0.6726	0.7092	0.7243	0.7585	0.7775	0.8009
工艺品及其他制造业	0.4758	0.4916	0.5033	0.5264	0.5228	0.5369	0.5580	0.5627	0.5696	0.5784	0.5831
废弃资源和废旧材料回收加工业	0.6023	0.6184	0.6275	0.6382	0.6526	0.6633	0.6872	0.7065	0.7224	0.7406	0.7643
行业整体	0.6250	0.6376	0.6526	0.6642	0.6752	0.6874	0.7005	0.7119	0.7245	0.7389	0.7516

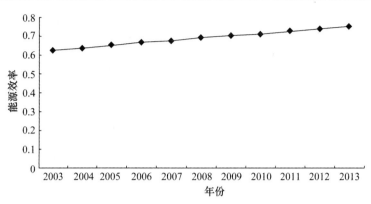

图7-17 制造业行业2003—2013年整体能源效率变动趋势

由图7-17可知,制造业行业整体能源效率2003—2013年呈稳定上升趋势,由2003年的0.6250稳定上升至2013年的0.7516,上升较为缓慢,2003—2013年所对应的行业整体能源效率值分别为0.6250、0.6376、0.6526、0.6642、0.6752、0.6874、0.7005、0.7119、0.7245、0.7389和0.7516。最小值为0.6250,最大值为0.7516,平均能源效率值为0.6881,标准差为0.0415。我国每年制造业行业整体能源效率约为0.69,即在产出不变的情况下,每年的节能潜力为24.8%—37.5%,与郭文等(2015)研究结果相似。

制造业分行业2003—2013年年均能源效率值如图7-18所示。我国制造业各行业的全要素能源效率差异比较明显,其中全要素能源效率最高的行业分别是纺织业,酒、饮料和精制茶制造业以及计算机、通信和其他电子设备制造业,其全要素能源效率保持在0.8250以上;较低的行业有皮革、毛皮、羽毛及其制品和制鞋业,木材加工和木、竹、藤、棕、草制品业,家具制造业,印刷和记录媒介复制业以及金属制品业,其全要素能源效率均低于0.5250。这些行业能源效率差异约为0.3,说明这些行业节能减排潜力很大。与已有研究结果相比较,本文测得的分行业能源效率值普遍比较低,这是由于本文研究的是环境约束下能源效率的测度,考虑了非期望产出,因此能源效率值较低,更符合经济活动的实际情况。

其次,从制造业分行业角度分析。图7-19至图7-22为制造业的29个行业分行业2003—2013年的能源效率变化趋势。由此可知,除了计算机、通信和其他电子设备制造业能源效率值始终为1以外,其余28个行业能源效率均呈波动上升态势。

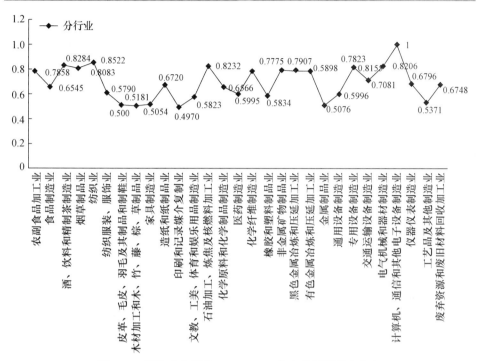

图 7-18　制造业分行业 2003—2013 年年均能源效率分布

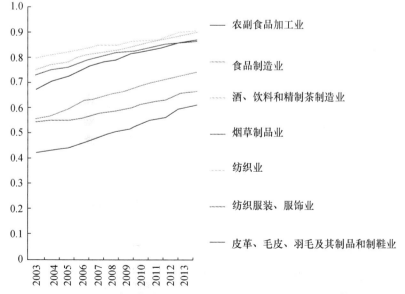

图 7-19　制造业部分行业 2003—2013 年能源效率变化趋势

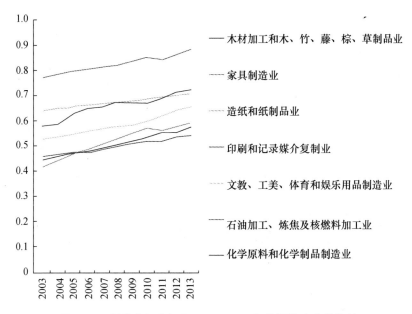

图 7-20 制造业部分行业 2003—2013 年能源效率变化趋势

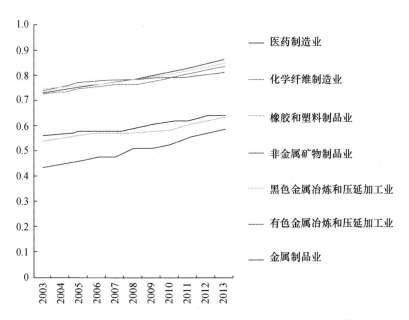

图 7-21 制造业部分行业 2003—2013 年能源效率变化趋势

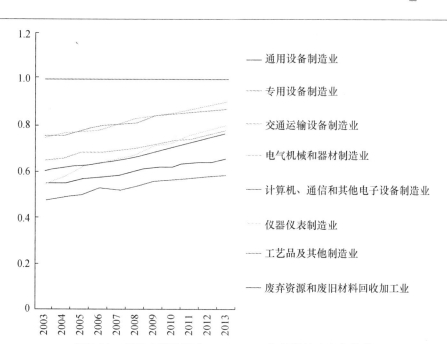

图 7-22　制造业部分行业 2003—2013 年能源效率变化趋势

由以上综合分析,中国制造业行业整体以及分行业 2003—2013 年能源效率稳定提高,我国制造业行业存在能源低效的实际现象,提高制造业行业能源效率将有助于我国节能减排目标的实现。由于考虑环境约束的非期望产出,所测得的能源效率值较低,这与预期结果相符且更符合实际情况。

4. 聚类分析

按照以上得到的制造业行业能源效率的测算值,我们将从"能源效率—环境污染"两个角度对制造业各行业进行分类。能源效率指标采用计算得出的全要素能源效率,环境污染指标用分行业工业废气排放量/分行业主营业务收入表示。分类方法采用 SPSS 17.0 中快速聚类法的欧式平方距离方法。图 7-23 为制造业"能源效率—环境污染"分类图。

(1) 高效率高污染行业:包括纺织业,酒、饮料和精制茶制造业,石油加工、炼焦及核燃料加工业,非金属矿物制品业,黑色金属冶炼和压延加工业,有色金属冶炼和压延加工业,化学纤维制造业。

(2) 高效率低污染行业:包括计算机、通信和其他电子设备制造业,电气机械和器材制造业,专用设备制造业,烟草制品业,交通运输设备制造业,仪器仪表制造业,农副食品加工业。这些行业均应为国家重点发展的产业,但烟草制品业不是未来主导产业。

(3) 低效率高污染行业:包括废弃资源和废旧材料回收加工业,化学原料及

纺织业,酒、饮料和精制茶制造业,石油加、炼焦及核燃料加工业,化学纤维制造业,有色金属冶炼和压延加工业,黑色金属冶炼和压延加工业,非金属矿物制品业	医药制造业,食品制造业,废弃资源和废旧材料回收加工业,木材加工和木、竹、藤、棕、草制品业,金属制品业,化学原料及化学制品制造业,造纸及纸制品业
电气机械和器材制造业,计算机通信和其他电子设备制造业,烟草制品业,专用设备制造业,交通运输设备制造业,仪器仪表制造业,农副食品加工业	纺织服装、服饰业,文教、工美、体育和娱乐用品制造业,皮革、毛皮、羽毛及其制品和制鞋业,印刷和记录媒介复制业,通用设备制造业,家具制造业,像胶和塑料制品业,工艺品及其他制造业

图7-23 "能源效率-环境污染"分类

化学制品制造业,食品制造业,医药制造业,木材加工和木、竹、藤、棕、草制品业,金属制品业,造纸及纸制品业。该类行业能源消耗大、环境污染严重,需要国家限制发展,对其开发促进节能减排的技术。

(4) 低效率低污染行业:包括纺织服装、服饰业,通用设备制造业,文教、工美、体育和娱乐用品制造业,橡胶和塑料制品业,工艺品及其他制造业,家具制造业,皮革、毛皮、羽毛及其制品和制鞋业,印刷和记录媒介复制业。

(1)与(2)类属于高效率行业,这些行业一般初始投资规模较大,经济实力雄厚,有更多的科技研发资金及外资引进机会,技术水平及产业附加值高。(3)与(4)为低效率行业,这些行业大多属于以传统加工业为主的劳动密集型行业,资本密集程度低,技术更新缓慢,产业附加值低,环境污染严重,经济增长方式粗放。

7.3.3 中国制造业能源效率影响因素分析

1. 计量模型与数据来源

(1) 计量模型

依据当前中国制造业经济的发展特点,本文选取五个基本影响因素来分析制造业行业环境约束下全要素能源效率的差异。这五个主要影响因素包括行业内竞争、技术进步、能源消费结构、对外开放以及环境规制。我们把计量模型设定为如下形式：

$$\ln Ene_{it} = a + b_1\ln Amou_{it} + b_2\ln RD_{it} + b_3\ln Struc_{it} + b_4\ln Expo_{it} \\ + b_5\ln Envir_{it} + x_{it} \quad (2)$$

其中，$\ln Ene_{it}$ 为制造业行业能源效率；$\ln Amou_{it}$、$\ln RD_{it}$、$\ln Struc_{it}$、$\ln Expo_{it}$、$\ln Envir_{it}$ 分别表示行业内竞争、技术进步、能源消费结构、对外开放和环境规制，下标 i 和 t 分别表示行业和年份；其他字母则分别表示常数项、变量的系数和残差。

（2）变量说明（见表 7-25）

表 7-25 解释变量说明

变量	变量说明	数据来源	预期方向
Amou	行业内企业数量，衡量行业内竞争	《中国统计年鉴》(2004—2014)	+
RD	R&D 经费内部支出，衡量技术进步	《中国科技统计年鉴》(2004—2014)	+
Struc	行业煤炭消费量占比，衡量能源消费结构	《中国能源统计年鉴2014》	−
Expo	行业出口交货值占比，衡量对外开放	《中国统计年鉴》(2004—2014)	+
Envir	行业工业固体废物综合利用率，衡量环境规制	《中国统计年鉴》(2004—2014)	+

① 行业能源效率（Ene）。关于制造业 29 个行业环境约束条件下全要素能源效率的测度结果及分析如表 7-22 至表 7-23，以及图 7-17 至图 7-22。通过"能源效率—环境污染"聚类分析，我们将制造业 29 个行业分为四大类，分别是高能源效率高污染行业、高能源效率低污染行业、低能源效率高污染行业以及低能源效率低污染行业。因此，我们将从两个角度对制造业能源效率影响因素进行研究，分别是从所有制造业行业以及从按照聚类分析划分的四块不同类别制造业行业角度分析。

② 行业内竞争（Amou）。行业内竞争程度越激烈，越可以激励企业创新，促进企业研发新的技术，从而提高能源效率，竞争往往比垄断产生更多的研发激励（Arrow，1962）。本文用行业内企业数量来表示行业内竞争。我们预期行业内企业数量越大，竞争越激烈，能源效率越高。

③ 技术进步（RD）。由前文文献总结可知，技术进步可以提高能源开采、转

换、储运效率,能源开采过程中以及加工转换过程中的能耗都有所减少(唐安宝等,2014)。技术进步对能源效率提高有促进作用,因此,选取技术进步指标来研究对制造业行业能源效率的影响,本文用行业 R&D 经费内部支出表示。一般情况下,R&D 经费支出越大,技术进步越快,对能源效率越有促进作用。我们预期,技术进步与能源效率正相关。

④ 能源消费结构(Struc)。已有研究表明煤炭消费比重越大,能源效率越低。本文用行业煤炭消费总量与行业能源消费总量的比值表示能源消费结构,即煤炭消费比重越大,能源效率越低。本文预期能源消费结构与能源效率负相关。

⑤ 对外开放(Expo)。对外开放对能源效率也有影响,史丹(2002)将中国1949—1960 年以及 1978 年改革开放以来的开放阶段,与 1961—1977 年的封闭阶段相比较,发现中国能源效率水平明显偏高。本文选取行业出口交货值与行业主营业务收入的比值来表示行业对外开放程度。比值越大,对外开放程度越大。我们预期,对外开放程度对能源效率影响为正。

⑥ 环境规制(Envir)。著名的"波特假说"认为合理的环境规制能够带来技术创新激励,从而为环境规制的成本带来创新补偿,弥补甚至超过环境规制带来的成本,即创新的补偿效应大于规制的总成本时,企业能源效率就会提高。本文选取工业固体废物综合利用率衡量环境规制,行业工业固体废物综合利用率越高,环境规制越严格。本文预期,环境规制可以促进能源效率提高。

(3)数据来源

我们共选取了中国制造业 28 个行业(废弃资源和废旧材料回收加工业由于数据缺失年份较多,舍弃)2003—2013 年的变量数据作为样本数据,各指标数据来自《中国统计年鉴》《中国科技统计年鉴》和《中国能源统计年鉴》。

2. 所有制造业行业影响因素分析

(1)描述统计

对各主要变量的数据特征做简要的描述统计,统计结果如表 7-26 所示。

表 7-26 主要变量指标的描述统计

主要变量	样本量	均值	标准差	最小值	最大值
lnEne	308	-0.3797	0.2013	-0.8290	0
lnAmou	308	8.9145	1.0793	4.8675	10.5891
lnRD	308	1.1212	3.5322	-6.3200	7.1329
lnStruc	308	-0.8888	0.6888	-2.8567	0.9061
lnExpo	308	-2.1614	1.0853	-5.4402	-0.3504
lnEnvir	308	-0.1772	0.1997	-1.1237	0.8912

(2) 计量结果分析

为了得到较为准确的结论,参照国内外学者通常做法,分别采用固定效应(FE)、随机效应(RE)和可行的广义最小二乘法(FGLS)进行估计。分析软件选用 Stata 12.0。各解释变量的系数估计结果如表 7-27,固定效应模型(FE)、随机效应模型(RE)、可行的广义最小二乘法(FGLS)的估计结果见表 7-27 中(A)、(B)、(C)列。

表 7-27 计量回归结果

解释变量	固定效应(FE)	随机效应(RE)	广义的最小二乘法(FGLS)
	(A)	(B)	(C)
lnAmou	0.0624	0.0615	0.0452***
	(8.21)	(8.38)	(9.34)
lnRD	0.0010	0.0010	0.0024*
	(1.10)	(1.15)	(1.78)
lnStruc	0.0533	0.0528	−0.0465***
	(−4.43)	(−4.49)	(−4.50)
lnExpo	0.1200	0.1202	−0.1189***
	(−12.48)	(−13.06)	(−21.05)
lnEnvir	−0.0380**	−0.0384**	−0.0700***
	(−2.22)	(−2.25)	(−3.80)
常数项	1.2506	1.2422	1.0952
	(−18.09)	(−16.45)	(−18.87)
R^2	0.2396	0.2406	
样本观察值个数	308	308	308

注:系数下方括号内的值是 t 值;***、**、*分别表示变量系数通过了 1%、5%、10% 的显著性检验。

根据 Hausman 检验的 P 值判断,P 值为 0.5274 大于 0.05,应采用随机效应,也就是说,根据 Hausman 检验,随机效应的结果优于固定效应。通过上表可知,随机效应与可行的广义最小二乘法系数符号一致,又因为可行的广义最小二乘法在一定程度上消除了可能存在的异方差性和序列相关性,因此我们认为可行的广义最小二乘法得出的结果是稳健的。通过观察(C)列,我们可以得出以下几点结论:

首先,行业内竞争的系数为正(0.0452),且通过了 1% 的显著性检验,表明行业内企业数量越大,行业能源效率越高,即行业内竞争可以显著地促进行业能源效率提高,这与本文预期相同。

其次,技术进步的系数为正(0.0024),通过 10% 的显著性检验,表明技术进步对能源效率有正向影响,即 R&D 经费内部支出越大,表明行业为取得技术进步投入的人力物力更多,将开发更多新的能源节约技术,提高能源效率。

再次,能源消费结构对能源效率影响系数为负(-0.0465),且通过了1%的显著性检验,表明煤炭消费比重越高,能源效率越低。煤炭长期占据能源消费的主要部分,2013年达到66%。研究表明,中国煤炭资源比较丰富,以煤炭消费为主的内陆地区,能源效率往往较低,有些能源效率较低的省份煤炭消费比重一般在80%以上(杨正林,2009)。能源消费结构与能源效率负相关,与我们的预期相同。

此外,对外开放对能源效率的影响系数为负(-0.1189),且通过了1%的显著性检验。表明,行业出口交货值占比越大,行业能源效率越低。这与部分学者研究结果相符,如董利(2008)发现出口贸易会降低能源效率而进口贸易不显著促进能源效率提高。刘畅等(2008)研究表明,出口总额中高能耗产品出口额每增加1%,将平均使中国工业行业能源效率下降4.4%,即高能耗产品出口比例增加会降低中国工业行业能源效率。

最后,环境规制的系数为负(-0.0700),且通过了1%的显著性检验。表明工业行业固体废物综合利用率越高,环境规制越严格,并不能促进能源效率的提高,反而还有反作用。这是由于,当环境规制带来的创新补偿并没有弥补环境规制带来的成本时,能源效率并不会提高,还会下降。这与部分学者研究结论一致,虽然不符合本文预期有正向影响,但也符合实际情况。

3. 制造业分行业影响因素分析

根据"能源效率—环境污染"聚类分析将中国制造业28个行业分为四块,即为高效率高污染行业、高效率低污染行业、低效率高污染行业和低效率低污染行业。

由前知可行的广义最小二乘法在一定程度上消除了可能存在的异方差性和序列相关性,认为可行的广义最小二乘法得出的结果是稳健的,因此各类行业的可行的广义最小二乘法的估计结果如表7-28所示。

(1) 各类行业计量结果

表7-28 分类行业 FGLS 回归结果

解释变量	高效率高污染行业	高效率低污染行业	低效率高污染行业	低效率低污染行业
lnAmou	0.0203 ***	0.0514 ***	0.0422 ***	0.0814 ***
	(4.38)	(3.86)	(4.21)	(9.93)
lnRD	0.0063 ***	0.0029	-0.0074 ***	0.0161 ***
	(6.47)	(0.90)	(-3.80)	(8.44)
lnStruc	0.0641 ***	-0.1005 ***	0.0396 **	-0.0156
	(6.77)	(-4.13)	(2.27)	(-0.82)

(续表)

解释变量	高效率 高污染行业	高效率 低污染行业	低效率 高污染行业	低效率 低污染行业
lnExpo	0.0136*	−0.0812***	−0.2166***	0.0681***
	(1.73)	(−4.32)	(−8.72)	(6.04)
lnEnvir	0.0033	0.0218***	−0.0458	0.0058
	(0.30)	(0.42)	(−1.63)	(0.13)
常数项	0.3238	0.9699	1.3587	1.2419
	(−6.77)	(−5.47)	(−16.49)	(−15.40)
样本观察值个数	77	77	66	88

注：系数下方括号内的值是 t 值；***、**、* 分别表示变量系数通过了1%、5%、10%的显著性检验。

(2) 计量结果分析

通过观察表7-28，我们发现，制造业能源效率影响因素存在行业异质性，不同类别行业能源效率影响因素作用的大小方向有所不同，通过分析各类行业计量结果，我们可以得出结论：

首先，对于纺织业等高效率高污染行业，行业内竞争与技术进步对行业能源效率的影响系数为正(0.0203 和 0.0063)且均通过了1%的显著性检验，表明随着行业内企业数增加，行业竞争程度提高，行业内技术投入力度加大，技术进步越快，该类行业的能源效率也会越高。能源消费结构系数为正(0.0641)且通过1%的显著性检验，这与部分研究者研究结果相似，即对于该类行业，煤炭消费比重提高反而可以促进能源效率提高。环境规制系数为正(0.0033)，但未通过显著性检验，表明对于该类高污染行业，环境规制强度越大，能源效率越高。

其次，对于计算机、通信和其他电子设备制造业等高效率低污染行业，行业内竞争、技术进步以及环境规制对能源效率影响系数均为正(0.0514，0.0029，0.0218)，且行业内竞争通过了1%的显著性检验。能源消费结构系数为负(−0.1005)，通过了1%的显著性检验。表明，行业内企业数越多，R&D经费内部支出越多，环境规制越严格，煤炭消费比重越低该类行业能源效率越高。原因在于高效率低污染行业大多属于高技术产业，技术壁垒水平高、技术更新快，研发能力强，附加值高，环境污染小，环境规制越严格，技术投资越多，竞争越大，能源效率越高。对外开放对该类行业能源效率影响系数为负(−0.0812)，且通过了1%的显著性检验，这是因为出口贸易会降低能源效率而进口贸易不显著促进能源效率提高(董利，2008)，高能耗产品出口比例增加会降低中国工业行业能源效率(刘畅等，2008)，且该类行业中农副食品加工业为中国六大高耗能行业之一，因此本文结论与部分学者一致。

再次,对于化学原料及化学制品制造业等低效率高污染行业,企业内竞争影响系数为正(0.0422)且通过了1%的显著性检验,技术进步与行业出口影响系数为负(-0.0074 和 -0.2166),均通过了1%的显著性检验。表明,R&D 经费内部支出越多,行业出口比重越大,能源效率反而降低。这是因为,该类行业大多属于传统的劳动密集型行业,能源消耗大,环境污染严重,技术水平及产业附加值低,发展方式较为粗放,且高能耗产品出口会降低行业能源效率。同时,环境规制对该类行业能源效率影响系数为负(-0.0458),未通过显著性检验,这是因为该类行业环境规制带来的创新补偿,并不能弥补环境规制带来的成本,能源效率下降。

此外,对于纺织服装、服饰业等低效率低污染行业,行业内竞争、技术进步、对外开放以及环境规制对该类行业能源效率均有正向影响,且除了环境规制影响系数不显著外,均通过了1%的显著性检验。能源消费结构为负(-0.0156),但未通过显著性检验。由于该类行业大多生产能耗低的产品,当出口商品中高能耗产品比重较低时是可以提高能源效率的,且行业内竞争越激烈,技术投资越多,煤炭消费比重越低,环境规制越严格,能源效率越高。

7.3.4 结论与启示

本文首先利用 2003—2013 年中国制造业 29 个行业的面板数据,基于 SBM 模型测度了环境约束下全要素能源效率的大小,并从能源效率和环境污染角度,将制造业 29 个行业分为四类。然后,实证分析了行业内竞争、技术进步、能源消费结构、对外开放和环境规制对制造业能源效率的影响及其行业异质性。研究结论表明:(1)中国制造业 2003—2013 年能源效率稳定上升,节能潜力为 24.8%—37.5%。由于考虑非期望产出,所测得行业能源效率值偏低,与预期相符且符合实际。(2)行业内竞争、技术进步对制造业能源效率有正的影响,且前者较后者影响显著。能源消费结构、对外开放和环境规制对制造业能源效率均为显著负影响。(3)由聚类分析得到四类行业,对不同类别行业,五个解释变量的影响大小及方向不同,即能源效率影响因素存在行业异质性。

基于以上结论,本节得到以下几点启示:

(1)对于高效率高污染行业,应该提高行业内竞争度,加大科技研发投入,发展能源节约技术,开发清洁型能源,降低污染。环境规制对该类行业能源效率影响为正,即工业固体废物综合利用率越高,环境规制越大,能源效率越高。总的来讲,对于该类行业应该提高企业竞争度,增加技术研发投资,加大环境规制力度,才能提高该类行业能源效率。

(2)对于高效率低污染行业,行业出口对该类行业的能源效率具有显著负作用,这是由于农副食品加工业等高能耗产品的出口对降低中国制造业行业能源效率的作用显著(张兵兵等,2015)。因此,一方面,应该优化贸易结构,降低高能耗产品出口比重,增加低能耗产品出口比重;另一方面,开发能源节约技术,加大科技研发力度,引进先进生产技术设备,降低高能耗产品生产过程的能源消耗,从源头上提高能源效率。技术进步对该类行业能源效率影响为正,这是由于该类行业高技术产业居多,应该积极学习外国先进技术,加大科技研发投资力度,及时进行技术更新;同时,提高行业内竞争,国家应该重点发展该类行业。

(3) 对于低效率高污染行业,由于该类行业大多属于传统的劳动密集型产业,经济增长方式粗放,技术水平较低且更新缓慢,大多生产高能耗产品,且环境污染严重。因此,应该限制 R&D 经费内部支出,减少科技投入,优化对该类行业投资结构,同时限制出口,降低高能耗产品出口比重,从而提高能源效率。国家应该限制该类行业发展。

(4) 对于低效率低污染行业。应该提高该类行业内竞争力,增加企业数量,增加科技研发投入,合理引进更先进的生产设备,合理安排能源消费结构,减少煤炭消费比重,并积极发展清洁型能源,鼓励出口贸易,加大环境规制力度。以上这些措施均可以提高该类制造业行业的能源效率。

7.4 信息化与中国制造业绿色增长

改革开放以来,中国制造业持续快速发展,对中国工业化进程和现代化进程起到了较好的推动作用。然而当前,中国制造业发展面临着诸多挑战和风险,自主创新能力不强以及资源环境约束日益成为中国制造业发展面临的主要瓶颈。而要想克服这些瓶颈,顺利实现制造业新型化,中国必须坚持走信息化道路,加快信息化与工业化的深度融合,利用信息化推动产业结构调整和升级。党中央和国务院高度重视信息化建设以及两化融合发展。党的十七大明确提出发展现代产业体系,大力推进信息化与工业化融合,促进工业由大变强。党的十八大明确提出坚持走中国特色新型工业化和信息化道路,推动信息化和工业化深度融合,加快传统产业转型升级。《中国制造 2025》明确提出加快新一代信息技术与制造业的深度融合,深入推进制造业结构调整。由此可见,信息化已经成为中国创新驱动发展以及产业结构调整的国家战略。如何更好地利用信息化进一步促进制造业绿色增长,实现中国经济的持续、平稳和协调发展,成为一个亟待解决的重要问题。

7.4.1 文献综述

信息化是以提升企业与组织的创新能力为主体,以数字化的产品与服务为核心,充分利用信息技术和信息资源,促进信息、知识、技术的交流和共享,提质增效,推动经济社会转型升级的发展过程(关欣等,2012)。它表现为以高科技的信息技术为手段,对产业结构和经济社会结构等进行改造、改组或重新定向,通过提高经济增长中的信息含量和科技贡献度,推动经济社会达到更高级、更有组织、更高效率的经济发展水平(国家统计局统计科研所信息化统计评价研究组,2011)。实现信息化的关键包括两个方面:一是开发利用信息资源,培养信息化人才,不断提高信息化的支撑能力;二是推进信息技术的广泛应用,发展信息技术和产业,不断提高信息化的应用能力。因此,信息化对我国经济增长和制造业发展将产生深远影响。

国外许多学者较早围绕信息化与经济增长之间的关系展开了广泛讨论。一些学者研究发现,信息化促进经济增长的作用有限甚至不利于经济增长。Roach(1987)研究发现,虽然美国在20世纪七八十年代对计算机领域进行了大量投资,但1973年之后美国生产率增长却出现了明显减速。Solow(1987)的研究也得到了类似的结论,计算机等信息化领域的大量投资并没有带来生产率的增进,并将这种现象称为"生产率悖论"。之后一些学者的研究也验证了"生产率悖论"现象。Inklaar et al.(2005)比较了美国和欧洲四个主要国家信息化促进经济增长的贡献率,研究发现,美国信息化显著地促进了全要素生产率增长,但欧洲四个国家信息化促进全要素生产率增长的影响作用并不显著。Stiroh和Botsch(2007)利用美国行业面板数据实证分析了2000年之后信息化与劳动生产率之间的关系,研究发现,信息化并没有显著地促进美国劳动生产率的增长。Badescu和Garces-Ayerbe(2009)利用西班牙341个企业面板数据,分析了信息化对劳动生产率的贡献,研究发现,尽管考察期内劳动生产率有了一定程度的提高,但信息化对其贡献并不显著。Alma(2014)和Acemoglu(2014)在近几年的研究同样在一定程度上支持了"生产率悖论"现象。

但是较多研究支持了信息化对经济增长的积极贡献。Stephen 和 Daniel(2000)分析了美国20世纪90年代信息化对劳动生产率提升的贡献,研究发现,信息化显著地促进了美国劳动生产率的提升,且贡献度高达0.4%以上。Schreyer(2001)分析了OECD主要成员信息化对生产率增长的贡献,研究发现,英国和日本处于中等水平,贡献度约为0.2%;德国和法国较低,贡献度不足0.2%。Basu和Fernald(2007)利用美国行业数据分析了信息化与TFP增长之间的关系,研究发现,信息化与TFP增长之间存在显著的正相关关系。Jorgenson(2008)分析了1995年之后美国生产率增进的产业来源,研究发现,信息化显著地促进了使用信息通信技术行业的全要素生产率增长。Ahmed(2010)分析了亚洲国家生产率增长的驱动方式,研究发现,中国生产率增长较多来自投入驱动,日本和韩国较多来自全要素生产率驱动;研究还发现,信息化有利于亚洲国家全要素生产率增长,但对不同国家的贡献度不同。Dahl et al.(2011)利用欧洲八国31个工业行业的面板数据实证分析了信息化对全要素生产率的影响,研究发现信息化显著有利于全要素生产率增长。Lovric(2012)利用欧洲25个发达国家和发展中国家的面板数据实证分析了信息化对劳动生产率增长的影响,研究发现,不管是在发达国家还是发展中国家,信息化都有利于劳动生产率的增长,并且信息化对发达国家和发展中国家的贡献度大致相同。Chou et al.(2014)和Wang(2015)在近几年的研究同样支持了正向影响这一结论。

国内学者围绕信息化与经济增长之间关系的研究起步较晚,而且定量研究也比较少,但得出的研究结论基本一致,认为信息化有利于经济增长或全要素生产率增长。汪斌和余冬筠(2004)在测算信息化发展水平的基础上分析了信息化的经济结构效应,研究发现,信息化对第二产业的带动度相对较强,但对第一产业和第三产业的带动作用还很弱。施莉和胡培(2008)采用双推法估算了信息技术对中国TFP增长的贡献,研究发现,信息技术显著推动了TFP增长。李斌和刘琳(2009)通过构建信息化评价指标体系对湖南省信息化水平进行了测算,并实证分析了信息化对经济增长的贡献,研究发现,信息化已成为继劳动力和资本要素之后,推动湖南省经济增长的第三来源。孙琳琳等(2012)利用中国行业面板数据分析了信息化对中国经济增长的贡献,研究发现,信息化显著有利于中国经济增长和全要素生产率增长。

通过对上述文献的梳理可以发现,关于信息化对经济增长的影响研究已经取得了丰富的成果,但还是存在以下研究不足:第一,许多文献采用劳动生产率或经济增长率来刻画经济增长,在目前中国制造业以劳动密集型为主的产业结构情况下,这有可能会产生向下低估的效率估计(范剑勇等,2014)。而采用全要素生产率来测度经济增长可以更好地反映信息化对于经济增长的贡献,这主要是因为信息化对经济增长的贡献更主要地体现在全要素生产率增长上。因此,部分文献采用全要素生产率作为经济增长的代理变量。但是这些文献在测算全要素生产率时,仅考虑资本、劳动和期望产出等传统的投入产出变量,而没有把能源和环境要素的约束纳入全要素生产率的测度,这无法全面地反映能源过度消耗以及能源消耗产生的"好产出"和"坏产出"的两面性,有可能会对经济绩效和社会福利产生偏误评价(Shadbegian和Gray,2005;陈诗一,2010;李婧等,2013),从而导致某些地区为了经济增长过度低效地使用能源,从而造成能源过度短缺、环境严重污染以及生态急剧恶化,这与国家提倡的经济发展"又好又快"的导向相背离,也无法全面地体现信息化对制造业绿色增长的影响。第二,关于信息化水平的测算现有文献较多采用单一指标作为代理变量,无法科学地反映行业信息化水平。一些文献采用网站、电话、基站数目、人均邮电业务额等表示信息化水平,还有部分文献采用信息产业占总产业的就业人数比重或GDP比重来测度信息化水平,而这些指标只能简单粗略地描述行业信息化发展水平,无法科学、合理、全面、系统地刻画行业信息化真实水平(韩先锋等,2014)。第三,许多文献采用地区数据进行实证分析,而忽视了信息化影响制造业绿色增长的行业异质性。由于不同制造业行业自身的发展特点、技术水平的差异以及对信息化的需求和要求不同,从而使得信息化对各行业绿色增长的影响存在显著差异,而宏观地区数据通过将所有行业数据加总进行处理,势必会掩盖这种影响的行业异质性,从而无法准确地反映信息化对不同行业绿色增长的影响(孙琳琳等,2012)。

在既有研究的基础上尝试在以下几个方面做出努力:第一,引入 Malmquist-Luenberger(ML)生产率指数,对存在能源和环境约束时的全要素生产率(即绿色全要素生产率)进行了测算,从而更好地反映制造业绿色转型发展。第二,构建信息化评价指标体系,采用组合赋权法对指标权重进行赋权,科学、合理、全面、系统地评价了行业信息化水平,从而较好地避免了采用单一指标有可能带来的测算偏误。第三,针对不同技术水平、行业规模、能源消耗、环境污染和盈利能力行业,分别构建面板数据模型,分析信息化对不同行业绿色全要素生产率的影响,从而更好地反映了信息化对制造业绿色增长影响的行业异质性。

7.4.2 理论机制与研究假说

1. 信息化促进制造业绿色增长的传导机制

由于绿色全要素生产率的测算包括投入和产出两部分,其中投入包括资本、劳动力传统生产要素投入和能源投入,产出包括期望产出 GDP 和非期望产出环境污染物排放。从绿色全要素生产率的测算方法可以得知,投入越少,期望产出越多,非期望产出越少,则绿色全要素生产率就越高。因此,本部分传导机制主要围绕以下四方面展开分析:

(1)信息化对传统生产要素的替代效应

信息化可以通过知识和技术的溢出,降低企业的研发费用和交易成本,帮助企业优化生产要素组合,重构生产工艺和业务流程,不断提高企业的装备技术水平。同时,信息化还可以为企业提供高效、智能的生产平台和信息平台(Shahiduzzaman 和 Alam,2014),提高企业的管理效率和决策效率,使得传统制造业高资本投入、高劳动力投入的生产经营方式得以发生根本性的转变,这些都可以带来信息化对传统生产要素的替代效应。

(2)信息化对能源消耗的节能效应

信息化可以通过前后向企业关联、上下游产业关联以及知识和技术的渗透和扩散显著地提升企业的技术创新水平和创新效率(韩先锋等,2014),还可以显著地增强制造业研发部门与生产部门之间的反馈效应和累积循环效应,从而推动信息化与技术进步的累计循环增长,而技术进步是能源效率提升的本质来源(李廉水和周勇,2006;赵楠等,2013),从而带来信息化对能源消耗的节能效应。

(3) 信息化对环境污染物的减排效应

一方面,信息化有利于制造业行业的产业结构调整和升级,促进制造业内部产业结构的高级化,从而有效地减少制造业行业中高耗能行业和高污染排放行业的环境污染物排放;另一方面,信息化有利于制造业企业设备和工艺的改造、升级和更新,促使企业采用更先进、更环保的绿色生产技术和污染物处理技术,提高能源使用效率和环境污染物处理水平,从而带来信息化对环境污染物的减排效应(张亚斌等,2014)。

(4) 信息化对经济增长的促进效应

信息技术的广泛应用和发展使得越来越多的企业进行信息化领域的资本投资,促进信息化领域的资本深化,可以直接促进产出增长。而且信息化可以显著提高企业的技术水平和劳动生产率,增加产品的信息含量和技术附加值,提升全社会经济增长的科技贡献度,同样可以带来信息化对经济增长的促进效应(孙琳琳等,2012)。

然而,信息化也并不是总能为行业带来能源消耗的节能效应和环境污染物的减排效应。部分学者研究发现信息化可以促进技术进步,有可能引致能源回弹效应,使得技术层面能效改进所产生的节能效应和污染物减排效应被资本深化和产出增长所带来的新一轮能源消费和污染物排放所蚕食(邵帅等,2013;胡秋阳,2014),从而不一定带来信息化对制造业绿色增长的促进效应。目前,与发达国家相比,中国的信息化水平明显偏低,信息化所带来的能源节能效应高于其能源回弹效应(张江山和张旭昆,2014)。基于此,提出以下假设1:

假设1 信息化有利于制造业绿色全要素生产率增长,即信息化具有显著的知识和技术溢出效应。

2. 信息化促进制造业绿色增长的异质传导机制

信息化促进制造业绿色增长的传导机制的发挥同样需要与之匹配的补偿性投入,其中包括专业化劳动力、R&D投入和行业组织形式等。这些补偿性投入的不同,可能使得信息化对不同行业绿色增长的促进效应存在较大差异。另外,诸如经济政策、行业发展环境、资源禀赋、环境承载能力等条件的差异也会影响行业间的促进效应。因此,信息化对制造业绿色增长的影响可能存在一定的异质传导机制。(1) 从技术水平看,由于不同制造业行业在技术和产品的复杂度、创新资源配置水平、创新风险和创新难度以及创新意愿等方面存在较大差异,导致这些行业对信息化的需求意愿和供给意愿会有显著不同,从而带来信息化促进制造业绿色增长的技术异质效应。(2) 从行业规模看,信息化促进制造业绿色增长的传导效应与行业规模密切相关。一般来讲,新兴行业或高新技术行业规模较小,而这些行业对信息化的需求和要求较高,信息技术对这些行业的渗透速度和扩散速度要远远快于规模较大的传统制造业行业,对这些行业绿色增长的影响程度也高于传统的制造业行业(韩先锋等,2014)。因此,信息化促进制造业绿色增长的传导机制可能存在显著的规模异质效应。(3)从能源消耗程度看,一般来讲,重工业行业能源消耗程度相对较高,轻工业行业能源消耗程度相对较低,而且不同行业在能源使用效率、绿色技术开发和应用能力等方面存在较大差异,导致不同行业在节能减排技术等方面对信息化的需求和要求会有显著不同,从而带来信息化促进制造业绿色增长的能耗异质效应。(4)从环境污染程度看,由于不同制造业行业在环境污染物排放程度上存在显著差异,而且不同行业在节能减排水平、环境敏感性、环境规制等方面存在较大不同(陈关聚,2014),使得其对信息技术的选择、研发和应用等方面存在较大差别,从而带来信息化促进制造业绿色增长的环境异质效应。(5)从盈利能力看,由于不同制造业行业的盈利能力存在明显的不均衡现象,而行业获利能力的高低与其对信息化的依赖程度、投入强度和管理效果等方面具有较强的相关关系,导致信息化对行业盈利能力的影响存在行业异质性,从而带来信息化促进制造业绿色增长的盈利异质效应。基于此,提出以下假设2:

假设2 由于不同制造业行业在技术水平、行业规模、能源消耗、污染物排放以及盈利能力等方面存在显著差异,因此,信息化对制造业绿色增长的促进效应具有明显的行业异质性。

7.4.3 计量模型的建立与指标说明

1. 计量模型的建立

我们的研究重点为分析信息化对制造业绿色全要素生产率的影响,考虑到制造业发展是一个连续动态系统,因此在计量模型的构建中纳入因变量一阶滞后项,建立如下动态面板数据模型:

$$\ln ML_{it} = \alpha + \tau \ln ML_{i(t-1)} + \beta \ln II_{it} + \delta \ln X_{it} + \varepsilon_{it} \quad (1)$$

其中,i 表示制造业行业,t 表示年份,α 表示常数项,τ 表示被解释变量一阶滞后的回归系数,ML 表示绿色全要素生产率,II 表示行业信息化水平,ε 表示随机扰动项,X 表示控制变量;根据相关的研究文献,考虑将研发投资强度(RD)、环境规制(ER)、市场化水平(MS)和外商直接投资(FDI)作为控制影响制造业绿色全要素生产率的其他重要因素。动态计量模型的估计方法主要有两种:差分广义矩估计方法(即差分GMM方法)和系统广义矩估计方法(即系统GMM方法)。由于差分广义矩估计过程中存在弱工具变量的问题,因此差分GMM估计可能存在严重的有限样本偏误。系统GMM方法能够更加充分地利用样本信息,使得有限样本偏误显著降低。因此,采用系统GMM方法估计上述动态计量模型,以克服内生性问题和有限样本偏误问题。

2. 数据来源与指标说明

由于中国在 2003 年和 2012 年国民经济行业分类法发生了重大调整,考虑到制造业行业合并和分拆可能带来的测算偏误以及统计口径的一致性,以 2003—2011 年为研究时段,选取 29 个制造业行业为研究样本(废弃资源和废旧材料回收加工业因数据缺失未列入分析范围)。相关数据来自《中国统计年鉴》《中国工业经济统计年鉴》《中国科技统计年鉴》《中国能源统计年鉴》和《中国环境统计年鉴》,并对所缺失的数据采用插值法进行补充。以下为各变量的详细指标说明。

(1) 被解释变量:绿色全要素生产率

为了将能源和环境要素的约束纳入分析框架,参考 Fare et al. (2007) 以及沈可挺和龚健健(2011)构造的包含期望产出和非期望产出的生产可能性集合,采用 Malmquist-Luenberger 指数(简称 ML 指数)对绿色全要素生产率进行了测算。这种方法不仅允许在增加期望产出的同时减少环境污染,还不需要对测量角度进行选择和等比例变动,更适用于测度包含能源投入和污染物排放在内的绿色全要素生产率(万伦来和朱琴,2013)。在计算过程中需要涉及投入变量、期望产出变量和非期望产出变量,相关指标及数据处理说明如下:① 资本投入:参考张军等(2004)的做法采用永续盘存法对行业资本存量进行了核算。② 劳动投入:采用各行业全部从业人员平均人数作为劳动投入指标。③ 能源投入:采用各行业能源消费量作为能源投入指标。④ 期望产出:采用各行业工业总产值作为期望产出指标,同时以 2003 年为基期采用工业生产者出厂价格指数对工业总产值进行平减处理。⑤ 非期望产出:考虑到数据的可得性和可靠性,选取工业废水排放量、工业废气排放量和工业固体废物排放量三个指标作为非期望产出。

(2) 核心解释变量:信息化水平

国内关于信息化水平的测度由于相关指标的缺失,很少涉及制造业行业层面。因此,对于行业信息化水平的测度,必须要从信息化的本质、行业信息的支撑以及应用等多方面间接衡量。其测度主要涉及两个关键问题,一是评价指标体系的建立,二是指标权重的赋权。在评价指标体系的研究当中,国家统计局在 2010 年优化了信息化水平评价指标体系,制定了国家"十二五"规划的信息化综合评价指标体系——信息化发展指数(II),为中国信息化水平的评价提供了科学的、量化的权威依据。鉴于信息化发展指数(II)衡量的是地区信息化水平,考虑到测度的是行业信息化水平,因此,参照波拉特信息经济学原理,依据数据的可得性和有效性,对信息化发展指数(II)的评价指标体系进行了适当调整,具体评价指标体系详如表 7-29 所示。其中,行业信息化支撑指数反映了行业信息的提供能力和生产能力,主要从仪器和设备经费支出、技术引进消化吸收改造经费支出以及 R&D 人员全时当量三个方面衡量;行业信息化应用指数反映了行业信息的应用能力和消费能力,主要从新产品销售收入、行业有效发明专利数、行业全员劳动生产率三个方面衡量。

表 7-29 行业信息化评价指标体系

总指数	序号	主指标	序号	子指标	指标单位
行业信息化评价指标体系	A	行业信息化支撑指数	A1	行业仪器与设备经费支出	万元
			A2	行业技术引进、消化吸收、改造经费支出	万元
			A3	R&D 人员全时当量	人年
	B	行业信息化应用指数	B1	行业新产品销售收入	万元
			B2	行业有效发明专利数	项
			B3	行业全员劳动生产率	元/人年

资料来源:《中国工业经济统计年鉴》和《中国科技统计年鉴》。

对于指标权重的赋权,参考李廉水等(2015)的计算方法,采用组合赋权法计算指标权重,其中主观赋权法采用模糊层次分析法(FAHP),客观赋权法采用离差最大化决策方法,之后再将主观权重与客观权重组合加权得到最后的指标权重,据此可计算出 2003—2011 年中国制造业各行业的信息化水平。从测算结果可以发现,各行业间的信息化水平指数差距明显,排名最高的通信设备计算机及其他电子设备制造业信息化水平平均指数高达 0.8587,而排名最低的文教、体育用品制造业信息化水平平均指数仅为 0.4388。从变化趋势看,制造业行业信息化整体水平有了较高水平的提升,从 2003 年的 0.4927 上升到 2011 年的 0.6562,增长了 32.78%。其中,专用设备制造业信息化水平增长最快,增长幅度达到 44.81%;通信设备计算机及其他电子设备工业虽然信息化水平最高,但在考察期内信息化水平增长最慢,增长幅度为 22.04%;其余制造业行业均表现出不同程度的增长态势。

(3) 控制变量

一是研发投资强度(RD)。研发投资强度是提高行业研发能力的重要因素,而研发能力的提高对于行业绿色增长具有重要影响(万伦来和朱琴,2013)。采用行业 R&D 经费支出占工业总产值的比重作为其代理变量,我们预期其对制造业绿色增长具有显著正向影响。

二是环境规制(ER)。依据"波特假说",适度的环境规制有利于刺激行业技术创新和节能减排,从而有利于制造业绿色增长。采用行业废水和废气污染治理费用占工业总产值的比重作为环境规制的代理变量(沈能,2012),我们预期其对制造业绿色增长具有显著正向影响。

三是市场化水平(MS)。一般来说,行业市场化水平越高,创新溢出效应也就越显著,资源配置效率也相对越高,从而有利于制造业绿色增长。采用行业非国有经济单位职工人数与职工总数的比值作为其代理变量,我们预期其对制造业绿色增长具有显著正向影响。

四是外商直接投资(FDI)。外商直接投资可以通过示范效应、竞争效应以及技术溢出效应促进行业技术水平和能源效率的提升,从而有利于制造业绿色增长。采用行业内大中型工业企业中三资企业的工业总产值占比作为其代理变量,我们预期其对制造业绿色增长具有显著正向影响。

7.4.4 信息化对制造业绿色增长的影响效应分析

1. 制造业绿色全要素生产率的测算结果及分析

采用 MAXDEA 软件对制造业绿色全要素生产率进行了测算,从测算结果可以发现,各行业间的绿色增长指数差距明显,排名最高的通信设备计算机及其他电子设备制造业绿色增长指数平均值高达 1.1755,这主要是因为该行业信息化水平高,两化深度融合使得信息化对行业绿色增长的促进作用得以充分发挥;而排名最低的黑色金属冶炼及压延加工业绿色增长指数平均值仅为 0.9531,虽然该行业具有较高的信息化水平,但两化没有形成有效融合,信息化对制造业绿色增长的促进作用不明显。从变化趋势看,制造业行业绿色增长整体水平虽然稳步提升,但提升幅度不大,从 2003—2004 年的 1.0327 上升到 2010—2011 年的 1.0491,仅增长了 1.59%。其中,文教体育用品制造业绿色增长指数增长最快,增长幅度达到 2.74%,而农副食品加工业和非金属矿物制品业在考察期内却出现了不同程度的降低;其余制造业行业均表现出不同程度的增长态势。由此可见,中国制造业行业绿色转型发展较为缓慢,这与制造业行业信息化水平整体不高、两化没有形成有效融合有较大关联。

通过对行业信息化水平与绿色增长指数的均值做聚类分析,我们将信息化与制造业绿色增长的融合模式分为四类,见表 7-30。从表 7-30 可以得出以下几点发现:第一,位于"高信息化高绿色增长"融合模式的行业均为高新技术产业,这五个行业的显著特点是信息化水平高,信息技术对这些行业的渗透速度和扩散速度快,能源消耗和环境污染物排放少,信息化促进行业绿色增长的作用明显,但这些行业的占比还相对较低,仅为 17.24%,由此可以看出进一步发展高新技术产业的必要性。第二,农副食品加工业等 10 个行业呈现出"高信息化低绿色增长"的融合模式,而且行业占比高达 34.48%;这些行业较多涉及石油加工、金属冶炼等垄断性行业,行业能源消耗和环境污染物排放程度相对较高,从而导致其绿色增长指数偏低;这些行业虽然具有较高的信息化水平,但对行业绿色增长的促进作用还相对不足。此类行业应适当实施制度变革和管理创新,引入竞争机制进一步倒逼行业信息化与工业化的深度融合,从而更好地发挥信息化对制造业绿色增长的促进作用。第三,24.14%的制造业行业呈现出"低信息化高绿色增长"的融合模式,这些行业大部分都是传统的制造业行业,虽然行业信息化的建设还相对滞后,但能源消耗和环境污染物排放相对较少使得行业绿色增长指数相对较高。因此,应进一步加快这些行业的信息化建设和发展,以充分发挥其行业绿色增长优势。第四,位于"低信息化低绿色增长"融合模式的行业较多涉及纸制品行业,其行业占比也相对较高,达到了24.14%。这些行业的特点是信息化水平较为滞后,行业绿色增长指数也不高。此类行业应加大信息化方面的投资,利用信息化改进其传统的生产运营模式,尽快促进其行业高绿色增长。由此可见,当前中国制造业行业信息化与绿色增长的融合效果并不理想,中国制造业行业要整体迈入"高信息化高绿色增长"的深度融合模式任重道远。

表7-30 中国制造业行业信息化与绿色增长融合模式

融合模式	行业分类	行业占比(%)
高信息化高绿色增长	通用设备制造业、专用设备制造业、交通运输设备制造业、电气机械及器材制造业、通信设备计算机及其他电子设备制造业	17.24
高信息化低绿色增长	农副食品加工业、烟草制品业、纺织业、石油加工炼焦及核燃料加工业、化学原料及化学制品制造业、医药制造业、非金属矿物制品业、黑色金属冶炼及压延加工业、有色金属冶炼及压延加工业、金属制品业	34.48
低信息化高绿色增长	食品制造业、饮料制造业、纺织服装鞋帽制造业、木材加工及木竹藤棕草制品业、皮革毛皮羽毛(绒)及制品业、塑料制品业、工艺品及其他制造业	24.14
低信息化低绿色增长	家具制造业、造纸及纸制品业、印刷业及记录媒介的复制、文教体育用品制造业、化学纤维制造业、橡胶制品业、仪器仪表及文化办公用机械制造业	24.14

资料来源:作者利用SPSS软件进行聚类分析得到。

2. 信息化对制造业绿色增长的影响效应分析

采用Stata 12.0软件对回归模型进行了系统GMM估计,估计结果如表7-31所示。从模型的诊断性检验可以看出,AR(1)、AR(2)检验表明一次差分残差序列只存在1阶自相关而不存在2阶自相关,这说明动态面板模型取一阶滞后进行估计是合理的,Hansen过度识别检验也表明模型设定合理且工具变量的选取合理、有效。当加入控制变量后,信息化变量的系数符号和显著性水平并未改变,只是参数的具体估计值有所差异,这表明模型回归结果的可信度较高。在回归结果当中,因变量一阶滞后项的回归系数为正且通过了1%的显著性检验,这说明制造业发展作为一个连续动态系统,前期的铺垫和积累必然会通过经济发展、技术水平、人力资本等因素表现出来,并且会作用于本期或滞后若干期的制造业发展。

表7-31 信息化对制造业绿色增长影响效应的动态GMM估计结果

变量	模型(1)	模型(2)	模型(3)	模型(4)
cons	-0.2436***	-0.2336***	-0.2413***	-0.2385***
	(-17.26)	(-13.28)	(-15.74)	(-14.61)
τ	0.1134***	0.1095***	0.0989***	0.1025***
	(27.54)	(25.49)	(28.39)	(29.14)
lnII	0.0896***	0.0917***	0.0935***	0.0964***
	(5.26)	(4.86)	(4.66)	(5.07)
lnRD		0.2594***	0.2579***	0.2606***
		(9.53)	(8.97)	(10.36)
ln(II×RD)				0.0714*
				(1.83)
lnER			0.0536***	0.0565***
			(4.28)	(4.92)
lnMS			0.0935**	0.0897**
			(2.15)	(2.26)
lnFDI			-0.0983	-0.1026
			(-1.04)	(-0.95)
AR(1)	(0.0000)	(0.0000)	(0.0000)	(0.0000)
AR(2)	(0.5148)	(0.5227)	(0.5372)	(0.5305)
Hansen Test	(0.9998)	(1.0000)	(0.9998)	(0.9999)

注:*、**、***分别表示通过10%、5%、1%水平下的显著性检验,括号内数值为渐进的t统计量。

各模型中信息化系数均为正且通过了1%的显著性检验,这说明信息化显著有利于中国制造业绿色增长,由此验证了假设1成立。当加入控制变量后,信息化对制造业绿色增长的促进效应有了一定程度的提高,这表明信息化创新溢出效应的有效发挥也需要其他因素的共同作用。我们认为当前信息化促进制造业绿色增长的原因主要有以下几个方面:第一,信息技术的高速发展和广泛应用为制造业行业创新发展提供了更加高效、智能的研发平台和信息平台,有效地改善了行业技术活动的创新效率和管理效率,大大提高了行业生产活动的装备技术水平和劳动生产率,从而较好地发挥了信息化对传统生产要素的替代效应。第二,信息化不仅促进了制造业内部重工业和轻工业的结构优化,更加速了传统产业的改造升级,从而有效减少了制造业行业中高能源消耗和高污染排放行业的能源消耗和环境污染物排放;而且信息化有利于制造业企业设备的改造、升级和更新,为企业节能减排提供了更先进、更环保的绿色生产技术和生产流程,提高了企业的能源使用效率和污染物处理水平,从而更好地发挥了信息化对能源消耗的节能效应和环境污染物的减排效应。第三,信息化的建设和发展使得制造业行业通过持续性技术创新不断地获得竞争优势,可以有效地缩短新产品的研发周期和生产周期,增加产品的信息含量和技术附加值,提升行业经济增长的科技贡献度;同时,信息化还可以为供需双方提供充分信息,提高决策效率和交易效率,减少交易成本和信息成本,这些都可以带来信息化对经济增长的促进效应。综上所述,信息化显著有利于中国制造业绿色增长,这意味着信息化已逐步成为推动中国制造业绿色增长的新的直接动力源泉。

信息化与研发投资强度的交叉项对制造业绿色增长具有一定的正向影响,这表明研发投资强度显著增强了信息化对制造业绿色增长的促进作用,这与万伦来和朱琴(2013)的研究结论相一致。技术创新理论认为,行业信息技术的研发和应用主要来自自主研发和技术引进,而这两种方式促进信息化发展的有效作用的发挥需要行业研发投资强度作为基础。当研发投资强度较低时,行业的自主研发能力较弱,引进的信息技术也得不到有效消化和吸收,反而在一定程度上抑制了信息化对制造业绿色增长的促进作用;当研发投资强度较高时,行业的自主创新能力较强,国外和国内引进的信息技术得以有效消化和吸收,可以利用信息化对其工艺流程和技术细节进行二次创新,从而较好地发挥了信息化对制造业绿色增长的促进作用(张江雪等,2015)。由此可见,研发投资强度在信息化促进制造业绿色增长过程中发挥着重要的调节作用,提高行业研发投资强度已成为推动中国制造业绿色增长的间接动力源泉。

通过对控制变量的分析,得出以下结论:(1)研发投资强度对制造业绿色增长具有显著正向影响,并且相对于其他因素,研发投资强度对制造业绿色增长的促进效应更为显著。这一方面是因为研发投资强度的提高可以直接提高行业技术创新水平和劳动生产率,从而直接有利于制造业绿色增长;另一方面是因为研发投资强度的提高有利于信息化和工业化的深度融合,从而间接发挥信息化对制造业绿色增长的促进作用。(2)环境规制有利于制造业绿色增长,这在一定程度上支持了"波特假说",说明适度的环境规制能够刺激行业技术创新,提高能源利用效率并减少污染物排放,从而有利于制造业绿色增长。(3)市场化水平对制造业绿色增长具有显著正向影响,这主要是因为行业市场化水平越高,资源配置效率也就越高,企业为应对激烈的市场竞争会把更多精力放在产品研发和成本节约上,进而有利于制造业绿色增长。(4)超出预期的是外商直接投资对制造业绿色增长的影响作用不显著,可能的原因有以下两个方面:一是外商直接投资在中国制造业行业的投资结构仍以资源密集型和劳动密集型等价值链低端产业为主,并没有带来显著的知识和技术外溢,还有可能在一定程度上带来产能过剩、高能源消耗和高污染物排放,从而不利于制造业绿色增长;二是外商投资在中国制造业行业间的分布不均衡,大部分投资集中在重工业行业,而轻工业行业的外商投资比较少,由此导致在所有行业层面的回归模型中外商直接投资的影响效应不显著。

3. 信息化对制造业绿色增长的异质效应分析

引入信息化与行业特征虚拟变量的交叉项 II×dum 来衡量信息化对制造业绿色增长的异质性影响,其中,dum 为反映行业特征的虚拟变量,定义如下:(1) tec 表示技术水平,如果行业 i 为中低技术行业,则取值为0;如果行业 i 为高技术行业,则取值为1。(2) avs 表示行业规模,如果行业 i 为中低规模行业,则取值为0;如果行业 i 为高规模行业,则取值为1。(3) ene 表示能源消耗,如果行业 i 为中低能耗行业,则取值为0;如果行业 i 为高能耗行业,则取值为1。(4) pol 为环境污染,如果行业 i 为中低污染行业,则取值为0;如果行业 i 为高污染行业,则取值为1。(5) pro 为盈利能力,如果行业 i 为中低盈利行业,则取值为0;如果行业 i 为高盈利行业,则取值为1。模型(5)—(9)为依次加入信息化与技术水平、行业规模、能源消耗、环境污染和盈利能力等虚拟变量交叉项的回归结果,模型(10)为加入所有交叉项的回归结果,估计结果如表7-32所示。在模型(5)—(10)中,AR(1)、AR(2)检验表明动态面板模型取一阶滞后进行估计是合理的,Hansen 检验也表明模型工具变量的选取是合理、有效的,这些都表明采用动态 GMM 进行估计是合理、可行的。在引入交叉项之后,信息化指标和所有控制变量的回归结果并无明显变化,这进一步验证了估计结果的稳健性。

表7-32 信息化对制造业绿色增长异质效应的动态 GMM 估计结果

变量	模型(5)	模型(6)	模型(7)	模型(8)	模型(9)	模型(10)
cons	-0.2056***	-0.2182***	-0.2074***	-0.2143***	-0.2067***	-0.2205***
	(-12.73)	(-11.68)	(-13.17)	(-12.36)	(-13.15)	(-12.76)
τ	0.1024***	0.1083***	0.1047***	0.0997***	0.0976***	0.1026***
	(17.54)	(19.48)	(20.74)	(22.47)	(19.84)	(20.48)
lnII	0.0928***	0.0935***	0.0958***	0.0976***	0.0949***	0.0941***
	(4.74)	(4.26)	(4.39)	(4.87)	(5.06)	(4.55)
ln(II×tec)	0.0715*					0.0736**
	(1.80)					(2.07)
ln(II×avs)		-0.1036*				-0.1023*
		(-1.76)				(-1.79)
ln(II×ene)			-0.0941***			-0.0926***
			(-3.65)			(-3.86)
ln(II×pol)				-0.0864***		-0.0837***
				(-4.49)		(-5.03)

(续表)

变量	模型(5)	模型(6)	模型(7)	模型(8)	模型(9)	模型(10)
lnRD					0.0576***	0.0546***
					(3.85)	(4.11)
lnRD	0.2433***	0.2504***	0.2479***	0.2418***	0.2523***	0.2491***
	(8.48)	(9.37)	(10.14)	(9.05)	(10.19)	(9.96)
lnER	0.0593***	0.0567***	0.0607***	0.0595***	0.0612***	0.0596***
	(4.76)	(3.84)	(4.16)	(3.93)	(4.48)	(4.27)
lnMS	0.0946*	0.0913**	0.0902*	0.0914**	0.0925**	0.0898*
	(1.81)	(2.07)	(1.77)	(2.02)	(2.19)	(1.84)
lnFDI	-0.0983	-0.1021	-0.1016	-0.0977	-0.1023	-0.1046
	(-0.75)	(-0.68)	(-1.05)	(-0.94)	(-0.87)	(-0.98)
AR(1)	(0.0000)	(0.0000)	(0.0000)	(0.0000)	(0.0000)	(0.0000)
AR(2)	(0.5784)	(0.5536)	(0.5385)	(0.5636)	(0.5396)	(0.5537)
Hansen Test	(1.0000)	(0.9997)	(0.9998)	(1.0000)	(0.9996)	(0.9998)

注：*、**、***分别表示通过10%、5%、1%水平下的显著性检验，括号内数值为渐进的 t 统计量。

模型回归结果当中，所有交叉项均通过了1%或10%的显著性检验，这说明信息化促进制造业绿色增长的传导机制具有显著的行业异质性，由此验证了假设2成立。(1) 系数显著为正，这说明信息化对高技术行业绿色增长的促进作用要大于中低技术行业，也就是说，随着行业技术水平的提高，信息化对中国制造业绿色增长的促进作用不断升高。可能的原因是，随着行业技术水平的提高，行业对信息化的依赖程度不断增强，信息技术对行业的渗透速度和扩散速度明显加快，信息化与制造业行业的融合程度相对更高（汪芳和潘毛毛，2015），从而使得信息化对制造业绿色增长的促进作用更为明显。(2) 系数显著为负，这表明信息化对中低规模行业绿色增长的促进作用要大于高规模行业，也就是说，随着行业平均规模的提高，信息化对中国制造业绿色增长的促进作用不断降低，这说明行业规模特征对信息化促进制造业绿色增长的影响效果显著。这可能是因为随着行业平均规模的提高，其创新风险和创新难度也随之提高，信息化对行业技术创新效率的促进作用逐步减弱（韩先锋等，2014），从而使得信息化对制造业绿色增长的促进作用不断降低。(3) 系数显著为正，这说明相对于高能耗行业，信息化对中低能耗行业绿色增长的促进作用更大，即随着行业能耗水平的提高，信息化对中国制造业绿色增长的促进作用不断降低。这可能是因为高能耗行业更多地涉及资源密集型产业，信息技术对这些行业的渗透速度较为缓慢，信息化与这些行业的融合程度较低，从而使得信息化对这些行业绿色增长的促进作用相对较弱。

(4)系数显著为负,这说明相对于高污染行业,信息化对中低污染行业绿色增长的促进作用更大,即随着行业污染程度的提高,信息化对中国制造业绿色增长的促进作用不断降低。这主要是因为行业污染程度越低,其对信息化的依赖程度相对越高,信息技术更有利于绿色行业或低污染行业技术创新能力的提升(金碚,2014),从而使得信息化对其绿色增长的促进作用更为明显。(5)系数显著为正,这说明相对于中低盈利行业,信息化对高盈利行业绿色增长的促进作用更大,即随着行业盈利能力的提高,信息化对中国制造业绿色增长的促进作用不断增强。这可能是因为随着行业盈利能力的提高,行业对信息化的需求和要求也逐步提高,行业对信息化的投入力度以及研发投资强度也会增大,从而使得信息化对制造业绿色增长的促进作用更为明显。

7.4.5 结论与启示

我们首先分析了信息化促进中国制造业绿色增长的传导机制和异质传导机制,在理论分析基础上提出了两个理论假说。然后在测度行业信息化水平指数和绿色增长指数的基础上,利用中国 29 个制造业行业 2003—2011 年的行业面板数据,采用系统 GMM 方法实证分析了信息化对制造业绿色增长的影响及其行业异质性。研究结论表明:(1)信息化显著有利于中国制造业绿色增长,已成为促进制造业绿色增长的新动力源泉,研发投资强度在信息化促进制造业绿色增长过程中发挥着重要作用。(2)信息化对制造业绿色增长的促进作用具有显著的行业异质性,在技术水平越高、平均规模越小、能源消耗越低、污染程度越小以及盈利能力越强的行业,信息化对制造业绿色增长的促进作用更大。基于上述结论,得出以下几点启示:

一是加快信息化建设,促进信息化与工业化的深度融合,充分发挥信息化对制造业绿色增长的促进作用。一方面,要以制造业 2025 为导向,逐步推动实施"互联网+"信息化计划。大力发展互联网、物联网、大数据、云计算、智能制造等相关技术在内的高新信息技术,利用"互联网+制造业"改变产品属性,利用"物联网+制造业"整合生产流程,利用"大数据+制造业"改造管理模式,利用"云计算+制造业"强化系统协作,利用"智能制造+制造业"创新制造模式,逐步推动信息技术在制造业领域的覆盖渗透。另一方面,要以促进制造业转型升级为主攻方向,加快推进信息化与工业化的深度融合。利用信息化创新研发设计模式,不断提升行业自主创新能力;利用信息化加快建立现代生产体系,推动生产装备智能化和生产流程自动化;利用信息化建立现代经营管理体系,推进企业管理信息系统的协同整合;利用信息化推动行业绿色发展,提高资源使用效率和安全生产水平。

二是针对信息化与制造业绿色增长融合模式的不同行业,有针对性地制定和实施新型工业化发展战略。对于"高信息化高绿色增长"行业,应在财政和税收政策上给予重点扶持,建立健全投融资政策体系,完善人才政策和知识产权保护,加快高技术产业集聚发展,充分发挥其创新溢出效应和辐射带动作用。对于"高信息化低绿色增长"行业,应适当实施制度变革和管理创新,不断提高信息资源的利用效率;逐步打破行业垄断,引入竞争机制进一步倒逼行业信息化与工业化的深度融合,利用信息化改造其传统工艺和生产流程,从而更好地发挥信息化对制造业绿色增长的促进作用。对于"低信息化高绿色增长"行业,应加大信息化方面的投资,加快信息化建设和发展,着重提高行业的数字化控制水平,提高其资源配置效率和管理决策效率,以充分发挥其行业绿色增长优势。对于"低信息化低绿色增长"行业,应加大信息化与工业化融合的研发投入力度,利用信息化改进其传统的生产经营模式,逐步提高生产流程的自动化和智能化水平,提高其管理效率和能源使用效率,尽快促进其行业高绿色增长。

三是更加注重行业特征对信息化促进制造业绿色增长的异质性影响。研究结论表明,信息化对高技术行业、低规模行业、低能源消耗行业、低环境污染行业以及高盈利能力行业绿色增长的促进作用更高,而对与之相反行业绿色增长的促进作用偏低,这就要求采取相关的信息化建设措施来推动这些行业的绿色增长。一方面,由于信息化对中低技术行业绿色增长的促进作用相对偏低,而这些行业较多属于传统行业,是产业结构调整和优化的重点,这就需要积极推行电子商务、供应链管理、生产运作管理等先进技术,进一步提升产品设计能力,提高产品质量和科技附加值,利用信息化不断推动传统产业优化升级。另一方面,由于信息化对高能源消耗行业和高污染排放行业绿色增长的促进作用相对偏低,而这些行业较多涉及资源密集型行业,是节能减排的重点行业,这就需要利用信息化加快构建绿色低碳产业体系,推动此类产业向高端化、精细化和集约化方向发展,加快推广节能减排新工艺和新技术,重点支持可循环工艺和绿色制造项目,不断推动产业发展模式由外延粗放式向内涵集约式转变。

7.5 产业聚集对中国制造业技术创新的影响
7.5.1 引言

中国是世界制造业第一大国,改革开放以来,制造业作为中国经济增长的主导力量和人们赖以生存发展的基础性产业以及国家经济社会发展的重要依托,得到了迅猛的发展,大量产品远销全球,给中国经济创造了一个又一个奇迹(李廉水等,2012)。随着世界经济一体化进程的加快,以及伴随着原材料成本的不断上升、生产资料的日益短缺以及环境承载能力逐步削弱等困境的出现,过去仅仅依靠廉价的劳动力和丰富资源的发展模式已远远不能适应现在的发展需要,中国制造业正在逐步向着技术升级、产业升级和创新驱动的方向发展(李廉水等,2013),即逐步由"要素驱动"向"创新驱动"转变,从而实现从"中国制造"到"中国创造",而这其中的关键在于技术创新能力的提高。李廉水等(2014)提出技术创新在制造业转型升级中发挥着重要作用,只有充分利用现代科学技术,依靠技术创新,才能实现"中国制造"向"中国创造"的转变。党的十八大也明确提出"实施创新驱动发展战略"。技术创新已然成为驱动经济发展的主引擎。因此,我国迫切需要进行技术创新,以此来驱动经济长效发展。然而,与之形成鲜明对照的是,中国制造业一直处于生产的技术中低端,技术创新能力相对还很薄弱,与世界发达国家尚有很大的差距(杨浩昌等,2014)。

与此同时,随着区域经济一体化进程的加快以及伴随着地区间专业化水平和市场化水平的逐渐提高,中国制造业产业聚集现象日趋明显(范剑勇,2004),产业聚集已逐渐成为当今中国制造业发展中在地理空间结构上表现出来的一种基本趋势。近年来,在中国尤其是东部沿海地区已经形成了相当数量的产业聚集成功的典范,如北京的中关村、上海的张江高科技园区、天津华苑科技园区、深圳南山科技园区、苏州国际科技园区等。

Marshall(1890)、Arrow(1962)和Romer(1986)均提出产业内相邻企业的聚集有助于企业间的知识或技术溢出,从而促进企业的技术创新,即产业聚集有助于促进技术创新。那么,我们不禁要思考:中国制造业能否借助产业聚集来推动自身技术创新能力的提高,继而驱动经济的长效发展呢?产业聚集对技术创新有何种影响?其影响程度如何?作用机制是什么?产业聚集对技术创新的影响是否存在地区差异和行业差异?上述结论对中国制造业技术创新能力的提升有何现实意义?我们将通过产业聚集对中国制造业技术创新的影响研究对上述问题做出一一解答。

7.5.2 文献综述

从现有研究来看,学者们关于产业聚集对技术创新的影响研究,大致可以分为理论研究和实证研究这两类。

1. 国外研究现状

(1) 理论研究

马歇尔(Marshall,1890)从劳动力市场共享、中间产品投入和技术外溢等外部经济角度考察了产业聚集的动因,他提出产业聚集与经济活动中普遍存在的外部性存在着密切的联系,同时产业聚集产生的技术溢出(技术外部性)对企业的技术创新活动有一定的促进作用。之后,学者们对产业聚集影响技术创新这一问题进行了大量的研究。Arrow(1962)和Romer(1986)与Marshall一致,提出同一产业内相邻企业的聚集有助于企业间的知识或技术溢出,从而促进企业技术创新,以

Marshall、Arrow 和 Romer 为代表提出的产业内聚集所带来的知识或技术溢出等外部性被称为 MAR 外部性。然而,知识或技术溢出除了产生于同一产业内的相邻企业聚集外,不同产业在同一区域的聚集也会产生知识或技术溢出,从而促进技术创新(Jacobs,1969),这种产业间聚集所带来的外部性被称为 Jacobs 外部性。此后,波特(Porter,1998)从技术创新维度探讨了产业聚集的竞争优势,他提出产业聚集可以从以下四个方面来促进技术创新:① 由于对客户和其他相关实体进行近距离观察和面对面交流,聚集中的企业拥有认识创新机会的良好"窗口";② 聚集中的企业可以较为便利地联合供应商和其他合作伙伴参与创新,从而获得快速创新所需要的资源;③ 通过和其他组织的协调,聚集中的企业可以进行低成本的创新实验;④ 聚集中持续的竞争压力能够有效地推动企业不断创新。虽然波特也认为产业聚集中的知识或技术溢出有助于技术创新,但与 Marshall、Arrow 和 Romer 等不同的是,他认为产业聚集中的竞争而不是垄断更能促进技术创新。这种由产业聚集区内竞争带来的知识或技术溢出也被称为 Porter 溢出。

无论是 MAR 外部性还是 Jacobs 外部性或是 Porter 溢出,它们都是从知识或技术溢出的角度对产业聚集影响技术创新发展机理进行研究的。除此之外,许多学者还从技术贸易、合作创新等不同角度对产业聚集影响技术创新进行了相关研究。例如,诺贝尔经济学奖获得者克鲁格曼(Krugman,1991)从技术贸易的角度,提出贸易也是影响技术创新活动的关键因素,产业聚集增加了产业内的技术贸易,从而促进了产业的技术创新活动。Meyer Stamer(2002)从合作创新的角度,提出通过企业间的合作可以营造创新的环境,从而提高了产业聚集的技术创新能力和提升了企业的竞争优势。

(2) 实证研究

Baptista 和 Swann(1998)通过基于英国 1975—1982 年 248 个制造业企业的实证研究,发现处于产业聚集区内部的企业比外部孤立的企业更能够促进技术创新。Feldman 和 Audretsch(1999)通过以美国为例的实证研究表明,经济活动的多样化(Jacobs 外部性)通过将各种互补性的经济活动聚集在一起,有利于知识溢出,从而更好地促进创新,而经济活动的专业化(MAR 外部性)则对区域创新的促进作用不显著。Kelly 和 Hageman(1999)通过基于两位数产业的实证研究,发现产业的空间聚集能够显著提高区域创新水平。Paci 和 Usai(1999)通过基于 1990 年和 1991 年意大利 784 个地区数据的实证研究,发现 Marshall 外部性和 Jacobs 外部性都能显著提高地方产业创新产出。Yoguel 等(2000)通过分析生产网络与企业技术创新能力和管理能力之间的关系,发现产业聚集可以通过网络关系来促进聚集区内企业的经济绩效和技术创新能力。Bagella 和 Becchetti(2002)通过基于意大利企业的实证研究,发现产业聚集水平的上升对 R&D 经费支出没有影响,但是却提高了区域整体创新的质量。Greunz(2004)通过基于欧洲 153 个地区的 16 个制造业部门的实证研究,也发现专业化外部性(MAR 外部性)和多样化外部性(Jacobs 外部性)均能显著影响区域创新能力,而在人口高密度和高科技部门,多样化外部性的作用更为突出。Storper 和 Venables(2004)的研究结果表明,产业聚集提供了面对面交流的机会,从而促进了技术创新活动。Carlino 和 Chatterjee(2007)通过采用就业密度(每平方公里的就业人数)来衡量产业聚集水平,研究结果表明人均专利量与就业密度正向相关,且产业聚集水平提高一倍,人均专利量将提高 20%。Gilbert 等(2008)通过基于产业聚集、知识溢出和新企业绩效关系的实证检验,发现位于地理聚集中的企业能够从当地环境中获取更多的知识,并且有较高的利润和创新绩效。Silvestre 和 Dalcol(2009)通过分析来自巴西 Campos 盆地 10 个石油和天然气企业聚集的实证研究结果,发现地理上的接近性对技术创新活动有显著的推进作用。

2. 国内研究现状

与国外研究相比,国内对产业聚集对技术创新的影响研究起步较晚,但国内学者也对产业聚集对技术创新的影响进行了理论和实证两方面的相关研究。

(1)理论研究

蔡铂和聂鸣(2003)从理论上提出产业聚集通过社会网络中强关系、弱关系和结构洞特征,在密集网络和稀疏网络中降低了信息获取和交易的成本,加快了信息和知识的流动和传播,从而促进了企业的技术创新,提高了企业的竞争力。赵涛等(2005)构建了由核心层、服务支撑层和宏观环境层组成的产业聚集创新系统,并分析了产业聚集创新的三个过程:技术本身的创新过程、经济决策和行为的创新过程和组织管理的创新过程。黄坡和陈柳钦(2006)认为产业聚集可以通过以下四种方式推进技术创新:一是产业聚集能够在一定程度上协调企业技术创新能力与企业规模之间的矛盾,使企业技术创新能力最大化;二是产业聚集促进了企业技术创新所需的支持网络的形成;三是产业聚集为企业技术创新的各阶段提供支持;四是产业聚集使技术扩散更加迅速。黄中伟(2007)提出在产业聚集网络结构的创新机制作用下,产业聚集区内的企业与产业聚集区外企业相比,具有新产品乘数倍增加、创新低风险低投入高成功率、创新成果高速扩散、创新周期缩短等绩效和创新优势。何骏(2008)提出产业聚集区的外部性特征、区域网络化结构和技术创新的区域性特征,共同推动技术创新加快发展。段会娟和梁琦(2009)从知识生产创新、转移、积累三个方面探讨了知识溢出关联与聚集的关系,提出知识关联是产业聚集的重要力量,在聚集体内各种信息技术资源的不断流动和优化配置促进了企业的创新行为。聚集为形成创新的产业网络奠定了基础。张萃(2010)在总揽现有研究文献的基础上,鉴别出产业聚集促进技术创新的三个微观机制,分别为知识溢出机制、知识特有属性机制和聚集企业互动机制。龚毅和刘海廷(2011)提出技术创新是产业实现聚集的基础,直接推动产业聚集的强化、完善和升级,而产业聚集则通过技术溢出、合作创新和市场共享等聚集效应为技术创新提供创新网络和创新环境,两者相互促进。马方等(2012)从理论上提出产业聚集为不同产业、不同学科、不同企业之间的协同和合作提供了有利条件,交叉融合成为技术创新的新增长点,从而提高了彼此的技术创新能力。李大为(2012)提出产业聚集通过交易成本节约、产业链的知识共享、资本互补以及知识外部性等推进技术创新能力不断提高。刘勇(2013)从理论上提出产业聚集从以下三个方面来促进技术创新:一是产业聚集促进技术创新体系的形成;二是产业聚集为技术创新提供优势;三是产业聚集推动技术扩散。

(2)实证研究

国内学者对产业聚集对制造业技术创新影响的实证研究,主要集中在以下三类:一是基于地区制造业(不包括高技术产业)的实证研究;二是基于制造业行业(不包括高技术产业)的实证研究;三是基于高技术产业的实证研究。

基于地区制造业(不包括高技术产业)的实证研究方面:于珍(2007)通过基于上海制造业的实证研究,发现产业聚集能加速产业的技术贸易、产业内和产业间技术合作和技术联盟,增加了企业的网络联系和技术创新方面的合作,减少了技术创新的成本,分散了技术创新的风险,从而使得产业的技术创新活动更加活跃。张杰等(2007)基于江苏省342家制造业企业的调查问卷对产业链的定位、分工、聚集如何影响企业创新强度进行实证研究,发现聚集效应并未对中国微观企业创新活动产生积极影响,没有成为激发聚集创新动力的有机载体。柴志贤(2008)通过基于中国区域制造业面板数据的实证研究,发现产业聚集一定程度上能带来创新方面的优势,但聚集本身并非一定导致相对更高的区域创新能力,会受到诸多因素影响。陶文玲(2011)通过基于中国省际制造业面板数据的实证研究,发现产业区域聚集会对区域技术创新产生积极影响。刘军等(2015)基于2001—2012年中国省级制造业面板数据,研究了产业聚集对技术创新能力的影响及其区域差异。结果显示,在控制了科技人员投入、科技经费投入、外商直接投资和制度创新等条件下,产业聚集显著地促进了技术创新;分区域比较分析表明,产业聚集对技术创新能力的影响存在明显的区域差异;东部地区产业聚集对技术创新能力的促进作用大于中西部地区。

基于制造业行业(不包括高技术产业)的实证研究方面:吴添祖和姚杭永(2004)基于绍兴纺织产业,对产业聚集的创新扩散进行了实证研究,发现产业聚集有助于技术创新的扩散。张昕和李廉水(2007)通过基于中国电子及通信设备制造业的实证研究,发现生产行为聚集所产生的专业化知识溢出对区域创新产出存在着正向影响,多样化知识溢出对区域创新产出的影响为负。林云(2008)通过基于制造业细分行业的实证研究,发现体制创新、产业聚集、产业开放程度等均对技术创新效率有显著的正向影响作用。刘军等(2010)通过基于2003—2007年中国30个地区的28个制造业细分行业面板数据的实证研究,发现产业聚集对技术创新能力的影响存在行业间差异,多数高技术产业聚集和传统产业聚集能够促进技术创新,而资源依赖型产业聚集会抑制技术创新。汪海波(2011)通过基于中国医药制造业、电子及通信设备制造业的实证研究,发现产业内的专业化溢出(MAR外部性)对区域技术创新显示出积极的影响作用,产业内的竞争(Porter溢出)不利于区域技术创新,且多样化溢出(Jacobs外部性)的影响存在行业差异。彭中文和熊炬成(2011)通过基于1998—2009年中国装备制造业面板数据的实证研究,发现装备制造业的聚集区内存在显著的技术溢出。彭向和蒋传海(2011)通过基于中国1999—2007年30个省份21个工业行业的实证研究,发现MAR外部性和Jacobs外部性对地区产业创新有显著的正向影响作用。张萃(2012)通过基于2000—2005年20个制造业细分行业的实证研究,发现产业聚集对行业技术创新具有显著的正向作用。罗丽(2012)通过基于九大工业产业的实证研究,发现产业聚集与技术创新呈现非线性关系,在拐点之前,产业聚集与技术创新负相关,在拐点之后,产业聚集会促进企业技术创新能力的提高。王琛等(2012)基于电子信息产业,研究了产业聚集对技术创新的影响。结果显示,地理邻近性和企业间频繁的联系并没有促进相互信任和技术创新。苏楠和宋来胜(2013)通过基于2000—2010年中国制造业13个细分行业面板数据的实证分析,发现从全国整体来看,FDI、产业多样化和产业专业化对创新绩效有正向的影响作用;从分组回归结果来看,FDI和产业专业化对高技术行业创新绩效的影响相对更大,而产业多样化对低技术产业创新绩效的影响更为突出。

基于高技术产业的实证研究方面:黎继子等(2006)基于"武汉·中国光谷"光电子产业的实证分析,发现高新技术产业聚集的聚集式供应链组织衍续对技术创新存在着一定的影响作用。李凯等(2007)通过基于中国53个国家高新区进行实证分析,发现中国现阶段的高新技术产业聚集没有实现真正意义上的产业聚集,从而无法充分发挥其促进高新技术产业技术创新的作用。牛玲飞(2008)通过基于全国53个高新区的实证分析,发现产业聚集对高新区创新绩效的提高具有放大作用。张菁(2009)通过基于国家级高新技术产业开发区的实证研究,发现高新技术产业聚集水平与技术创新能力呈正向相关关系,即产业聚集水平越高,聚集区内技术创新能力越强。黄德春等(2011)通过基于中国29个省份的高新技术产业的实证研究,发现产业聚集对技术创新有一定的推动作用。刘浩(2011)提出产业聚集间接增加了无形资本,提高了科技资本的利用效率,促进了高新区创新绩效的提高,并且利用北京中关村高新技术产业聚集区为研究对象对此进行了实证检验。周明和李宗植(2011)基于1998—2006年中国高技术产业的相关统计数据,从产业聚集的视角对区域高技术产业技术创新进行了实证研究,结果显示,省域内的产业聚集因素和省际的知识溢出能够显著促进区域高技术产业的技术创新能力。牛冲槐等(2012)基于1998—2009年中国大陆29个省份的相关数据,研究了高新技术产业聚集对区域技术创新的影响。结果显示,高新技术产业聚集对区域技术创新存在显著的正向效应。郑澜(2012)通过基于陕西高技术产业的实证分析,发现制造业区域聚集与技术创新能力存在着正相关关系。陈劲等(2013)基于中国高技术产业,研究了产业聚集对技术创新的影响。结果显示,在不同的聚集水平下,产业聚集对技术创新的影响存在区别:聚集水平较低时,专业化聚集有利于技术创新,而多样化聚集会抑制技术创新;相反,聚集水平较高时,专业化聚集不利于技术创新,而多样化聚集会促进技术创新。

上述研究取得了一定的成果,但是,关于产业聚集对技术创新的影响研究,学者们尚未形成一致的结论,并且已有研究多从地区或行业单一层面对产业聚集对技术创新的影响进行研究,对地区和行业双层面的研究涉及较少,以及已有的绝大多数研究仅停留在静态分析方面,忽视了技术创新随时间变化的动态性规律,即忽视了采用动态面板数据模型对产业聚集对技术创新的影响进行分析研究。因此,为对产业聚集对技术创新的影响进行科学、全面的综合分析,首先,从理论上论述了产业聚集对技术创新影响的内在机理;然后,从静态和动态两个方面分别研究了产业聚集对中国制造业技术创新的影响及其地区差异和产业聚集对中国制造业技术创新的影响及其行业差异。

7.5.3 理论分析及假说

1. 产业聚集对技术创新影响的理论分析及假说

下面,我们主要从以下两个方面分析产业聚集对技术创新的影响机制,然后在此基础上提出相关的理论假说。

(1) 产业聚集有利于促进技术创新的产生

产业聚集区内政府、企业、高校、科研机构以及用户等多种主体聚集在一起,通过彼此相互依赖、相互协作、相互补充、细化分工、资源共享等机制相互作用,形成MAR外部性和Jacobs外部性,有利于知识和技术的溢出,推动协同创新,而基于产业聚集的协同创新有利于产业聚集区内创新资源的整合和有效配置,从而促进技术创新的产生,进而推进产业聚集区内技术创新能力的不断提升;其次,产业聚集区内激烈的竞争使得人们专业化从事自己所擅长的领域,更有效率地进行技术创新,从而有利于知识和技术的溢出,即产生Porter溢出,促进技术创新的产生,进而促进该产业聚集区技术创新能力的不断提升。

(2) 产业聚集有利于促进技术创新的扩散

产业聚集区内知识、人才和信息的大量聚集和流动,有利于知识、技术、信息交流网络的形成。这一方面,有利于降低产业聚集区内企业间技术创新扩散的交易费用,从而加速技术创新在企业间的扩散,进而促进产业聚集区技术创新能力的不断提升;另一方面,产业聚集区内完善的知识、技术、信息交流网络不仅可以为不同企业之间提供更多相互交流的平台,而且也可以为企业间技术创新的扩散提供更多的、良好的传播渠道,从而加快技术创新的扩散,进而促进产业聚集区技术创新能力的不断提升(程开明和李金昌,2008;刘浩,2011)。

基于上述理论分析,提出假说1:

假说1 产业聚集对技术创新有正向的促进作用。

由我国不同地区制造业的发展现状可知,东部地区与中西部地区制造业产业聚集水平存在明显的差异,这种差异可能导致其对技术创新影响的区域差异。为此,基于理论假说1,我们进一步提出假说2:

假说2 产业聚集对技术创新的促进作用存在区域差异。

2. 其他因素对技术创新影响的理论分析及假说

我们将简要分析其他因素对技术创新的影响机制,然后在此基础上提出相关的理论假说。

科技人员投入也会影响地区技术创新。一般来说,一个地区的科技人员投入越多,则该地区的科技人力资源越丰富,技术创新能力越强。基于以上分析,提出假说3:

假说3 科技人员投入对技术创新有正向的影响作用。

科技经费投入也是影响地区技术创新的重要因素,它反映了一个地区的科技活动投入状况,科技经费投入越多,其对地区的技术创新促进作用越大。基于以上分析,提出假说4:

假说4 科技经费投入对技术创新有正向的影响作用。

外商直接投资(FDI)也是影响地区技术创新的重要因素。Kokko(1992)提出外商直接投资在给东道国带来资金的同时,还可以通过示范—模仿效应、技术人员流动、竞争效应和联系效应等渠道对东道国企业产生技术外溢效应。这种技术外溢一旦被东道国本土企业吸收,将会有效地促进东道国本土企业技术进步,进而提升东道国企业的技术创新能力。基于以上分析,提出假说5:

假说5 外商直接投资对技术创新有正向的影响作用。

North(1973)提出制度创新也是决定技术创新的重要因素,好的制度选择能够促进技术创新,不好的制度选择可能抑制技术创新。因此,制度创新也是影响地区技术创新的重要因素。所以,我们将制度创新纳入考虑。改革开放以来,我国实行了社会主义市场经济体制,这一方面为各地区技术创新创造了良好的创新环境,另一方面也为各地区技术创新提供了持久的动力,极大地提升了我国的技术创新能力。基于以上分析,本章提出假说6:

假说6 制度创新对技术创新有正向的影响作用。

7.5.4 产业聚集对技术创新的影响及其地区差异

1. 计量模型与数据说明

(1) 计量模型设定

由上一节的理论分析可知,除产业聚集会影响技术创新外,科技人员投入、科技经费投入、外商直接投资、制度创新等也会影响技术创新。为了能够较为精确地测度产业聚集对技术创新的影响,有必要引入上述变量作为控制变量。因此,我们把计量模型设定为如下形式:

$$\ln Innovation_{it} = \alpha + \beta_1 \ln Agglo_{it} + \beta_2 \ln Pinput_{it} + \beta_3 \ln Einput_{it} \\ + \beta_4 \ln FDI_{it} + \beta_5 \ln Insti_{it} + \varepsilon_{it} \qquad (7\text{-}1)$$

其中,Innovation 为被解释变量技术创新能力;Agglo 为解释变量产业聚集水平;Pinput、Einput、FDI 和 Insti 为控制变量,分别表示科技人员投入、科技经费投入、外商直接投资和制度创新;下标 i 和 t 分别表示地区和年份;其他字母分别表示常数项、变量的系数和残差。这里的地区为我国的省级地理单元,由于2001年以前部分变量的数据难以获得,因此,我们选取了2001—2013年我国省级面板数据。

(2) 变量选取与指标说明

下面,我们对变量的指标做简要说明。

技术创新能力(Innovation):借鉴刘军等(2010)的研究,本章我们用专利授权数来衡量地区技术创新能力。

产业聚集水平(Agglo):借鉴 Ciccone 和 Hall(1996)、范剑勇(2006)的做法,我们用制造业就业密度(人/平方公里)来衡量各地区产业聚集水平。t 时刻地区 i 的产业聚集水平 $Agglo_{it} = M_{it}/S_{it}$,其中,$M_{it}$ 为地区 i 在 t 时刻的制造业就业人口,S_{it} 为地区 i 在 t 时刻的土地面积。一般而言,这一指标数值越大,表明制造业在该地区的聚集水平越高。

科技人员投入(Pinput):我们用 R&D 人员全时当量来衡量地区制造业科技人员投入。

科技经费投入(Einput):我们用 R&D 经费投入来衡量地区制造业科技经费投入。

外商直接投资(FDI):借鉴刘军和邵军(2011)的做法,我们用各年度实际利用外资金额来表示地区外商直接投资。

制度创新(Insti):借鉴刘军等(2010)的做法,我们用非国有经济固定资产投资占各地区全社会固定资产投资比重来衡量地区制度创新。

数据来自《中国统计年鉴》(2002—2014)、《中国科技统计年鉴》(2002—2014)和国研网宏观经济数据库。其中,科技人员投入和科技经费投入,2001—2010年统计口径为"大中型工业企业",2011—2013年统计口径为"规模以上工业企业";各年度实际利用外资金额用当年人民币对美元的年平均中间价进行折算;个别年份缺失的数据,用相邻年份的平均值补充。

下面,我们对各主要变量的数据特征做简要的描述统计,统计结果如表7-36所示。

表7-33 主要变量指标的描述统计

变量	样本量	均值	标准差	最小值	最大值
lnInnovation	390	8.4273	1.5730	4.2485	12.5060
lnAgglo	390	2.3186	1.6888	-1.6376	6.3187
lnPinput	390	9.7239	1.3812	4.4427	12.9630
lnEinput	390	12.7180	1.6277	7.2123	16.3329
lnFDI	390	13.9191	1.7305	9.4491	17.0114
lnInsti	390	-0.4607	0.1920	-1.0745	-0.1216

2. 计量结果及分析

(1) 计量方法的选择

面板数据的估计方法包括聚合最小二乘回归(Pool OLS)、固定效应模型(FE)和随机效应模型(RE)等多种形式。除了上述几种模型形式,还可以采用可行的广义最小二乘法(FGLS)进行估计,这一方法可以消除可能存在的异方差性和序列相关性,能够得出有效的估计结果(Wooldridge,2002)。为了得到较为稳健的结论,将分别采用固定效应(FE)、随机效应(RE)和可行的广义最小二乘法(FGLS)进行估计,分析软件是Stata 12.0。

(2) 回归结果分析

① 产业聚集对技术创新影响的总体回归分析。基于上一节的计量方法,我们用2001—2013年我国30个省份制造业面板数据对各解释变量的系数进行估计,表7-34的方程1、方程2和方程3分别报告了固定效应模型(FE)、随机效应模型(RE)和可行的广义最小二乘法(FGLS)的估计结果。

表 7-34　总体回归分析结果

解释变量	方程 1(FE)	方程 2(RE)	方程 3(FGLS)
lnAgglo	0.4131***	0.2200***	0.1198***
	(0.0934)	(0.0460)	(0.0186)
lnPinput	0.0082	0.0173	0.0780
	(0.0684)	(0.0647)	(0.0483)
lnEinput	0.7424***	0.7488***	0.6441***
	(0.0579)	(0.0546)	(0.0428)
lnFDI	0.0367	0.0326	0.1136***
	(0.0363)	(0.0343)	(0.0241)
lnInsti	0.0197	0.1144	0.0669
	(0.2224)	(0.2068)	(0.1538)
常数项	-2.4128***	-2.2804***	-2.3568***
	(0.5136)	(0.4914)	(0.3612)
Hausman 检验 p 值	0.1177		
	0.8753	0.8974	
OBS	390	390	390

注：括号中数值为标准误；***、**、*分别表示变量系数通过了 1%、5%、10% 的显著性检验；OBS 表示样本观察值个数。

首先，根据 Hausman 检验，p 值为 0.1177，大于 0.05，接受原假设①，因此，我们在固定效应模型和随机效应模型之间选择随机效应。也就是说，根据 Hausman 检验，方程 2 的结果优于方程 1。其次，通过比较方程 2 和方程 3 的估计结果，可以发现，解释变量系数的符号完全一致。由于可行的广义最小二乘法(FGLS)在一定程度上消除了可能存在的异方差性和序列相关性，因此，我们在方程 3 估计结果的基础上讨论总体面板数据回归分析的发现。

通过观察方程 3 中解释变量系数的估计值，我们可以得出以下几点发现：

第一，在控制了科技人员投入、科技经费投入、外商直接投资和制度创新等条件下，产业聚集对技术创新的影响为正，且通过了 1% 的显著性检验，假说 1 得到了证实。并且，当产业聚集水平提高 1% 时，技术创新能力将提升 0.1198%。这表明我国东部、中部以及西部各地区制造业可借助产业聚集来提高自身的技术创新能力，从而促进党的十八大提出的"创新驱动发展战略"的实施，进而驱动我国经

---

① 原假设为在固定效应模型(FE)和随机效应模型(RE)之间，采用随机效应模型(RE)。

济的长效发展。

第二,科技人员投入正向影响技术创新,但没有通过显著性检验,假说3得到了证实。并且,当科技人员投入增加1%,技术创新能力将提高0.0780%。这表明科技人员投入对我国各地区的技术创新发挥着重要的作用。

第三,科技经费投入也正向影响技术创新,且通过了1%的显著性检验,假说4得到了证实。并且,当科技经费投入增加1%,技术创新能力将提高0.6441%。这表明科技经费投入也对我国各地区的技术创新发挥着重要的作用。

第四,外商直接投资对技术创新也有正向的影响作用,且通过了1%的显著性检验,假说5得到了证实。并且,当外商直接投资增加1%时,技术创新能力将提升0.1136%。这表明我国各地区现阶段可以通过大力吸引外资来促进技术创新。

第五,制度创新也正向影响技术创新,但没有通过显著性检验,这证实了North的观点和假说6。并且,当制度创新提高1%时,技术创新能力将提升0.0669%。这表明制度创新对我国各地区的技术创新能力的提高也发挥着重要作用,我国各地区要想实现技术创新的巨大飞跃,必须进一步深化经济体制改革,推进制度创新。

② 产业聚集对技术创新影响的分区域回归分析。前面的分析证明了产业聚集有助于提升技术创新能力。而由我国各地区制造业的发展现状可知,产业聚集水平在东部地区与中西部地区间存在较大差异,那么这种差异是否会导致区域间技术创新能力的差异?

我们分别以东部地区与中西部地区为考察对象,研究产业聚集对技术创新影响的区域差异。借鉴(刘军和徐康宁,2010;杨浩昌等,2015)的研究,以中西部地区为参照组,引入地区控制变量East,重新进行计量分析。计量方法和分析软件与前文保持一致。其中East为东部地区的虚拟变量,当研究样本为东部地区时,East取值为1;为其他地区时,East取值为0。表7-35报告了分区域回归分析的结果,其中方程4、方程5和方程6分别为固定效应(FE)、随机效应(RE)和可行的广义最小二乘法(FGLS)的估计结果。

表7-35 分区域回归分析结果

解释变量	方程4(FE)	方程5(RE)	方程6(FGLS)
lnAgglo	0.3017***	0.2050***	0.0697***
	(0.1103)	(0.0658)	(0.0261)
lnPinput	0.0347	0.0184	0.0895*
	(0.0696)	(0.0648)	(0.0502)

（续表）

解释变量	方程4(FE)	方程5(RE)	方程6(FGLS)
lnEinput	0.7430***	0.7488***	0.6516***
	(0.0577)	(0.0547)	(0.0437)
lnFDI	0.0534	0.0326	0.1086***
	(0.0373)	(0.0343)	(0.0243)
lnInsti	0.0566	0.1209	0.0769
	(0.2225)	(0.2086)	(0.1503)
East × lnAgglo	0.3363*	0.0163	0.0408***
	(0.1784)	(0.0570)	(0.0147)
常数项	-2.6274***	-2.2839***	-2.4204***
	(0.5243)	(0.4918)	(0.3607)
Hausman 检验 p 值	0.0210		
R^2	0.8178	0.8979	
OBS	390	390	390

注：括号中数值为标准误；***、**、*分别表示变量系数通过了1%、5%、10%的显著性检验；OBS表示样本观察值个数。

首先，根据Hausman检验，p值为0.0210，小于0.05，拒绝原假设，因此，我们在固定效应模型和随机效应模型之间选择固定效应。也就是说，根据Hausman检验，方程4的结果优于方程5。其次，通过比较方程4和方程6的估计结果，可以发现，解释变量系数的符号完全一致。由于可行的广义最小二乘法(FGLS)在一定程度上消除了可能存在的异方差性和序列相关性，因此，我们在方程6估计结果的基础上讨论分区域面板数据回归分析的发现。

通过观察方程6中解释变量系数的估计值，我们可以得出以下几点发现：产业聚集对技术创新的影响存在明显的区域差异，假说2得到了证实。作为参照组的中西部地区，其产业聚集对技术创新能力的影响系数为0.0697，且通过了1%的显著性检验；东部地区产业聚集对技术创新能力的影响系数为0.1105(该系数为作为参照组的中西部地区的系数与东部地区虚拟变量的系数之和)，且通过了1%的显著性检验。这表明东部地区与中西部地区产业聚集均能促进技术创新，但存在明显的区域差异；东部地区产业聚集对技术创新的促进作用大于中西部地区。结合当前东部地区产业聚集水平和技术创新能力明显高于中西部地区的事实，推导出区域间技术创新能力的差异将进一步扩大。

(3) 内生性检验

产业聚集有利于技术创新的产生，且为技术创新的扩散创造了良好条件，反过来,技术创新也有利于促进相关制造业产业的进一步聚集。也就是说,产业聚集与技术创新存在相互影响的关系,即存在内生性问题。为此,使用由 Arellano 和 Bover(1995)提出,并由 Blundell 和 Bond(1998)改进的系统 GMM 方法来克服模型中被解释变量的内生性问题。借鉴杨浩昌等(2014)的做法,我们引入技术创新能力的一阶滞后值将其扩展为一个动态模型①,对产业聚集是否显著提高技术创新这一问题再次进行实证研究,所有供分析的面板数据和选用的计量分析软件与前文保持一致。表 7-36 中的方程 13 和方程 14 分别报告了总体回归分析结果内生性检验和分区域回归分析结果内生性检验的各解释变量系数估计结果,采用的方法均为两步系统 GMM 估计方法。②

表 7-36 内生性检验回归分析结果

解释变量	总体内生性检验 方程 13	分地区内生性检验 方程 14
lnAgglo	0.1505***	0.1425**
	(0.0291)	(0.0565)
lnPinput	0.1883***	0.1957***
	(0.0370)	(0.0381)
lnEinput	0.6876***	0.6798***
	(0.0323)	(0.0331)
lnFDI	0.0901***	0.0854***
	(0.0264)	(0.0292)
lnInsti	0.3072	0.1745
	(0.0949)	(0.1011)
East × lnAgglo		0.0074
		(0.0545)
常数项	-3.9087***	-3.7456***
	(0.3493)	(0.3865)

① 此时(7-1)式成为动态一阶自回归模型
$\ln \text{Innovation}_{it} = \alpha + \delta \ln \text{Innovation}_{i,t-1} + \beta_1 \ln \text{Agglo}_{it} + \beta_2 \ln \text{Pirput}_{it} + \beta_3 \ln \text{Eirput}_{it} + \beta_4 \ln \text{FDI}_{it} + \beta_5 \ln \text{Insti}_{it} + \varepsilon_{it}$
其中,$\text{Innovation}_{i,t-1}$ 是被解释变量(技术创新能力)的一阶滞后项。

② 系统 GMM 估计方法有一步系统 GMM 估计(one-step system GMM estimation)和两步系统估计 GMM (two-step system GMM estimation)。借鉴刘修岩和殷醒民(2008)的研究,最终采用了两步系统 GMM 估计方法对各解释变量系数进行估计。

(续表)

解释变量	总体内生性检验 方程 13	分地区内生性检验 方程 14
	各检验量 p 值	
AR(1)	0.044	0.047
AR(2)	0.448	0.427
Hansen Test	1.000	1.000
OBS	360	360

注:括号中数值为标准误;***、**、*分别表示变量系数通过了1%、5%、10%的显著性检验;OBS 表示样本观察值个数。

表 7-36 方程 13 中的 AR(1)检验量①的 p 值为 0.044,小于 0.1,拒绝原假设,这表明估计方程的残差项确实存在一阶序列相关;AR(2)检验量②的 p 值为 0.448,大于 0.1,接受原假设,这表明估计方程的残差项不存在二阶序列相关。AR(1)和 AR(2)检验表明,我们设立的模型是合理的;Hansen Test 检验量③的 p 值为 1.000,大于 0.1,接受原假设,这表明回归方程中使用的工具变量是合适的。方程 13 的估计结果显示:① 在控制了科技人员投入、科技经费投入、外商直接投资和制度创新等条件下,产业聚集对技术创新的影响为正,且通过了1%的显著性检验,假说1进一步得到了证实;② 科技人员投入正向影响技术创新,且通过了1%的显著性检验,假说3进一步得到了证实;③ 科技经费投入也正向影响技术创新,且通过了1%的显著性检验,假说4进一步得到了证实;④ 外商直接投资对技术创新也有正向的影响作用,且通过了1%的显著性检验,假说5进一步得到了证实;⑤ 制度创新也正向影响技术创新,但没有通过显著性检验,North 的观点和假说6进一步得到了证实。

表 7-36 方程 14 中的 AR(1)检验量的 p 值为 0.047,小于 0.1,拒绝原假设,这表明估计方程的残差项确实存在一阶序列相关;AR(2)检验量的 p 值为 0.427,大于 0.1,接受原假设,这表明估计方程的残差项不存在二阶序列相关。AR(1)和 AR(2)检验表明,我们设立的模型是合理的;Hansen Test 检验量的 p 值为 1.000,大于 0.1,接受原假设,这表明回归方程中使用的工具变量是合适的。方程 14 的估计结果显示:产业聚集对技术创新的影响存在明显的区域差

---

① AR(1)检验量的原假设为估计方程的残差项不存在一阶序列相关。
② AR(2)检验量的原假设为估计方程的残差项不存在二阶序列相关。
③ 李锴和齐绍洲(2011)提出,与 Sargan 检验相比,Hansen 检验更加适用于异方差情况。因此,为了消除可能存在的异方差性,最终采用 Hansen Test 检验量进行检验。Hansen Test 检验量的原假设为所选工具变量是有效的。

异,假说2进一步得到了证实。作为参照组的中西部地区,其产业聚集对技术创新能力的影响系数为0.1425,且通过了5%的显著性检验;东部地区产业聚集对技术创新能力的影响系数为0.1499(该系数为作为参照组的中西部地区的系数与东部地区虚拟变量的系数之和),但没有通过显著性检验。这进一步表明东部地区与中西部地区产业聚集均能促进地区技术创新,但存在明显的区域差异:东部地区产业聚集对技术创新的促进作用大于中西部地区。这表明上一节分区域回归分析结果是稳健的。结合当前东部地区产业聚集水平和技术创新能力明显高于中西部地区的事实,我们可以再次推导出区域间技术创新能力的差异将进一步扩大。

7.5.5 产业聚集对技术创新的影响及其行业差异

前面研究了产业聚集对中国制造业技术创新的影响及其地区差异,然而这只是其对中国制造业技术创新作用的一个方面。当前,随着中国制造业的不断发展,不同行业之间技术创新能力存在很大差异,与此同时,不同行业之间产业聚集水平也存在较大差异。那么,产业聚集在中国制造业行业技术创新中究竟发挥着何种作用?产业聚集对中国制造业行业技术创新的影响是否存在行业差异?研究这些问题,对于我国正确制定相应的制造业行业发展战略,进一步推进制造业行业技术进步和提升制造业整体技术创新能力,从而促进我国制造业转型升级具有一定的理论价值和实践意义。

1. 经验观察

为了直观地反映中国制造业各细分行业产业聚集与技术创新能力的相关关系,我们首先测度了中国制造业20个细分行业[①]的技术创新能力,然后测度了其产业聚集水平,并根据两者的散点图进行了相关分析。

(1) 行业技术创新能力

制造业行业有效发明专利数反映了制造业行业的技术创新活动成效,因此,本章我们用中国制造业各细分行业有效发明专利数来衡量中国制造业各细分行业的技术创新能力。为了直观地反映中国制造业各细分行业技术创新能力的分布情况,我们绘制了中国制造业各细分行业有效发明专利数[②]分布情况图,如图7-24所示(以2012年为例)。

[①] 根据数据的可得性和一致性等原则,本章我们仅考虑以下20个制造业细分行业:农副食品加工业;食品制造业;饮料制造业;纺织业;纺织服装、鞋、帽制造业;造纸及纸制品业;石油加工、炼焦及核燃料加工业;化学原料及化学制品制造业;医药制造业;化学纤维制造业;非金属矿物制品业;黑色金属冶炼及压延加工业;有色金属冶炼及压延加工业;金属制品业;通用设备制造业;专用设备制造业;交通运输设备制造业;电气机械及器材制造业;通信设备、计算机及其他电子设备制造业;仪器仪表及文化、办公用机械制造业。其中,2012年中国汽车制造业,铁路、船舶、航空航天和其他运输设备制造业合并为交通运输设备制造业。

[②] 统计口径为"规模以上工业企业"。

由图 7-24 可以看出,中国制造业 20 个细分行业之间技术创新能力存在很大差异,排名前 5 位的行业分别为通信设备、计算机及其他电子设备制造业,电气机械及器材制造业,通用设备制造业,专用设备制造业,以及交通运输制造业,其行业有效发明专利数之和占中国制造业总体有效发明专利数的比例高达 69.12%。而纺织服装、鞋、帽制造业,造纸及纸制品业,以及化学纤维制造业,其行业有效发明专利数占中国制造业总体有效发明专利数的比例均不超过 0.42%。由此,中国制造业 20 个细分行业之间技术创新能力的差距可见一斑。

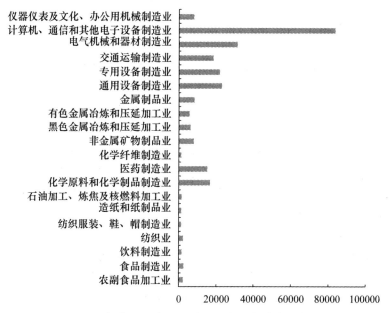

图 7-24 2012 年中国制造业 20 个细分行业有效发明专利数分布

(2) 行业产业聚集水平

与技术创新能力存在明显的行业差异相对应,中国制造业 20 个细分行业之间产业聚集水平也存在较大差异。为了精确地反映这种行业差异,本章我们借鉴王燕飞(2014)的研究,采用行业产值密度①(万元/平方公里)来衡量中国制造业各细分行业的产业聚集水平。一般而言,行业产值密度的数值越大,表明该行业的产业聚集水平越高。为了直观地反映中国制造业各细分行业产业聚集的分布情况,我们绘制了中国制造业各细分行业产值密度②分布情况图,如图 7-25 所示

---

① 由于中国制造业各细分行业的就业人数和工业增加值部分年份数据缺失,因此本章用行业产值密度来衡量中国制造业各细分行业的产业聚集水平。

② 统计口径为"规模以上工业企业"。

(以 2012 年为例)。

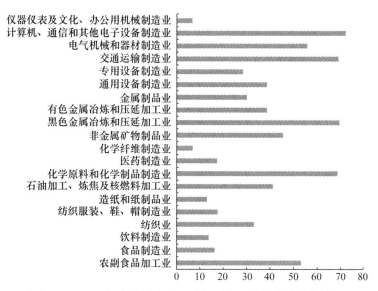

图 7-25　2012 年中国制造业 20 个细分行业产值密度分布情况

由图 7-25 可以看出,中国制造业 20 个细分行业之间产业聚集水平也存在较大差异。其中,通信设备、计算机及其他电子设备制造业的产业聚集水平最高,为 72.42 万元/平方公里;仪器仪表及文化、办公用机械制造业,化学纤维制造业,以及造纸及纸制品业的产业聚集水平较低,均不足 13.12 万元/平方公里;同时,通过比较图 7-24 和图 7-25 可知:产业聚集水平较高的行业,其所对应的有效发明专利数一般也较多,即产业聚集水平较高的行业,其技术创新能力较强;产业聚集水平较低的行业,其所对应的有效发明专利数一般也较少,即产业聚集水平较低的行业,其技术创新能力较弱。

(3) 行业产业聚集与技术创新能力的相关分析

根据以上分析,我们可以看出,行业产业聚集与行业技术创新能力具有一定的相关性。为了更加直观地反映行业产业聚集与行业技术创新能力之间的相关关系,我们绘制了中国制造业细分行业产业聚集与技术创新能力的散点图(见图 7-26)。其中,横轴为 2005—2012 年中国制造业 20 个细分行业产业聚集水平的对数值(lnAgglo),纵轴为 2005—2012 年中国制造业 20 个细分行业技术创新能力的对数值(lnInnovation)。

由图 7-26 可以看出,2005—2012 年中国制造业细分行业的产业聚集水平与技术创新能力具有较高的相关性,且行业技术创新能力随着行业产业聚集水平的递增而递增。

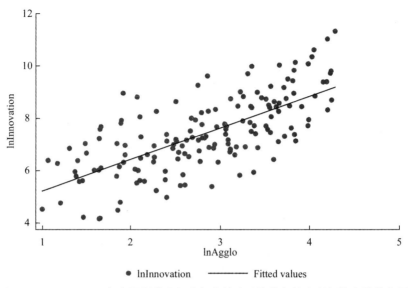

图 7-26 2005—2012 年中国制造业细分行业的产业聚集与技术创新能力的散点图

2. 计量模型与数据说明

(1) 计量模型设定

由第三章的理论分析可知,除行业产业聚集会影响行业技术创新外,行业科技人员投入、行业科技经费投入、行业外商直接投资、行业制度创新等也会影响行业技术创新。为了能够较为精确地测度中国制造业细分行业的产业聚集对技术创新能力的影响,有必要引入上述变量作为控制变量。因此,我们把计量模型设定为如下形式:

$$\ln \text{Innovation}_{it} = \alpha + \beta_1 \ln \text{Agglo}_{it} + \beta_2 \ln \text{Pinput}_{it} + \beta_3 \ln \text{Einput}_{it}$$
$$+ \beta_4 \ln \text{FDI}_{it} + \beta_5 \ln \text{Insti}_{it} + \varepsilon_{it} \tag{7-2}$$

其中,Innovation 为被解释变量行业技术创新能力;Agglo 为解释变量行业产业聚集水平;Pinput、Einput、FDI 和 Insti 为控制变量,分别表示行业科技人员投入、行业科技经费投入、行业外商直接投资和行业制度创新;下标 i 和 t 分别表示行业和年份;其他字母分别表示常数项、变量的系数和残差。这里的行业为中国制造业各细分行业,由于 2005 年以前部分变量的数据难以获得,以及最新可得的中国制造业各细分行业数据的年份为 2012 年,因此,本章我们选取了 2005—2012 年的中国制造业细分行业面板数据。

(2) 变量选取与指标说明

下面,我们对变量的指标做简要说明。

技术创新能力(Innovation):按照前文所述,我们用中国制造业各细分行业有效发明专利数来衡量中国制造业各细分行业的技术创新能力。

产业聚集水平(Agglo):按照前文所述,我们用中国制造业各细分行业产值密度来衡量中国制造业各细分行业的产业聚集水平。

科技人员投入(Pinput):我们用中国制造业各细分行业 R&D 人员全时当量来衡量中国制造业各细分行业的科技人员投入。

科技经费投入(Einput):我们用中国制造业各细分行业 R&D 经费投入来衡量中国制造业各细分行业的科技经费投入。

外商直接投资(FDI):由于中国制造业各细分行业外商直接投资的数据难以获取,我们用中国制造业各细分行业"外商投资"作为中国制造业各细分行业"外商直接投资"的代理变量。

制度创新(Insti):借鉴刘军等(2010)的研究,本章我们用中国制造业各细分行业非国有经济固定资产投资占该行业所有固定资产投资比重来衡量中国制造业各细分行业制度创新。

数据来自《中国统计年鉴》(2006—2013)、《中国科技统计年鉴》(2006—2013)、《中国工业经济统计年鉴》(2006—2012)、《中国工业统计年鉴 2013》以及国研网工业统计数据库。其中,各年度中国制造业各细分行业外商投资金额用当年人民币对美元的年平均中间价进行折算;个别年份缺失的数据,用相邻年份的平均值补充。

下面,我们对各主要变量的数据特征做简要的描述统计,统计结果如表 7-37 所示。

表 7-37　主要变量指标的描述统计

变量	样本量	均值	标准差	最小值	最大值
lnInnovation	160	7.4211	1.4380	4.1589	11.3337
lnAgglo	160	2.8198	0.8303	0.9996	4.2825
lnPinput	160	10.2957	1.1230	8.2049	12.8492
lnEinput	160	13.5865	1.2123	11.2828	16.1808
lnFDI	160	4.9945	0.8662	2.5349	7.1971
lnInsti	160	-0.3676	0.3575	-1.7328	-0.0165

3. 计量结果及分析

(1)全国制造业细分行业产业聚集对技术创新影响的总体回归分析

基于上一节的计量方法,首先,我们用 2005—2012 年中国制造业 20 个细分行业面板数据对各解释变量的系数进行估计,表 7-38 的方程 1、方程 2 和方程 3 分别报告了固定效应模型(FE)、随机效应模型(RE)和可行的广义最小二乘法(FGLS)

的估计结果。

表 7-38　全国制造业细分行业回归分析结果

解释变量	方程 1(FE)	方程 2(RE)	方程 3(FGLS)
lnAgglo	0.1978	0.2699*	0.1778**
	(0.2438)	(0.1584)	(0.0789)
lnPinput	1.0664***	1.0222***	1.3350***
	(0.2418)	(0.1918)	(0.1348)
lnEinput	0.2575	0.2425	0.0044
	(0.2543)	(0.2041)	(0.1380)
lnFDI	0.1719	0.2337	0.2718***
	(0.1180)	(0.1010)	(0.0619)
lnInsti	0.5016	0.5274**	0.5296***
	(0.4490)	(0.2346)	(0.1112)
常数项	-6.5715***	-5.7981***	-5.3198***
	(1.5469)	(1.1097)	(0.6571)
Hausman 检验 p 值	0.0353		
R^2	0.8565	0.8573	
OBS	160	160	160

注:括号中数值为标准误;***、**、*分别表示变量系数通过了1%、5%、10%的显著性检验;OBS 表示样本观察值个数。

首先,根据 Hausman 检验,p 值为 0.0353,小于 0.05,拒绝原假设,因此,我们在固定效应模型和随机效应模型之间选择固定效应。也就是说,根据 Hausman 检验,方程 1 的结果优于方程 2。其次,通过比较方程 1 和方程 3 的估计结果,可以发现,解释变量系数的符号完全一致。由于可行的广义最小二乘法(FGLS)在一定程度上消除了可能存在的异方差性和序列相关性,因此,我们在方程 3 估计结果的基础上讨论全国制造业细分行业产业聚集对技术创新能力影响的总体回归分析的发现。

通过观察方程 3 中解释变量系数的估计值,我们可以得出以下几点发现:

第一,在控制了行业科技人员投入、行业科技经费投入、行业外商直接投资和行业制度创新等条件下,行业产业聚集对技术创新能力的影响为正,且通过了 5% 的显著性检验,假说 1 得到了证实。并且,当行业产业聚集水平提高 1% 时,行业技术创新能力将提升 0.1778%。这表明中国制造业各细分行业可借助产业聚集来提高自身的技术创新能力,从而促进中国制造业转型升级。

第二,行业科技人员投入正向影响行业技术创新,且通过了 1% 的显著性检验,假说4得到了证实。并且,当行业科技人员投入增加1%,行业技术创新能力将提高1.3350%,明显高于其他解释变量。这表明行业科技人员投入对中国制造业各细分行业的技术创新发挥着至关重要的作用。

第三,行业科技经费投入也正向影响行业技术创新,但没有通过显著性检验,假说5得到了证实。并且,当行业科技经费投入增加1%,行业技术创新能力将提高0.0044%。这表明行业科技经费投入也对中国制造业各细分行业的技术创新发挥着重要的作用。

第四,行业外商直接投资对行业技术创新能力也有正向的影响作用,且通过了1%的显著性检验,假说6得到了证实。并且,当行业外商直接投资增加1%时,行业技术创新能力将提升0.2718%。这表明中国现阶段可以通过大力吸引外资来促进行业技术创新。

第五,行业制度创新也正向影响行业技术创新,且通过了1%的显著性检验,这证实了North的观点和假说7。并且,当行业制度创新提高1%时,行业技术创新能力将提升0.5296%。这表明行业制度创新对中国制造业各细分行业的技术创新能力的提高同样也发挥着重要的作用。

(2)地区分组的中国制造业各细分行业产业聚集对技术创新影响的回归分析

前面的分析证明了可行的广义最小二乘法(FGLS)的稳健性,因此,本节基于2005—2012年地区分组的中国制造业细分行业面板数据,我们仅用可行的广义最小二乘法(FGLS)对各解释变量的系数进行估计,结果如表7-39所示。

表7-39 地区分组的中国制造业各细分行业回归分析结果

行业	lnAgglo	lnPinput	lnEinput	lnFDI	lnInsti	常数项	OBS
农副食品加工业	0.1284*** (0.0299)	0.1610** (0.0711)	0.5924*** (0.0700)	0.1814*** (0.0267)	0.6553 (0.2025)	-3.9591*** (0.4115)	240
食品制造业	0.0919*** (0.0228)	0.1740** (0.0681)	0.5830*** (0.0651)	0.1646*** (0.0281)	-0.2617 (0.1648)	-3.3304*** (0.4704)	240
饮料制造业	0.2110*** (0.0224)	0.3082*** (0.0680)	0.3944*** (0.0683)	0.1430*** (0.0228)	0.2866 (0.1673)	-2.1775*** (0.4096)	240
纺织业	0.0408** (0.0176)	0.1206* (0.0660)	0.6466*** (0.0586)	0.1916*** (0.0297)	0.3114 (0.1645)	-3.9129*** (0.4216)	240
纺织服装、鞋、帽制造业	0.0233* (0.0139)	0.1120 (0.0698)	0.6675*** (0.0619)	0.1884*** (0.0309)	0.2559 (0.1688)	-3.9705*** (0.4486)	240
造纸及纸制品业	0.0982*** (0.0157)	0.1009 (0.0613)	0.6603*** (0.0566)	0.1317*** (0.0280)	-0.4888 (0.1567)	-3.2157*** (0.3868)	240
石油加工、炼焦	-0.0397**	0.1399**	0.6168***	0.2131***	-0.0763	-3.9491***	240

（续表）

行业	lnAgglo	lnPinput	lnEinput	lnFDI	lnInsti	常数项	OBS
及核燃料加工业	(0.0175)	(0.0684)	(0.0660)	(0.0265)	(0.1792)	(0.4195)	
化学原料及化学制品制造业	0.1069***	0.2681***	0.4858***	0.1745***	-0.3842	-3.3645***	240
	(0.0196)	(0.0699)	(0.0658)	(0.0267)	(0.1558)	(0.3747)	
医药制造业	0.0990***	0.1812**	0.5845***	0.1727***	-0.3861	-3.6257***	240
	(0.0204)	(0.0713)	(0.0663)	(0.0271)	(0.1694)	(0.3890)	
化学纤维制造业	0.0750***	0.0069	0.7828***	0.1063***	-0.2831	-3.1393***	240
	(0.0093)	(0.0650)	(0.0584)	(0.0307)	(0.1855)	(0.3979)	
非金属矿物制品业	0.1420***	0.2466***	0.4987***	0.1536***	-0.5032	-3.1559***	240
	(0.0256)	(0.0704)	(0.0693)	(0.0271)	(0.1638)	(0.4297)	
黑色金属冶炼及压延加工业	-0.0586**	0.0523	0.7628***	0.2284***	-0.1466	-4.8952***	240
	(0.0234)	(0.0737)	(0.0696)	(0.0265)	(0.1699)	(0.3677)	
有色金属冶炼及压延加工业	-0.0391**	0.0936	0.7344***	0.2104***	-0.2156	-4.8102***	240
	(0.0183)	(0.0713)	(0.0670)	(0.0260)	(0.1747)	(0.3743)	
金属制品业	0.1054***	0.2705***	0.4803***	0.1429***	-0.2675	-2.6602***	240
	(0.0193)	(0.0710)	(0.0697)	(0.0287)	(0.1660)	(0.5047)	
通用设备制造业	0.0245	0.0889	0.6715***	0.2112***	0.2640	-4.1556***	240
	(0.0206)	(0.0701)	(0.0663)	(0.0299)	(0.1682)	(0.4895)	
专用设备制造业	0.0422**	0.0759	0.6842***	0.1996***	0.2910	-4.0887***	240
	(0.0197)	(0.0704)	(0.0668)	(0.0278)	(0.1692)	(0.4244)	
交通运输设备制造业	0.0861***	0.1767**	0.6169***	0.1245***	-0.3571	-3.3635***	240
	(0.0136)	(0.0698)	(0.0640)	(0.0286)	(0.1799)	(0.4126)	
电气机械及器材制造业	0.1525***	0.3210***	0.3918***	0.1213***	0.1205	-1.8633***	240
	(0.0180)	(0.0636)	(0.0622)	(0.0260)	(0.1674)	(0.4455)	
通信设备、计算机及其他电子设备制造业	0.0935***	0.2090***	0.5322***	0.0969***	0.0516	-1.9493***	240
	(0.0124)	(0.0639)	(0.0616)	(0.0291)	(0.1662)	(0.4729)	
仪器仪表及文化、办公用机械制造业	0.0530***	0.0609	0.7072***	0.1533***	0.1880	-3.4707***	240
	(0.0137)	(0.0672)	(0.0603)	(0.0300)	(0.1698)	(0.4488)	

注：括号中数值为标准误；***、**、*分别表示变量系数通过了1％、5％、10％的显著性检验；OBS 表示样本观察值个数。

通过观察表7-39，我们可以发现，产业聚集对技术创新能力的影响存在行业差异，假说3得到了证实。在中国制造业20个细分行业中，农副食品加工业、食品制造业、饮料制造业、纺织业、纺织服装、鞋、帽制造业、造纸及纸制品业、化学原料及化学制品制造业、医药制造业、化学纤维制造业、非金属矿物制品业、金属制品业、通用设备制造业、专用设备制造业、交通运输设备制造业、电气机械及器材制造业、通信设备、计算机及其他电子设备制造业，以及仪器仪表及文化、办公用机械制造业17个制造业细分行业的产业聚集对技术创新能力具有一定的促进作用。这表明产业聚集对技术创新能力的正向影响作用在多数中国制造业细分行业中已经充分表现出来了。这些行业不仅包括金属制品业、通用设备制造业、专用设备制造业、交通运输设备制造业、电气机械及器材制造业、通信设备、计算机及其他电子设备制造业,以及仪器仪表及文化、办公用机械制造业等机械电子制造业[1],也包括农副食品加工业、食品制造业、饮料制造业、纺织业、纺织服装、鞋、帽制造业、造纸及纸制品业等轻纺制造业。这是一个重要的发现,因为一般我们认为,轻纺制造业的产业聚集会抑制行业技术创新,研究发现,除了机械电子制造业的产业聚集会促进技术创新之外,轻纺制造业的产业聚集也会促进技术创新。这一发现,为中国各地区根据自身的产业基础和比较优势,实施合理的制造业发展策略提供了理论基础。因此,为了推进和提升我国制造业整体技术创新能力,从而促进我国制造业转型升级,我国东部地区可以根据自身的资金、技术、人才、产业基础和区位优势等优先发展机械电子制造业,中西部地区则可以选择重点培育轻纺制造业(杨浩昌等,2014)。此外,值得注意的是,石油加工、炼焦及核燃料加工业,黑色金属冶炼及压延加工业,有色金属冶炼及压延加工业三个制造业细分行业的产业聚集对技术创新能力存在负向的影响作用,且均通过了5%的显著性检验。这表明石油加工、炼焦及核燃料加工业,黑色金属冶炼及压延加工业,有色金属冶炼及压延加工业三个制造业细分行业的产业聚集抑制了技术创新。这三个行业都是受资源禀赋优势影响较大的资源加工工业,这在一定程度上表明资源加工工业的产业聚集会抑制行业技术创新。究其原因主要在于,资源加工工业大多属于资源依赖型产业,过分依赖资源,使其自主创新的积极性减弱,从而在一定程度上限制了其技术创新能力的提高。

综上所述,产业聚集对技术创新的影响存在显著的行业差异:多数机械电子制造业和轻纺制造业的产业聚集有利于促进行业技术创新,而部分资源加工工业的产业聚集在一定程度上抑制了行业技术创新。

(3)内生性检验

前面我们讨论了地区产业聚集与地区技术创新存在相互影响的关系,即存在内生性问题。同理,行业产业聚集与行业技术创新也存在相互影响的关系,即也

---

[1] 借鉴李廉水和杜占元(2004)的研究,我们将上述中国制造业20个细分行业分成轻纺制造业、资源加工工业、机械电子制造业三大类。其中,轻纺制造业包括农副食品加工业、食品制造业、饮料制造业、纺织业、纺织服装、鞋、帽制造业、造纸及纸制品业六个制造业细分行业;资源加工工业包括石油加工、炼焦及核燃料加工业、化学原料及化学制品制造业、医药制造业、化学纤维制造业、非金属矿物制品业、黑色金属冶炼及压延加工业、有色金属冶炼及压延加工业七个制造业细分行业;机械电子制造业包括金属制品业、通用设备制造业、专用设备制造业、交通运输设备制造业、电气机械及器材制造业、通信设备、计算机及其他电子设备制造业、仪器仪表及文化、办公用机械制造业七个制造业细分行业。

存在内生性问题。因此,本章将继续采用两步系统 GMM 估计方法来克服模型中被解释变量的内生性问题。所有供分析的面板数据和选用的计量分析软件与前文保持一致。表 7-40 分别报告了全国制造业细分行业产业聚集对技术创新影响的总体回归分析和地区分组的中国制造业各细分行业产业聚集对技术创新影响的回归分析内生性检验的各解释变量系数估计结果。

表 7-40 中,AR(1) 检验量的 p 值均大于 0.1,接受原假设,这表明估计方程的残差项不存在一阶序列相关;AR(2) 检验量的 p 值均大于 0.1,接受原假设,这表明估计方程的残差项不存在二阶序列相关。AR(1) 和 AR(2) 检验表明,我们设立的模型是合理的;Hansen Test 检验量的 p 值均大于 0.1,接受原假设,这表明回归方程中使用的工具变量是合适的,即行业产业聚集与行业技术创新之间确实存在相互影响的关系,即存在内生性问题。

通过观察全国制造业细分行业内生性检验回归分析结果,我们可以发现:第一,在控制了行业科技人员投入、行业科技经费投入、行业外商直接投资和行业制度创新等条件下,行业产业聚集对行业技术创新能力的影响为正,但没有通过显著性检验,假说 1 进一步得到了证实;第二,行业科技人员投入正向影响行业技术创新,且通过了 1% 的显著性检验,假说 4 进一步得到了证实;第三,行业科技经费投入也正向影响行业技术创新,但没有通过显著性检验,假说 5 进一步得到了证实;第四,行业外商直接投资对行业技术创新能力也有正向的影响作用,但没有通过显著性检验,假说 6 进一步得到了证实;第五,行业制度创新也正向影响行业技术创新,但没有通过显著性检验,North 的观点和假说 7 进一步得到了证实。这表明上一节全国制造业细分行业产业聚集对技术创新影响的总体回归分析结果是稳健的。

通过观察地区分组的制造业各细分行业内生性检验回归分析结果,我们可以发现:产业聚集对技术创新的影响存在行业差异,假说 3 进一步得到了证实。在中国制造业 20 个细分行业中,农副食品加工业、食品制造业、饮料制造业、纺织业、纺织服装、鞋、帽制造业、造纸及纸制品业、化学原料及化学制品制造业、医药制造业、化学纤维制造业、非金属矿物制品业、金属制品业、通用设备制造业、专用设备制造业、交通运输设备制造业、电气机械及器材制造业、通信设备、计算机及其他电子设备制造业,以及仪器仪表及文化、办公用机械制造业 17 个制造业细分行业的产业聚集对技术创新能力具有一定的促进作用;而石油加工、炼焦及核燃料加工业,黑色金属冶炼及压延加工业,有色金属冶炼及压延加工业 3 个制造业细分行业的产业聚集对技术创新能力存在一定的负向影响作用。这进一步表明上一节地区分组的中国制造业各细分行业产业聚集对技术创新影响的回归分析结果是稳健的。

表7-40 全国制造业细分行业和地区分组的制造业各细分行业内生性检验回归分析结果

行业	lnAgglo	lnPinput	lnEinput	lnFDI	lnInsti	常数项	AR(1)	AR(2)	Hansen Test	OBS
全国制造业细分行业										
全国制造业细分行业	0.0421 (0.2208)	0.9509*** (0.2999)	0.5960 (0.3795)	0.4386 (0.0961)	0.2380 (0.2084)	-8.2662*** (1.8080)	0.186	0.143	0.995	140
地区分组的制造业各细分行业内生性检验回归分析结果										
农副食品加工业	0.0929* (0.0541)	0.3083*** (0.0836)	0.6224*** (0.1101)	0.1792*** (0.0289)	1.1920 (0.1510)	-5.8354*** (0.7054)	0.343	0.731	0.584	210
食品制造业	0.0720*** (0.0246)	0.1700* (0.0907)	0.5815*** (0.0924)	0.3941*** (0.0559)	-1.0543 (0.1066)	-6.8216*** (1.0195)	0.644	0.922	0.504	210
饮料制造业	0.0770 (0.0714)	-0.3406 (0.0919)	0.7760*** (0.0820)	0.5672*** (0.0892)	0.8015*** (0.1626)	-6.0327*** (1.2547)	0.860	0.554	0.577	210
纺织业	0.1182*** (0.0182)	0.3883*** (0.0596)	0.4265*** (0.0242)	0.4982*** (0.0448)	-0.0041 (0.1257)	-7.5440*** (0.4462)	0.880	0.744	0.496	210
纺织服装、鞋、帽制造业	0.1613*** (0.0113)	0.1106*** (0.0255)	0.5635*** (0.0141)	0.1194*** (0.0286)	0.7231*** (0.1089)	-1.3459*** (0.4288)	0.485	0.628	0.514	210
造纸及纸制品业	0.0415*** (0.0075)	0.3498*** (0.0497)	0.5874*** (0.0391)	0.1463*** (0.0257)	-0.0351 (0.1389)	-4.6314*** (0.4256)	0.386	0.569	0.501	210
石油加工、炼焦及核燃料加工业	-0.0697*** (0.0131)	-0.0624 (0.0291)	0.6308*** (0.0202)	0.6333*** (0.0263)	0.0078 (0.0575)	-7.7402*** (0.3272)	0.797	0.709	0.521	210
化学原料及化学制品制造业	0.3683*** (0.0412)	0.2682*** (0.0465)	0.4796*** (0.0421)	0.0915*** (0.0336)	-1.1261 (0.1427)	-3.3782*** (0.3744)	0.244	0.808	0.596	210
医药制造业	0.1465*** (0.0556)	-0.0413 (0.0754)	0.8027*** (0.0489)	0.3411*** (0.0541)	-2.0834 (0.1629)	-7.4982*** (0.5578)	0.542	0.955	0.735	210
化学纤维制造业	0.0761*** (0.0151)	0.9213*** (0.1312)	0.1167 (0.1020)	-0.1723 (0.0598)	2.2950*** (0.2003)	1.4317*** (0.5376)	0.759	0.989	0.618	210

(续表)

地区分组的制造业各组细分行业内生性检验回归分析结果

行业	lnAgglo	lnPinput	lnEinput	lnFDI	lnInsti	常数项	AR(1)	AR(2)	Hansen Test	OBS
非金属矿物制品业	0.1820*** (0.0316)	0.6533*** (0.0840)	0.4060*** (0.0600)	0.0167 (0.0314)	-2.2497 (0.3476)	-4.7963*** (0.6697)	0.298	0.908	0.586	210
黑色金属冶炼及压延加工业	-0.3135*** (0.0170)	0.1403*** (0.0407)	0.4581*** (0.0518)	0.1766*** (0.0318)	0.5551*** (0.0890)	-2.1923*** (0.1922)	0.291	0.742	0.504	210
有色金属冶炼及压延加工业	-0.0754*** (0.0158)	-0.0096 (0.0413)	0.9035*** (0.0455)	0.4579*** (0.0420)	-3.1537*** (0.2972)	-10.6050*** (0.5883)	0.688	0.606	0.520	210
金属制品业	0.1395*** (0.0232)	0.2256*** (0.0722)	0.6197*** (0.0887)	0.1598*** (0.0389)	-1.0918*** (0.1714)	-4.6973*** (0.3641)	0.388	0.647	0.520	210
通用设备制造业	0.3507*** (0.0194)	-0.3872*** (0.0717)	0.9068*** (0.0710)	0.0022 (0.0561)	0.4936*** (0.1838)	-0.1670 (0.5591)	0.247	0.607	0.524	210
专用设备制造业	0.0675*** (0.0177)	0.4963*** (0.0170)	0.4262*** (0.0314)	0.0652*** (0.0151)	0.7221*** (0.1184)	-2.6061*** (0.4074)	0.337	0.981	0.505	210
交通运输设备制造业	0.3325*** (0.0178)	0.5314*** (0.0410)	0.4571*** (0.0350)	-0.3225*** (0.0299)	-1.4853*** (0.1647)	0.3625 (0.4389)	0.599	0.928	0.540	210
电气机械及器材制造业	0.1564*** (0.0184)	0.3199*** (0.0560)	0.6304*** (0.0571)	0.1180*** (0.0187)	-2.6590*** (0.1143)	-5.9406*** (0.4927)	0.443	0.962	0.549	210
通信设备、计算机及其他电子设备制造业	0.1797*** (0.0095)	0.1721** (0.0682)	0.7331*** (0.0506)	-0.0790*** (0.0290)	-0.8323*** (0.1708)	-2.2638*** (0.5014)	0.535	0.557	0.505	210
仪器仪表及文化、办公用机械制造业	0.0872*** (0.0102)	0.6198*** (0.0302)	0.0482** (0.0221)	0.3041*** (0.0333)	0.9693*** (0.1693)	-2.0582*** (0.5006)	0.830	0.550	0.606	210

注：括号中数值为标准误；***、**、*分别表示变量系数通过了1%、5%、10%的显著性检验；AR(1)、AR(2)和Hansen Test下方对应的各检验量的p值；OBS表示样本观察值个数。

综上所述,我们可以进一步得出:产业聚集对技术创新的影响存在显著的行业差异,多数机械电子制造业和轻纺制造业的产业聚集有利于促进行业技术创新,而部分资源加工工业的产业聚集在一定程度上抑制了行业技术创新。

7.5.6 结论与政策建议

1. 研究结论

基于以上研究,得出以下主要研究结论:

理论分析表明:产业聚集主要通过以下两种途径促进技术创新,产业聚集区内的专业化和多样化等方面的优势,有利于知识和技术的溢出,从而促进技术创新成果的产生;产业聚集区内知识、人才和信息的大量聚集和流动,有利于知识、技术和信息交流网络的形成,从而促进技术创新成果的扩散。并且,产业聚集对技术创新的影响存在明显的地区差异和行业差异;此外,科技人员投入、科技经费投入、外商直接投资和制度创新也对技术创新有正向的影响作用。

产业聚集影响技术创新及其地区差异研究显示:在控制了地区科技人员投入、地区科技经费投入、地区外商直接投资和地区制度创新等条件下,地区产业聚集显著促进技术创新;分地区比较分析表明,产业聚集对技术创新的影响存在明显的地区差异,东部地区产业聚集对技术创新能力的促进作用大于中西部地区。结合当前东部地区产业聚集水平和技术创新能力明显高于中西部地区的事实,推导出地区间技术创新能力的差异将进一步扩大。

产业聚集影响技术创新及其行业差异研究显示:在控制了行业科技人员投入、行业科技经费投入、行业外商直接投资和行业制度创新等条件下,行业产业聚集显著促进技术创新;分行业比较分析表明,产业聚集对技术创新的影响存在明显的行业差异,多数机械电子制造业和轻纺制造业的产业聚集有利于促进行业技术创新,而部分资源加工工业的产业聚集在一定程度上抑制了行业技术创新。

2. 政策建议

综合上述研究结论,提出实现中国制造业技术创新能力提升的政策建议。

(1) 鼓励产业集群式发展

由前面分析可知,产业聚集有利于促进中国制造业技术创新。因此,在中国东部、中部以及西部各地区应结合自身的工业基础、资源禀赋和区位优势,培育本地区具有比较优势的产业,鼓励产业集群式发展,从而提高产业聚集水平。特别是产业聚集水平相对较小的中西部地区,更应该培育本地区具有比较优势的产业,鼓励产业集群式发展,促进产业聚集水平的提高。在这些地区可以从以下两个方面来鼓励产业集群式发展:一是结合当地的工业基础和劳动力状况,培育本地产业集群式发展,提高产业聚集水平;二是以中国长三角、珠三角以及京津冀等制造业相对发达的东部沿海地区的产业转型升级为契机,积极引导上述地区的边际产业向中西部地区转移,因势利导,逐步推进中西部地区产业集群式发展。通过上面两种途径,逐步提高中国中西部等地区的产业聚集水平,从而促进该地区技术创新能力的提升。

(2) 推进产业聚集在区域间合理分布

现阶段,中国制造业逐步形成了以长三角、珠三角、京津冀等东部沿海地区为中心、中西部地区为外围的产业聚集模式,以及东部地区技术创新能力明显高于中西部地区。由前面分析可知,东部地区产业聚集对技术创新能力的促进作用大于中西部地区。因此,中国产业规划部门和政府部门应当制定各种优惠政策,积极引导东部地区部分制造业产业向中西部地区跨区域转移,推进产业聚集在区域间合理分布,从而促进中西部地区产业聚集水平的快速提升,进而缩小东部地区与中西部地区之间技术创新能力的差距。

(3) 发挥人才和资金对技术创新的推进作用

由前面分析可知,科技人员和科技经费投入都有利于促进技术创新。当前,中国科技人员和科技经费投入与发达国家相比尚显不足,还有较大的提升空间。因此,中国所有地区都应加大科技人力投资和科技经费投资的力度,通过社会—企业—大学的有机结合,采取如社会办大学、企业办大学以及产学研等多种方式培养人才和开展研究,从而提高科技人力资本水平和增加科技经费投资,发挥人才和资金对技术创新的推进作用。此外,针对中西部地区科技人员投入较少和科技经费投入不足等问题,更应加大科技人员投资的力度,认真贯彻"科教兴国"战略,一方面,通过坚持教育为本,大力兴办学校,从而提高劳动者的科技文化素质;另一方面,通过引进人才,提高科技人员的薪酬待遇,进一步制定和完善各项激励政策,从而吸引更多的人才。

(4) 发挥利用外资的技术溢出效应

由前面分析可知,外商直接投资也能够显著促进技术创新。改革开放以来,中国长三角、珠三角以及京津冀等东部沿海地区发展的实践也证明,外商直接投资有利于推动技术进步,促进技术创新。因此,中国东部、中部以及西部各地区应大力吸引外资,进一步扩大外资的利用规模,注重引进先进技术、管理经验,通过示范—模仿效应、技术人员流动、竞争效应等渠道,充分发挥利用外资的技术溢出效应,获取更多的技术外溢,从而推动技术进步,进而快速提升中国东部、中部以及西部各地区的技术创新能力。

(5) 加快调整和优化制造业产业结构

由前面分析可知,机械电子制造业和轻纺制造业的产业聚集有利于促进行业技术创新,而部分资源加工工业的产业聚集在一定程度上抑制了行业技术创新。因此,中国产业规划部门和政府部门应当制定合理的制造业行业发展战略,加快调整和优化制造业产业结构,适当增加机械电子制造业和轻纺制造业的比重,减少资源加工工业的比重,积极推进中国制造业行业技术进步和提升制造业整体技术创新能力,从而促进中国制造业产业转型升级。

(6) 实施制造业产业错位发展战略

由前面分析可知,中国制造业细分行业中除了机械电子制造业的产业聚集会促进技术创新之外,轻纺制造业的产业聚集也会促进技术创新。因此,中国东部、中部以及西部各地区应根据自身的制造业产业基础、资源禀赋和地区特色,发挥地区比较优势,实施合理的地区制造业产业发展战略。具体来说,中国东部地区可以借助人力资本优势、技术优势、资金优势等条件,以及较好的产业基础和区位优势,大力发展机械电子制造业;而中部和西部地区可以依靠丰富的自然资源和劳动力资源等优势,发展轻纺制造业,当然条件较好的中部和西部地区也可以根据自身优势,发展机械电子制造业。

7.6 本章小结

本章首先基于四个维度对中国制造业的经济创造能力、科技创新能力、能源消耗、环境保护能力进行了阐述,接着采用"离差最大化"方法对产业的新型化进行了评价,随后研究了科技创新对中国制造业经济增长的影响、中国制造业能源效率及其影响因素、信息化对制造业绿色增长的影响效应分析、产业聚集对中国制造业技术创新的影响研究,最后对全文进行了总结。

在评价产业的新型化时,认为计算机、通信和其他电子设备制造业,电气机械和器材制造业,汽车制造业,通用设备制造业和专用设备制造业等产业的新型化程度比较高,因而政府可以大力促进其发展;而黑色金属冶炼和压延加工业、造纸和纸制品业和非金属矿物制品业等产业新型化程度较低,此类产业政府需要限制其发展。

在研究科技创新对中国制造业经济增长的影响时,结果显示:自主研发和技术引进对中国制造业经济增长均有正向影响,即自主研发和技术引进都能促进中国制造业经济的增长;物质资本投入、劳动投入、对外开放程度对中国制造业有正向影响,而外商直接投资对制造业增长有负的影响。因此,提出如下政策建议:加大自主研发和技术引进经费投入,加大物质资本投入的科技含量和提高劳动者技能和素质,平衡好对外开放程度,对制造业经济的稳定、健康发展具有积极意义。

在研究中国制造业能源效率及其影响因素时,结果显示:① 中国制造业2003—2012年能源效率稳定上升,节能潜力为30%—35%。由于考虑非期望产出,所测得行业能源效率值偏低,与预期相符且符合实际。② 企业所有制结构、技术进步、能源消费结构、对外开放和行业企业规模对制造业能源效率均为显著正影响。③由聚类分析得到四类行业,对不同类别行业,五个解释变量的影响大小及方向不同,即能源效率影响因素存在行业异质性。因此提出如下政策建议:第一,对于高效率高污染行业,一方面,应该优化贸易结构,降低高能耗产品出口比重,增加低能耗产品出口比重;另一方面,开发能源节约技术,加大科技研发力度,引进先进生产技术设备,降低高能耗产品生产过程的能源消耗,从源头上提高能源效率。第二,对于高效率低污染行业,国家应该重点发展,减少国有企业比重,优化该类行业企业所有制结构;应该加大科技研发投资力度;同时,扩大行业企业规模。第三,对于低效率高污染行业,应该限制其发展。限制R&D经费内部支出,减少科技投入,优化对该类行业投资结构,同时限制出口,降低高能耗产品出口比重,从而提高能源效率。第四,对于低效率低污染行业,应该提高国有企业比重,积极执行国家政策;增加科技研发投入,合理引进更先进的能源设备,促使能源节约并提高能源效率;合理安排能源消费结构,减少煤炭消费比重,并积极发展清洁型能源;鼓励出口贸易;扩大该类行业企业规模等。

在研究信息化对制造业绿色增长的影响效应时,结果显示:①信息化显著有利于中国制造业绿色增长,已成为促进制造业绿色增长的新动力源泉,研发投资强度在信息化促进制造业绿色增长过程中发挥着重要作用。②信息化对制造业绿色增长的促进作用具有显著的行业异质性,在技术水平越高、平均规模越小、能源消耗越低、污染程度越小以及盈利能力越强的行业,信息化对制造业绿色增长的促进作用更大。因此提出如下政策建议:第一,加快信息化建设,促进信息化与工业化的深度融合,充分发挥信息化对制造业绿色增长的促进作用。第二,针对信息化与制造业绿色增长融合模式的不同行业,有针对性地制定和实施新型工业化发展战略。第三,更加注重行业特征对信息化促进制造业绿色增长的异质性影响。

在研究产业聚集对中国制造业技术创新的影响研究时,结果显示产业聚集主要通过以下两种途径促进技术创新:①产业聚集区内的专业化和多样化等方面的优势,有利于知识和技术的溢出,从而促进技术创新成果的产生;②产业聚集区内知识、人才和信息的大量聚集和流动,有利于知识、技术和信息交流网络的形成,从而促进技术创新成果的扩散。并且,产业聚集对技术创新的影响存在明显的地区差异和行业差异;此外,科技人员投入、科技经费投入、外商直接投资和制度创新也对技术创新有正向的影响作用。因此提出如下政策建议:第一,鼓励产业集群式发展;第二,推进产业聚集在区域间合理分布;第三,发挥人才和资金对技术创新的推进作用;第四,发挥利用外资的技术溢出效应;第五,加快调整和优化制造业产业结构;第六,实施制造业产业错位发展战略。

参 考 文 献

[1] Acemoglu D, Autor D, Dorn D. Return to the Solow Paradox? IT, Productivity, and Employment in U. S. Manufacturing[J]. Prepared for the AEA Papers and Proceedings, 2014.

[2] Ahmed E M. Information and communications technology effects on East Asian productivity[J]. J Knowl Econ, 2010, 1(3): 191—201.

[3] Alma M S, Elina G S. Impact of information and telecommunication technologies development on labour productivity[J]. Procedia Social and Behavioral Sciences, 2014, 110(1): 1271—1282.

[4] Anthony Arundel. The relative effectiveness of patents and secrecy for appropriation[J]. Research Policy, 2001(30): 611—624.

[5] Arellano M, Bover O. Another look at the instrumental variable estimation of error-components models[J]. Journal of econometrics, 1995, 68(1): 29—51.

[5] Arrow K J. The economic implications of learning by doing[J]. The review of economic studies, 1962, 29(3): 155—173.

[7] Blundell R, Bond S. Initial conditions and moment restrictions in dynamic panel data models [J]. Journal of econometrics, 1998, 87(1): 115—143.

[8] Badescu M, Garces-Ayerbe C. The impact of information technologies on firm productivity: Empirical evidence from Spain[J]. Technovation, 2009, 29(2): 122—129.

[9] Baptista R, Swann P. Do firms in clusters innovate more? [J]. Research policy, 1998, 27(5): 525—540.

[10] Bagella M, Becchetti L. The "geographical agglomeration-private R&D expenditure" effect: Empirical evidence on Italian data? [J]. Economics of Innovation and New Technology, 2002, 11(3): 233—247.

[11] Basu S, Fernald J. Information and communications technology as a general purpose technology: Evidence from US industry data[J]. German Economic Review, 2007, 8(2): 146—173.

[12] Birol, B. and KePPler, J. H. Prices, technology development and the reboundeffect[J]. EnergyPolicy, 2000, 28: 457—469.

[13] Bosseboeuf D, Chateau B, Lapillone B. Cross-country comparison on energy efficiencyIndicators: the on-going European effort towards a common methodology[J]. EnergyPolicy, 1997, 25 (9): 673—682.

[14] Boyd, Gale A., Pang, JosePh X. Estimating the linkage between energy efficiency and productivity[J]. Energy Policy, 2000, 28(5): 289—296.

[15] Brülhart M, Mathys N A. Sectoral agglomeration economies in a panel of European regions[J]. Regional Science and Urban Economics, 2008, 38(4): 348—362.

[16] Carlino G A, Chatterjee S, Hunt R M. Urban density and the rate of invention[J]. Journal of Urban Economics, 2007, 61(3): 389—419.

[17] Chien, T. and Hu, J. L. Renewable energy and macroeconomic efficiency of OECD and non-OECD economies[J]. EnergyPoliey, 2007, Vol.35(7): 3606—3615.

[18] Chou Y C, Chuang H, Shao B. The impacts of information technology on total factor productivity: A look at externalities and innovations[J]. Int. J. Production Economics, 2014, 158(2): 290—299.

[19] Ciccone A, Hall R E. Productivity and the density of economic activity[R]. National Bureau of Economic Research, 1996.

[20] Dahl C M, Kongsted H C, Sorensen A. ICT and productivity growth in the 1990s: panel data evidence on European[J]. Empir Econ, 2011, 40(1): 141—164.

[21] Dekle R, Eaton J. Agglomeration and land rents: Evidence from the prefectures[J]. Journal of Urban Economics, 1999, 46(2): 200—214.

[22] Farrell, M. J. The measurement of Productive efficiency[J]. Journal of the Royal Statistical Society Series A, 1957, Vol.120(3): 253—90.

[23] Fare R, Grosskopf S, Pasurka C A. Environmental production functions and environmental directional distance functions[J]. Energy, 2007, 32(7): 1055—1066.

[24] Feldman M P, Audretsch D B. Innovation in cities:: Science-based diversity, specialization and localized competition[J]. European Economic Review, 1999, 43(2): 409—429.

[25] Fisher-Vanden, K., Jefferson, G. H., Liu, Tao, Q. What is driving China's decline in energy intensity? [J]. Resource and Energy Econolnies, 2004, 26: 77—97.

[26] Glaeser E L, Kallal H D, Scheinkman J A, et al. Growth in cities[R]. National Bureau of Economic Research, 1991.

[27] Gilbert B A, McDougall P P, Audretsch D B. Clusters, knowledge spillovers and new venture performance: An empirical examination[J]. Journal of Business Venturing, 2008, 23(4): 405—422.

[28] Greunz L. Industrial structure and innovation-evidence from European regions[J]. Journal of Evolutionary Economics, 2004, 14(5): 563—592.

[29] Huang, J. P. h Industry energy use and structure change: A case study of the People's RePublic of China[J]. Energy Economics, 1993, 15: 131—13.

[30] Inklaar R, Mahony O, Timmer M P. ICT and Europe's productivity performance: Industry level growth account comparisons with the United States[J]. Review of Income and Wealth, 2005, 51 (4): 505—536.

[31] Jacobs J. The economies of cities[J]. 1969.

[32] Jin-Li Hu, Shih-Chuan Wang. Total-factor energy efficiency of regions in China[J]. Energy Policy, 34: 3206—3217.

[33] Jorgenson D W, HO M S, Samuels J D, Stiroh K J. Industry origins of the American productivity resurgence[J]. Interdisciplinary Information Sciences, 2008, 14(1): 43—59.

[34] Kelly M, Hageman A. Marshallian externalities in innovation[J]. Journal of Economic Growth,

1999,4(1): 39—54.

[35] Kennedy, Thirlwall. A Technical progress: A survey[J]. Economic Journal, 1972.

[36] Khazzoom, J. D. Economic implicat ions of mandated efficiency in standards for household appliances[J]. The Energy Journal, 1980, 1(4): 21—40. (82): 11—72.

[37] Krugman P R. Geography and Trade[M]. MIT press, 1991.

[38] Kokko A. Foreign direct investment, host country characteristics and spillovers[J]. 1992.

[39] Lan Sue Wing. E[3] Kunt Blind, Andre Jungmittag. The impact of patents and standards on macroeconomic growth: A panel approach covering four countries and 12 sectors[J]. Journal of Productivity Analysis, 2008,1: 51—60.

[40] Lawrence. The source of East Asian economic growth, in Gustav Rains, Sheng-Cheng Hu, and Yun-Peng Chu(eds.): The Political Economy of Contemporary Development into the 21st Century[M]. Edward Elgar Press, 1999: 45—75.
xplaining the Declining Energy intensity of the U. S. Economy[J]. Resource and Energy Economics, 2008, 30(1): 21—49.

[41] Lovric Ljiljana. Information-communication technology impact on labor productivity growth of EU developing countries[J]. Zb. Rad. Ekon. Fak. Rij, 2012, 30(2): 223—245.

[42] Lovell, C. A. K. Production Froniier and Productive Effieieny? [C]. in Fried, H. O., Lovell, C. A. K. and Scbmidi, 5.5. (Eds), the Measuremeni of Productive Effieieney, NewYork: Oxford University Press, 1993:3—67.

[43] Meyers, s. Improving energy effieieney: Strategies for supporting sustained market evolutionindeveloping and transitioning countries[Rl. Lawrenee Berkeley Laboratory, Berkeley, CA, 1998, RePortLBL-41460.

[44] Meyer-Stamer J. Clustering and the creation of an innovation-oriented environment for industrial competitiveness: Beware of overly optimistic expectations[J]. International Small Business Journal, 2002, 20(3).

[45] North D C. The Rise of the Western World: A New Economic History[M]. Cambridge University Press, 1973.

[46] Ouyan Surgical Treatment of a Patient with Human Tail and Multiple Abnormalities of the Spinal Cord and Column[J]. 2010.

[47] Patterson, MG. What is energy efficiency? ConcePts, Indicators and methodological issues[J]. Energy Policy, 1996,24: 216—234.

[48] Porter M E. Clusters and the New Economics of Competition[M]. Watertown: Harvard Business Review, 1998.

[49] Paci R, Usai S. The role of specialisation and diversity externalities in the agglomeration of innovative activities[J]. 1999.

[50] Roach S. America's Technology Dilemma: A Profile of the Information Economy[M]. Morgan Stanley Special Economic Study: New York, 1987.

[51] Romer P M. Increasing returns and long-run growth[J]. The Journal of Political Economy, 1986: 1002—1037.

[52] Schreyer P. The OECD productivity manual: A guide to the measurement of industry-level and aggregate productivity[J]. International productivity monitor, 2001, 2(2): 37—51.

[53] Shadbegian R J, Gray W B. Pollution abatement expenditures and plant-level productivity: A production function approach[J]. Econological Economics, 2005, 54(2): 196—208.

[54] Shahiduzzaman M, Alam K. Information technology and its changing roles to economic growth and productivity in Australia[J]. Telecommunications Policy, 2014, 38(3): 125—135.

[55] Silvestre B S, Dalcol P R T. Geographical proximity and innovation: Evidences from the Campos Basin oil & gas industrial agglomeration—Brazil[J]. Technovation, 2009, 29(8): 546—561.

[56] Sinton, J. E. and Fridley, D. G What goes up: Recent trends in China's energy consumption [J]. Energy Policy, 2000, 28: 671—687.

[57] Solow R. We'd Better Watch out[M]. Times Book Review, New York, 1987.

[58] Stephen D O, Daniel E S. The resurgence of growth in the late 1990s: Is information technology the story? [J]. Journal of Economic Perspecitves, 2000, 14(4): 3—22.

[59] Stiroh K, Botsch M. Information technology and productivity growth in the 2000s[J]. German Economic Review, 2007, 8(2): 255—280.

[60] Storper M, Venables A J. Buzz: Face-to-face contact and the urban economy[J]. Journal of economic geography, 2004, 4(4): 351—370.

[61] Vaelav, S. China's Energy[R], in Report Prepared for the U. S. Congress, Washington, D. C: Office of Technology Assessment, 1990.

[62] Wang Y C. How ICT penetration influences productivity growth: Evidence from 17 OECD countries[J]. Economic Development Quarterly, 2015, 29(1): 79—92.

[63] Watanabe, M. and Tanaka, K. Efficiency analysis of Chinese industry: A directional distance function approach[J]. Energy Policy, 2007, 35: 6323—6331.

[64] Wooldridge J M. Econometric Analysis of Cross Section and Panel Data[M]. MIT Press, 2002.

[65] Yoguel G, Marin A. Production Networks: Linkages, Innovation Processes and Social Management Technologies: a Methodological Approach Applied to the Volkswagen Case in Argentina [M]. Department of Industrial Economics and Strategy, Copenhagen Business School, 2000.

[66] 白雪洁,宋莹. 环境规制、技术创新与中国火电行业的效率提升[J]. 中国工业经济,2009, 8: 68—77.

[67] 陈德敏,张瑞. 环境规制对中国全要素能源效率的影响——基于省际面板数据的实证检验[J]. 经济科学. (4): 49—65.

[68] 陈关聚. 中国工业全要素能源效率及其影响因素研究——基于面板数据的随机前沿分析[J]. 中国软科学,2014,1: 180—192.

[69] 陈诗一. 中国的绿色工业革命:基于环境全要素生产率视角的解释(1980—2008)[J]. 经

济研究,2011,11:21—34.

[70] 储德银,张同斌.自主研发、技术引进与高新技术产业成长[J].科研管理,2013,11:53—60.

[71] 刁心柯,唐安宝.能源价格变动对能源效率影响研究[J].中国矿业,2012,6:37—41.

[72] 丁日佳.FDI、人力资本与R&D与中国能源效率[J].财贸经济,2008,9:95—99.

[73] 董利.我国能源效率变化趋势的影响因素分析[J].产业经济研究,2008,1:8—17.

[74] 窦丽琛,赵翠.科技投入对经济增长的影响分析[J].云南财贸学院学报,2005,3:9—12.

[75] 范剑勇,冯猛,李方文.产业集聚与企业全要素生产率[J].世界经济,2014,5:51—73.

[76] 范剑勇.产业集聚与地区间劳动生产率差异[J].经济研究,2006,11:72—81.

[77] 关欣,乔小勇,孟庆民.信息化发展对科技进步影响的实证研究——基于2005—2009年我国31个省(直辖市、自治区)的面板数据分析[J].科学学研究,2012,30(7):1020—1030.

[78] 郭宝梅.科技进步对我国产业结构影响的探讨[J].山西财经大学学报,2006,2:37—39.

[79] 郭菊娥,柴建,席酉民.一次能源消费结构变化对我国单位GDP能耗影响效应研究[J].中国人口?资源与环境,2008,04:38—42.

[80] 国家统计局统计科研所信息化统计评价研究组.信息化发展指数优化研究报告[J].管理世界,2011,12:1—11.

[81] 韩智勇,魏一鸣,范英.中国能源强度与经济结构变化特征研究[J].数理统计与管理,2004,1:1—6.

[82] 韩先锋,惠宁,宋文飞.信息化能提高中国工业部门技术创新效率吗?[J].中国工业经济,2014,12:70—82.

[83] 杭雷鸣,屠梅曾.能源价格对能源强度的影响——以国内制造业为例[J].数量经济技术经济研究,2006,12:93—100.

[84] 何洁.外商直接投资对中国工业部门外溢效应的进一步精确量化[J].世界经济,2000,12:29—36.

[85] 胡秋阳.回弹效应与能源效率政策的重点产业选择[J].经济研究,2014,2:128—140.

[86] 胡晓彬.中国能源效率的影响因素研究[D].上海交通大学安泰经济与管理学院,2009.

[87] 胡小娟,赵寒.中国工业行业外商投资结构的环境效应分析——基于工业行业面板数据的实证检验[J].世界经济研究,2010,7:55—61.

[88] 金碚.工业的使命和价值—中国产业转型升级的理论逻辑[J].中国工业经济,2014,9:51—64.

[89] 蒋金荷.提高能源效率与经济结构调整的策略分析[J].数量经济技术经济研究,2004,10:16—2.

[90] 姜磊,季民河.中国区域能源压力的空间差异分析——基于STIRPAT模型[J].财经科学,2011,4:64—70.

[91] 姜秀娟,赵峰.我国科技投入与经济增长的T型关联度分析[J].技术进步与对策,2010,11:4—6.

[92] 黄智淋,俞培果. 近年技术创新对我国经济增长的影响研究——基于面板数据模型分析[J]. 科技管理研究,2007,5:74—77.

[93] 梁玺,朱恒源,吴贵生. 中国创新活动和经济增长的关系——一个基于协整理论的初步研究[J]. 清华大学学报(哲学社会科学版),2006(6).

[94] 李斌,刘琳. 湖南省信息化对经济增长贡献的实证研究[J]. 经济地理,2009,29(10):1685—1690.

[95] 李斌,黄乐军. 科技进步对中国经济增长贡献的实证研究[J]. 科技与经济,2009,3:65—68.

[96] 李锴,齐绍洲. 贸易开放、经济增长与中国二氧化碳排放[J]. 经济研究,2011,11:60—72.

[97] 李婧,朱承亮,安立仁. 中国经济低碳转型绩效的历史变迁与地区差异[J]. 中国软科学,2013,5:167—182.

[98] 李廉水,程中华,刘军. 中国制造业"新型化"及其评价研究[J]. 中国工业经济,2015,2:63—75.

[99] 李廉水,杜占元. 中国制造业发展研究报告2004[M]. 北京:科学出版社,2004.

[100] 李廉水,周彩红,刘军. 中国制造业发展研究报告2012[M]. 北京:科学出版社,2012.

[101] 李廉水,周彩红,刘军. 中国制造业发展研究报告2013[M]. 北京:科学出版社,2013.

[102] 李廉水,杨浩昌,刘军. 我国区域制造业综合发展能力评价研究——基于东、中、西部制造业的实证分析[J]. 中国软科学,2014,2:121—129.

[103] 李廉水,周勇. 技术进步能提高能源效率吗?——基于中国工业部门的实证检验[J]. 管理世界,2006,10:82—89.

[104] 李廉水,周勇. 中国制造业"新型化"状况的实证分析——基于我国30个地区制造业评价研究[J]. 管理世界,2005,6:76—81.

[105] 李建平,谢树玉. 基于技术进步的经济增长因素分析[J]. 经济数学,2007,1:50—53.

[106] 李世祥,成金华. 中国能源效率评价及其影响因素分析[J]. 统计研究,2008,25(10):28—36.

[107] 李伟娜,金晓雨. 中国制造业的环境技术效率研究[J]. 中国科技论坛,2011,2:33—38.

[108] 李子成,金哲松. 云南省对外开放度与经济增长相关性分析[J]. 经济问题研究,2011,2:148—153.

[109] 廖小玲. 中国能源效率的影响因素研究[D]. 湖北大学,2012.

[110] 林伯强,杜克锐. 要素市场扭曲对能源效率的影响[J]. 经济研究,2013,9:125—136.

[111] 刘畅,孔宪丽,高铁梅. 中国工业行业能源消耗强度变动及影响因素的实证分析[J]. 资源科学,2008,09:1291—1298.

[112] 刘军,邵军. 技术差距与外资的溢出效应:基于分位数回归的分析[J]. 国际商务——对外经济贸易大学学报,2011,3:82—89.

[113] 刘军,徐康宁. 产业聚集、工业化水平与区域差异——基于中国省级面板数据的实证研究[J]. 财经科学,2010,10:65—72.

[114] 刘军,徐康宁.产业聚集、经济增长与地区差距——基于中国省级面板数据的实证研究[J].中国软科学,2010,7:91—102.

[115] 刘修岩,殷醒民.空间外部性与地区工资差异:基于动态面板数据的实证研究[J].经济学(季刊),2008,8(1):77—98.

[116] 龙如银,李仲贵.技术进步与能源强度关系的实证研究[J].华东经济管理,2009,4:36—39.

[117] 卢方元,靳丹丹.我国R&D投入对经济增长的影响——基于面板数据的实证分析[J].中国工业经济,2011,3:150—157.

[118] 牛永泽,孙茂辉.欠发达地区技术进步与经济增长的实证研究——以甘肃省为例[J].江西农业大学学报,2013,3:334—337.

[119] 齐志新,陈文颖,吴宗鑫.工业轻重结构变化对能源消费的影响[J].中国工业经济,2007,02:35—42.

[120] 邱灵,申玉铭,任旺兵,严婷婷.中国能源利用效率的区域分异与影响因素分析[J].自然资源学报,2008,23(05):920—928.

[121] 秦腾,陈曦,张铁英.技术进步对经济增长影响的门槛效应研究[J].商业时代,2014,33:39—41.

[122] 屈小娥.中国省际工业能源效率与节能潜力:基于DEA的实证和模拟[J].经济管理,2011,7:16—24.

[123] 邵帅,杨莉莉,黄涛.能源回弹效应的理论模型与中国经验[J].经济研究,2013,12:96—109.

[124] 沈利生.我国对外贸易结构变化不利于节能降耗[J].管理世界,2007,10:43—50.

[125] 史丹.我国经济增长过程中能源利用效率的改进[J].经济研究,2002,9:49—56.

[126] 史丹.中国能源效率的地区差异与节能潜力分析[J].中国工业经济,2006,10:49—58.

[127] 施莉,胡培.信息技术对中国TFP增长影响估算:1980—2003[J].预测,2008,27(3):1—7.

[128] 沈可挺,龚健健.环境污染、技术进步与中国高耗能产业——基于环境全要素生产率的实证研究[J].中国工业经济,2011,12:25—34.

[129] 沈能.环境效率、行业异质性与最优规制强度——中国工业行业面板数据的非线性检验[J].中国工业经济,2012,3:56—68.

[130] 孙广生,黄祎,田海峰,王凤萍.全要素生产率、投入替代与地区间的能源效率[J].经济研究,2012,9:99—112.

[131] 孙琳琳,郑海涛,任若恩.信息化对中国经济增长的贡献:行业面板数据的经验证据[J].世界经济,2012,2:3—25.

[132] 谭忠富,张金良.中国能源效率与其影响因素的动态关系研究[J].中国人口资源与环境,2010,20(4):43—49.

[133] 唐安宝,李星敏.能源价格与技术进步对我国能源效率影响研究[J].统计与决策,2014,15:98—101.

[134] 万伦来,童梦怡. 环境规制下中国能源强度的影响因素分析[J]. 山西财经大学学报,2010,2:6—7.

[135] 万伦来,朱琴. R&D 投入对工业绿色全要素生产率增长的影响——来自中国工业 1999—2010 年的经验数据[J]. 经济学动态,2013,9:20—26.

[136] 汪斌,余冬筠. 中国信息化的经济结构效应分析——基于计量模型的实证研究[J]. 中国工业经济,2004,7:21—28.

[137] 汪芳,潘毛毛. 产业融合、绩效提升与制造业成长——基于 1998—2011 年面板数据的实证[J]. 科学学研究,2015,33(4):530—538.

[138] 王光栋,叶仁荪,王雷. 技术进步对就业的影响:区域差异及政策选择[J]. 中国软科学,2008,11:151—160.

[139] 汪克亮,杨宝臣,杨力. 考虑环境效应的中国省际全要素能源效率研究[J]. 管理科学,2010,6:100—111.

[140] 王庆一. 中国的能源效率及国际比较[J]. 节能与环保,2005,6:10—13.

[141] 王庆一. 中国的能源效率及国际比较[J]. 节能与环保,2003,8.

[142] 王群伟,周德群. 能源回弹效应测算的改进模型及其实证研究[J]. 管理学报,2008,5:688—691.

[143] 王玉潜. 能耗强度变动的因素分析方法及其应用[J]. 数量经济技术经济研究,2003,8:43—52.

[144] 王志刚,龚六堂,陈玉宇. 地区间生产效率与全要素生产率增长率分解(1978—2003)[J]. 中国社会科学,2006,2:55—66.

[145] 王荣,杨晓明. 科技进步对我国经济增长贡献的实证研究[J]. 价格月刊,2007,2:42—45.

[146] 王万珺. FDI、装备制造业增长和地区差异——基于 2001—2007 年我国面板数据的实证分析[J]. 科学学研究,2010,3:365—373.

[147] 王燕飞. 城市产业集聚与就业促进的实证分析[J]. 探索,2014,2:93—97.

[148] 魏一鸣,廖华. 能源效率的七类测度指标及其测度方法[J]. 中国软科学 2010,1:128—137.

[149] 卫兴华,候为民. 中国经济增长方式的选择与转换途径[J]. 经济研究,2007,7:15—22.

[150] 吴代红,王小华. FDI、对外开放对地区经济发展的影响研究[J]. 南京财经大学学报,2012,4:1—9.

[151] 吴敬琏. 经济增长模式与技术进步[J]. 中国科技产业,2006,01:23—29.

[152] 吴巧生,成金华. 中国工业化中的能源消耗强度变动及因素分析——基于分解模型的实证分析[J]. 财经研究,2006,6:75—85.

[153] 熊妍婷. 对外开放对我国能源技术效率的影响——基于随机前沿模型的省际数据分析[D]. 厦门大学,2009.

[154] 徐国泉,刘则渊. 1998—2005 年中国八大经济区域全要素能源效率——基于省际面板数据的分析. 中国科技论坛,2007,7:68—73.

[155] 许倩倩. 研发投入和技术创新对经济增长的影响——基于中国 30 个地区的面板数据实证研究[J]. 现代管理科学,2012,10:76—78.

[156] 杨继生. 国内外能源相对价格与中国的能源效率[J]. 经济学家,2009,4:90—97.

[157] 杨浩昌,李廉水,刘军. 本土市场规模对技术创新能力的影响及其地区差异——基于中国制造业省级面板数据的实证检验[J]. 中国科技论坛,2015,1:27—32.

[158] 杨浩昌,刘军,张芊芊. 中国制造业就业的影响因素研究——基于省级面板数据的实证分析[J]. 经济问题探索,2014,12:55—61.

[159] 杨晶,石敏俊. 制造业集聚对劳动生产率影响的区域差异和产业差异[J]. 数学的实践与认识,2012,42(8):16—25.

[160] 杨立岩,潘慧峰. 论基础研究影响经济增长的机制[J]. 经济评论,2003,2:13—18.

[161] 杨正林. 中国能源效率的影响因素研究[D]. 华中科技大学,2009.

[162] 姚树洁,冯根福,韦开蕾. 外商直接投资和经济增长的关系研究[J]. 经济研究,2006,12:35—46.

[163] 尤济红. 环境规制对新疆能源效率的影响研究[D]. 新疆财经大学,2014.

[164] 袁鹏,程施. 我国能源效率的影响因素:文献综述[J]. 科学·经济·社会,2008,(28)4:51—55.

[165] 袁晓玲,张宝山,杨万平. 基于环境污染的中国全要素能源效率研究[J]. 中国工业经济,2009,2:76—86.

[166] 原毅军,郭丽丽,孙佳. 结构、技术、管理与能源利用效率——基于 2000—2010 年中国省际面板数据的分析[J]. 中国工业经济,2012,7:18—30.

[167] 张江山,张旭昆. 技术进步、能源效率与回弹效应——来自中国省级面板数据的经验测算[J]. 山西财经大学学报,2014,36(11):50—59.

[168] 张江雪,蔡宁,毛建素,杨陈. 自主创新、技术引进与中国工业绿色增长——基于行业异质性的实证研究[J]. 科学学研究,2015,33(2):185—194.

[169] 张军,吴桂英,张吉鹏. 中国省际物质资本存量估算:1952—2000[J]. 经济研究,2004,10:35—44.

[170] 张楠,叶阿忠,胡乐琼. 我国技术创新对经济增长的影响因素研究[J]. 科技和产业,2013,11:162—166.

[171] 张瑞,丁日佳. 我国能源效率与能源消费结构的协整分析[J]. 煤炭经济研究,2006,12:8—10.

[172] 张瑞. 环境规制、能源生产力与中国经济增长[D]. 重庆大学,2013.

[173] 张少华,陈浪南. 外包对中国能源利用效率影响的实证研究[J]. 国际贸易问题,2009,6:23—29.

[174] 张贤,周勇. 外商直接投资对我国能源强度的空间效应分析[J]. 数量经济技术经济研究,2007,1:100—106.

[175] 张亚斌,金培振,沈裕谋. 两化融合对中国工业环境治理绩效的贡献——重化工业阶段的经验证据[J]. 产业经济研究,2014,1:40—50.

[176] 张宗益,吕小明,汪峰.能源价格上涨对中国第三产业能源效率的冲击——基于 VAR 模型的实证分析[J].管理评论,2010,22(6):61—70.

[177] 赵红.环境规制对产业绩效的影响研究综述[J].生产力研究,2008,22:160—162.

[178] 赵丽霞,魏巍贤.能源与经济增长模型研究.预测,1998,6:32—35.

[179] 赵楠,贾丽静,张军桥.技术进步对中国能源利用效率影响机制研究[J].统计研究,2013,30(4):63—60.

[180] 赵晓丽,欧阳超.北京市经济结构与能源消费关系研究[J].中国能源,2008,3:21—24.

[181] 郑畅.能源效率的地区差异及其影响因素分析——以长江流域七省二市为实证[J].江西社会科学,2009,09:101—104.

[182] 周勇,李廉水.中国能源强度变化的结构与效率因素贡献:基于 AWD 的实证分析[J].产业经济研究,2006,04:22—31.

[183] 朱春奎.上海 R&D 投入与经济增长关系的协整分析[J].中国科技论坛,2004,6:79—83.

[184] 朱勇,张宗益.技术创新对经济增长影响的地区差异研究[J].中国软科学,2005,11:94—98.

[185] 朱钟棣,李小平.中国工业行业资本形成、全要素生产率变动及其趋异化:基于分行业面板数据的研究[J].世界经济,2005,9:51—62.

撰稿:刘　军　陈玉林　钟　念　程中华　杨浩昌　曲晨瑶　杨传志　郑　宇
统稿:李廉水　刘　军

第8章 中国制造业发展:企业研究

本章研究分析了制造业上市企业在规模、效益、成长性以及创新性等方面的发展现状,以明确制造业上市企业行业和地区的总体发展方向,评价推选了最应受到尊敬的制造业上市企业,以树立企业发展的典范,提升制造业上市企业的影响力,不断推动形成有利于制造业企业经济、技术及社会可持续发展的良好态势。

8.1 中国制造业上市企业发展基本评价

本节主要围绕中国制造业上市企业2014年度的企业数量分布、企业发展规模和效益以及企业的成长性和创新性等方面的情况进行评价,了解中国制造业上市企业发展的基本现状。

本节数据主要来自制造业上市企业的2014年年报数据和中华人民共和国国家知识产权局专利检索系统的查询数据,共收集到2014年12月31日之前首发上市的1656家制造业上市企业的相关样本数据。另外,本节制造业上市企业的行业类别是依据中国证监会的《上市公司行业分类指引》(2012年修订)所列的行业门类来划分的,主要考虑:一是选择分析2014年之前上市运行的制造业上市企业是符合研究目的的;二是《上市公司行业分类指引》(2012年修订)的行业划分按规定是定期调整的,为制造业上市企业的行业分析提供了客观的依据。

8.1.1 中国制造业上市企业发展数量分布

中国制造业上市企业数量分布情况可反映当前制造业上市企业的地区和行业分布特征,一定程度上是衡量地区和行业的制造业企业发展水平的重要依据。

1. 中国制造业企业地区分布

从中国制造业上市企业的地区分布来看,广东、浙江、江苏和山东四省位列前四,制造业上市企业数量都在100家以上。其中,广东最多,有249家制造业上市企业,占全国的15.04%;浙江有199家,占全国总数的12.02%;江苏有194家,占全国总数的11.71%;山东有117家,占全国总数的7.07%;四省共有759家,占全国总数的45.83%。排名前十的依次还有上海、北京、四川、安徽、湖北、河南,前十个省份共有制造业上市企业1176家,占全国总数的71.01%。全国31个省(直辖市、自治区)中,西藏的制造业上市企业数量最少,仅有5家,占全国总数的0.3%;青海有8家,占0.48%;海南有7家,占0.42%;宁夏有10家,占0.6%。排名后十位的还有天津(21家)、黑龙江(19家)、内蒙古(18家)、云南(17家)、甘肃(17家)和贵州(16家)(见表8-1)。

表8-1 2014年1 656家中国制造业上市企业省份分布

序号	省份	企业数(家)	所占比例(%)	累计比例(%)
1	广东	249	15.04	15.04
2	浙江	199	12.02	27.05
3	江苏	194	11.71	38.77
4	山东	117	7.07	45.83
5	上海	99	5.98	51.81
6	北京	91	5.50	57.31
7	四川	61	3.68	60.99
8	安徽	57	3.44	64.43
9	湖北	56	3.38	67.81
10	河南	53	3.20	71.01
11	福建	51	3.08	74.09
12	湖南	47	2.84	76.93
13	辽宁	44	2.66	79.59
14	河北	37	2.23	81.82
15	吉林	26	1.57	83.39
16	江西	24	1.45	84.84
17	陕西	25	1.51	86.35
18	新疆	23	1.39	87.74
19	重庆	22	1.33	89.07
20	广西	22	1.33	90.40
21	山西	21	1.27	91.67
22	天津	21	1.27	92.93
24	黑龙江	19	1.15	94.08
23	内蒙古	18	1.09	95.17
25	云南	17	1.03	96.20
27	甘肃	17	1.03	97.22
26	贵州	16	0.97	98.19
28	宁夏	10	0.60	98.79
29	海南	7	0.42	99.21
30	青海	8	0.48	99.70
31	西藏	5	0.30	100.00
总计		1 656	100	—

资料来源:根据上海证券交易所(www.sse.com.cn)、深圳证券交易所(wwws.szse.cn)2014年度年报相关资料整理、计算得出。

从东、中、西部分布来看,东部的广东、浙江、江苏、上海、山东、北京、福建、河北、辽宁、天津、海南等11个省份共有1 109家制造业上市企业,约占全国制造业上市企业总数量的66.97%,超三分之二;中部的安徽、湖北、河南、湖南、江西、吉林、山西、黑龙江等8省共有制造业上市企业303家,占全国的18.3%;西部的四川、内蒙古、云南、重庆、贵州、广西、新疆、陕西、甘肃、宁夏、青海、西藏等12个省份共有制造业上市企业244家,占全国的14.73%。

从地区分布总体来看,中、东部地区在制造业上市企业数量上占有绝对优势,尤其广东、浙江、江苏、山东、上海和北京六省份的制造业上市企业数量占比就接近了60%。

2. 中国制造业企业行业分布

根据《上市公司行业分类指引》(2012年修订),这里制造业上市企业共分为计算机、通信和其他电子设备制造业,化学原料和化学制品制造业,电气机械和器材制造业,医药制造业,专用设备制造业,通用设备制造业,汽车制造业,非金属矿物制品业,有色金属冶炼和压延加工业,橡胶和塑料制品业,纺织业,金属制品业,农副食品加工业,酒、饮料和精制茶制造业,铁路、船舶、航空航天和其他运输设备制造业,黑色金属冶炼和压延加工业,纺织服装、服饰业,造纸和纸制品业,仪器仪表制造业,食品制造业,化学纤维制造业,石油加工、炼焦和核燃料加工业,其他制造业,文教、工美、体育和娱乐用品制造业,木材加工和木、竹、藤、棕、草制品业,印刷和记录媒介复制业,皮革、毛皮、羽毛及其制品和制鞋业,家具制造业和废弃资源综合利用业等29个行业。

从行业分布来看,上述29个行业均有制造业上市企业。其中,计算机、通信和其他电子设备制造业上市企业数量最多,共有218家,占全部制造业行业的13.16%;化学原料和化学制品制造业第二,拥有180家制造业上市企业,占全部行业10.87%;电气机械和器材制造业第三,拥有170家制造业上市企业,占全部制造业行业的10.27%。前三位行业共有制造业上市企业568家,所占比重为34.30%,超三分之一以上,再加上医药制造业、专用设备制造业、通用设备制造业等行业的制造业上市企业数量达到了956家,所占比重接近60%;这六类行业在数量分布上成为制造业上市企业的优势行业。

制造业上市企业数量最后三位的行业分别是皮革、毛皮、羽毛及其制品和制鞋业(6家,占比0.36%)、家具制造业(5家,占比0.30%)和废弃资源综合利用业(1家,占比0.06%),所占比重不足1%。这三类行业的制造业上市企业在数量分布上占比非常小,是同类制造业企业的重要标杆(见表8-2)。

表 8-2 2014 年 1 656 家中国制造业上市企业行业分布

序号	行业	企业数（家）	所占比例（%）	累计比例（%）
1	计算机、通信和其他电子设备制造业	218	13.16	13.16
2	化学原料和化学制品制造业	180	10.87	24.03
3	电气机械和器材制造业	170	10.27	34.30
4	医药制造业	147	8.88	43.18
5	专用设备制造业	140	8.45	51.63
6	通用设备制造业	101	6.10	57.73
7	汽车制造业	87	5.25	62.98
8	非金属矿物制品业	77	4.65	67.63
9	有色金属冶炼和压延加工业	55	3.32	70.95
10	橡胶和塑料制品业	51	3.08	74.03
11	纺织业	40	2.42	76.45
12	金属制品业	40	2.42	78.86
13	农副食品加工业	38	2.29	81.16
14	酒、饮料和精制茶制造业	36	2.17	83.33
15	铁路、船舶、航空航天和其他运输设备制造业	34	2.05	85.39
16	黑色金属冶炼和压延加工业	31	1.87	87.26
17	纺织服装、服饰业	30	1.81	89.07
18	造纸和纸制品业	27	1.63	90.70
19	仪器仪表制造业	28	1.69	92.39
20	食品制造业	28	1.69	94.08
21	化学纤维制造业	24	1.45	95.53
22	石油加工、炼焦和核燃料加工业	19	1.15	96.68
23	其他制造业	17	1.03	97.71
24	文教、工美、体育和娱乐用品制造业	10	0.60	98.31
25	木材加工和木、竹、藤、棕、草制品业	9	0.54	98.85
26	印刷和记录媒介复制业	7	0.42	99.28
27	皮革、毛皮、羽毛及其制品和制鞋业	6	0.36	99.64
28	家具制造业	5	0.30	99.94
29	废弃资源综合利用业	1	0.06	100.00
总计		1 656	100.00	—

资料来源：根据上海证券交易所（www.sse.com.cn）、深圳证券交易所（wwws.szse.cn）2014 年度年报相关资料整理、计算得出。

3. 中国制造业企业地区行业分布

表 8-3、表 8-4 和表 8-5 反映的是省、自治区、直辖市及东、中、西部三大经济地带的 1 656 家制造业上市企业行业分布情况。在省级层面看，制造业上市企业行

表 8-3　2014 年 1 656 家中国制造业上市企业地区行业分布

单位：家

地区	省份	计算机、通信和其他电子设备制造业	化学原料和化学制品制造业	电气机械和器材制造业	医药制造业	专用设备制造业	通用设备制造业	汽车制造业	非金属矿物制品业	有色金属冶炼和压延加工业	橡胶和塑料制品业	纺织业	金属制品业	农副食品加工业
东部地区	广东	75	16	39	16	17	6	6	6	3	8	2	5	5
	浙江	22	16	22	16	12	22	15	4	4	8	8	7	2
	江苏	25	21	29	7	19	18	8	6	6	9	7	10	0
	山东	6	22	10	9	11	9	9	5	3	4	5	4	6
	上海	9	11	12	8	6	6	9	5	1	5	4	1	1
	北京	26	3	4	10	13	1	2	7	3	0	0	2	2
	福建	9	2	5	1	5	3	3	3	2	1	2	0	1
	辽宁	1	4	5	2	6	7	3	0	3	0	0	1	2
	河北	2	7	2	3	5	1	0	1	0	2	1	2	1
	天津	3	0	5	6	4	0	2	0	0	1	0	0	0
	海南	0	0	0	3	0	0	1	1	1	0	1	0	0
	行业总计	178	102	133	81	98	73	60	38	26	38	30	32	20
中部地区	安徽	3	10	7	2	3	5	5	4	3	6	2	2	1
	河南	3	3	5	4	6	2	4	7	5	1	1	1	2
	湖北	13	10	4	6	6	3	2	3	0	1	1	0	0
	湖南	1	4	3	6	7	3	1	3	2	1	2	4	4
	江西	1	4	2	3	1	1	1	1	3	0	0	0	2
	吉林	1	1	2	7	1	0	4	2	2	0	0	0	0

（续表）

地区	省份	计算机、通信和其他电子设备制造业	化学原料和化学制品制造业	电气机械和器材制造业	医药制造业	专用设备制造业	通用设备制造业	汽车制造业	非金属矿物制品业	有色金属冶炼和压延加工业	橡胶和塑料制品业	纺织业	金属制品业	农副食品加工业
中部地区	黑龙江	0	1	3	4	2	0	1	0	0	1	0	0	1
	山西	1	3	0	4	1	0	0	2	2	0	0	0	0
	行业总计	23	36	26	36	27	14	18	22	17	10	6	4	10
西部地区	广西	0	6	1	4	1	0	2	0	0	0	0	0	1
	贵州	2	3	1	3	0	1	1	1	0	1	0	1	0
	甘肃	1	1	1	2	2	1	0	3	0	1	1	0	0
	内蒙古	0	5	0	4	1	0	0	1	1	0	1	1	1
	宁夏	0	2	0	0	0	1	0	2	1	0	1	0	0
	陕西	4	1	4	1	5	1	0	2	2	0	0	2	0
	四川	9	15	1	2	5	7	2	2	1	1	1	0	2
	新疆	1	3	1	0	1	1	0	4	0	0	0	0	4
	青海	0	1	1	2	0	1	0	1	0	0	0	0	0
	西藏	0	0	0	2	0	0	0	0	1	0	0	0	0
	重庆	0	3	1	7	0	2	3	0	0	0	0	0	0
	云南	0	2	0	3	0	0	1	1	6	0	0	0	0
	行业总计	17	42	11	30	15	14	9	17	12	3	4	4	8

表 8-4 2014 年 1 656 家中国制造业上市企业地区行业分布

单位：家

地区	省份	酒、饮料和精制茶制造业	铁路、船舶、航空航天和其他运输设备制造业	黑色金属冶炼和压延加工业	纺织、服装、服饰业	造纸和纸制品业	仪器仪表制造业	食品制造业	化学纤维制造业	石油加工、炼焦和核燃料加工业	其他制造业	文教、工美、体育和娱乐用品制造业	木材加工和木、竹、藤、棕、草制品业	印刷和记录媒介复制业
东部地区	广东	3	3	1	4	9	4	8	2	1	1	7	1	2
	浙江	2	1	1	9	3	5	2	6	0	6	2	1	0
	江苏	3	5	2	5	0	3	1	7	0	1	0	2	0
	山东	2	0	1	1	5	0	1	2	0	0	0	0	1
	上海	1	4	2	2	2	3	2	0	0	2	1	0	1
	北京	2	6	1	3	0	3	1	1	0	0	0	0	1
	福建	1	0	1	3	4	0	1	0	0	0	0	1	1
	辽宁	0	0	4	1	1	0	0	0	2	0	0	0	0
	河北	2	0	1	0	0	2	0	0	1	0	0	0	0
	天津	0	0	0	0	0	0	0	0	0	0	0	0	0
	海南	0	0	0	0	0	0	0	0	1	1	0	0	0
	行业总计	16	19	14	28	24	20	16	18	5	13	10	5	6
中部地区	安徽	2	0	1	0	0	0	0	1	0	0	0	0	0
	河南	0	0	1	0	1	2	2	2	1	0	1	0	0
	湖北	0	0	2	1	0	0	1	2	1	1	1	0	0
	湖南	1	1	2	0	0	1	2	0	0	0	0	0	0
	江西	0	1	2	0	1	2	0	0	1	1	0	0	0
	吉林	1	0	0	0	1	1	0	0	0	0	0	0	1

（续表）

地区	省份	酒、饮料和精制茶制造业	铁路、船舶、航空航天和其他运输设备制造业	黑色金属冶炼和压延加工业	纺织、服装、服饰业	造纸和纸制品业	仪器仪表制造业	食品制造业	化学纤维制造业	石油加工、炼焦和核燃料加工业	其他制造业	文教、工美、体育和娱乐用品制造业	木材加工和木、竹、藤、棕、草制品业	印刷和记录媒介复制业
中部地区	黑龙江	0	2	0	0	1	0	0	0	2	1	0	0	0
	山西	1	1	2	0	0	0	0	0	4	0	0	0	0
	行业总计	5	5	10	1	4	6	5	5	9	2	1	1	0
西部地区	广西	0	0	1	0	1	1	2	1	0	0	0	1	0
	贵州	1	1	0	0	0	0	0	0	0	0	0	1	0
	甘肃	3	0	1	0	0	0	1	0	0	0	0	0	0
	内蒙古	0	1	2	0	0	0	0	0	0	1	0	0	0
	宁夏	1	0	0	0	0	0	0	0	1	0	0	0	1
	陕西	0	2	0	1	1	0	0	0	1	0	0	0	0
	四川	4	2	0	0	0	0	2	0	0	1	0	2	0
	新疆	3	0	1	0	0	0	0	0	0	0	0	0	0
	青海	1	0	0	0	0	0	1	0	0	0	0	0	0
	西藏	1	0	1	0	0	1	1	0	0	0	0	0	0
	重庆	1	4	0	0	0	0	0	0	0	0	0	0	0
	云南	0	0	0	0	0	0	0	0	2	0	0	0	0
	行业总计	15	10	7	1	2	2	7	1	5	2	0	3	1

业分布与表中的行业分布大体一致,但是广东省在计算机、通信和其他电子设备制造业(75家)、电气机械和器材制造业(39家)、食品制造业(8家)上市企业数量相比其他省份来说为最多的;江苏省则在专用设备制造业(19家)、通用设备制造业(18家)、金属制品业(10家)上市企业数量是最多的;浙江省在通用设备制造业(22家),汽车制造业(15家),纺织服装、服饰业(9家)等行业上市企业数量是最多的。

东部地区的制造业上市企业在数量上具有明显优势,占比超60%以上,其中计算机、通信和其他电子设备制造业,电气机械和器材制造业,专用设备制造业,通用设备制造业等行业占比超70%以上。

表8-5 2014年1656家中国制造业上市企业地区行业分布　　　　单位:家

地区	省份	皮革、毛皮、羽毛及其制品和制鞋业	家具制造业	废弃资源综合利用业	行业总计
东部地区	广东	0	2	1	249
	浙江	1	2	0	199
	江苏	0	0	0	194
	山东	1	0	0	117
	上海	0	0	0	99
	北京	0	0	0	91
	福建	2	0	0	51
	辽宁	0	0	0	44
	河北	1	0	0	37
	天津	0	0	0	21
	海南	0	0	0	7
	行业总计	5	4	1	1 109
中部地区	安徽	0	0	0	57
	河南	1	0	0	53
	湖北	0	0	0	56
	湖南	0	0	0	47
	江西	0	0	0	24
	吉林	0	0	0	26
	黑龙江	0	0	0	19
	山西	0	0	0	21
	行业总计	1	0	0	303

(续表)

地区	省份	皮革、毛皮、羽毛及其制品和制鞋业	家具制造业	废弃资源综合利用业	行业总计
西部地区	广西	0	0	0	22
	贵州	0	0	0	16
	甘肃	0	0	0	17
	内蒙古	0	0	0	18
	宁夏	0	0	0	10
	陕西	0	0	0	25
	四川	0	0	0	61
	新疆	0	1	0	23
	青海	0	0	0	8
	西藏	0	0	0	5
	重庆	0	0	0	22
	云南	0	0	0	17
行业总计		0	1	0	244

资料来源：根据上海证券交易所(www.sse.com.cn)、深圳证券交易所(www.szse.cn)2014年度年报相关资料整理、计算得出。

8.1.2 中国制造业上市企业规模评价

企业规模是企业生产和经营达到一定水平的重要经济指标。在市场竞争环境中立足的企业须具备一定规模化水平，多数文献研究指出了企业规模所具有的资源禀赋条件与企业的成长性和创新等方面的因素具有密切关系；在企业规模指标设计上，上述文献大多采用了国家统计部门的企业规模划分标准指标即资产总额(即总资产)、销售额(即主营业务收入)和雇员总数(即员工总数)等指标，其中较多文献在采用单一指标来表示企业规模的时候，选择了总资产指标。总资产是指某一经济实体拥有或控制的、能够带来经济利益的全部资产，从资源占用和生产要素的层面上反映出企业规模，在以往《中国制造业发展研究报告》中也都曾以总资产为依据将制造业上市企业划分为特大型(50亿元以上)、大型(5亿元以上)、中型(5 000万元以上)和小型(5 000万元以下)四种类型。主营业务收入主要是指企业经常性的、主要业务所产生的基本收入，具体来说对工业企业而言是指产品销售收入，而对制造业企业而言是指销售产品、非成品和提供工业性劳务作业的收入等，这是企业积累和发展的基础。该指标越高，表明企业积累的基础越牢，可持续发展能力越强，发展的潜力越大，可以客观地反映企业的经营规模和市场竞争能力，也是我国现行统计指标中数据比较完整的指标，容易操作。对制造业上市企业来说，由于不同企业之间的雇员结构、雇员质量差异性较大，雇员数又被认为不是很好的衡量指标(任海云等,2010),因此,这里采用总资产与主营业务收入作为制造业规模评价指标。

1. 中国制造业企业总规模结构

从主营业务收入方面,2014 年中国制造业全部 1 656 家上市公司总规模达到 9.36 万亿元,最大为 6 267.12 亿元,最小为 838.60 万元,平均规模为 56.50 亿元,比上年增加 4.15%。这说明 2014 年中国制造业上市企业的规模与上年相比有较明显的扩大。

从行业来看,计算机、通信和其他电子设备制造业的规模最大,2014 年该行业 218 家上市企业的主营业务收入达到 8 799.10 亿元,占 9.4%;电气机械和器材制造业第二,2014 年该行业 170 家上市企业的主营业务收入达到 8 356 亿元,占 8.93%;化学原料和化学制品制造业排第三,2014 年该行业 180 家上市企业的主营业务收入达到 6 443.84 亿元,占 6.89%。废弃资源综合利用业最小,2014 年该行业 1 家上市企业的主营业务收入只有 39.09 亿元,仅占全部行业的 0.04%。由此看出,行业规模结构与行业数量分布基本一致。

从地区分布来看,按照主营业务收入总计排名,上海位列第一,其 99 家制造业上市企业的主营业务收入达到 14 463.19 亿元;广东排第二,其 249 家制造业上市企业的主营业务收入达到 13 101.22 亿元;北京排第三,其 91 家制造业上市企业的主营业务收入达到 9 057.83 亿元;其后三名依次为山东、江苏和浙江。按照主营业务收入平均规模排名,上海、江西、云南、北京以及河北分别位于前五,而浙江、西藏、福建、天津和宁夏位于后五名。

从东中西部来看,东部地区的 1 109 家制造业上市企业的主营业务收入达到 62 567.16 亿元,占全国制造业上市企业主营业务收入合计的 66.87%;中部地区的 303 家制造业上市企业主营业务收入达到 17 238.87 亿元,占比仅为 18.42%;西部地区的 244 家制造业上市企业主营业务收入达到 13 762.44 亿元,占比仅为 14.71%。由此可以看出,东部地区制造业上市企业规模总量最大,中部次之,西部最小。

2. 中国制造业企业规模(总资产)分布

我国国家统计部门以销售收入和资产总额两个指标为标准,将工业企业划分为特大型(50 亿元以上)、大型(5 亿元以上)、中型(5 000 万元以上)和小型(5 000 万元以下)四种类型;我们分别以总资产和主营业务收入为标准对 2014 年中国制造业 1 656 家上市公司的规模进行了统计。

表 8-6 是按总资产对制造业上市企业的规模进行统计。可以发现,我国制造业上市企业数量规模具有不断扩大的趋势,尤其是特大型制造业上市企业出现了明显的增长,特大型企业的资产规模超过总规模的 2/3,达到 79.92%,特大型企业

规模所占比例明显增加,增加比例达到1.64个百分点。2013年特大型企业平均规模为218.51亿元,2014年特大型企业平均规模上升到225.07亿元。大型企业的数目所占比例有所减少,减少了1.89个百分点;而特大型企业的数目所占比例上升了2.61个百分点。2013年1608家制造业总资产的平均规模为53.68亿元,2014年1656家制造业总资产的平均规模上升到66.16亿元。2014年平均规模的上升进一步说明了我国制造业上市企业具有规模增长的整体趋势。

表8-6　2013—2014年1656家中国制造业上市企业规模比较(总资产)

类别	企业数		所占比例(%)		规模(亿元)		所占比例(%)	
	2013	2014	2013	2014	2013	2014	2013	2014
特大型	395	450	24.56	27.17	86 312.1	101 282.6	78.28	79.92
大型	1 153	1 156	71.70	69.81	23 754	25 270.75	21.54	19.94
中型	58	49	3.61	2.96	2 008.87	172.30	0.18	0.14
小型	2	1	0.12	0.06	0.1	0.32	0	0
总计	1 608	1 656	100	100	110 267.07	126 726	100	100

资料来源:根据中国制造业发展研究报告(2013)、上市公司2014年年度年报数据整理得出。

3. 中国制造业企业规模(主营业收入)分布

表8-5是按主营业务收入排序的制造业上市企业规模情况。2013年主营业务收入50亿元以上的制造业上市企业有286家,2014年有303家,企业数量所占比例上升了0.5个百分点。2013年50亿元以上的企业规模占全部制造业上市企业的78.7%;2014年50亿元以上的企业规模占全部制造业上市企业的78.62%,比上年减少了0.08个百分点,主营业务收入比去年增加了4 942.43亿元。从表8-5中数据可知,5亿—50亿元企业的规模占总数的20.4%,比上年增加了0.23个百分点,平均规模上升了0.47亿元;0.5亿—5亿元以下的企业的数量从上年的313家下降至288家。

从主营业务收入看,2014年中国制造业全部1 656家上市公司主营业务收入的总体规模较上年上升7.32%,在数量上增加2.99%,宏观上呈现上升趋势。微观上,特大型企业和大型企业无论在数量还是主营收入规模上都呈现上升趋势,而中型企业与小型企业在数量以及主营收入规模上呈现下降趋势。这说明制造业上市企业具有较大规模集中度发展趋势。

表 8-7 2013—2014 年 1608 家中国制造业上市企业规模比较(主营业务收入)

类别	企业数		所占比例(%)		规模(亿元)		所占比例(%)	
	2013	2014	2013	2014	2013	2014	2013	2014
50 亿元以上	286	303	17.80	18.30	68 617.00	73 559.43	78.70	78.62
5 亿—50 亿元	993	1 050	61.79	63.41	17 585.8	19 086.32	20.17	20.40
0.5 亿—5 亿元	313	288	19.48	17.39	978.45	919.42	1.12	0.98
0.5 亿元以下	15	15	0.03	0.91	4.07	3.30	0.00	0.00
总计	1 607	1 656	100	100	87 185.32	93 568.47	100	100
规模以上	1 607	1 656	100	100	87 185.32	93 568.47	100	100

资料来源:根据中国制造业发展研究报告(2013)、上市公司 2014 年年度年报数据整理得出。

8.1.3 中国制造业上市企业效益评价

企业经营的目的是实现利润最大化,而且提高经济效益既是企业经营持续发展的基本保证,又是企业竞争力增强的表现之一。由于企业是以营利为目的从事生产经营活动的组织,因此盈利能力是衡量企业经济效益最重要的因素,主要反映企业经营业务创造利润的能力。较强的盈利能力为公司将来迅速发展壮大,创造更好的经济效益打下了坚实的基础。利润是企业内外有关各方都关心的中心问题,利润是投资者取得投资收益、债权人收取本息的资金来源,是经营者经营业绩和管理效能的集中表现,也是职工集体福利设施不断完善的重要保障。因此,企业盈利能力分析十分重要。

在指标设计上,盈利能力指标有净资产收益率(ROE)、资产收益率(ROA)、主营业务利润率以及息税前利润(EBIT)等。其中,总资产收益率指标衡量了企业总资产的回报率,反映了资产使用效率;净资产收益率指标加入了企业经营效率、资本结构的影响,衡量了股东投资的回报率,因此有文献指出净资产收益率是反映盈利能力的核心指标,但也有文献指出中国上市公司为迎合监管部门的规定对净资产收益率存在大量的利润操纵行为;在主营业务利润率指标判断选择上,文献认为以产品经营为主的企业,其主导产品或主导业务被认为是集中体现企业核心竞争力的盈利对象,其核心利润应是一定时期财务业绩的主体,核心利润率是企业核心盈利能力的综合体现,可以更为恰当地分析企业核心盈利能力的发展态势。因此,这里沿用往年《中国制造业发展研究报告 2014》,继续使用净资产收益率(ROE)、资产收益率(ROA)以及主营业务利润率等指标评价制造业上市企业的盈利能力,其中主营业务利润率 =(主营业务收入 - 主营业务成本 - 主营业务税金及附加)/主营业务收入。

下面将根据上述三个指标从行业和地区角度分析 2014 年中国制造业的企业盈利能力。

1. 行业分析

按行业分类,2014 年中国制造业的企业盈利能力如表 8-8 所示。

表 8-8 行业盈利能力指标

行业	企业数量	主营业务利润率(%)	总资产净利率(%)	净资产收益率(%)
计算机、通信和其他电子设备制造业	218	26.71	4.25	4.21
化学原料和化学制品制造业	176	19.60	3.48	4.47
电气机械和器材制造业	169	25.06	4.15	7.66
医药制造业	146	47.77	7.67	12.09
专用设备制造业	139	29.69	3.90	6.05
通用设备制造业	101	24.40	3.75	6.05
汽车制造业	86	20.59	4.67	6.78
非金属矿物制品业	75	−25.38	3.67	7.18
有色金属冶炼和压延加工业	54	11.14	1.63	1.87
橡胶和塑料制品业	50	19.60	4.20	−38.75
纺织业	39	17.36	2.85	4.91
金属制品业	40	19.93	3.47	5.72
农副食品加工业	38	15.33	3.87	4.96
酒、饮料和精制茶制造业	36	43.09	4.85	6.55
铁路、船舶、航空航天和其他运输设备制造业	34	17.29	2.33	−1.94
黑色金属冶炼和压延加工业	30	7.90	−0.33	−3.81
纺织服装、服饰业	30	36.13	4.76	7.64
造纸和纸制品业	25	16.37	−0.16	−5.80
仪器仪表制造业	28	41.05	6.64	7.93
食品制造业	28	33.80	5.72	8.81
化学纤维制造业	24	10.09	−0.48	−6.94
石油加工、炼焦和核燃料加工业	19	6.97	−1.25	−19.43
其他制造业	17	22.47	7.11	12.12
文教、工美、体育和娱乐用品制造业	10	25.75	5.38	7.64
木材加工和木、竹、藤、棕、草制品业	9	25.81	5.38	9.65
印刷和记录媒介复制业	7	31.11	7.97	10.80
皮革、毛皮、羽毛及其制品和制鞋业	6	22.67	3.73	4.91
家具制造业	5	36.63	7.47	10.80
废弃资源综合利用业	1	18.38	2.68	6.10
总计平均值	—	22.32	3.91	3.04

注:根据上市公司 2014 年年度报告数据整理、计算得出;其中 2014 年 1 656 家制造业上市企业中有 13 家净资产收益率不详,3 家主营业务税金及附加数据不详,本表仅考虑了 1 640 家企业数据。

2014年29个制造业行业平均主营业务利润率为22.32%,其中医药制造业的147家上市公司的平均主营业务净利率最高,为47.77%;非金属矿物制品业的75家上市公司的平均主营业务净利率最低,为-25.38%。制造业中计算机、通信和其他电子设备制造业,电气机械和器材制造业,医药制造业,专用设备制造业,通用设备制造业,酒、饮料和精制茶制造业,纺织服装、服饰业,仪器仪表制造业,食品制造业,其他制造业,文教、工美、体育和娱乐用品制造业,木材加工和木、竹、藤、棕、草制品业,印刷和记录媒介复制业,皮革、毛皮、羽毛及其制品和制鞋业,家具制造业15个行业的主营业务利润率高于全行业平均水平,表明这15个行业制造业上市企业核心盈利能力高于全行业平均水平。

2014年29个制造业行业的平均总资产净利率为3.91%,其中印刷和记录媒介复制业的7家上市公司的平均总资产净利率最高,为7.97%;石油加工、炼焦和核燃料加工业19家上市公司的平均总资产净利率最低,仅为-1.25%。制造业中计算机、通信和其他电子设备制造业,电气机械和器材制造业,医药制造业,汽车制造业,橡胶和塑料制品业,酒、饮料和精制茶制造业,纺织服装、服饰业,仪器仪表制造业,食品制造业,其他制造业,文教、工美、体育和娱乐用品制造业,木材加工和木、竹、藤、棕、草制品业,印刷和记录媒介复制业,皮革、毛皮、羽毛及其制品和制鞋业,家具制造业15个行业的总资产净利率高于全行业平均水平,表明这15个行业的制造业上市企业资产使用效率相对较高,资产运营相比全行业平均水平更有效,成本费用的控制水平更高。

2014年29个制造业行业平均净资产收益率为3.04%,其中其他制造业的17家上市公司的平均净资产收益率最高,为12.12%;橡胶和塑料制品业的50家上市公司的平均净资产收益率最低,为-38.75%。制造业中计算机、通信和其他电子设备制造业,化学原料和化学制品制造业,电气机械和器材制造业,医药制造业,专用设备制造业,通用设备制造业,汽车制造业,非金属矿物制品业,金属制品业,农副食品加工业,酒、饮料和精制茶制造业,纺织服装、服饰业,仪器仪表制造业,食品制造业,其他制造业,文教、工美、体育和娱乐用品制造业,木材加工和木、竹、藤、棕、草制品业,印刷和记录媒介复制业,皮革、毛皮、羽毛及其制品和制鞋业,家具制造业,废弃资源综合利用业21个行业的净资产收益率高于全行业平均水平,表明这21个行业的制造业上市企业投资所带来的收益高于全行业平均水平。

2. 地区分析

按地区分类,2014年中国制造业的企业盈利能力如表8-9所示。

表 8-9　地区盈利能力指标

地区	企业数量	主营业务利润率(%)	总资产净利率(%)	净资产收益率(%)
安徽	56	22.40	3.42	5.81
北京	91	31.88	5.20	7.75
福建	51	24.76	2.01	-1.71
甘肃	17	27.72	4.31	8.90
广东	249	27.95	4.87	7.28
广西	20	20.86	2.99	4.98
贵州	15	32.66	5.42	7.88
海南	7	28.96	2.60	3.85
河北	37	23.82	3.56	-53.63
河南	53	24.37	3.37	5.26
黑龙江	19	23.25	2.36	-3.70
湖北	55	24.72	4.12	7.39
湖南	47	28.36	3.57	4.35
吉林	26	33.74	4.32	6.19
江苏	193	23.93	4.28	5.58
江西	23	21.77	4.21	7.62
辽宁	42	21.48	2.60	2.49
内蒙古	18	-1.84	2.76	4.37
宁夏	9	17.58	0.10	0.54
青海	8	29.17	2.16	18.63
山东	117	22.62	4.35	5.99
山西	21	26.65	1.28	0.43
陕西	24	21.09	0.79	-0.33
上海	97	26.34	5.66	6.62
四川	58	24.10	2.28	-0.20
天津	21	27.82	3.50	4.94
西藏	5	38.07	8.17	14.95
新疆	23	21.47	2.19	0.03
云南	17	16.30	0.87	-6.99
浙江	199	26.96	5.16	7.96
重庆	22	23.86	3.22	-1.76
总计平均值	—	24.61	3.41	2.63

注：根据上市公司 2014 年年度年报数据整理、计算得出；其中 2014 年 1 656 家制造业上市企业中有 13 家净资产收益率不详，3 家主营业务税金及附加数据不详，本表仅考虑了 1 640 家企业数据。

2014年全国31个省份制造业的平均主营业务利润率为24.61%,其中西藏的5家上市公司的平均主营业务利润率最高,为38.07%;内蒙古的18家上市公司的平均主营业务利润率最低,仅为-1.84%。31个省份中北京、福建、甘肃、广东、贵州、海南、湖北、湖南、吉林、青海、山西、上海、天津、西藏、浙江15个地区的主营业务利润率高于整个行业的平均水平,表明这15个地区制造业上市企业从主营业务收入中获取利润的能力高于全国平均水平。

2014年全国31个省份制造业的平均总资产净利率为3.41%,其中西藏的5家上市公司平均总资产净利率最高,为8.17%;宁夏的9家上市公司总资产净利率最低,仅为0.10%。众多省份中,安徽、北京、甘肃、广东、贵州、河北、湖北、湖南、吉林、江苏、江西、山东、上海、天津、西藏、浙江16个地区的总资产净利率高于整个行业的平均水平,表明这16个省份的制造业上市企业投入产出水平较高,资产运营相比全国平均水平更有效,成本费用的控制水平更高。

2014年全国31个省份制造业的平均净资产收益率为2.63%,其中青海的8家上市公司平均净资产收益率最高,为18.63%;河北的37家上市公司平均净资产收益率最低,仅为-53.63%。众多省份中,安徽、北京、甘肃、广东、广西、贵州、海南、河南、湖北、湖南、吉林、江苏、江西、内蒙古、青海、山东、上海、天津、西藏、浙江20个省份的净资产收益率高于整个行业的平均水平,表明这20个省份的制造业上市企业投资所带来的收益高于全行业平均水平。

8.1.4 中国制造业上市企业成长性评价

中国制造业上市企业成长性评价就是判断企业今后是否具有较强的发展后劲,最终判断出不同企业各自的成长状况和成长潜力,而最终显见性的成长性目标应归结到企业财务上的成长性。评价制造业上市企业成长能力的财务指标有很多,如销售收入增长率、资本积累率、总资产增长率、固定资产成新率、三年利润平均增长率、三年资本平均增长率以及Tobin's Q值等;在多数文献里企业成长性指标是用总资产增长和销售收入增长来衡量,例如在高新技术企业认证办法中对企业成长性的评价也主要是根据企业近三年的销售收入和总资产的增长速率,但考虑到许多制造业上市企业的非主营业务收入也有很大增长,导致营业总收入和总资产等的增长不能很好地衡量企业成长(唐跃军等,2008)。因此,我们采用销售收入增长率(这里是指三年主营业务收入平均增长率)作为制造业上市企业成长能力指数,即以(本年度主营业务收入-上年度主营业务收入)/上年度主营业务收入的连续三年均值作为三年主营业务收入平均增长率,依据此指标说明产业或产品增长或变迁的潜力和预期,反映企业的主营业务增长趋势和稳定程度,体现企业的连续发展状况和发展能力,该指标越高,表明企业主营业务持续增长势头越好,市场扩张能力越强,企业成长性好。下面将根据三年主营业务收入平均增长率指标从行业和地区角度衡量2014年中国制造业上市企业的成长性。

1. 行业分析

按行业分类，2014 年中国制造业的成长性如表 8-10 和图 8-1 所示。

表 8-10　2014 年中国制造业上市企业行业平均成长性

排名	行业	企业数量(家)	行业平均成长能力指数
1	非金属矿物制品业	74	0.8456
2	废弃资源综合利用业	1	0.7077
3	其他制造业	17	0.2688
4	铁路、船舶、航空航天和其他运输设备制造业	32	0.2272
5	计算机、通信和其他电子设备制造业	214	0.2252
6	化学原料和化学制品制造业	170	0.1863
7	电气机械和器材制造业	169	0.1768
8	有色金属冶炼和压延加工业	55	0.1665
9	家具制造业	5	0.1486
10	文教、工美、体育和娱乐用品制造业	10	0.1484
11	仪器仪表制造业	28	0.1438
12	食品制造业	28	0.1413
13	纺织服装、服饰业	30	0.1291
14	印刷和记录媒介复制业	7	0.125
15	橡胶和塑料制品业	48	0.1216
16	汽车制造业	85	0.1098
17	通用设备制造业	99	0.1007
18	专用设备制造业	136	0.0872
19	化学纤维制造业	22	0.0832
20	金属制品业	40	0.0791
21	皮革、毛皮、羽毛及其制品和制鞋业	6	0.0786
22	农副食品加工业	38	0.0752
23	木材加工和木、竹、藤、棕、草制品业	9	0.0729
24	造纸和纸制品业	23	0.0513
25	医药制造业	145	0.0405
26	酒、饮料和精制茶制造业	32	0.0254
27	纺织业	38	0.0161
28	黑色金属冶炼和压延加工业	30	-0.0218
29	石油加工、炼焦和核燃料加工业	18	-0.0373
	综合平均值		0.1599

注：根据上海证券交易所(www.sse.com.cn)、深圳证券交易所(wwws.szse.cn)2014 年度年报相关资料整理、计算得出；另外，2014 年 1 656 家制造业上市企业中有 47 家企业是 *ST\ST\S 等开头的股票，由于这些企业是经过特殊处理的并且运营不稳定，现将这些上市企业剔除在外，那么制造业上市企业成长性分析仅采用了 1 609 家企业数据。

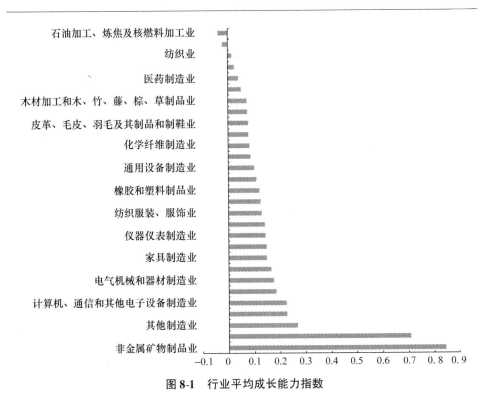

图 8-1 行业平均成长能力指数

选取每家企业 2011—2014 年的主营业务收入数据,计算得到 1 609 家制造业上市企业的三年主营业务收入平均增长率为 0.1599,反映出整个制造业行业具有稳健的成长能力;其中,非金属矿物制品业、废弃资源综合利用业这两个行业的收入平均增长率较高,其数值都大于 0.7,表明这些行业近几年销售收入增长较快,企业市场扩张能力强,但也有两个行业的收入平均增长率呈负数,分别是黑色金属冶炼和压延加工业以及石油加工、炼焦和核燃料加工业,说明这两个行业近年的成长能力存在持续下降现象,其发展前景不容乐观,有必要加快新型化转型升级。

2. 地区分析

按地区分类,2014 年中国制造业的企业成长性如表 8-11 和图 8-2 所示。

表 8-11 地区平均成长性

排名	地区	企业数量(家)	地区平均成长能力指数
1	甘肃	16	0.9561
2	黑龙江	18	0.5406
3	上海	95	0.5210
4	海南	7	0.3873

（续表）

排名	地区	企业数量(家)	地区平均成长能力指数
5	吉林	26	0.3467
6	青海	8	0.3123
7	北京	89	0.2676
8	湖北	55	0.2579
9	广西	21	0.2111
10	河北	36	0.1982
11	湖南	46	0.1866
12	广东	245	0.1814
13	云南	17	0.1633
14	贵州	15	0.1628
15	西藏	5	0.1610
16	新疆	23	0.1500
17	天津	20	0.1480
18	江苏	190	0.1404
19	陕西	23	0.1380
20	重庆	22	0.1361
21	山东	115	0.1115
22	安徽	56	0.1091
23	浙江	198	0.1063
24	江西	24	0.0962
25	四川	55	0.0903
26	福建	49	0.0824
27	河南	52	0.0656
28	内蒙古	16	0.0594
29	辽宁	41	0.0422
30	宁夏	8	-0.0037
31	山西	18	-0.0161
	总计平均值	—	0.2035

注：根据上市公司2014年年度年报数据整理、计算得出；另外，2014年1 656家制造业上市企业中有47家企业是＊ST\ST\S等开头的股票，由于这些企业是经过特殊处理的并且运营不稳定，现将这些上市企业剔除在外，那么制造业上市企业成长性分析仅采用了1 609家企业数据。

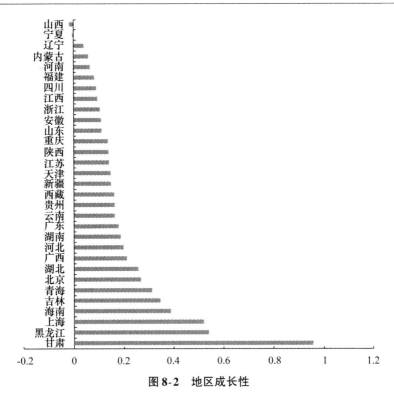

图 8-2 地区成长性

2014年全国31个省份制造业的地区平均成长能力指数为0.2035,其中大部分省份的收入平均增长率都比较合理,反映这些地区的整体制造业上市企业的经营状况稳定可靠,成长能力较强;甘肃、黑龙江和上海这3个省份的收入增长率相对较高,其数值都大于0.5,表明这些省份制造业上市企业具有较好的成长性。同时,江西、四川、福建、河南、内蒙古、辽宁几个省份平均成长能力指数偏小,表明这些地区制造业上市企业的成长能力相对较弱。此外,宁夏和山西这两个省份是负值,可以看出其制造业上市企业出现成长性困境。

结合单个制造业上市企业的成长性水平情况,我们发现中技控股(600634)、上峰水泥(000672)和佳电股份(000922)三家制造业上市企业的成长能力指数分别高达34.67、12.03和7.66,拉高了这三家企业所在的行业(如非金属矿物制品业)和地区(如甘肃省和黑龙江)的平均成长性水平。另外,江苏省的三年主营业务收入平均增长率为0.1404,低于全国平均水平,但在全国省份中仅排在第18位,说明江苏制造业上市企业的平均成长性并不高。

8.1.5 中国制造业上市企业创新性评价

中国制造业上市企业创新性评价就是考察企业的科技创新能力。反映制造业上市企业科技创新能力的主要指标主要是科技创新的投入与产出两个维度指标。这里拟借鉴多数文献做法（何强等，2013；王文翌等，2014，等）采用研发经费投入强度作为评价制造业上市企业的科技创新投入指标。研发经费投入强度是指研发费用总额与主营业务收入的比值，用来反映研发经费投入在企业主营业务收入中的比重。其计算公式为：研发经费投入强度=企业研发费用/企业主营业务收入。而采用专利相关指标作为科技创新产出的指标，反映了企业的研发能力及对创新的重视程度，也是衡量企业发展潜力的重要标准，是企业保持市场份额、创造利润、维持行业地位的重要因素，研究表明专利产出对产业增长的长期作用最强。在专利指标设计上，由于含技术方案的专利主要分为发明和实用新型两种，发明专利要通过审查员的新颖性和创新性的实质审查，实用新型专利则不需要，相对来说发明专利技术含量较高，因此本节也采用有效的发明授权专利数量/亿元主营业务收入作为评价科技创新产出的重要指标。

下面将根据上述两个科技创新投入产出指标从行业和地区角度分析2014年中国制造业上市企业的创新性。

1. 科技创新投入水平

下面以研发经费投入强度指标来反映中国制造业上市企业科技创新投入水平。

（1）行业分析

按行业分类，2014年中国制造业的研发经费投入强度如表8-12和图8-3所示。

表8-12　2014年1609家中国制造业上市企业研发经费投入强度

排名	行业	企业数量	研发经费投入强度
1	计算机、通信和其他电子设备制造业	214	0.0769
2	仪器仪表制造业	28	0.0675
3	化学纤维制造业	22	0.0553
4	专用设备制造业	136	0.0447
5	电气机械和器材制造业	169	0.0439
6	通用设备制造业	99	0.0408
7	文教、工美、体育和娱乐用品制造业	10	0.0360
8	铁路、船舶、航空航天和其他运输设备制造业	32	0.0356
9	废弃资源综合利用业	1	0.0331

(续表)

排名	行业	企业数量	研发经费投入强度
10	皮革、毛皮、羽毛及其制品和制鞋业	6	0.0320
11	黑色金属冶炼和压延加工业	30	0.0310
12	造纸和纸制品业	23	0.0293
13	汽车制造业	85	0.0290
14	橡胶和塑料制品业	48	0.0279
15	印刷和记录媒介复制业	7	0.0269
16	非金属矿物制品业	74	0.0268
17	化学原料和化学制品制造业	170	0.0251
18	家具制造业	5	0.0228
19	食品制造业	28	0.0228
20	医药制造业	145	0.0220
21	农副食品加工业	38	0.0200
22	金属制品业	40	0.0183
23	有色金属冶炼和压延加工业	55	0.0179
24	纺织服装、服饰业	30	0.0179
25	其他制造业	17	0.0160
26	木材加工和木、竹、藤、棕、草制品业	9	0.0117
27	酒、饮料和精制茶制造业	32	0.0117
28	纺织业	38	0.0117
29	石油加工、炼焦和核燃料加工业	18	0.0046
	综合平均值		0.0296

注：根据上海证券交易所(www.sse.com.cn)、深圳证券交易所(wwws.szse.cn)2014年度年报相关资料整理、计算得出；另外，2014年1 656家制造业上市企业中有47家企业是 *ST\ST\S 等开头的股票，由于这些企业是经过特殊处理的并且运营不稳定，现将这些上市企业剔除在外，那么此处制造业上市企业仅采用了1 609家企业数据。

2014年29个制造业行业平均研发投入强度为2.96%，其中计算机、通信和其他电子设备制造业的214家上市公司的平均研发投入强度最高，为7.69%；石油加工、炼焦和核燃料加工业的17家上市公司的平均研发投入强度最低，为0.46%。

(2) 地区分析

按地区分类，2014年中国制造业上市企业的研发经费投入强度如表8-13和图8-4所示。

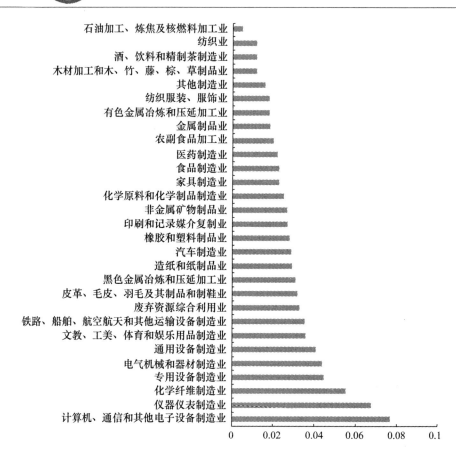

图 8-3 行业研发投入强度

表 8-13 地区研发经费投入强度

排名	地区	企业数量	研发经费投入强度
1	陕西	23	0.1115
2	北京	89	0.0669
3	湖北	55	0.0635
4	广东	245	0.0475
5	天津	20	0.0458
6	海南	7	0.0414
7	福建	49	0.0409
8	上海	95	0.0385
9	吉林	26	0.0385

(续表)

排名	地区	企业数量	研发经费投入强度
10	江苏	190	0.0381
11	浙江	198	0.0377
12	河南	52	0.0374
13	湖南	46	0.0366
14	西藏	5	0.0362
15	云南	17	0.0358
16	辽宁	41	0.0353
17	山东	115	0.0343
18	安徽	56	0.0307
19	贵州	15	0.0306
20	重庆	22	0.0303
21	黑龙江	18	0.0292
22	河北	36	0.0283
23	四川	55	0.0275
24	江西	24	0.0236
25	新疆	23	0.0184
26	甘肃	16	0.0182
27	广西	21	0.0175
28	内蒙古	16	0.0169
29	宁夏	8	0.0166
30	山西	18	0.0161
31	青海	8	0.0086
	总计平均值	—	0.0354

注：根据上海证券交易所(www.sse.com.cn)、深圳证券交易所(wwws.szse.cn)2014年度年报相关资料整理、计算得出，其中2014年1 656家制造业上市企业中有47家企业是*ST\ST\S等开头的股票，由于这些企业是经过特殊处理的并且运营不稳定，现将这些上市企业剔除在外，那么此处制造业上市企业仅采用了1 609家企业数据。

2014年全国31个省份制造业的平均研发经费投入强度为3.54%，其中陕西的23家上市公司平均研发经费投入强度最高，为11.15%；青海的8家上市公司平均研发经费投入强度最低，仅为0.86%。众多省份中，陕西、北京、湖北、广东、天津、海南、福建、上海、吉林、江苏、浙江、河南、湖南、西藏、云南15个省份的平均总研发经费投入强度高于整个行业的平均水平，表明这15个省份的制造业上市

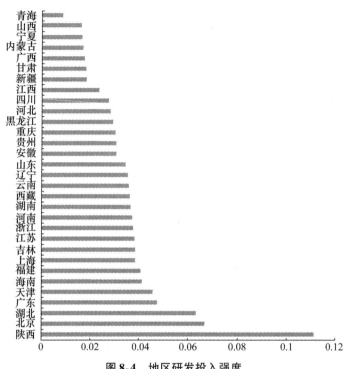

图 8-4 地区研发投入强度

企业科研投入水平较高,发展潜力较大。

结合单个制造业上市企业的创新投入情况,彩虹股份(600707)等制造业上市企业的创新投入水平比较突出,其研发经费投入强度高达 1.69%,拉高了企业所在行业(如计算机、通信和其他电子设备制造业)和地区(如陕西省)的平均创新投入水平;另外总体上看,江苏省的研发经费投入强度为 3.81%,超出全国平均水平,排在第 10 位,同时江苏省的研发经费投入总量也位于全国前列,表明江苏省制造业上市企业普遍重视科技创新研发,其整体科研经费投入水平处于全国前列。

2. 科技创新产出水平

下面以每亿元主营业务收入的有效发明授权专利数量指标来反映中国制造业上市企业科技创新产出水平。

(1) 行业分析

按行业分类,2014 年中国制造业上市企业的科技创新产出如表 8-14 和图 8-5 所示。

表 8-14　2014 年 1609 家中国制造业上市企业科技创新产出

排名	行业	企业数量	发明授权专利数量/主营业务收入(项/亿元)
1	非金属矿物制品业	74	4.9864
2	计算机、通信和其他电子设备制造业	214	4.1441
3	仪器仪表制造业	28	3.7279
4	专用设备制造业	136	2.4751
5	电气机械和器材制造业	169	2.3935
6	其他制造业	17	1.9829
7	废弃资源综合利用业	1	1.8164
8	通用设备制造业	99	1.7615
9	铁路、船舶、航空航天和其他运输设备制造业	32	1.6396
10	化学原料和化学制品制造业	170	1.3271
11	食品制造业	28	1.2002
12	金属制品业	40	1.1133
13	橡胶和塑料制品业	48	1.1114
14	皮革、毛皮、羽毛及其制品和制鞋业	6	1.0240
15	农副食品加工业	38	0.8308
16	医药制造业	145	0.7352
17	汽车制造业	85	0.6854
18	纺织服装、服饰业	30	0.5935
19	纺织业	38	0.4873
20	印刷和记录媒介复制业	7	0.4539
21	文教、工美、体育和娱乐用品制造业	10	0.4387
22	造纸和纸制品业	23	0.3825
23	化学纤维制造业	22	0.3630
24	有色金属冶炼和压延加工业	55	0.3445
25	木材加工和木、竹、藤、棕、草制品业	9	0.3364
26	酒、饮料和精制茶制造业	32	0.2953
27	家具制造业	5	0.2601
28	黑色金属冶炼和压延加工业	30	0.1727
29	石油加工、炼焦和核燃料加工业	18	0.1420
	综合平均值		1.2836

注:根据上海证券交易所(www.sse.com.cn)、深圳证券交易所(wwws.szse.cn)2014 年度年报及国家知识产权局(www.pss-system.gov.cn)相关资料整理、计算得出;另外,2014 年 1 656 家制造业上市企业中有 47 家企业是 *ST\ST\S 等开头的股票,由于这些企业是经过特殊处理的并且运营不稳定,现将这些上市企业剔除在外,那么此处制造业上市企业仅采用了 1 609 家企业数据。

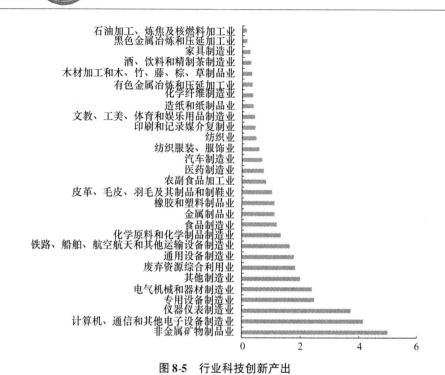

图 8-5 行业科技创新产出

制造业 2025 还提出了衡量创新能力的另一个指标,即每亿元主营业务收入有效发明专利数。经计算,2014 年 29 个制造业行业平均科技创新产出为 1.2836 项/亿元,其中非金属矿物制品业的 73 家上市公司的平均创新产出最高,为 4.9864 项/亿元;石油加工、炼焦和核燃料加工业的 17 家上市公司的平均创新产出最低,为 0.142 项/亿元。制造业中非金属矿物制品业、计算机、通信和其他电子设备制造业、仪器仪表制造业、专用设备制造业、电气机械和器材制造业、其他制造业、废弃资源综合利用业、通用设备制造业、铁路、船舶、航空航天和其他运输设备制造业、化学原料和化学制品制造业等 10 个行业的平均每亿元主营业务收入有效发明专利数高于全行业平均水平,表明这 10 个行业制造业上市企业创新产出能力较强。其他的 19 个行业均低于平均水平,表明发明授权专利的数量在不同行业中的差距较大,大部分行业仍然处于较低的科技产出水平。

(2) 地区分析

按地区分类,2014 年中国制造业的科技创新产出如表 8-15 和图 8-6 所示。

表 8-15　地区科技创新产出

排名	地区	企业数量	发明授权专利数量/主营业务收入（项/亿元）
1	云南	17	19.6332
2	陕西	23	8.0888
3	天津	20	2.9042
4	广东	245	2.8767
5	北京	89	2.8233
6	西藏	5	2.5975
7	黑龙江	18	2.4393
8	福建	49	2.2791
9	河南	52	2.1065
10	湖南	46	1.9702
11	湖北	55	1.8043
12	上海	95	1.6767
13	浙江	198	1.3461
14	江苏	190	1.3278
15	贵州	15	1.2571
16	山东	115	1.2546
17	重庆	22	1.2518
18	河北	36	1.2400
19	海南	7	1.1867
20	四川	55	1.1593
21	吉林	26	1.0894
22	安徽	56	1.0130
23	广西	21	1.0062
24	辽宁	41	0.8740
25	江西	24	0.6906
26	山西	18	0.5319
27	甘肃	16	0.4332
28	宁夏	8	0.4210
29	新疆	23	0.2327
30	内蒙古	16	0.1962
31	青海	8	0.0442
	总计平均值	—	2.1857

注：根据上海证券交易所（www.sse.com.cn）、深圳证券交易所（wwws.szse.cn）2014 年度年报及国家知识产权局（www.pss-system.gov.cn）相关资料整理、计算得出；另外，2014 年 1 656 家制造业上市企业中有 47 家企业是 *ST\ST\S 等开头的股票，由于这些企业是经过特殊处理的并且运营不稳定，现将这些上市企业剔除在外，那么此处制造业上市企业仅采用了 1 609 家企业数据。

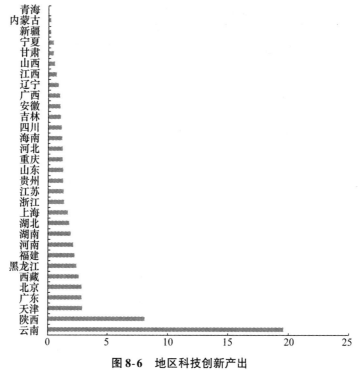

图 8-6 地区科技创新产出

2014年全国31个省份制造业的平均科技创新产出为 2.1857 项/亿元,其中云南的17家上市公司平均科技创新产出最高,为 19.6332 项/亿元;青海的8家上市公司平均科技创新产出最低,仅为 0.0442 项/亿元。云南、陕西、天津、广东、北京、西藏、黑龙江、福建8个省份的平均科技创新产出高于平均水平,表明这8个地区的制造业上市企业创新产出能力较强;而内蒙古、青海等地的创新产出数值略小,表明这些省份创新产出能力略显薄弱。

在全国31个省份当中,大部分省份的平均创新产出数值比较合理;天津、广东、北京三个省份的创新产出水平较高,说明这些省份制造业上市企业普遍具有较强的创新产出能力。结合单个制造业上市企业的创新产出情况,博闻科技(600883)和彩虹股份(600707)等制造业上市企业的创新产出水平比较突出,其发明授权专利数量/主营业务收入值分别高达 323.3575 项/亿元和 164.2040 项/亿元,从而拉高了这些企业所在的行业(如非金属矿物制品业和计算机、通信和其他电子设备制造业)和地区(如云南省和陕西省)的平均创新产出水平。另外,江苏省制造业上市企业的科技创新产出水平(1.3278 项/亿元)低于全国平均水平,排在全国地区的第14位,表明江苏省制造业上市企业2014年度的平均创新产出能力仅处于中等水平。

8.2 最应受到尊敬的制造业上市企业推选

中国制造业发展研究历年报告(2004—2014)都系统性地分析推选了最应受到尊敬的制造业上市企业,从"最应受到尊敬"的内涵界定、指标体系和推选过程步骤设计到评价分析等方面进行了持续十一年的评选工作,强调了企业在社会责任感、企业形象、创新能力、管理水平以及企业绩效等方面最应受到尊敬的内涵实质,也反映了全社会各利益相关主体的价值认同感,还突出了制造业上市企业的新型化发展方向,并采用多指标、多阶段、多步骤的评价体系以及定性、定量相结合的综合评价方法,客观务实地对制造业上市企业进行了最应受到尊敬的评选,具有积极的理论和实践意义。本节将继续秉持客观务实的立场,在以往报告的"最应受到尊敬"论述推选分析的理论实践基础上再次对制造业上市企业进行最应受到尊敬的推选。

8.2.1 最应受到尊敬的制造业上市企业推选依据

2004年首届推选活动明确地提出:"最应受到尊敬"的内涵应与新型化特性相吻合,符合综合效益好、成长潜力大、知识技术密集等技术经济特征,让社会各利益相关者满意的制造业上市企业最应受到尊敬。由于,制造业上市企业在入市时就被要求须具备一定的规模水平、持续盈利能力以及符合法律法规等方面的基本条件,在行业内外已经具备了相当的知名度,获得了基本认可和尊敬。同时,目前的产业发展形势、产业发展规划要求以及相关行业分类标准等方面的信息也反映出制造业上市企业具有的经济创造能力和科技创新能力等新型化发展特性,成为最应受到尊敬的制造业上市企业推选的主要依据。

1. 产业发展形势

随着产业技术经济发展,信息化、网络化、智能化、高端化和绿色化等高新技术发展趋势已经成为制造业企业发展的重要价值取向。一些新的行业企业在诸如智能机床、高端机器人、RFID、传感器、3D打印以及工业自动化和互联网等领域中不断产生发展,形成了与制造业研发、生产和销售等环节相呼应的所谓"高端制造""智能制造"和"互联网制造"等全新发展业态,同时这些高新技术手段及其发展模式的推广应用也将会为包括传统制造业在内的各类型各发展阶段的企业提供转型升级的重要发展机遇,全方位提升企业的发展水平和拓展企业的发展空间。这样就会分化形成具有不同发展阶段特性的企业类型,而与产业发展形势结合最为密切的制造业上市企业尤其如此。因此,最应受到尊敬的制造业上市企业的推选有必要适应新形势发展变化,区分不同行业的企业发展价值标杆,从而推动制造业上市企业可以更快、更好发展。

2. 产业发展规划

当前产业发展规划也为制造业企业确定了中长期的重点发展的产业类型。《国家重点支持的高新技术领域》和《"十二五"国家战略性新兴产业发展规划》等都从战略层面规划了重点发展的产业类型,包括节能环保、新一代信息技术、生物、高端装备制造、新能源、新材料、新能源汽车、航空航天技术和高新技术改造传统产业等高新技术领域,强调要发展好这些以技术突破和发展需求为基础、对经济社会全局和长远发展具有重大引领带动作用以及具备知识技术密集、物质资源消耗少、成长潜力大、综合效益好等特征的产业。中国制造2025也规划了未来十年制造业发展的主要内容,即强调创新驱动、质量为先、绿色发展、结构优化和人才为本等为主要特征,促进互联网和传统工业的融合,推动中国制造业新一轮发展。这些规划不仅直接指出了产业重点发展方向即高新技术发展方向,而且从其所界定的产业发展特征来看也是顾及了相对落后产业的发展转型问题。

综合上述分析,产业发展态势和产业发展规划两方面事实上为最应受到尊敬的制造业上市企业的推选提供了明确的思路方向,即那些符合发展特征的高新技术产业或企业是理应受到特别重视和优先发展的,而其他朝着高新发展方向不断实现转型升级的产业或企业也应获得一定的尊敬。

3. 高新技术行业类别区分

针对制造业上市企业,相关性较强的分类标准有《上市公司行业分类指引》(2012年修订)、《高新技术企业认定管理办法》(2008)、《高技术产业(制造业)分类》(2013)等,其中都有规范的分类标准体系,具有一定权威性和实践性,因此这些标准可以成为制造业上市企业行业差别推选的主要依据。

中国证券监督管理委员会的《上市公司行业分类指引》(2012年修订)和统计部门的《高技术产业(制造业)分类》(2013)都是基于国民经济行业分类标准(GB/T4754-2011)来确定企业的制造业行业分类。其中,《高技术产业(制造业)分类》(2013)明确划分了高技术制造业产业,包括6个大类、29个种类和42个小类,即医药制造业(代码27)、航空、航天器及设备制造业(代码374+4343)、电子及通信设备制造业(代码39-391+3562+3832+3841)、计算机及办公设备制造业(代码391+3474+3475)、医疗仪器设备及仪器仪表制造业(代码358+401+402+409+4041)、信息化学品制造业(代码2664)等大类;其行业分类指标采用R&D投入强度(即R&D经费支出占主营业务收入的比重),认为指标相对较高的制造业行业属于高技术产业,相比较《国家重点支持的高新技术领域》和战略性新兴产业而言,产业范围基本一致,但界定更为明确,与国民经济行业类别中的产业也有具体的对应关系。《上市公司行业分类指引》(2012年修订)是采用主营业务收入或其利润比重来确定制造业上市企业的大类(代码 13 – 43),未确定小类,存在与高技术产业划分不一致之处,即难以确定制造业上市企业所在的小类,从而难以判断归属所有制造业上市企业的高新技术产业类别。

在高新技术企业归属问题上,科技部、财政部、国家税务总局编制的《高新技术企业认定管理办法》(2008)弥补了这个问题,具有明确的认证标准体系和认定机构,其中高新技术企业是指在《国家重点支持的高新技术领域》内,持续进行研究开发与技术成果转化,形成企业核心自主知识产权,并以此为基础开展经营活动,在中国境内(不包括港、澳、台地区)注册一年以上的居民企业;其具体认定标准指标有专利情况、科技人员比重、研发费用支出投入强度,以及自主知识产权数量(专利等指标)、企业研究开发组织管理水平(包括项目立项、投入核算体系、研发活动、机构及设施设备以及制度等)、科技成果转化能力、销售与总资产成长性等,尤其强调了没有开展研究开发活动,单纯从事高新技术产品生产加工的企业,不能被认定为高新技术企业。

总体来说,根据上述文件的整理分析,制造业上市企业发展与国家社会经济发展密切相关,那些最应受到尊敬的制造业上市企业也应符合国家战略产业发展要求和制造业新型化发展方向,是具有知识技术密集、成长潜力大、综合效益好等特征的企业,应获得社会、公众以及企业行业内外的尊敬。

基于制造业上市企业的最应受到尊敬发展内涵以及其产业发展态势、产业发展规划以及行业分类标准等信息,根据制造业上市企业最应受到尊敬的推选需要以及推选操作可行性原则,最应受到尊敬的制造业上市企业的推选活动,继续继承上年的推选步骤方式,即采用初步筛选和综合评价排名两个阶段来展开,同时在此过程中注重规模效益成长性和创新性等因素来反映制造业上市企业最应受到尊敬的价值取向,因此在初步筛选阶段除了筛选掉那些在社会责任履历方面欠缺的制造业上市企业(如被特别处理的 ST 企业、违规企业、审计意见类型为非标准保留意见的企业以及规模效益成长性为负数的企业等)之外,还倾向考虑将更多的高新技术产业类别的企业纳入候选企业范畴中,以体现那些具有较好规模效益成长性和创新性的企业更应受到尊敬。

8.2.2 最应受到尊敬的制造业上市企业推选指标设计

最应受到尊敬的制造业上市企业的推选活动继承历年报告中所坚持的新型化发展理念,结合制造业上市企业的特点,采用主客观和定性定量相结合的方法,借鉴历年报告涉及的指标,最终目的就是推选出相对具有标杆意义的最应受到尊敬的制造业上市企业,为制造业企业新型化发展确定合适的价值标杆。

因此,在指标设计上采用顾基发教授提倡的物理—事理—人理系统分析指导方法,结合以往报告推选经验和相关指标体系,由于制造业上市企业尤其是高新技术制造业企业在进入门槛中就提出了严格的产品质量、环境保护和缴纳税款等方面的条件,以及在制度设计上对违规违法以及不符合标准的企业设计了惩罚退出机制,这些因素相对各类企业来说是一视同仁的,而符合标准和制度的制造业上市企业都应该受到基本的尊重;在承担其他社会责任和义务方面,因为制造业上市企业作为市场经济最为活跃的经济实体,其行为收益多会反映在财务指标上,可显现出制造业上市企业在最应受到尊敬评价方面的比较优势。因此,最终设置的三层最应受到尊敬的制造业上市企业推选指标为:物理层指标,反映基本事实的指标,如总资产、主营业务收入、净利润、研发费用、有效发明专利授权数等;事理层指标,主要以效率性指标来反映,包括主营业务利润率、三年主营业务收入平均增长率、研发费用总额/主营业务收入、发明授权专利数量/每亿元主营业务收入、实用新型授权专利数量/每亿元主营业务收入等;人理层指标,结合专家评价或者结合产品质量、环境保护以及其他社会责任等主观性量化方法在筛选阶段及综合评价阶段对结果进行合理的修正。

8.2.3 最应受到尊敬的制造业上市企业推选方法和过程

根据上述分析内容,最应受到尊敬的制造业上市企业的推选活动是"好中选优",适宜采取两阶段来展开。

第一阶段,推选出"最应受到尊敬"的制造业上市企业候选企业。

此阶段推选活动纳入了2014年12月31日之前上市的1656家制造业上市企业,包括1646家有A股和10家仅有的B股制造业上市企业。

首先,筛选掉那些在社会责任履历方面欠缺的制造业上市企业(例如被特别处理过ST、违规以及审计意见类型为非标准保留意见的制造业上市企业等),此过程余下1435家企业。

其次,考虑到候选企业应具有持续良好的规模及效益成长性,筛选掉那些最近三年净利润、主营业收入增长率和净利润增长率为负数的企业,此过程余下635家制造业上市企业。

再次,考虑到相同行业规模较大的以及创新性较强的高新技术行业企业,其"最应受到尊敬"的认同度更高。依据主营业务收入规模推选出"医药制造业""计算机、通信和其他电子设备制造业""仪器仪表制造业""铁路、船舶、航空航天和其他运输设备制造业"及"专用、通用设备制造业"等高新技术行业的主营业务收入处于前15的制造业上市企业,为均衡兼顾各行业,也推选出其他行业中企业主营业务收入处于前10的制造业上市企业。

经研究组最终确认推选出227家制造业上市企业的第二阶段"最应受到尊敬"企业排名分析。

第二阶段,从候选的制造业上市企业中分析获得"最应受到尊敬"的优先推荐企业排名。

在此阶段,针对上述推选出的 227 家制造业上市企业,主要以"主营业务利润率、三年主营业务收入平均增长率、研发费用总额/主营业务收入、发明授权专利数量/每亿元主营业务收入、实用新型授权专利数量/每亿元主营业务收入、研发费用、有效发明专利授权数、净利润、主营业务收入、总资产"等经济创造能力和技术创新能力指标进行综合评价分析,最终优先推选出了 50 家"最应受到尊敬"的制造业上市企业,如表 8-16 所示。

表 8-16 2014 年度 50 家最应受到尊敬的制造业上市企业排名

排名	代码	股票简称	行业	省份
1	600104.SH	上汽集团	汽车制造业	上海
2	000651.SZ	格力电器	电气机械和器材制造业	广东
3	000333.SZ	美的集团	电气机械和器材制造业	广东
4	601299.SH	中国北车	铁路、船舶、航空航天和其他运输设备制造业	北京
5	601766.SH	中国南车	铁路、船舶、航空航天和其他运输设备制造业	北京
6	000625.SZ	长安汽车	汽车制造业	重庆
7	000100.SZ	TCL集团	计算机、通信和其他电子设备制造业	广东
8	600519.SH	贵州茅台	酒、饮料和精制茶制造业	贵州
9	600535.SH	天士力	医药制造业	天津
10	000039.SZ	中集集团	金属制品业	广东
11	002415.SZ	海康威视	计算机、通信和其他电子设备制造业	浙江
12	600887.SH	伊利股份	食品制造业	内蒙古
13	600585.SH	海螺水泥	非金属矿物制品业	安徽
14	600398.SH	海澜之家	纺织服装、服饰业	江苏
15	300007.SZ	汉威电子	仪器仪表制造业	河南
16	002008.SZ	大族激光	专用设备制造业	广东
17	600276.SH	恒瑞医药	医药制造业	江苏
18	000977.SZ	浪潮信息	计算机、通信和其他电子设备制造业	山东
19	300338.SZ	开元仪器	仪器仪表制造业	湖南
20	300203.SZ	聚光科技	仪器仪表制造业	浙江
21	002152.SZ	广电运通	通用设备制造业	广东
22	600089.SH	特变电工	电气机械和器材制造业	新疆
23	601238.SH	广汽集团	汽车制造业	广东
24	002241.SZ	歌尔声学	计算机、通信和其他电子设备制造业	山东

（续表）

排名	代码	股票简称	行业	省份
25	002456.SZ	欧菲光	计算机、通信和其他电子设备制造业	广东
26	300286.SZ	安科瑞	仪器仪表制造业	上海
27	600100.SH	同方股份	计算机、通信和其他电子设备制造业	北京
28	601179.SH	中国西电	电气机械和器材制造业	陕西
29	300259.SZ	新天科技	仪器仪表制造业	河南
30	600332.SH	白云山	医药制造业	广东
31	002236.SZ	大华股份	计算机、通信和其他电子设备制造业	浙江
32	600660.SH	福耀玻璃	非金属矿物制品业	福建
33	600005.SH	武钢股份	黑色金属冶炼和压延加工业	湖北
34	000761.SZ	本钢板材	黑色金属冶炼和压延加工业	辽宁
35	002202.SZ	金风科技	通用设备制造业	新疆
36	600267.SH	海正药业	医药制造业	浙江
37	002050.SZ	三花股份	通用设备制造业	浙江
38	000550.SZ	江铃汽车	汽车制造业	江西
39	002385.SZ	大北农	农副食品加工业	北京
40	000513.SZ	丽珠集团	医药制造业	广东
41	600893.SH	中航动力	铁路、船舶、航空航天和其他运输设备制造业	陕西
42	000016.SZ	深康佳A	计算机、通信和其他电子设备制造业	广东
43	600066.SH	宇通客车	汽车制造业	河南
44	002121.SZ	科陆电子	仪器仪表制造业	广东
45	600597.SH	光明乳业	食品制造业	上海
46	000050.SZ	深天马A	计算机、通信和其他电子设备制造业	广东
47	601877.SH	正泰电器	电气机械和器材制造业	浙江
48	600329.SH	中新药业	医药制造业	天津
49	300003.SZ	乐普医疗	专用设备制造业	北京
50	600582.SH	天地科技	专用设备制造业	北京

注：根据上海证券交易所(www.sse.com.cn)、深圳证券交易所(wwws.szse.cn)2014年度年报及国家知识产权局(www.pss-system.gov.cn)相关资料整理、计算得出。

8.3 最应受到尊敬的制造业上市企业评价分析

从排名来看，2014年中国制造业1 656家上市公司主营业务收入合计约为93 568.47亿元，其中排名前50位的企业主营业务收入合计约为21 038.48亿元，占1 656家制造业上市企业主营业务收入合计的22.48%。从行业分布来看，50

家企业主要集中在计算机、通信和其他电子设备制造业(9家),仪器仪表制造业(6家),医药制造业(6家)等行业。从地区分布来看,50家企业多数集中在广东(13家)、北京(6家)、浙江(6家)、河南(3家)、上海(3家)、江苏(2家)、山东(2家)等,如图8-7和图8-8所示。

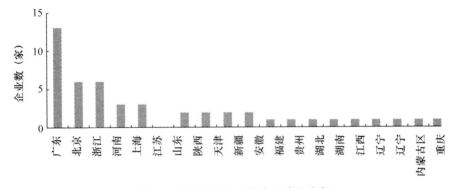

图8-7 50家制造业上市企业地区分布

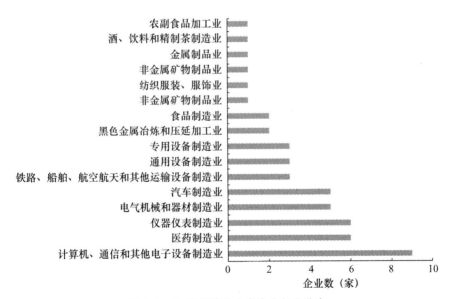

图8-8 50家制造业上市企业行业分布

下面分别对前50家最应受到尊敬的制造业上市企业进行评价。

1. 上汽集团(600104.SH)

上汽集团(即上海汽车集团股份有限公司)成立于1997年11月20日,主要从事汽车、摩托车和拖拉机等各种机动车整车、机械设备、总成及零部件的生产和销售。2010年公司在全球汽车行业的销量排名达到第8位,也是国内首家年销量突破300万辆的整车大集团,至2014年全年国内整车销售2408.2万辆,同比增长8.3%,同时积极运用互联网思维,建立起了O2O汽车电商平台,与阿里巴巴集团共同研发互联网汽车、推进汽车金融在线服务,与大众汽车集团在德国柏林签署了《关于上海大众汽车安亭基地升级改造及纯电动技术合作的协议》,升级改造上海大众汽车安亭生产基地,在纯电动车领域开展进一步合作。上汽集团在本次评选中总资产、主营业务收入、净利润和研发费用四个指标方面位列50家企业之首。

2. 格力电器(000651.SZ)

格力电器(即珠海格力电器股份有限公司)成立于1989年12月13日,以生产销售空调器、自营空调器出口业务及其相关零配件的进出口业务为主营业务。公司自主研发的R290天然环保制冷剂空调获得德国国家电气安全认证标志VDE证书,离心式冷水机组和螺杆式冷水机组共29款冷水机组通过了美国空调供热制冷协会AHRI认证,成为目前唯一一家取得该认证的中国空调生产商。公司拥有全球最大的空调研发中心,建有2个国家级技术研究中心、1个省级企业重点实验室、6个研究院和52个研究所。2014年,格力电器荣获国家科学技术进步奖二等奖,紧随智能家居发展趋势,发布了智能环保家居系统,利用光伏多联机技术、网络通信技术、安全防范技术、自动控制技术、音视频技术将家居生活有关的设备集成,构成高效节能环保的能源管理系统与快捷便利的家庭日程事务的管理系统。在本次评选的50家企业中,格力电器在总资产、主营业务收入、净利润、研发费用等方面均名列前茅,有效发明授权专利数位居首位。

3. 美的集团(000333.SZ)

美的集团(即美的集团股份有限公司)成立于2000年4月7日,是一家以家电制造业为主的大型综合性企业集团,以家电产业为主,涉足电机和物流等领域,旗下分为四大业务板块,分别为大家电、小家电、电机及物流。2014年美的集团荣获第十六届"国家专利金奖"和国家专利优秀奖,为唯一获得金奖的空调企业,获国家科技进步奖二等奖,成为我国首个获得空调节能技术应用国家科技进步奖的企业,在工业设计方面荣获美国IDEA工业设计奖、德国IF设计大奖、红点概念设计大奖和中国家电"艾普兰奖"时尚奖等奖项。公司发布了M-Smart智慧家居战略,成立智慧家居研究院,加速推动全品类家电产品智慧家居互联平台的建设。在2014年公司与小米签署了战略合作框架协议,将在智能家居产业链、移动互联网电商业务开展全面深度合作。2014年,公司实现营业总收入1423.11亿元,同比增长17.36%,在总资产、净利润、研发费用和有效发明授权专利数量四个指标均位居前列。

4. 中国北车(601299.SH)

中国北车(即中国北车股份有限公司)成立于2008年6月26日,是一家主要从事铁路机车、城市轨道、机电设备等产品的研发、制造、修理技术服务和设备租赁,主要产品包括轨道交通、通用机电和现代服务等,是世界轨道交通装备制造行业的领军企业,在规模经营、核心技术研发和生产工艺等方面处于国际领先地位。根据国际铁路行业权威战略咨询公司德国SCIVerkehr咨询公司2012年发布的研究报告显示,公司连续三年位居全球轨道交通装备行业世界冠军,2011年轨道交通装备业务稳居全球轨道交通装备制造商之首位。北车现已拥有4个国家级研发机构、9个国家级企业技术中心、27个省级重点研发机构、3个海外研发中心、9个专项技术研发中心、5个博士后工作站、5个院士专家工作站,成为我国轨道交通装备自主创新的核心企业,其自主开发的"北车心"NECT牵引电传动系统和网络控制系统实现装车运营,标志着中国北车已完全掌握了大功率交流牵引传动系统和网络控制系统的设计、制造技术。机车制动系统完成了装车运用考核,突破了被国外垄断的机车制动技术。2014年公司海外业务快速增长,全年出口签约额29.94亿美元,比上年增长了73%,全年实现营业收入1042.9亿元,较上年增加7.3%;实现利润总额66.1亿元,较上年增长29.7%,总资产、主营业务收入、净利润均位居推选企业前列,研发投入位列第二。

5. 中国南车(601766.SH)

中国南车(即中国南车股份有限公司)成立于2007年12月28日,是一家交通运输装备机械制造企业,主要从事铁路机车、客车、货车、动车组、城轨地铁车辆及重要零部件的研发、制造、销售、修理和租赁等,其中国"南车"和"CSR"品牌在国内外轨道交通装备制造行业已经具有很高知名度和认同度,积极开拓海外市场,新签海外订单37.6亿美元,同比增长68.6%,创历史新高;获得南非电力机车大单,金额超20亿美元,是我国高端轨道交通装备整车出口最大订单;斥资2.9亿欧元收购德国采埃孚集团旗下的百年品牌BOGE(博戈)公司,推动南车逐步成为世界先进、国内最大的汽车减振降噪产品供应商。中国标准动车组和新型耐高寒抗风沙动车组、国内首列永磁高速列车、国内首列智能化高速列车样车以及CRH380AM型综合检测列车等成为公司产品研发的新亮点。2014年12月,公司召开董事会通过相关议案,中国南车与中国北车合并大幕由此拉开。公司全年实现营业收入1197.24亿元,同比增长20.48%,归属于母公司净利润53.15亿元,同比增长27.61%,总资产、主营业务收入、净利润均位居推选企业前列,研发投入位列第三位。

6. 长安汽车(000625.SZ)

长安汽车(即重庆长安汽车股份有限公司)成立于1996年10月31日,是一家从事汽车、汽车发动机系列产品、配套零部件的制造和销售等业务的综合性企业,其自主品牌轿车奔奔 Mini 入选国家首批"节能产品惠民工程"节能汽车推广目录,连续获得了"2010 年最佳中国新车质量奖""自主品牌营销创新大奖""最佳微型车"等奖项。长安金牛星获得了"年度最佳微客""年度风云微型客车"等大奖。2010 年公司荣获科技部、国务院国资委、中华全国总工会联合评选的"国家创新奖",其"长安汽车全球协同自主开发创新工程"获国家科技进步二等奖;"长安 P3 乘用车平台研发及产业化应用"和"电动汽车整车控制方法"项目分别获中国汽车工业科技一等奖,是唯一荣获行业一等奖的企业。2014 年在中国汽车市场份额中公司取得了约 10.8% 的市场占有率,同比提高了 1.2 个百分点,销量继续居于中国汽车业前 4 位,全年实现营业总收入 529.13 亿元,同比增长 35.18%,净利润 75.61 亿元,同比增长 124.46%,其净利润增长率、净利润和研发费用三项指标位于评选企业前列,有效发明授权专利数量位居第三。

7. TCL 集团(000100. SZ)

TCL 集团(即 TCL 集团股份有限公司)成立于 2002 年 4 月 19 日,是一家以多媒体电子、移动通信、数码电子为支柱,包括家电、核心部品(模组、芯片、显示器件、能源等)、照明和文化等产业在内的产业集群的公司。公司全业务智能电视实现电视平台技术的统一和开放,荣获组委会"2010 中国音视频产业产品创新奖"。2011 年第 44 届国际消费电子展中,TCL 品牌名列"全球消费电子 50 强"第 25 位,全球电视品牌第六,并连续三年入选"第五届中国消费电子领先品牌 TOP10"和"全球电视品牌 20 强",同时囊括"全球年度品质平板电视"奖项以及"年度最佳全能 3D 电视奖",其手机产品 ALCATELOT-808 获得被誉为工业设计中国"奥斯卡"的红星奖,并与 ALCATELOT-806 同获得权威的原创产品大赛"红棉奖"。2014 年集团实现营业收入 233.10 亿元,同比增长 10.19%,净利润同比增长 5.81% 至 9.82 亿元,其中归属于上市公司股东的净利润同比增长 2.61% 至 7.54 亿元,在总资产、主营业务收入、净利润、研发费用和有效发明授权专利数量等指标上均排名靠前。

8. 贵州茅台(600519. SH)

贵州茅台(即贵州茅台酒股份有限公司)成立于 1999 年 11 月 20 日,是国内白酒行业的标志性企业,主要生产销售世界三大名酒之一的茅台酒,同时进行饮料、食品、包装材料的生产和销售,防伪技术开发,信息产业相关产品的研制开发。公司年生产量已突破一万吨,独创年代梯级式的产品开发模式,形成了低度、高中低档、极品三大系列 70 多个规格品种,全方位跻身市场,是白酒行业龙头企业,是中国白酒行业唯一集绿色食品、有机食品、国家地理标志保护产品和国家非物质文化遗产为一身的民族品牌,入选中欧地理标志互认产品名单公司。公司还继续加强环境治理和生态建设,并决定自 2014 年起每年出资 5 000 万元,连续 10 年共计出资 5 亿元用于赤水河环境的保护与治理。2014 年度公司实现营业收入 315.74 亿元,同比增长 2.11%,实现净利润 153.50 亿元,同比增长 1.41%。公司主营业务利润率和净利润分列所有评选企业第一、二位,总资产排名也较为靠前。

9. 天士力(600535.SH)

天士力(即天士力制药集团股份有限公司)成立于 1998 年 4 月 30 日,是以制药业为中心的高科技企业,是天津市重点支持的大企业集团之一,主营现代中药和化学药等的科研、种植、提取和销售等。公司作为国家级企业技术中心先后承担了国家"九五""十五""十一五""十二五""863""973"和国家重大新药创制研究与开发等重点科研项目,自行研制成功具有国际先进水平的大型自动化滴丸生产线,致力于打造符合系列标准的一体化现代中药产业链,率先建立了现代中药和植物药提取生产质量管理规范(GEP),建立了通过国家药品生产质量管理规范(GMP)认证的现代中药生产基地,其以"高速磁悬浮滴丸机"为核心的现代中药先进制造体系取得欧盟 GMP 证书,为中药进入欧洲市场奠定基础。公司荣获"2014 年度央视财经 50 指数十佳治理公司样本股"和"亚太地区最佳上市公司 50 强"等荣誉称号。2014 年度实现营业收入 125.67 亿元,增长 13.24%,归属于上市公司股东的扣除非经常性损益的净利润 13.46 亿元,同比增长 31.91%。

10. 中集集团(000039.SZ)

中集集团(即中国国际海运集装箱(集团)股份有限公司)成立于 1980 年 1 月 14 日,主营产品为集装箱、道路运输车辆、能源、化工、液态食品装备、海洋工程、空港设备、物流服务与装备等,是中国最早的集装箱专业生产厂和最早的中外合资企业之一。公司目前成为全球规模最大、品种最齐全的集装箱制造集团。2014 年,本集团在对 Ziegler 良好整合的基础上,与中国消防企业集团有限公司签署资产转让协议,待该协议完成后,为集团消防救援业务在中国市场的进一步拓展奠定良好的基础。集团技术中心为国家级企业技术中心,设立了 26 家集团级技术中心,其中 5 家为研究院,21 家为技术分中心。报告期内,公司实现营业收入 700.71 亿元,比上年同期增长 21.07%;归属于母公司股东的净利润为 24.78 亿元,比上年同期增长 13.64%;基本每股收益为 0.93 元,比上年同期增长 13.41%。在本次评选中,其总资产、主营业务收入指标排名均靠前,有效发明授权专利排名位列第五。

11. 海康威视(002415.SZ)

海康威视(即杭州海康威视数字技术股份有限公司)成立于 2001 年 11 月 30 日,是一家专业从事安防视频监控产品研发、生产和销售的高科技企业,其产品包括硬盘录像机、视音频编解码卡等数据存储及处理设备,以及监控摄像机、监控球机、视频服务器等视音频信息采集处理设备,是国内视频监控行业的龙头企业,其销售规模连续数年居于国内全行业第一位。公司参与研发的"主动对象海量存储系统及关键技术"获得2014年度国家技术发明奖二等奖,还通过与BAT、京东和乐视等互联网公司和大型运营商的合作,开发平台互联,建立合作共赢的生态圈,以加快在互联网业务方面的布局。报告期内,公司实现营业收入172.33亿元,同比增长60.37%;实现利润总额52.06亿元,同比增长53.76%。在净利润、主营业务收入平均增长率、研发费用占主营业务收入三项指标的评选中均排名靠前。

12. 伊利股份(600887.SH)

伊利股份(即内蒙古伊利实业集团股份有限公司)成立于1993年6月4日,是一家主要经营液体乳及乳制品和混合饲料制造业务的公司,是国家520家重点工业企业和国家八部委首批确定的全国151家农业产业化龙头企业之一,其1000多种产品均通过了国家绿色食品发展中心的绿色食品认证。根据中国商业联合会、中华全国商业信息中心联合公布的2014年度销售结果统计,公司在全国乳制品综合市场以及奶粉、冷饮、液态奶和儿童奶市场中,均占据市场份额第一的位置,伊利成为更多消费者所信赖的"中国品牌"。在荷兰合作银行发布的最新的《2014年全球乳业20强报告》中,公司荣登亚洲第一、全球第10强乳制品企业。公司实现营业总收入544.36亿元,较上年同期增长13.93%;归属于上市公司股东的净利润为41.44亿元,较上年同期增长30.03%;基本每股收益1.35元,较上年同期增长22.73%。在50家企业中,主营业务收入排名靠前,有效授权发明专利数量位列第五。

13. 海螺水泥(600585.SH)

海螺水泥(即安徽海螺水泥股份有限公司)成立于1997年9月1日,主要从事水泥及商品熟料的生产和销售,是目前亚洲最大的水泥和熟料供应商,产销量已连续10年位居全国第一,其生产线代表着当今世界水泥行业最先进的水平,截至报告期末,集团95%的熟料生产线已完成脱氮技改,且运行良好。另外,公司注重加大环境保护投入,对所有子公司包装系统全部实施了粉尘治理改造,积极开展电收尘技改,确保粉尘达标排放。集团全年实现主营业务收入为589.65亿元,较上年同期增长8.79%;归属于上市公司股东的净利润为109.93亿元,较上年同期增长17.19%;每股盈利2.07元,较上年同期增加0.3元/股。其总资产、主营业务收入排名靠前,净利润位列50家企业第五。

14. 海澜之家(600398.SH)

海澜之家(即海澜之家股份有限公司)成立于1997年1月8日,是一家纺织服装行业中的毛纺及服装类上市公司,其主要产品或服务为高档精纺呢绒、高档西服、衬衫、职业服的生产和销售以及染整加工。公司原为我国精纺呢绒面料的龙头企业,其精纺呢绒面料的产能和质量在国内均名列前茅,其业务重点已逐步转移到附加值比较高的服装生产及销售上,服装产品的销售收入已占到全年主营收入的70%以上。报告期公司门店数量达到3 348家,比2013年增长15.97%,遍布全国31个省(自治区、直辖市),覆盖80%以上的县。2014年,公司获"无锡知识产权优势企业""江苏省企业知识产权管理标准化示范先进单位"和"中国职业装领军企业"等称号。报告期内,公司实现营业收入123.38亿元,比上年同期增加72.56%;归属于上市公司股东的净利润23.75亿元,比上年同期增长75.83%。在本次评选中,其净利润增长率和主营业务收入平均增长率两项指标均位列第一。

15. 汉威电子(300007.SZ)

汉威电子(即河南汉威电子股份有限公司)成立于2008年1月28日,是一家从事气体传感器研究、生产的企业,主要业务是气体传感器、气体检测仪器仪表、气体检测控制系统的研发、生产、销售及自营产品出口。公司积极开展品牌建设活动,与其他企业合作发力新兴的居家健康、智能家居市场。报告期内,公司实现营业收入12 756.45万元,较上年同期增长92.75%;实现归属于母公司所有者的净利润1 140.06万元,较上年同期增长40.72%。其主营业务利润率和发明专利占每亿元主营业务收入比例排名靠前,发明专利数占每亿元主营业务收入比例和实用新型授权专利数占每亿元主营业务收入比例两项指标分列第一、三位。

16. 大族激光(002008.SZ)

大族激光(即大族激光科技产业集团股份有限公司)成立于2001年9月28日,是一家主要从事激光加工设备以及PCB、光伏、LED封装等专用设备的研发、生产及销售的公司,是中国激光装备行业的领军企业,也是目前亚洲最大、世界知名的激光加工设备生产厂商。2014年大功率激光设备销售业绩再创新高,大功率激光切割、焊接设备的销售台数及销售收入位居全国第一,激光设备带动自动化配套系统协同销售势头已初步显现,光纤激光切割机装机量突破1 500台,稳居全球第一。激光技术+自动化技术+资本平台是公司向机器人领域拓展的先天优势,已先后投资了一创大族、国信大族机器人产业基金,力求为公司带来投资收益,并作为机器人项目储备,通过产业链整合提升公司竞争力,其《半导体器件后封装核心装备关键技术与应用》项目,荣获2014年度国家科技进步二等奖。公司报告期内实现营业总收入55.66亿元,与上年同期相比增长28.41%;营业利润6.64亿元,与上年同期相比增长44.43%;归属于上市公司股东的净利润7.08亿元,与上年同期相比增长29.55%。在本次评选中,其有效发明授权专利数、发明授权专利数量占每亿元主营业务收入、实用新型授权专利数量占每亿元主营业务收入三项指标均排在前列。

17. 恒瑞医药(600276.SH)

恒瑞医药(即江苏恒瑞医药股份有限公司)成立于1997年4月28日,主营产品为医学药品,是国内最大的抗肿瘤药和手术用药的研究和生产基地,国内最具创新能力的大型制药企业之一,是国内首次通过国家新版GMP认证的制药企业之一,同时也是国内第一家注射剂获准在欧美上市销售的制药企业。在市场竞争的实践中,恒瑞医药坚持以科技创新为动力,致力于打造企业的核心竞争力。截至2014年12月31日,其总股本为15.0399亿股,总资产为90.87亿元,净利润为15.73亿元,其净利润指标位于化学制剂行业中第一。

18. 浪潮信息(000977.SZ)

浪潮信息(即浪潮电子信息产业股份有限公司)是中国领先的计算平台与IT应用解决方案供应商,同时也是中国最大的服务器制造商和服务器解决方案提供商,其主营产品为电子,并连续第10年蝉联国产服务器销量与销售额第一名,同时是亚太区最大的服务器生产基地。截至2014年12月31日,其总股本为4.80亿股,总资产为59.49亿元,净利润为3.39亿元,处于行业第六位。净利润收益率占前50家企业的第六名。

19. 开元仪器(300338.SZ)

开元仪器(即长沙开元仪器股份有限公司)从事煤质检测仪器设备的开发、生产和销售,是我国煤质检测仪器设备领域的龙头企业,是国内唯一一家同时具有煤质采样、制样、化验仪器设备规模生产能力的企业,为客户累计提供的煤质检测仪器设备已近2万台套,围绕一次能源的能源计量和能效管理系统解决方案提供商理念,不断开拓采制一体化系统、煤质在线检测仪器设备和生物质检测仪器设备等产品领域。截至2014年12月31日,其总股本为1.26亿股,总资产为8.79亿元,净利润为0.49亿元,营业收入为3.07亿元,较上年同期增长8.86%,技术开发费用投入0.24亿元,同比增长7.42%。

20. 聚光科技(300203.SZ)

聚光科技(即聚光科技(杭州)股份有限公司)是一家以研发、生产和销售应用于环境检测、工业过程分析和安全检测领域的仪器仪表的企业。公司连续三年作为唯一的分析仪器企业入选"中国最具生命力百强企业",连续三年上榜"福布斯中国最具潜力企业百强"。公司研发机构被评为国家技术中心。截至2014年年末,公司相关产品已取得专利215项,登记计算机软件著作权137项,其总股本为4.53亿股,总资产为29.06亿元,净利润为1.97亿元,公司实现营业收入12.31亿元,同比增长30.76%;利润总额2.28亿元,同比增长27.14%。

21. 广电运通(002152.SZ)

广电运通(即广州广电运通金融电子股份有限公司)的主营产品为智能商用

设备及配件、设备维护及服务、ATM 营运。公司是国内唯一一家掌握循环机核心技术的厂家,其主导产品 ATM 的生产能力和销售规模在国产厂商中均名列第一。在传统业务市场上,国内 ATM 市场地位得以巩固和深化,市场占有率连续第七年位居第一并不断提升,已发展成为我国 ATM 行业经营规模最大、技术实力最强的龙头企业,并成功跻身全球 ATM 供应商前列。2014 年,公司荣获"国家信息化和工业化融合管理体系贯标试点企业""2014 年全国工业企业质量标杆"等荣誉。截至 2014 年 12 月 31 日,公司经营业绩稳步增长,实现营业总收入 31.52 亿元,同比增长 25.28%,其净利润为 8.17 亿元,在行业中居于第三位。

22. 特变电工(600089.SH)

特变电工(即特变电工股份有限公司)是中国变压器行业首家上市公司,主营产品为变压器及电抗器、电线电缆、国际成套工程承包、太阳能硅片、光伏组件及太阳能系统工程。公司建成了首个境外科技研发制造基地——印度特高压研发、生产基地。2014 年,公司承担国家 863 课题 1 项、重大专项 3 项、科技支撑计划 2 项,全年共有 39 项新产品通过国家鉴定,16 项达到国际领先水平,17 项达到国际先进水平。2014 年,公司新增授权专利 177 项,公司总资产为 592.92 亿元,实现营业收入 360.75 亿元、营业利润 16.93 亿元、利润总额 20.51 亿元、净利润 18.11 亿元,与 2013 年度相比分别增长 23.65%、31.07%、32.01%、31.42%。

23. 广汽集团(601238.SH)

广汽集团(即广州汽车集团股份有限公司)是国内汽车行业领先的汽车制造商之一,也是华南地区的汽车制造商,其主营业务是汽车及配套产品的研发、制造、销售和相关服务,形成了以整车制造为中心,涵盖上游的汽车研发、零部件和下游的汽车服务与金融投资的产业链闭环,以及立足华南,辐射华北、华中、华东以及环渤海地区的产业战略布局,成为国内产业链最为完整、产业布局最为优化的汽车集团之一。公司的盈利能力在行业中处于领先水平,截至 2014 年 12 月 31 日,其总股本为 64.35 亿股,总资产为 623.18 亿元,营业总收入为 223.76 亿元,较上年同期增长约 18.87%,净利润为 29.27 亿元。

24. 歌尔声学(002241.SZ)

歌尔声学(即歌尔声学股份有限公司)的主营业务为微型电声元器件和消费类电声产品的研发、制造和销售。目前,在微型驻极体麦克风领域,公司市场占有率居国内同行业之首,国际同行业第三名;在手机用微型扬声器/受话器领域,公司居国内同行业第二名。公司已建立起多技术融合的产品研发平台,实现了声电技术、光电技术、MEMS 技术、无线通信技术、自动化技术、半导体技术、软件技术的融合,形成了综合性技术优势,开发了跨平台的创新产品。2014 年,公司共申请专利 1 093 件,其中发明专利 467 件,同比分别增长 26.95% 和 32.29%。截至 2014

年12月31日,其总资产为177.58亿元,净利润为16.84亿元;实现营业收入126.99亿元,同比增长26.37%。

25. 欧菲光(002456.SZ)

欧菲光(即深圳欧菲光科技股份有限公司)是一家精密光电薄膜元器件制造企业。其主要产品有数码摄像系统中的红外截止滤光片及镜座组件、触摸屏、光纤镀膜、低通滤波器等产品的精密光学光电子薄膜元器件,拥有国内规模领先、工艺技术能力达到国际先进水平的精密光学光电子薄膜元器件生产线,已通过ISO 9001-2000质量管理体系认证,并获得ISO 14001:2004环境管理体系认证,2014年上榜"中国电子信息百强企业"。截至2014年12月31日,公司主营业务增长迅速,实现营业收入194.82亿元,比上年增长114%,行业排名第二,其总资产为141.56亿元,净利润为6.82亿元,公司科研投入8.54亿元,比上年增长70%。

26. 安科瑞(300286.SZ)

安科瑞(即安科瑞电气股份有限公司)是一家以用户端智能电力仪表的研发、生产和销售为主要业务的公司,是国内规模较大、技术领先并具有自主创新能力的集低压电力信号采集、测量、监控、保护以及系统集成为一体,具备为客户提供智能化电力监控、电能管理、电气安全系统性解决方案的国内少数几家领先企业之一。截至2014年12月31日,公司拥有商标5项,已获得授权的专利136项,其中发明专利7项、实用新型专利61项、外观设计专利68项,实现营业收入2.83亿元,比上年同期增长34.13%。

27. 同方股份(600100.SH)

同方股份(即同方股份有限公司)立足于信息技术和能源与环保两个核心行业领域,在实施结构调整后,形成了计算机系统、数字城市、安防系统、物联网应用、微电子与核心元器件、多媒体、知识网络、军工、数字电视系统、建筑节能和半导体与照明11个产业。2014年,公司还获得了由工业和信息化部颁发的"国家安全可靠计算机信息系统集成重点企业"证书。在知识产权方面,截至2014年12月底,公司共申请中国专利2 441项,获得中国专利权1 492项;共申请涉外专利935项,已获得外国发明专利权343项。其总股本为21.98亿股,总资产为497.25亿元,总资产居行业第一名,净利润为12.13亿元,净利润和营业收入均居行业前茅。

28. 中国西电(601179.SH)

中国西电(即中国西电电气股份有限公司)的主营业务为输配电设备制造、研发和检测,其产品曾用于我国第一个西北至华北联网背靠背直流输电工程以及"三峡工程""西电东送"等国家重点工程项目。公司拥有有效专利达1 386件,受理发明专利同比增加26.32%,国外专利实现零突破,荣获3项国家专利优秀奖。

在国际市场上,公司电气的产品和技术已出口40多个国家和地区,中国西电及"XD"品牌在海内外获得了较高的知名度。截至2014年12月31日,其总股本为51.26股,总资产为309.05亿元,实现营业收入138.70亿元、利润总额8.23亿元和归属于母公司净利润6.84亿元,同比分别增长6.27%、109.01%和104.95%,净利润行业排名第三,营业收入和总资产行业排名均为第二。

29. 新天科技(300259.SZ)

新天科技(即新天科技股份有限公司)是一家以民用智能计量仪表及系统的研发、生产、销售和服务为主要业务的公司。其产品涵盖智能水表、热量表、智能燃气表及智能电表四大系列以及配套的系统设备和系统软件。公司是民用智能计量仪表行业较早进入者之一,也是行业技术优势者之一。公司被评为"高新技术企业""优秀高科技企业""河南创新工业企业50强""河南科技创新十佳单位""河南工业创新优秀企业"等。截至2014年12月31日,公司实现营业总收入3.80亿元,比上年同期增长16.11%;实现营业利润1.02亿元,比上年同期增长17.51%;其总股本为272 448 000股,总资产为9.65亿元,净利润为1.07亿元。

30. 白云山(600332.SH)

白云山(即广州白云山医药集团股份有限公司)以医药制造为主,主营产品为中成药、西药、预包装食品。知识产权方面,公司共申请中国发明专利62项,获得中国发明专利授权33项,拥有中国驰名商标4项、广东省著名商标20项、广州市著名商标27项;在药物剂型方面,拥有化学药剂型21种、中成药剂型16种等近2 000个品种规格,包括国家一类新药3个,二类新药9个,中药保护品种71个,独家生产品种31个。截至2014年12月31日,其总股本为12.9134股,总资产为142.11亿元,净利润为12.11亿元,营业收入为187.99亿元,同比增长6.77%,净利润、营业收入和总资产三项均居行业前列。

31. 大华股份(002236.SZ)

大华股份(即浙江大华技术股份有限公司)是我国安防视频监控行业的龙头企业,主要产品为嵌入式DVR。公司已形成音视频编解码算法技术、信息存储调用技术、集成电路应用技术、网络控制与传输技术、嵌入式开发技术五大核心技术平台和面向安防视频监控前沿领域的"大安防"产品架构。公司产品被应用于世界最大水电工程三峡葛洲坝电厂远程监控项目、国内最大直流500 KV换流站宜昌龙泉换流站项目等重大项目。公司拥有国家火炬计划项目2个、国家重点新产品2项、专利技术15项、软件著作权19项。2014年,公司营业收入维持稳步增长,实现营业收入73.32亿元,同比增长35.52%;净利润11.05亿元,同比增长1.04%;全年研发投入金额7.80亿元,同比增长56.06%。

32. 福耀玻璃(600660.SH)

福耀玻璃(即福耀玻璃工业集团股份有限公司)是全球唯一专注于汽车玻璃业务的专业供应厂商,主营产品为汽车玻璃和浮法玻璃,是国内最具规模、技术水平最高、出口量最大的汽车玻璃生产供应商。公司产品不但配套国内汽车品牌,更已成为德国奥迪、德国大众、韩国现代、澳大利亚Holden、日本铃木等的合格供应商,并批量供货。公司产品标志"FY"商标是中国汽车玻璃行业迄今为止唯一的"中国名牌"和"中国驰名商标"。截至2014年12月31日,其总资产为168.76亿元,净利润为22.17亿元;公司实现营业收入129.28亿元,比上年同期增长了12.41%;实现基本每股收益1.11元,比上年同期增长了15.63%;研发费用占公司营业收入的比率达到4.01%,比上年提升了0.63%。

33. 武钢股份(600005.SH)

武钢股份(即武汉钢铁股份有限公司)是由武汉钢铁集团公司控股的、国内第二大钢铁上市公司,是一家主要经营钢铁生产和销售的公司。公司拥有当今世界先进水平的炼铁、炼钢、轧钢等完整的钢铁生产工艺流程,钢材产品共计7大类、500多个品种,先后拥有100多项产品获全国、省、部优质产品证书,是中国上市公司50强和综合经济效益前20名,是沪深十大上市公司之一,连续八届获得全国设备管理先进单位,连续5年获计量设备体系AAA级认证,并获得中国设备工程"金扳手奖"评选活动的卓越贡献奖。截至2014年12月31日,其总资产为960.64亿元,净利润为12.93亿元,净资产收益率行业排名第三。

34. 本钢板材(000761.SZ)

本钢板材(即本钢板材股份有限公司)是一家以钢铁冶炼及压延加工为主的企业,主营产品为钢板、钢坯。公司近年来以研发和生产高等级汽车板、家电板等高附加值、高技术含量产品为重点,大力推进对落后产能和高能耗装备的淘汰和改造,主要工序装备水平已进入国际先进行列。2014年,公司全年生产生铁1 009.30万吨,粗钢1 010.38万吨,同比实现稳定增长。2014年共研发连续热镀锌钢带、热轧双相钢等新产品52个牌号,重点科研及攻关项目共计14项,其中2项获得辽宁省科技进步三等奖,"本钢冷轧双相钢汽车板"获辽宁省新产品奖评审一等奖。截至2014年12月31日,其总股本为31.36亿股,总资产为491.71亿元,净利润为3.15亿元。

35. 金风科技(002202.SZ)

金风科技(即新疆金风科技股份有限公司)是目前国内最大的风力发电机组整机制造商,主营产品为风机及零部件开发等。公司近三年市场占有率持续占国产风力发电机组产品的80%以上。2014年公司获得由中国机械工业联合会颁发的"大功率风电机组研制与示范项目"中国机械工业科学技术特等奖;在知识产权方面,截至2014年12月31日,公司拥有有效专利(授权专利)321项,其中发明51项,国内授权商标34项。总资产为457.77亿元,营业收入为177.04亿元,同比上升43.84%,净利润18.54亿元,同比上升327.44%,净利润行业排名第二,总资产和营业收入行业排名均居第三位。

36. 海正药业(600267.SH)

海正药业(即浙江海正药业股份有限公司)成立于1998年2月11日,主营产品为化学原料药和化学中间体,是中国最大的抗生素和抗肿瘤药物生产基地之一。在2014年,公司他汀类产品发酵水平取得突破,全年完成制剂项目研发35项,同时新开辟了呼吸给药技术平台等;其海正辉瑞富阳生产基地2014年5月顺利通过国家食品药品监督管理局新版GMP认证,成为国家食品药品监督管理局药品审核查验中心唯一制剂GMP培训基地,同时首条生产线已于2014年5月投产,70个海正品种文号已转入海正辉瑞,并有33个品种完成验证和投产。2014年公司营业收入同比增长17.35%,利润总额同比增长20.69%,归属母公司股东的净利润同比上涨2.00%,其营业收入及总资产等指标位于化学制药行业的前列。

37. 三花股份(002050.SZ)

三花股份(即浙江三花股份有限公司)成立于2001年12月19日,主营产品为家用电器控制元器件及部件。公司作为行业的龙头企业,具有良好的品牌形象、销售渠道、研发和制造基础,在海外主要空调整机制造商中市场占比很高,具备极强竞争优势。公司产品拥有自主知识产权和核心技术,并建立了完整而严格的质保体系,先后获得全国质量奖、中国名牌产品、中国驰名商标,国家级重点高新技术企业、浙江省高新技术企业100强以及中国500最具价值品牌等荣誉和称号。公司主导产品四通换向阀、截止阀品种齐全,市场占有率均位居全球第一,电磁阀在全球市场占主要地位。在行业领域内,与国际一流空调厂商协同开发、互利共赢,与同行业企业相比,公司具有规模与成本优势。2014年,公司营业收入同比上升10.42%,营业利润同比上升64.88%,归属于上市公司股东的净利润同比上升50.83%,在其他白色家电行业中净利润排名第一。

38. 江铃汽车(000550.SZ)

江铃汽车(即江铃汽车股份有限公司)成立于1993年11月28日,主营产品为商用车、SUV以及相关的零部件。公司是国内轻型商用车行业骨干企业,连续多年位列中国上市公司综合实力百强,且是国家认定的企业技术中心、高新技术企业、国家整车出口基地,投入使用了新国家级研发中心,拥有世界级先进技术的DURATORQ JX4D24发动机、享誉中国的4JB1柴油发动机、全新开发制造的3L柴油发动机、1.5L及1.8L GTDI汽油发动机。2014年,公司在中国整体汽车市场取得了约1.17%的市场份额,比去年同期上升0.13个百分点,具有与同行业竞争的优势地位。2014年公司总销售收入同比上升22%,净利润同比增长24%,其每股净资产等指标在汽车整车行业处于行业前列。

39. 大北农(002385.SZ)

大北农(即北京大北农科技集团股份有限公司)成立于1994年10月18日,主营产品为饲料动保和种子植保。集团拥有3家农业产业化国家重点龙头企业、12家国家级高新技术企业,是国家认定企业技术中心和国家创新型企业等,建立了覆盖全国重点养殖和种植区域的营销服务网络。2014年通过国家审定的种子新品种为3项次,通过省级区域审定的种子新品种为7项次;待审品种中,玉米待审品种7项次(其中国家级3项次、省级4项次),水稻待审品种9项次(其中国家级3项次、省级6项次)。2014年,公司新增专利100件,其中发明专利43件。在2014年,公司营业总收入同比增长10.71%,归属于上市公司股东的净利润同比增长3.45%,公司的综合毛利率为21.79%,比上年增加了1.13%,其净利润及净资产收益率等指标在农产品加工行业中处于行业前列。

40. 丽珠集团(000513.SZ)

丽珠集团(即丽珠医药集团股份有限公司)成立于1985年1月26日,主营产品为制剂产品、原料药、中间体、诊断试剂及设备等。2014年,公司在知识产权及国际授权方面,共申请国内发明专利37项、国外专利1项,取得了18项国内外发明专利授权;获得2项境内外专利资助资金合计17.92万元,以及7项外观专利授权;取得商标注册证书2个、国内外注册商标续展30项以及商标许可备案12项,以及获得了如2014年国家科技部"十二五"重大专项"艾普拉唑项目"等多项项目及其总额大约3 000万元的资金资助,并荣获了多项科学技术奖项。2014年,公司实现营业收入同比增长20.04%,净利润同比增长5.66%,归属于本公司股东的净利润同比增长5.84%,其每股收益等指标位于化学制剂行业的前列。

41. 中航动力(600893.SH)

中航动力(即中航动力股份有限公司)成立于1996年4月8日,主营产品为航空发动机、非航空产品及民用服务等。作为国内顶尖的大型航空发动机制造企业,有着近60年的航空发动机生产制造经验和丰富的数据积累,具有自主研发军民用航空发动机的能力和国际先进的科研试验设施及生产手段,具有完全自主知识产权的"太行"、"昆仑"航空发动机,以及为我国著名战机飞豹提供动力装置的"秦岭"航空发动机,填补了我国多项航空技术空白,拥有生产及辅助设备3万余台套,是国家航空发动机行业的领军企业,拥有国内最大的叶片生产线、全套弧齿锥齿轮加工机群、自动焊接机器设备、激光切割设备等各类高精设备,拥有百余项相关专利技术,承担了多项国家"863"课题。2014年公司共申请专利648项,其中发明专利405项,另有445项专利获得授权;2014年共获得省部级以上科技成果奖 40 余项。公司营业收入同比增长 3.74%,归属于上市公司净利润同比增长 14.57%,其净利润等指标在航空装备行业中排名第一。

42. 深康佳 A(000016.SZ)

深康佳 A(即康佳集团股份有限公司)成立于 1980 年 10 月 1 日,主营产品为家用电器、通信设备。公司是中国改革开放后诞生的第一家中外合资电子企业。2014 年公司的重点工作之一是流程改革和信息化建设,优化了公司的经营管理流程,并重塑了公司品牌理念"精致产品,美妙生活"和发布了新的品牌广告片,实施了代言人计划。2014 年,公司营业收入同比下降 2.92%,归属于上市公司股东的净利润上升 14.85%,其主要指标位于彩电行业的前列。

43. 宇通客车(600066.SH)

宇通客车(即郑州宇通客车股份有限公司)成立于 1997 年 5 月 8 日,主营产品为客车产品等。2014 年公司在纯电动客车方面取得突破性进展,国家电动客车电控与安全工程技术研究中心落户公司。公司的新能源客车技术处于行业领先地位,在大力推广新能源公交客车的同时,研发了面向团体、旅游市场的纯电动客车(例如 E7),得到了市场的认可。在行业不景气的环境下,公司营业收入同比增长 15.90%,2014 年大中型客车国内销售量同比增长 4.6%,其中新能源客车销量同比增长 90.01%,大中型客车总销量的增长高于行业、高于主要竞争对手,其规模和销售业绩在商用载客车行业持续位列第一,是中国客车工业领军品牌。

44. 科陆电子(002121.SZ)

科陆电子(即深圳市科陆电子科技股份有限公司)成立于 2000 年 11 月 30 日,主营产品为电工仪器仪表和电力自动化产品等。目前公司已成功进入全球 60 多个国家与地区,是国内智能电网产业的龙头企业,完成了多项国家"863"科技攻关与技术示范项目,拥有完整的智能发电、智能储能、智能配用电和能源服务等一体化产业链布局,具有很强的核心竞争力,掌握着本行业最先进的核心技术,是业内公认的智能电网领域产业链最完整的 A 股上市公司。截至 2014 年年底,公司共申请专利 685 项,获得专利 399 项。2014 年,公司营业收入同比增长 38.74%,利润总额同比增长 41.83%,归属于上市公司净利同比增长 46.28%。

45. 光明乳业(600597.SH)

光明乳业(即光明乳业股份有限公司)成立于 1996 年 10 月 7 日,主营产品为液态奶和其他乳制品。公司拥有国家驰名商标"光明"等一系列较高知名度的品牌,并拥有乳业生物科技国家重点实验室,有着丰富的市场和渠道经验,拥有先进的全程冷链保鲜系统,拥有多项发明专利技术,拥有先进的乳品加工工艺、技术和设备,在国内和新西兰拥有供应稳定、质量优良的原料奶基地。2014 年公司全年实现营业总收入同比增长 25.13%,归属于母公司所有者的净利润同比增长

39.87%,每股收益同比增长39.39%,其每股收益、净利润等指标位于乳品行业的前列。

46. 深天马 A(000050.SZ)

深天马 A(即天马微电子股份有限公司)成立于1983年11月8日,主营产品为电子元器件,主要服务于移动终端消费类显示市场和专业类显示市场。公司设有 TFT-LCD 关键材料及技术国家工程实验室、国家级企业技术中心、博士后流动工作站,并承担国家发改委、科技部、工信部等多个重大国家级专题项目。在前瞻性技术布局方面,公司开发出许多国际先进、国内领先新技术,已具备主动引领市场的实力,在3D显示、LTPS 及 AMOLED 显示、柔性显示、透明显示、触控一体化技术等方面取得了诸多积极成果,并多次获得创新产品与应用的顶尖奖项。此外,2014年,公司的裸眼3D技术实现全球首发量产,公司获得了核心客户授予的全球最佳合作伙伴、核心供应商、钻石奖与最佳服务将、优秀供应商等诸多奖项。2014年公司营业收入同比增长12%,其每股收益和净利润等指标位于光学光电子行业的前列。

47. 正泰电器(601877.SH)

正泰电器(即浙江正泰电器股份有限公司)成立于1997年8月5日,主营产品为低压电器,在"2014中国民企500强"中排名第92位,在"第十五届中国电气工业100强"中位列第8,并作为唯一一家以低压电器为主营业务的企业再次被评为"中国电气工业100强"前十强。在2014年,公司还被授予"中国工业大奖""国家信息化和工业化融合管理体系贯标试点企业""全国质量诚信优秀典型企业"等称号。公司2014年完成新产品开发76项,技术改造22项,获得专利173件,参与行业标准制(修)订8项,完成国内外认证353项(含换发133项)。公司全年销售收入同比增长6.78%,归属于母公司的净利润同比增长18.88%,净资产收益率达到32.17%,在电器设备行业中其每股收益排名第一。

48. 中新药业(600329.SH)

中新药业(即天津中新药业集团股份有限公司)成立于1992年12月20日,主营产品为中药和西药。公司拥有1个国家级企业技术中心、5个市级企业技术中心、市级现代化技术工程中心及国家人事部批准的博士后科研工作站,围绕中药、化学药和生物工程药三个领域已经形成了研发平台。公司所有制药企业都率先通过新版 GMP 认证,部分生产车间还通过了澳大利亚和日本的 cGMP 认证;2014年年末公司拥有国内注册商标226件,国际注册商标21件和4件驰名商标;公司具备很强的品牌优势,特别是明清以来形成了颇具特色的传统老字号品牌,并沿用至今,享誉海内外,如"达仁堂""乐仁堂"等,在《中华老字号网》率先推出的中华老字号排行榜中位列前10;公司具有丰富的门类齐全的品种资源,截至

2014年年末公司拥有17个剂型的601个药品批准文号,其中,国宝级中药4个,国家机密品种1个,国家秘密品种3个,拥有中药保护品种8个,独家生产品种101个,列入国家基本药物目录品种85个,国家医保品种267个。2014年公司全年销售收入同比增长8.78%,总资产同比增长3.32%,营业收入同比增长17.92%,归属于母公司的净利润同比增长1.71%,其中,自营利润同比增长10.06%,在中药行业中其营业收入水平排名靠前。

49. 乐普医疗(300003.SZ)

乐普医疗(即乐普(北京)医疗器械股份有限公司)成立于1999年6月11日,主营产品为医疗器械和药品等,是国内高端医疗器械领域能够与国外产品形成强有力竞争的为数较少的企业之一。自成立以来,公司相继完成了支架、导管等多项介入医疗核心产品的研制开发和产业化工作,在业内第一个获得国家药监局颁发的"冠状动脉支架输送系统"产品注册证(Ⅲ类)、第一个研发并试制成功抗感染"药物中心静脉导管";公司植入式双腔心脏起搏器有望打破国外产品独占双腔起搏器市场的格局。截至2014年年底,公司已获得医疗器械产品注册证86项,已获得药品批准文号63项。2014年,公司新获得授权专利54项,其中发明专利6项,获得授权和正在申请的专利共计284项,其中已授权专利188项(含发明专利授权34项)。2014年,公司营业收入同比增长28.03%,营业利润同比增长22.78%,归属于上市公司股东的净利润同比增长17.02%,期末总资产较期初总资产增长22.43%,归属于母公司所有者权益较期初增长11.14%,在医疗器械行业中其净利润排列第一。

50. 天地科技(600582.SH)

天地科技(即天地科技股份有限公司)成立于2000年3月24日,主营产品为煤机制造等。公司承担了多个"863"和"973"项目,作为主要完成单位完成的"特厚煤层大采高综放开采成套技术与装备研发"项目解决了14—20米特厚煤层开采世界性难题,引领了国际煤炭开采技术的发展方向,获得了2014年度国家科学技术进步一等奖。公司旗下北京中煤成功推出了我国首台特大型反井钻机并获得了2014年度中国煤炭工业协会科学技术一等奖;公司在国内率先实现了地面远程操控采煤,填补了我国煤矿综采工作面智能化无人开采的空白。截至2014年12月31日,其总股本达到12.1392亿股,总资产为281.56亿元,净利润为18.62亿元,在冶金矿采化工设备行业中其净利润及营业总收入排名第一。

8.4 本章小结

本部分采集国家有关部门公布的权威数据资料,主要采用定量统计分析方法,对中国制造业上市企业的数量分布、规模、效益、成长性、创新性以及最应受到

尊敬的推选活动进行了评价分析,主要得到了以下一些结论:

从中国制造业上市公司的地区分布来看,上市公司主要集中在东部沿海地区,其中,广东、浙江、江苏和山东四省依旧位列前四;从行业分布来看,计算机、通信和其他电子设备制造业、化学原料和化学制品制造业、电气机械和器材制造业三行业共有制造业上市企业568家,所占比重为34.30%,而制造业上市企业数量后三位的行业分别是皮革、毛皮、羽毛及其制品和制鞋业(6家,占比0.36%)、家具制造业(5家,占比0.30%)和废弃资源综合利用业(1家,占比0.06%)。

从规模情况来看,按照主营业务收入规模分析,2014年中国制造业上市企业的规模与上年相比有较明显的扩大,平均规模比上年增加4.15%;上海、广东、北京、山东、江苏和浙江六个省份制造业上市企业的主营业务收入规模总量最大;从东中西部来看,东部地区上市企业规模总量最大,中部次之,西部最小;从行业来看,计算机、通信和其他电子设备制造业的规模总量最大,而仅1家上市企业的废弃资源综合利用业总规模最小。按总资产对制造业上市企业的规模进行统计分析,可以发现,我国制造业上市企业的总趋势是数量规模总量不断扩大,总资产超50亿元的特大型企业的资产规模总量超过总规模的2/3,达到79.92%,特大型企业规模所占比例明显增加,增加比例达到1.64个百分点,制造业上市公司的行业集中度较高,市场竞争能力较强。

从效益情况来看,本部分采用净资产收益率(ROE)、资产收益率(ROA)以及主营业务利润率三个指标评价制造业上市企业的盈利能力。本次统计得到的制造业上市企业共有1 640家,从行业角度来看其平均主营业务利润率为22.32%,平均总资产净利率为3.91%,平均净资产收益率为3.04%。其中,医药制造业的147家上市公司的平均主营业务利润率最高,为47.77%;非金属矿物制品业的75家上市公司的平均主营业务利润率最低,为-25.38%;计算机、通信和其他电子设备制造业、电气机械和器材制造业、医药制造业、专用设备制造业、通用设备制造业等15个行业的主营业务利润率高于全行业平均水平。印刷和记录媒介复制业的7家上市公司的平均总资产净利率最高,为7.97%;石油加工、炼焦和核燃料加工业的19家上市公司的平均总资产净利率最低,仅为-1.25%;制造业中计算机、通信和其他电子设备制造业、电气机械和器材制造业、医药制造业、汽车制造业等14个行业的总资产净利率高于全行业平均水平。其他制造业的17家上市公司的平均净资产收益率最高,为12.12%;橡胶和塑料制品业的50家上市公司的平均净资产收益率最低,为-38.75%;计算机、通信和其他电子设备制造业、化学原料和化学制品制造业、电气机械和器材制造业、医药制造业、专用设备制造业、通用设备制造业、汽车制造业等22个行业的净资产收益率高于全行业平均水平。

从地区角度来看,2014年全国31个省份制造业的平均主营业务利润率为

24.61%,其中西藏的5家上市公司的平均主营业务利润率最高,为38.07%;内蒙古的18家上市公司的平均主营业务利润率最低,仅为-1.84%。2014年全国31个省份制造业的平均总资产净利率为3.41%,其中西藏的5家上市公司总资产净利率最高,为8.17%;宁夏的9家上市公司平均总资产净利率最低,仅为0.10%。2014年全国31个省份制造业的平均净资产收益率为2.63%,其中青海的8家上市公司平均净资产收益率最高,为18.63%;河北的37家上市公司平均净资产收益率最低,仅为-53.63%。

在成长性方面,本部分采用三年主营业务收入平均增长率来衡量制造业上市企业的成长性。通过分析认为,制造业上市企业所在行业整体上成长性较好,其中,非金属矿物制品业、废弃资源综合利用业这两个行业的收入平均增长率较高,其数值都大于0.7,而黑色金属冶炼和压延加工业,石油加工、炼焦和核燃料加工业的成长能力指数为负数,其发展前景不容乐观,更有必要加快新型化转型升级;同时还认为大部分地区整体成长性较好,其中甘肃、黑龙江和上海这三个省市的收入增长率较高,其数值都大于0.5,而宁夏和山西这两个省份的收入增长率是负值,显现出此两地的制造业上市企业成长性困境。但从单个企业来看,上述行业和地区的整体成长性极易受到成长性突出的个别企业的影响,例如中技控股、上峰水泥和佳电股份三家制造业上市企业的成长性比较突出,从而也拉高了这三家企业所在的行业和地区的整体成长性水平。

在创新性方面,本部分以研发经费投入强度和每亿元主营业务收入的有效发明授权专利数量指标来反映中国制造业上市企业科技创新投入产出水平。2014年29个制造业行业平均研发投入强度为2.96%,其中计算机、通信和其他电子设备制造业的214家上市公司的平均研发经费投入强度最高,为7.69%;石油加工、炼焦和核燃料加工业的17家上市公司的平均研发经费投入强度最低,为0.46%。2014年全国31个省份制造业的平均研发经费投入强度为3.54%,其中陕西的23家上市公司平均研发经费投入强度最高,为11.15%;青海的8家上市公司平均研发经费投入强度最低,仅为0.86%。同时,彩虹股份等单个制造业上市企业的创新投入水平比较突出,拉高了这些企业所在的行业和地区的整体创新投入水平。2014年29个制造业行业平均科技创新产出为1.2836项/亿元,其中非金属矿物制品业的73家上市公司的平均创新产出最高,为4.9864项/亿元;石油加工、炼焦和核燃料加工业的17家上市公司的平均创新产出最低,为0.142项/亿元;2014年全国31个省份制造业的平均科技创新产出为2.1857项/亿元,其中云南的17家上市公司平均科技创新产出最高,为19.6332项/亿元;青海的8家上市公司平均科技创新产出最低,仅为0.0442项/亿元;同时,博闻科技和彩虹股份等制造业上市企业的创新产出水平比较突出,也拉高了这些企业所在的行业和地区的整体创新产出水平。

最应受到尊敬的制造业上市企业的推选活动是"好中选优",采取两阶段进行推选评价,最终优先推选出了50家"最应受到尊敬"的制造业上市企业,其中排名前5家企业分别是上汽集团、格力电器、美的集团、中国北车和中国南车等;从行业分布来看,50家企业主要集中在计算机、通信和其他电子设备制造业(9家),仪器仪表制造业(6家),医药制造业(6家)等行业。从地区分布来看,50家企业多数集中在广东(13家)、北京(6家)、浙江(6家)、河南(3家)、上海(3家)、江苏(2家)、山东(2家)等。

参 考 文 献

[1] 上海证券交易所. 上市公司2011—2014年度年报. http://www.sse.com.cn. 2015年4月30日.

[2] 深证证券交易所. 上市公司2011—2014年度年报. http://www.szse.com.cn. 2015年4月30日.

[3] 国家知识产权局. 专利检索及分析. http://www.pss-system.gov.cn/. 2015年5月1日.

[4] 中国证监会. 上市公司行业分类指引(2012年修订). http://www.csrc.gov.cn/. 2012年10月26.

[5] 于成永,施建军,方红. 控制权、规模与并购绩效——基于沪深制造业上市公司的实证研究[J]. 国际贸易问题,2013,05:128—142.

[6] 唐跃军,宋渊洋. 中国企业规模与年龄对企业成长的影响——来自制造业上市公司的面板数据[J]. 产业经济研究,2008,06:28—35.

[7] 任海云,师萍,张琳. 企业规模与R&D投入关系的实证研究——基于沪市A股制造业上市公司的数据分析[J]. 科技进步与对策,2010,04:68—71.

[8] 王文翌,安同良. 中国制造业上市公司规模与R&D绩效[J]. 中国科技论坛,2014,05:62—67,73.

[9] 刘欣,陈松. 企业规模对工艺创新的影响——基于中国制造业上市公司的实证研究[J]. 科技进步与对策,2014,21:83—86.

[10] 李洪亚,史学贵,张银杰. 融资约束与中国企业规模分布研究——基于中国制造业上市公司数据的分析[J]. 当代经济科学,2014,02:95—109、127—128.

[11] 张福明,孟宪忠. 基于系统广义矩估计的中国制造业上市公司企业成长与盈利能力关系实证研究[J]. 现代管理科学,2011,04:31—33.

[12] 贺远琼,陈昀. 不确定环境中高管团队规模与企业绩效关系的实证研究——基于中国制造业上市公司的证据[J]. 科学学与科学技术管理,2009,02:123—128.

[13] 曹燕. 中国家电制造业上市公司盈利能力研究——来自2009年年报数据[J]. 山西财经大学学报,2011,S1:134—135.

[14] 袁卫秋. 融资约束下的营运资本管理效率与盈利能力——基于制造业上市公司的经验证据[J]. 上海经济研究,2013,10:22—34、133.
[15] 贺远琼,陈昀. 不确定环境中高管团队规模与企业绩效关系的实证研究——基于中国制造业上市公司的证据[J]. 科学学与科学技术管理,2009,02:123—128.
[16] 钱爱民,张新民,周子元. 盈利结构质量、核心盈利能力与盈利持续性——来自我国A股制造业上市公司的经验证据[J]. 中国软科学,2009,08:108—118.
[17] 何强,陈松. 创新发展、董事创新偏好与研发投入——基于中国制造业上市公司的经验证据[J]. 产业经济研究,2013,06:99—110.
[18] 王文翌,安同良. 产业集聚、创新与知识溢出——基于中国制造业上市公司的实证[J]. 产业经济研究,2014,04:22—29.
[19] 朱平芳,刘弘,姜国麟. 对上海高新技术产业专利产出问题的思考[J]. 数量经济技术经济研究,2002.
[20] 顾基发. 物理事理人理系统方法论的实践[J]. 管理学报,2011,8(3):317—322.

撰稿:周飞雪 季良玉
统稿:巩在武

第三部分
专题研究篇

第9章 生态文明建设契机下制造业转型升级路径

2005年,中国政府提出"生态文明"理念。此后,国家不断提出生态文明建设要求。例如,2012年11月8日,十八大报告中提出,"坚持节约资源和保护环境的基本国策,坚持节约优先、保护优先、自然恢复为主的方针,着力推进绿色发展、循环发展、低碳发展,形成节约资源和保护环境的空间格局、产业结构、生产方式及生活方式"。2015年,两会提出以国家意志推进生态文明建设,可以推测我国未来将步入生态文明时期。

制造业是立国之本,对区域经济增长具有显著的正向促进作用(潘文卿和刘庆,2012),其是否能适应生态文明建设需求一直是学者们担心的问题。有一点已经达成共识,我们国家不会走发达国家的老路,即工业化—去工业化—再工业化。去工业化可能会对我国制造业及相关产业的创新和发展产生负面影响。制造业的转移和外包有损就业、第三产业以及国防安全。制造业生产过程的创新溢出效应能支持公司和企业进行下一代产品和工艺的研发,制造业的外包将导致研发能力损失(Executive Office of the President,2012)和竞争能力不足。并且,制造业吸纳了大约三分之一的城镇居民就业,为居民提供了稳定的收入来源,提高了幸福感(罗楚亮,2006)。制造业的另一个重要作用是有利于保障国防安全,国防安全与一个国家的制造业水平有密切的关系,国防安全亟须将我国由制造业大国向制造业强国转变(张国明等,2012)。

生态文明建设环境下,不同制造业产业的发展状态如何？如何采取政策措施使制造业不同产业均向环境友好、智能、绿色制造发展？这是国家在生态文明建设指标的压力下,迫切希望解决的问题。接下来通过分析生态文明建设对制造业的影响机理,提出制造业生态文明行业建设测度模型,并对我国制造业生态文明建设路径进行分析。

9.1 生态文明建设影响制造业机理分析

改革开放以来,我国经济建设取得了举世瞩目的成绩,这与各类政策措施的及时出台有着密不可分的关系。可以预测,生态文明建设也必将取得应有的成效。

9.1.1 生态文明建设对制造业发展目标的影响

政府的政策措施代表了公众对制造业发展方向的期待。考察改革开放后我国制造业的发展变化经历了以下几个阶段:改革开放初期的经济发展,环境污染阶段(蔡守秋,1982);20世纪八九十年代的环境治理阶段;20世纪末到21世纪初的可持续发展阶段,本阶段综合解决制造业面临的气候变化、节能减排、环境污染问题。政策措施在制造业发展的不同阶段均发挥了关键作用,例如,"十一五"、"十二五"规划中严格规定污染物总量减排比例。直接的效果是2003年以后,我国制造业主要污染物排放总量基本没有增加,实现了经济发展与环境污染的强脱钩(见图9-1)。

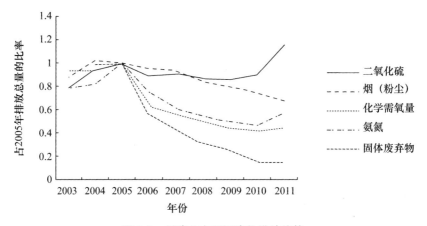

图 9-1　制造业主要污染物排放趋势

资料来源:中华人民共和国国家统计局环境统计数据。

生态文明建设不同于产业、经济发展战略,它将最终改变人们的消费习惯。这与前期提出的可持续发展战略不同。可持续发展是一种注重长远发展的经济增长模式,可持续发展更加强调发展,并在发展的同时提高能源使用效率,降低污染物排放(Jovane 等,2008)。生态文明建设是对发展目标的描述。生态文明建设(谷树忠等,2013)是认识自然、尊重自然、顺应自然、保护自然、合理利用自然,反对漠视自然、糟蹋自然、滥用自然和盲目干预自然,人类与自然和谐相处的文明。在这种文明中,人的需求将发生变化。根据马斯洛需求层次理论,人在满足了生理需求、安全需求和社交需求后,尊重需求和自我实现的需求将增加。随着生态文明建设逐步深入,新的社会评价体系逐步建立,人们将会从工业文明中推崇的享乐主义、大量生产、大量消费向生态文明提倡的健康消费、素养消费、绿色消费、低碳消费转变(廖福霖,2009)(见图9-2)。

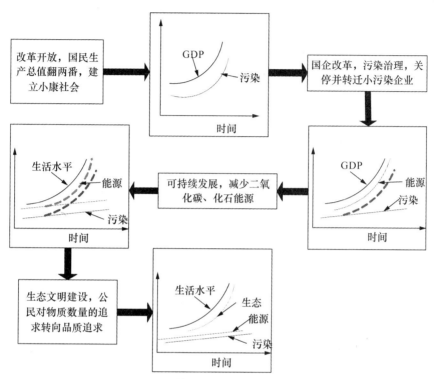

图 9-2 政策影响下的制造业发展轨迹

未来制造业的发展目标将是生产低能耗、低污染、高科技含量的产品。批量生产的、质量一般的产品收益将下降。科技含量高、节能、质量好的产品将受到消费者欢迎，消费者也将愿意为此支付更高的价格。例如，苹果手机消耗的物质越来越少，价格几乎是同样功能手机的几倍，但仍然受到消费者的普遍欢迎。中国制造业在资金、技术、市场、创新和人力资源方面已经经历了几十年的积累，有能力实现这一目标。下面分析生态文明建设对制造业投入、产出及内部的影响，从而确定关键评价因素。

9.1.2 生态文明建设对制造业投入和产出的影响

制造业生产本质上是将自然资源加工制造成可用于消费或再加工产品的过程，能源是加工制造过程的动力。所以，其投入是水、土地、原材料和劳动力等资源，正的产出是用于生产和消费的产品，负的产出是废气、废水和固体废弃物（崔维军等，2010）。生态文明建设对投入、产出的影响主要有以下几个方面（见图 9-3）：

第一，能源、水、土地、原料和劳动力的供给数量将减少。随着资源有偿使用制度改革的推进，未来将形成能够反映所有者权益、市场供求关系、资源稀缺程度、环境损害成本的资源价格形成机制。并且，政府将全面落实节约优先战略，以总量控制倒逼节约集约,以政策法规保障节约集约(徐绍史,2012)。在这种环境下,能源、水、土地和原料的供给数量将减少,造成单位价格上涨。劳动力价格的上涨更多源于我国人口结构的变化。

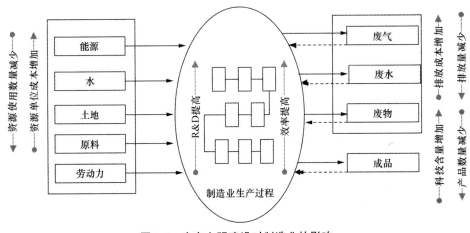

图 9-3　生态文明建设对制造业的影响

第二,制造业减排压力较前期减少,为制造业转型发展提供了时间。2006 年我国的"十一五"规划中明确提出我国环境保护的量化指标,其中,制造业主要污染物排放总量分别被要求降低 8% 或 10%。2010 年,我国制造业完成了"十一五"规划中主要污染物排放下降 10% 左右的规定,同时,制造业 GDP 平均比 2005 年上升了 160%。在"十二五"规划中,同样提出了类似的环境保护要求。学术界普遍认为在目前的科技水平下,环境污染和经济发展很难实现强脱钩。在总量控制无法完成减排目标的情况下,继续施压会损害制造业的发展,且进一步加重产业环境规制强度会导致绿色全要素生产率下降、技术退步和效率恶化(李玲和陶锋,2012)。生态文明建设为制造业的转型发展提供了时间。生态文明建设将自然和人类社会看作一个系统,它所要实现的是污染物排放整体下降。2013 年环境统计年报显示,农业源化学需氧量排放为 1 125.8 万吨,城镇生活源为 889.8 万吨,而工业源为 319.5 万吨。政府在未来一段时间的减排工作重点可能会发生转移,这为制造业转型发展提供了时间。

第三,制造业产品的科技含量迅速增加,资本边际产出稳步提高。近年来,主要制造业强国分别提出振兴本国制造业的相关战略。例如,德国技术科学院等机构联合提出"第四代工业 4.0"战略规划,旨在实现信息物理系统的深度融合(张曙,2014);2012 年,美国总统行政办公室科学与技术顾问提出的"抓住先进制造业国内竞争优势"的报告。目前,中国制造业资本的边际产出比很多发展中国家低(世界银行,2013)。在生态文明建设环境下,中国制造 2025 提出"坚持把创新摆在制造业发展全局的核心位置",2049年我国制造业将引领世界创新,占领高端制造业市场,实现资本边际产出稳步提高,近而吸引国内外投资者参与制造业的发展之中。

9.1.3 生态文明建设对制造业结构的影响

制造业系统内部受到外部环境的影响,将发生一系列围绕提高效率、减少排放的变化。根据柯布—道格拉斯生产函数,全要素生产率由劳动生产率和资金生产率构成(蔡金续,2000),影响行业全要素生产率变化的因素主要包括纯技术效率、规模效率、技术效率、技术进步(李春顶,2009)、能源消耗和环境污染(李玲和陶锋,2012)。可以观测到的因素包括企业规模、从业人员和经费分布等,下面分别分析。

第一,制造业企业规模呈两极分化状态,小企业数量将增加。生态文明建设会加速两化融合,制造向智能制造转变(张曙,2014)。智能制造借助计算机建模仿真和信息通信技术,将优化产品的设计和制造过程,大幅度减少物质资源和能源的消耗以及各种废弃物的产生。同时,互联网和移动通信的广泛应用,将产生马太效应,使得部分企业凭借创新、质量、信誉迅速壮大;小微企业通过互联网组成的销售、技术平台,降低运营成本,生存机会将增加,数量将上升,社会各类闲散资源将得到充分利用。

第二,科技人员在制造业就业人员中的比例将上升,R&D投入将增加。2010年中国制造业总产值已经是全球第一,但人均产值仅为美国的1/8(王卉,2012)。生产高附加值的产品是生态文明建设的需要,也是投资者、环境承载能力、人口结构变化、消费者需求变化的需要。所以,科技人员的比例将上升,R&D投入将随之增加。

第三,制造业节能投入和污染治理费用将缓慢减少。2007年,国家发改委公布了《可再生能源中长期发展规划》,希望通过改变我国的能源结构,减少二氧化碳、二氧化硫等温室气体和污染物的排放(林伯强等,2010)。能源消费总量中水电、风电和核电由2007年的6.8%上升为2013年的9.8%,煤炭由2007年的71.1%降为2013年的66%。国家可再生能源的迅速发展,将使企业分散的节能投入减少。同时,随着消费者生态文明理念的确立,消费需求从数量向质量过渡,企业原材料需求会减少。这些会令企业在完成环保目标条件下的节能投入和污染治理费用降低。查建平等(2011)实证结果表明我国能源消耗与工业经济增长之间已经实现了弱脱钩。

9.2 制造业行业生态文明建设测度方法

"生态文明"行业建设测度旨在分析制造业行业差异程度以及造成这些差异

的原因。根据前面的分析，本测度方法使用两个指标体系，这两个指标均包含创新能力、资源利用能力、环境保护能力、效率与规模，主要评价制造业各行业生态文明建设现状和发展趋势。

9.2.1 评价指标

现状评价指标主要参考了李廉水和杜占元（2004）、中国制造2025（2015）和李平等（2010）所构建的相关指标，根据前面的理论分析进行了选取，并添加了生态文明建设促进企业规模发生变化的指标（见表9-1）。指标权重的确定方法是等权法。

表9-1 制造业行业"生态文明"建设现状评价指标

类别	类别权重	指标	序号	指标权重
创新能力	0.25	R&D占行业总投资比重	A1	0.33
		单位工业增加值有效发明专利数	A2	0.33
		R&D人员全时当量	A3	0.33
资源利用能力	0.25	单位工业增加值能耗	A4	1.00
环境保护能力	0.25	单位工业增加值废物排放量	A5	0.33
		单位工业增加值废气排放量	A6	0.33
		单位工业增加值废水排放量	A7	0.33
效率与规模	0.25	工业增加值	A8	0.33
		世界500强企业数量	A9	0.33
		规模以上企业数量	A10	0.33

趋势评价指标主要体现制造业各行业的努力方向，采用各指标的增长率来构建指标体系。为了部分消除不同年份的波动影响，这里采用两年的增长率来表征变化情况。同时，考虑到相似行业的比较需求，建立表9-2的评价指标。

表9-2 制造业行业"生态文明"建设趋势评价指标

类别	类别权重	指标	序号	指标权重
创新能力	0.25	R&D投资比重增长率	B1	0.33
		发明专利增长率	B2	0.33
		R&D人员全时当量变化率	B3	0.33
资源利用能力	0.25	单位工业增加值能耗降低率	B4	1.00
环境保护能力	0.25	单位工业增加值废物排放减少率	B5	0.33
		单位工业增加值气排放减少率	B6	0.33
		单位工业增加值废水排放减少率	B7	0.33
效率与规模	0.25	工业增加值增长率	B8	0.25
		世界500强企业数量变化	B9	0.33
		规模以上企业数量变化	B10	0.33

9.2.2 评价要素

1. 创新能力

环境保护、资源的有效利用均需要依靠创新来实现。根据柯布—道格拉斯生产函数，资金和人员是创新的主要投入。所以，R&D 占行业总投资比重和研发人数占行业就业人数比重分别用来描述研发投入状态。单位有效发明专利数用来描述行业的创新效率，用规模以上制造业每亿元主营业务收入有效发明专利数来表征。变化指标 B1、B2、B3 描述了该行业吸引创新投入以及创新效率的发展趋势。

2. 资源利用能力

资源利用能力体现了生态文明建设的成效。区域一般使用单位增加值能耗和新水消耗量来描述行业资源使用状况，这里考虑到数据的可获得性，且新水消耗与废水排放量相关，所以仅使用单位增加值能耗作为度量指标。

3. 环境保护能力

环境保护能力类指标需要更多地体现制造业企业在环保方面的努力程度。所以这里选择了固体废弃物的综合利用率，废水、废气达标率作为环保能力指标。二氧化碳排放量与能源选择有关，关系到全球气候变化，同样属于环境保护能力类，但因该指标与能源消耗直接相关，所以这里没有采用。趋势评价指标同样使用两年的增长率描述。

4. 效率与规模

效率与规模类指标主要体现生态文明建设对制造业的影响，即在环境、资源约束的情况下制造业是否仍在持续发展。制造业增加值用来描述该行业的发展状况。世界 500 强企业数和规模以上企业数分别描述该行业企业的发展规模和行业吸引力。

9.2.3 评价方法

因为制造业行业间的差距太大，行业间的横向比较意义不大，所以这里将制造业分为轻纺、资源加工和机械电子三类制造产业（李廉水和杜占元，2004）。各指标的权重采用等权法，资源利用能力、环境保护能力采用倒数法。用标准差标准化方法，保留原始数据之间的关系，判断各类行业生态文明建设的相对水平。数据标准化后 0 代表生态文明建设的平均水平，分值高于 0 说明生态文明建设水平高于平均水平，反之则低于平均水平。由于缺少分行业增加值数据，这里使用主营业务收入数据代替，测度数据来自中国统计局 2013 年、2012 年和 2011 年的年度数据，能源数据只更新到 2012 年。

9.3 制造业行业生态文明建设差异分析

不同类型制造业行业生态文明建设状况存在较大差异,为了清楚地说明不同行业的生态文明状态,我们将每类行业根据生态文明建设现状分为三级。现状和趋势得分均为正的为甲级,现状和趋势得分有正有负的为乙级,均为负数的为丙级。

9.3.1 轻纺制造业生态文明建设分析

轻纺制造业生态文明建设现状和趋势类似于金字塔形,文教、工美、体育和娱乐用品制造业得分最高,位于塔顶。其资源利用能力、创新能力和环境保护能力都比较强,为其他行业生态文明建设提供榜样,遗憾的是缺少世界 500 强公司。大部分行业处于乙级和丙级,得分接近,没有特别落后的行业。轻纺制造业的金子塔形生态文明建设现状类似于企业的组织结构,比较有利于信息扩散、技术普及(见图9-4)。该类行业的生态文明建设的效率将可能更高。

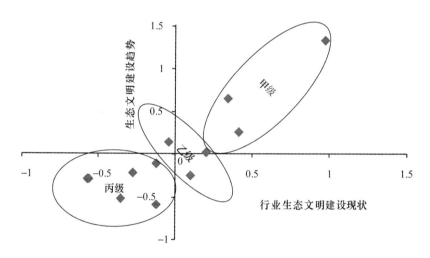

图 9-4 轻纺制造业生态文明建设状态

9.3.2 资源加工制造业生态文明建设分析

资源加工制造业的生态文明建设呈现两极分化状态。医药制造业和橡胶、塑料制品业表现突出,其他大部分行业处于丙级,化学原料和化学制品制造业处于乙级。这种两极分化状态说明行业之间的技术差异较大,创新溢出效应不明显。一个行业的生态文明建设成果较难向其他行业转移,不利于生态文明建设水平的快速提升(见图9-5)。

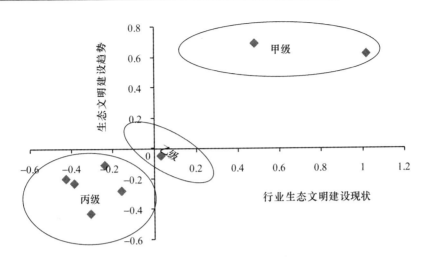

图 9-5　资源加工制造业生态文明建设状态

9.3.3　机械电子制造业生态文明建设分析

机械电子制造业生态文明建设呈现分散状态,且很多贴近轴线位置。生态文明建设现状比较好的电气机械和器材制造业,计算机、通信和其他电子设备制造业和仪器仪表制造业,其发展趋势并不理想,目前并没有突破性的节能、减排技术支持其快速发展。现在表现平平的通用设备制造业和汽车制造业在未来有可能会超越目前领先的一些行业。金属制品业和铁路、船舶、航空航天和其他运输设备制造业生态文明建设有待加强(见图9-6)。

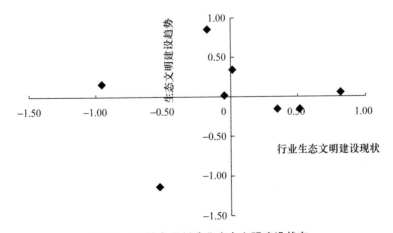

图 9-6　机械电子制造业生态文明建设状态

9.4 生态文明建设约束转型升级路径分析

通过行业间的比较分析,可以得出行业总体状况。下面进行详细分析,并在此基础上给出生态文明建设下制造业转型升级的路径建议。

9.4.1 轻纺制造业转型升级路径分析

文教、工美、体育和娱乐用品制造业的资源利用能力和环境保护能力都很好,创新能力也比较高。目前存在的主要问题是缺少世界500强公司。该行业目前有7198家规模以上企业,平均企业规模在同类行业中属于中等偏上,发展状态良好,进一步国际化可促进该企业的发展(见表9-3)。

表9-3 轻纺制造业生态文明建设能力

行业	创新能力	资源利用	环境保护	效率与规模
文教、工美、体育和娱乐用品制造业	0.52	1.95	1.78	−0.38
农副食品加工业	−0.28	0.19	−0.54	2.28
纺织服装、服饰业	−0.02	0.25	0.97	0.16
家具制造业	−0.46	1.08	0.81	−0.63
烟草制品业	0.35	1.18	−0.30	−0.81
食品制造业	0.50	−0.67	−0.60	0.62
纺织业	0.39	−1.12	−0.54	0.80
印刷和记录媒介复制业	0.56	−0.50	0.12	−0.67
皮革、毛皮、羽毛及其制品和制鞋业	−0.86	0.20	−0.08	−0.33
酒、饮料和精制茶制造业	0.13	−0.53	−0.62	−0.40
造纸和纸制品业	0.11	−1.31	−0.71	−0.35
木材加工和木、竹、藤、棕、草制品业	−0.94	−0.73	−0.30	−0.31

农副食品加工业的企业数量较多,且有世界500强企业,所以在同类行业中排名靠前。该行业的创新能力和环境保护能力偏弱。农副食品加工业创新能力不强的主要原因是创新效率低,有效发明专利数量较少。说明未来该行业需要提高专利申请数量,并加强创新管理。该行业的资源保护能力较弱的主要原因是单位增加值废水排放数量较多。

纺织服装、服饰业和家具制造业的环境保护能力在同类行业中是比较好的。纺织服装、服饰业创新能力略低于平均水平,其主要原因是R&D占行业总投资比重略低,同时其创新能力也不高。家具制造业创新能力较低的原因是R&D人员全时当量较少。

皮革、毛皮、羽毛及其制品和制鞋业和木材加工和木、竹、藤、棕、草制品业的主要问题是创新能力不足。这两个行业的共同特点是创新效率较低。有效发明专利数明显低于其他行业。未来需加强创新管理,提高创新效率。

纺织业与造纸和纸制品业的资源利用能力和环境保护能力依然需要进一步提高。这两个行业长久以来一直面临环境污染和能源消耗高的困扰,更多地需要依赖创新能力的提升。

9.4.2 资源加工制造业转型升级路径分析

资源加工类制造业中急需提高创新能力的是石油加工、炼焦和核燃料加工业,该行业的资源利用能力和环境保护能力也比较弱。该行业创新能力弱的最主要原因是有效发明专利数偏少,但该行业有很多世界500强公司。说明该行业如果加强创新管理,生态文明建设程度可能会更好(见表9-4)。

表9-4 资源加工制造业态文明建设能力

行业	创新能力	资源利用	环境保护	效率与规模
医药制造业	1.83	2.17	0.89	-0.79
橡胶和塑料制品业	-0.18	0.68	1.80	-0.38
化学原料和化学制品制造业	0.64	-0.59	-0.53	0.61
非金属矿物制品业	-0.37	-0.67	-0.38	0.76
黑色金属冶炼和压延加工业	-0.04	-0.79	-0.80	0.67
有色金属冶炼和压延加工业	-0.40	-0.32	-0.39	-0.14
石油加工、炼焦和核燃料加工业	-1.02	-0.55	-0.28	0.29
化学纤维制造业	-0.46	0.08	-0.32	-1.02

化学原料和化学制品制造业、非金属矿物制品业、黑色金属冶炼和压延加工业均需要大幅提高资源利用能力,同时需要提高环境保护能力。如果资源利用和环境保护能力的提高受制于技术发展水平的限制,那么这两个行业需要提高产品的科技含量,生产高附加值的产品,从而降低单位增加值的能源消耗量及污染物排放量。

医药制造业其他指标都很好,主要的问题是缺少世界500强公司。未来医药制造业需要加速变大、变强。一方面继续提高创新能力,另一方面通过拓展海外市场扩大企业规模。化学纤维制造业的主要问题是创新能力不足,R&D全时当量较少。另外,该行业相对于其他行业,环境保护能力偏弱,未来需要继续加强环保能力建设。

9.4.3 机械电子制造业转型升级路径分析

机械电子制造业包括了一系列我国未来发展的重要产业。目前计算机、通信和其他电子设备制造业发展最好,除了环境保护能力弱于整体水平外,其他方面均比较好(见表9-5)。

表9-5 机械电子制造业态文明建设能力

行业	创新能力	资源利用	环境保护	效率与规模
计算机、通信和其他电子设备制造业	1.19	1.32	-0.20	0.96
电气机械和器材制造业	0.06	0.94	0.64	0.42
仪器仪表制造业	0.45	0.73	1.48	-1.28
汽车制造业	-0.60	0.35	-0.36	0.67
专用设备制造业	0.23	-0.19	0.05	-0.27
通用设备制造业	-0.23	-0.97	0.29	0.22
铁路、船舶、航空航天和其他运输设备制造业	0.14	-0.69	-0.81	-0.75
金属制品业	-1.23	-1.50	-1.10	0.03

汽车制造行业在该类行业中创新能力最低。其主要问题是发明专利数较少,这与汽车制造业的行业地位不匹配。汽车制造业中有多家世界500强公司,理应起到创新引领的作用,但其创新效率较低。未来,不但需要加强自身的创新管理,而且需要带动核心基础零部件(元器件)、先进基础工艺、关键基础材料和产业技术基础的发展。

通用设备制造业的资源利用能力偏低,类似的还有铁路、船舶、航空航天和其他运输设备制造业。资源利用能力偏低也会导致污染物排放增加,通用设备制造业的污染物排放略高于平均水平。铁路、船舶、航空航天和其他运输设备制造业环境保护能力最弱,这两个行业在加强自身发展的同时,也需要注重生态文明建设,减少能源消耗,并提高环境保护能力。

仪器仪表制造业的创新能力、资源利用能力和环境保护能力都很好,但是该行业企业数量较少,且缺少世界500强公司,行业的增加值也比较少。行业缺少龙头企业,行业中部分企业需要进一步做大做强,部分企业需要发展自己的特色产品,提高工艺、零部件的水平。

参 考 文 献

[1] Executive Office of the President President's Council of Advisors on Science and Technology. Report to the President on capturing domestic competitive advantage in advanced manufacturing [R]. July 2012.

[2] Jovane F., Yoshikawa H., Alting L., Boër C. R., Westkamper E., Williams D., Tseng M., Seliger G., Paci A. M.. The incoming global technological and industrial revolution towards competitive sustainable manufacturing[J]. CIRP Annals—Manufacturing Technology, 2008, 57

（2）：641—659.
- [3] 蔡金续. 我国地区工业生产率的测定与比较分析[J]. 数量经济技术经济研究,2000,11：72—74.
- [4] 蔡守秋. 环境权初探[J]. 中国社会科学,1982,03：29—39.
- [5] 崔维军,周飞雪,徐常萍. 中国重化工业生态足迹估算方法研究[J]. 中国人口.资源与环境,2010,08：137—141.
- [6] 谷树忠,胡咏君,周洪. 生态文明建设的科学内涵与基本路径[J]. 资源科学,2013,01：2—13.
- [7] 李春顶. 中国制造业行业生产率的变动及影响因素——基于DEA技术的1998—2007年行业面板数据分析[J]. 数量经济技术经济研究,2009,12：58—69.
- [8] 李廉水,杜占元. 中国制造业发展研究报告[M]. 北京：科学出版社,2004年10月第一版,48.
- [9] 李玲,陶锋. 中国制造业最优环境规制强度的选择——基于绿色全要素生产率的视角[J]. 中国工业经济,2012,05：70—82.
- [10] 李平,王钦,贺俊,吴滨. 中国制造业可持续发展指标体系构建及目标预测[J]. 中国工业经济,2010,05：5—15.
- [11] 廖福霖. 关于生态文明及其消费观的几个问题[J]. 福建师范大学学报(哲学社会科学版),2009,01：11—16、27.
- [12] 林伯强,姚昕,刘希颖. 节能和碳排放约束下的中国能源结构战略调整[J]. 中国社会科学,2010,01：58—71、222.
- [13] 世界银行著,王喆,王辉等译. 全球发展地平线：未来的资本：相互依存的世界中的储蓄与投资[R]. 北京：中国财政经济出版社,2013.
- [14] 罗楚亮. 城乡分割、就业状况与主观幸福感差异[J]. 经济学(季刊),2006,02：817—840.
- [15] 潘文卿,刘庆. 中国制造业产业集聚与地区经济增长——基于中国工业企业数据的研究[J]. 清华大学学报(哲学社会科学版),2012,01：137—147、161.
- [16] 王卉. 中国制造业发展的国际比较分析[J]. 经济问题探索,2012,07：75—79.
- [17] 徐绍史. 创新国土资源管理 促进生态文明建设[J]. 求是,2012,19：23—25.
- [18] 查建平,唐方方,傅浩. 中国能源消费、碳排放与工业经济增长——一个脱钩理论视角的实证分析[J]. 当代经济科学,2011,06：81—89、125.
- [19] 张曙. 工业4.0和智能制造[J]. 机械设计与制造工程,2014,08：1—5.

撰稿：张丽杰
统稿：李廉水

第 10 章　中国制造 2025 与德国工业 4.0 比较

2015 年 5 月 8 日,中国制造 2025 由国务院正式印发。至此,这份被称为中国版工业 4.0 的规划从酝酿算起,历时两年有余。无论是从规划的级别看,还是从规划的内容看,中国制造 2025 都是中国制造业未来 30 年中的重大事项。那么,相比德国工业 4.0,我们又该如何理解中国制造 2025 呢?

中国制造 2025 和德国工业 4.0 是中德两国各自根据国际形势、结合国内实际情况针对制造业所做的战略布局。中国制造 2025 与德国工业 4.0 相比在时间和内容上都有诸多相似,甚至被称为中国版的工业 4.0。事实上,中国制造 2025 绝不是也不可能是德国工业 4.0 的翻版。我们不仅要看到两者的共同点,还要特别注意两者的不同。深刻理解中国制造 2025,至少需要明确以下几个问题。

10.1　共同内涵:智能制造

针对中国制造 2025,工信部部长苗圩答记者问时说,德国提出的工业 4.0 和中国制造 2025 从大的方向上来说,是不谋而合、异曲同工(《21 世纪经济报道》,2015)。所谓相同的地方,就是两者都强调信息技术和先进制造业的结合,打造互联网＋先进制造业的新型制造模式,以带动整个制造业新一轮的发展。

从内容上看,中国制造 2025 与德国工业 4.0 确实有异曲同工之处。中国制造 2025 的中心战略是实现行业的自动化和数字化,积极打造基于信息物理系统的智能装备、智能工厂等智能制造方式,力争在三维打印、移动互联网、云计算、大数据、生物工程、新能源、新材料等高新技术领域寻求突破。通过 10 年的努力,迈入制造强国行列。德国工业 4.0 则着眼高端装备,提出建设信息物理系统,并积极布局智能工厂,推进智能生产,旨在支持工业领域新一代革命性技术的研发与创新,确保德国制造业的未来。可以看出,两者的战略核心实际上是一致的,都将未来定位在智能制造上。其实,这是一个必然结果。无论是中国还是德国,其面对的国际形势都是一样的,制造业未来的发展趋势是决定二者战略目标相同的根本原因。中国制造 2025 与德国工业 4.0 内容相似只能说明一个问题,那就是中德两国对国际形势的判断基本上是一致的,并无其他含义。所以,我们不应该过度关注两者内容和表达形式的异同,而应该注重对背后隐含问题的分析。

正如国务院副总理马凯所言,比较德国工业4.0和中国制造2025,有很多共同点,也存在不少区别。共同点是,两个战略都是为了迎接新一轮科技和产业革命的到来,着眼于以数字化和网络化为支持的智能化生产。不同点是,第一,两国的制造业基础不一样,德国是制造业强国,中国是制造业大国。中国制造占世界制造的20%,但有点"虚胖",不强。第二,发展阶段不一样,德国已完成工业3.0,而中国工业化发展历史不长,大部分还没有自动化和数字化,尚处在工业2.0阶段,部分达到3.0水平。所以,中国发展工业,要2.0、3.0和4.0齐头并进(《欧洲时报》(德国版),2015)。可以说,马凯副总理重点强调的是中国制造2025与德国工业4.0的不同点。

10.2 本质区别:赶超与卫冕

历史无数次证明,没有强大的制造业,就没有国家和民族的强盛。而强大的制造业,无不来自科学技术的巨大进步。无论蒸汽时代的英国,还是电气时代的美国和德国,科技永远是标志强国的一面旗帜。始于18世纪末的第一次工业革命,蒸汽机彻底改变了手工生产货物的方式。一个多世纪以后开始的第二次工业革命,在分工的基础上,开启了电力驱动产品大规模生产的时代。第二次世界大战以后,第三次工业革命再次开启,电子与信息技术改变了原来的生产格局,机器不仅替代了相当比例的体力劳动,还开始替代部分脑力劳动。

科技是一把双刃剑,抓住科技革命的历史机遇,就有可能一跃成为世界性的强国;相反,如果错失了科技革命的历史机遇,也可能成为弱国。第二次工业革命以来,德国逐渐成为世界性的制造强国,并长期保持活力。经过一百多年的发展,德国奠定了强大的工业基础,在机械与设备制造、汽车、能源等领域成绩斐然。除了德国自身的基础条件外,更多的是因为其抓住了科技革命的历史机遇。也许没有哪一个国家能比德国更看重科技创造的历史,也没有哪一个国家能像德国一样更深刻地理解科技创造历史的意义。也正因为如此,德国制造一直就是高端、精致、品质、实用的代名词,德国在创造自身历史的同时,也在不断地推动科技进步。

工业4.0是德国在深刻理解科技革命历史发展规律的基础上,结合自身实际提出的战略,换句话说,对工业4.0的描述,就是德国脑海里预估的第四次工业革命后的样子。整体处于工业3.0水平的德国,无法容忍工业的停滞不前。对于德国来说,工业发展好比逆水行舟,不进则退。如果德国不能引领未来工业的发展方向,就可能失去其制造强国的地位,深知工业革命历史规律的德国绝不会坐视不理。因此,工业4.0计划应运而生。本质上讲,这是德国的卫冕战略,是为了确保其在制造领域的领先地位而先发制人的一招,除此之外,德国别无选择。

中国制造2025则不同,之前发生的三次工业革命都与中国无缘。1949年新中国成立以来的中国制造业发展大致经历了三个阶段:一是新中国成立初期的重工业基础建设阶段;二是改革开放后沿海加工业快速发展阶段;三是近年来自主创新企业萌生阶段。可以说,目前中国制造业的水平参差不齐,可以说是1.0、2.0、3.0的混合版本。中国制造2025,是想抓住第四次工业革命的历史机遇,一跃成为世界制造强国,这是剑走偏锋的赶超战略,是一种"截胡"行为。中国希望用三个十年、分三步走的方式(见图10-1),最终在新中国成立100周年之际,制造业综合实力进入世界制造强国前列。想要实现这个目标,就必须抓住历史机遇,弯道超车。一个卫冕,一个赶超,这是中国制造2025与德国工业4.0的本质区别,内容虽然相似,但起点和路径却有天壤之别。卫冕者按部就班,追赶者必须更快更强。所以,与德国工业4.0相比,中国制造2025的难度和挑战性都要大得多。

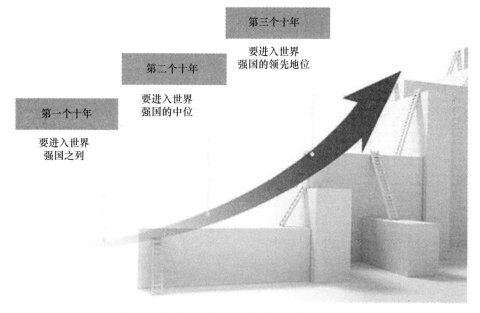

图10-1 制造强国战略三个十年"三步走"战略

资料来源:中国制造2025,从工业大国到工业强国,中国经济网,2015年5月6日。

中国制造2025其实是中国制造业强国战略的第一步,而就整个制造业强国战略来说,则是希望用三个十年的时间,最终在新中国成立100周年之际,进入世界制造业强国前列的目标。中国制造的强国战略是十年一个台阶,以步步为营的方式向前迈进。德国工业4.0更多的是强调根据历史发展趋势进行过渡,就像德国工业从蒸汽时代迈入电气时代一样,从工业3.0演变成工业4.0。只不过,在这个演变过程中,德国希望是主动的,而不是被动的。因为在历次的工业革命过程中,被动的演变都可能使先进的工业国失去强国的地位,如蒸汽革命时代的英国,就是因为没有积极主动地向电气革命转型,从而失去了世界第一工业强国的地位;相反,积极主动地适应新技术革命的美国和德国,一跃超过了英国,分居世界第一、第二的位置。

对于中国制造 2025 来说,不仅要积极主动地向第四次工业革命的趋势挺进,更重要的是,中国还应该清楚地认识到,中国成为制造业强国的难度与老牌工业国相比要大得多,中国需要加倍的努力,才有可能实现这一战略目标。

10.3 中国追求:制造到智造

整体而言,中国制造 2025 是将中国从制造大国向制造强国转变的战略,以改变中国制造业大而不强的现状。21 世纪初,中国制造占世界的比例达到 20% 左右,已成为名副其实的世界工厂。但是,这个时代成为世界工厂,并不是制造强国的标志。只能说你的制造业够大,规模第一,而不能说强。是世界工厂,但不是世界制造的中心。中国想要成为未来世界的制造中心,就必须实现从中国制造到中国智造的转变,"Made in China" 不能是廉价的大规模加工制造,而应该是创新、质量和效率的代名词。对中国来说,这一转变也势在必行。世界工厂的地位,是以巨大的人力、资源投入和巨大的环境牺牲为代价的。这种状况不能长期持续,也不可能长期持续,随着人口、资源和环境优势的逐渐消失,世界工厂必然转移。2004 年以来,部分世界性生产活动就有向东南亚转移的迹象,欧美一些国家的对外投资也出现了向东南亚倾斜的趋势。也就是说,中国必须在人口、资源和环境优势还没有完全失去之前,实现从中国制造到中国智造的转变,否则,世界工厂的地位不但不保,同时还要面临经济下行、失业、环境污染等多重压力。可以说,中国制造 2025 的出台,正当其时。即使没有德国工业 4.0 的概念,中国制造 2025 也会提上日程。所以,中国制造 2025 规划中明确提出,建设制造强国任务艰巨而紧迫。

如图 10-2 所示,中国制造 2025 提出了九大战略任务。具体包括,提高国家制造业创新能力、推进信息化与工业化深度融合、强化工业基础能力、加强质量品牌建设、全面推行绿色制造、大力推动重点领域突破发展、深入推动制造业结构调整、积极发展服务型制造和生产性服务业、提高制造业国际发展水平。这九大战略任务,按照重要性原则一字排列。首先强调创新能力的重要性,要实现从要素驱动到创新驱动的根本性转变。只有这样,中国制造才能算是中国智造,中国制造业才有可能实现长足的发展。同时,根据制造业发展趋势,两化深度融合再次被提到重要的战略位置,也就是说,信息化技术要成为工业化深入发展的主要切入点,它决定了未来制造业的基本形态。使用信息化技术,目的是实现智能制造。

围绕这两个中心战略,还需要一系列副战略与之相配合,如强化工业基础能力、加强质量品牌建设、绿色制造、国际化等。总之,向智能制造迈进。

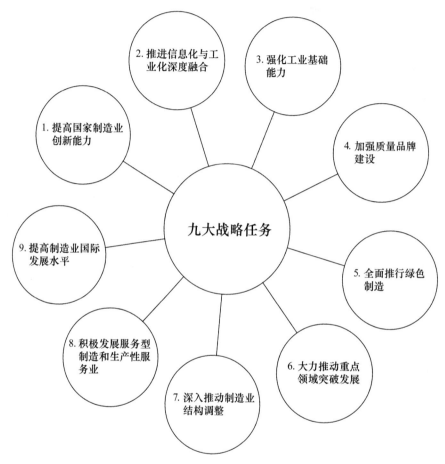

图 10-2　中国制造 2025 九大战略任务

10.3.1　基础:经济新常态

无论从技术进步的规律看,还是从经济增长的规律看,持续的高速增长只是特定历史条件下的一种状态,不可能长期保持。中国经济已经高速增长了 30 年,步子放缓几乎是必然的。因此,增速放缓已经成为中国经济的新常态。经济增长步入新常态是由中国发展的历史阶段决定的,改革开放初期,中国工业底子薄,但人口众多、资源丰富、环境承载能力强,再加上优惠的投资政策和巨大的市场容量,迅速成为欧美国家传统产业输出的绝佳地。一方面,1980—1990 年的短短 10 年间,中国就承接了欧美国家大量的产业转移,美国、德国、日本等发达工业国纷纷在中国建立了大量的合资企业或独资企业。另一方面,中国以沿海经济特区为窗口,趁机发展民营企业,大量的私营制造企业如雨后春笋般崛起,以广东、福建为代表的出口加工制造业成为中国制造业的主流。同时,国有大中型企业,也开始学习欧美国家先进的生产技术,缩短了支柱产业与发达国家的距离。

  随后的20年里,中国继续用这种方式发展,制造业取得了巨大进步,增长速度逐渐居于世界前列。但是,这种增长方式必然不会持久。改革开放之初,由于中国的工业基础薄弱,与欧美国家的技术差距很大,尤其在生产设备流水线等方面,中国十分落后,在这种情况下,中国引进一套先进的设备,就可以大大提高生产率,其增长效益特别明显。中国人口多,生产单位多,所以仅依靠设备更新带来的巨大增长就会持续很长一段时间。一旦设备更新全部完成,这种增长效应就会消失。这时候,中国就会步入慢速增长的阶段,即目前所谓的新常态。

  事实上,进入新常态以后,就意味着,依靠学习、引进带来快速增长的条件已经不再具备。想要经济的持续增长,就必须依靠自身的研发活动。在新常态阶段,大量的生产技术都开始接近世界发达水平,通过引进实现技术进步的可能性已经很小。所以,中国制造2025规划强调增长方式从要素驱动向创新驱动转变,也是深刻理解了这一点,可以说,中国制造2025是经济新常态的必然要求。

10.3.2 关键:创新引领

  改革开放30多年来,中国制造业的发展一直有一个内含的主线,那就是科技引领。一开始,中国以开放的姿态,给政策、给优惠、给资源,想尽一切办法吸引外商投资,但是有一条,投资必须附带相应的管理经验和技术,附带的管理经验和技术不一定是最先进的,但一定要比中国的先进。在招商引资政策的引领下,中国只用了30多年的时间,就取得了举世瞩目的成绩,基本建立了门类齐全、独立完整的产业体系,制造业规模达到世界第一。在这个过程中,中国的技术水平不断提高,逐步完成了量的积累,这是实现中国制造2025的主要条件。

  进入21世纪以来,中国制造业发展已经出现了新的趋势,值得注意。第一,中国的部分制造业已逐渐走出微笑曲线的底端,研发和市场掌控能力都在增强(李廉水,2015)。中国已慢慢走上创新之路,以华为、中兴等为代表的企业已位于世界最具创造性的企业行列。第二,中国政府坚定不移地支持有前途的未来技术,从人才培养、政策扶持、资金投入等方面对高科技创新企业进行全方位服务。中国的科研投入比例、专利拥有量、技术自主研发比例都在逐年提升,企业的创新能力大大增强。数据显示,中国制造业的科技投入产出系数已于2012年开始触底,这意味着中国有可能在未来的几年里出现创新成果的井喷状态。第三,在支持创新的同时,环境保护问题得到足够的重视,生态文明建设初见成效。2006年,中国制造业的环境保护能力已经出现历史性的拐点,之后单位能耗和排放都在逐年下降。第四,本土科技企业正悄无声息地进行全球性扩张,以铁路、电网等基础设施建设为主的产业输出已初具规模。2013年,中国对外直接投资的规模达到1 078亿美元,占中国实际利用外资额(1 187亿美元)的90%以上,涉及采矿、基建、商务租赁、房地产、批发零售等多个领域,中国的资本输出和输入已基本接近平衡。这意味着,中国从原来单纯地引进来,逐步发展为边引边出的状况。第五,中国的国际化战略为中国制造业走出去创造了良好的环境。一方面,从亚太自贸区到亚投行,中国在亚太地区发挥的作用越来越强,为中国制造业在亚太地区的发展提供了诸多便利;另一方面,一带一路战略的提出和实施,为中国制造业的国际化指明了方向。中国有能力,也有需要与一带一路沿线国家进行长期性的经济互动和战略合作,打造命运共同体。因此,改革开放30多年,中国已经做好了准备,有条件也有可能实施中国制造2025规划。

10.4 中国路径:三大举措

虽然中国制造2025与德国工业4.0的目标是一致的,都是要顺应历史潮流,积极推动智能制造的发展,最终在信息化时代成为制造强国,但是具体实施方面,中国只能走自己的路。无论是英国的蒸汽革命史,还是德国的电气革命史、日本的模仿创新史,对中国来说都只能借鉴,而不能复制它们的成功。与它们相比,中国的现实情况要复杂得多。正如前面所说,德国是在工业3.0的基础上向工业4.0迈进,而中国目前是工业1.0、2.0、3.0的混合版本。中国制造2025的实施,很可能使工业呈现2.0、3.0、4.0混合,甚至更复杂的版本。

中国的实际情况决定了中国制造2025的实施,只能走全面布局、重点突破的战略,关键在重点突破。因此,中国制造2025规划在突出一条主线、四个转变的同时,更加关注10大重点领域的突破和创新(见图10-3),如航空航天装备、先进轨道交通装备、新能源汽车和电力网络等。这些行业在未来制造业的发展中都将占据重要地位,只要在这些领域取得了突破,拥有一席之地,就可跻身制造强国,取得战略上的胜利。

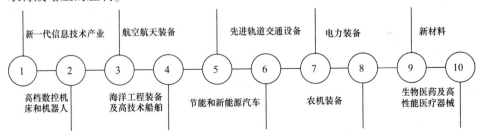

图10-3 中国制造2025聚焦的10大重点领域

具体而言,实施中国制造2025的路径可总结为以下几点:(1)做大做强战略性制造企业,如中国南北车的合并,就是在朝着这个方向努力。企业只有够大够强,才走得出去。形象一点地说,就是集中优势兵力,不惜一切代价杀出一条血路走出去。(2)大而强的企业率先国际化,就能带领小企业走出去。企业走出去,才有腾笼换鸟的可能,制造业结构调整和升级的速度才能加快。(3)落实一个主线、四个转变的战略方针,做到以体现信息技术与制造技术深度融合的数字化、网络化、智能化制造为中心不偏离,全面推进由要素驱动向创新驱动转变,由低成本竞争优势向质量效益竞争优势转变,由资源消耗大、污染物排放多的粗放制造向绿色制造转变,由生产型制造向服务型制造转变。只有这样,中国制造2025才有可能全面落实。

参 考 文 献

[1] 李廉水主编. 中国制造业发展研究报告2014[M]. 北京:北京大学出版社,2015.
[2] 苗圩. 中国制造2025主攻智能制造[N]. 21世纪经济报道,2015年5月15日.
[3] 柳百成. 中国制造2025建设制造强国之路[N]. 光明日报,2015年3月20日.
[4] "中国制造2025"的背后……[N]. 中国科学报,2015年4月14日.
[5] 苗圩. 中国制造2025与德国工业4.0存在三大互补空间[N]. 新华网,2015年6月15日.
[6] 马凯. 解读中国制造2025和德国工业4.0的同与异[N]. 欧洲时报德国版,2015年5月13日.
[7] 国务院. 中国制造2025[R]. 2015年5月8日.

撰稿:蔡银寅
统稿:李廉水　巩在武　余菜花

第11章 基于"一带一路"的制造业全球价值链研究

改革开放以后,中国通过承接国际产业转移的形式融入全球价值链体系,制造业产业增加值跃居世界第一位,但面临全球价值链低端锁定的局面,实现全球价值链升级需要构建新型全球价值链,"一带一路"战略的实施为此提供了机遇。在对"一带一路"战略分析的基础上,比较了"一带一路"战略与"马歇尔计划"差异。基于联合国工业发展组织的工业竞争力指标,计算了"一带一路"分区域的制造业竞争力状况,发现中国有能力也有必要构建全球价值链,区域内部分国家迫切需要制造业合作以促进经济发展,因此区域内国家制造业可以合作构造全球价值链以打造命运共同体。最后提出了促进"一带一路"制造业全球价值链构建的路径及政策建议。

"一带一路"是指丝绸之路经济带和21世纪海上丝绸之路的简称。中国提出的共建丝绸之路经济带和21世纪海上丝绸之路的重大倡议,致力于实现沿线各国多元、自主、平衡、可持续的发展。"一带一路"的宏伟战略,是在经济全球化不断深化、世界经济长期低迷、我国经济体制改革进入深水区、经济发展进入调整时期的背景下,所提出的推动中国经济持续发展、促进中国对外开放、提升我国国际政治经济地位的战略方针和政策。通过"一带一路"的产业合作,让各国共享中国发展机遇,从而实现区域共同发展(申现杰、肖金成,2014;胡鞍钢,2014)。"一带一路"作为一项重要的中长期国家发展战略,旨在解决中国过剩产能的市场、资源的获取、战略纵深的开拓和国家安全的强化及贸易主导这几个重要的战略问题(陈玉荣、汤中超,2013;申现杰、肖金成,2014;白永秀、王颂吉,2014)。目前更多的研究集中于"一带一路"的基础设施和能源合作,目前以能源合作为主(石泽,2014;潜旭明,2014)。其实,"一带一路"不仅仅是资源和能源的合作,制造业的合作也是一个非常重要的方面。中国与沿线国家产能合作的一个重要领域,是中国一些劳动密集型产业或产业区段,随着中国国内工资、地价等不可贸易要素成本上升,将逐步转移到处于较低经济发展阶段的发展中国家(卢锋,2015)。如同中国 20 世纪八九十年代承接这类劳动密集型行业国际转移获得重要开放发展机遇一样,未来中国的部分产业会向"一带一路"区域国家转移。但是在产业转移的过程之中,如何促进中国的产业转型升级以及区域内产业承接国的经济发展,这需要合理安排产业转移的区域分布和行业分布。

国际产业转移的实践证明,构建合理的全球价值链可以使得企业在全球进行资源的优化配置,提高企业利润,也使得东道国和母国经济都获得发展。越来越多的跨国公司将产品设计、原材料采集、零部件生产、组装、销售、售后等各个环节,分散至全球不同国家进行,按照各国的要素禀赋和比较优势,工序在全球进行资源配置,从而实现利润最大化。附加值在每一个环节上被依次创造、累加,并通过国际贸易向下一个环节传递,进而形成"全球价值链",也可以称之为"全球生产网络"(Borrus 等,2000)、"国际供应链"(Escaith 和 Gonguet,2011;Costinot 等,2012,2013)、"全球垂直生产网络(Hanson 等,2005)等。在贸易上则表现为同一件产品经过多国的贸易加总,Grossman 和 Rossi-Hansberg(2008)的"任务贸易"概念,将全球价值链上贸易的范围从最终产品、中间投入品等实物扩展至附加值创造的每一个环节,即每一项"任务"。附加值在不同的国家或地区被创造,并通过国际贸易在价值链网络中传递,进而又形成了"附加值贸易"(Value-added Trade)的全新概念。改革开放以来,依赖于自由贸易和 FDI 的政策(Lall,1995;Naughton,2007;张军,2010),中国对外贸易发展非常迅速,不仅仅是进出口规模的增加,进出口的结构也显著优化。但是,中国整体处于全球价值链的低端(Meng 和 Miroudot,2011;Xing 和 Detert,2010;Koopman 等,2012),迫切需要提升在全球价值链中的地位,其关键就在于技术创新。随着中国加快对外直接投资的步伐,中国已经有能力重塑本国竞争优势,参与全球产业链和价值链重构。"一带一路"的顺利推进将有助于建设利益共享的全球价值链,优化全球资源配置,形成互利共赢的全球区域经济布局和合作网络(张茉楠,2015)。

总体来看,"一带一路"关于制造业产业合作的文献已经出现,但如何在全球价值链下进行合作,目前尚没有研究。我们的主要贡献在于:(1)"一带一路"区域制造业全球价值链的构建符合共同的利益追求;(2)"一带一路"区域制造业全球价值链的构建需要依据各国的比较优势;(3)提出了构建"一带一路"区域内全球价值链的路径建议。

11.1 "一带一路"开放发展战略的深刻内涵
11.1.1 "一带一路"战略概述

2013年9月7日,国家主席习近平在哈萨克斯坦访问期间倡议亚欧国家共同建设"丝绸之路经济带",这一提议得到丝绸之路经济带相关国家尤其是中亚各国的积极响应。2013年10月,国家主席习近平在印度尼西亚国会发表重要演讲时提出了中国愿同东盟国家加强海上合作、共同建设21世纪"海上丝绸之路"的伟大构想。2013年11月,党的十八届三中全会通过的《中共中央关于全面深化改革若干重大问题的决定》,正式确立了"推进丝绸之路经济带、海上丝绸之路建设,形成全方位开放新格局"的发展战略。国务院总理李克强在2014年《政府工作报告》中指出,要"抓紧规划建设丝绸之路经济带、21世纪海上丝绸之路"。至此,在我国,以"丝绸之路经济带"和"21世纪海上丝绸之路"(以下简称"一带一路")为代表的经济带建设成为我国经济、社会发展的重大战略,成为指导未来中国经济持续健康发展、树立良好大国形象的国家战略。

"一带一路"贯穿亚欧非大陆,一头是活跃的东亚经济圈,一头是发达的欧洲经济圈,中间广大腹地国家经济发展潜力巨大。丝绸之路经济带包含三个方向:中国经中亚、俄罗斯至欧洲(波罗的海);中国经中亚、西亚至波斯湾、地中海;中国至东南亚、南亚、印度洋。海上丝绸之路包含两个重点方向:从中国沿海港口过南海到印度洋,延伸至欧洲;从中国沿海港口过南海到南太平洋。因此,根据"一带一路"走向,陆上依托国际大通道,以沿线中心城市为支撑,以重点经贸产业园区为合作平台,共同打造新亚欧大陆桥、中蒙俄、中国—中亚—西亚、中国—中南半岛等国际经济合作走廊;海上以重点港口为节点,共同建设通畅、安全、高效的运输大通道。按照我国的提法,"一带一路"是开放性的,任何相关国家都可以参与,但为统计的便利性,商务部的报告显示目前总共包括65个国家,包含东南亚11国、南亚8国、西亚北非16国、中东欧16国、中亚5国以及中国、蒙古、俄罗斯等(见表11-1)。

表 11-1 "一带一路"主要包括的国家和地区

中国	中国	西亚北非 16 国	以色列
蒙古	蒙古		埃及
俄罗斯	俄罗斯		科威特
东南亚 11 国	印尼		伊拉克
	泰国		卡塔尔
	马来西亚		约旦
	越南		黎巴嫩
	新加坡		巴林
	菲律宾		也门
	缅甸		叙利亚
	柬埔寨		巴勒斯坦
	老挝	中东欧 16 国	波兰
	文莱		罗马尼亚
	东帝汶		捷克
独联体 6 国	乌克兰		斯洛伐克
	白俄罗斯		保加利亚
	格鲁吉亚		匈牙利
	阿塞拜疆		拉脱维亚
	亚美尼亚		立陶宛
	摩尔多瓦		斯洛文尼亚
南亚 8 国	印度		爱沙尼亚
	巴基斯坦		克罗地亚
	孟加拉国		阿尔巴尼亚
	斯里兰卡		塞尔维亚
	阿富汗		马其顿
	尼泊尔		黑山
	马尔代夫		波黑
	不丹	中亚 5 国	哈萨克斯坦
西亚北非 16 国	沙特		乌兹别克斯坦
	阿联酋		土库曼斯坦
	阿曼		吉尔吉斯斯坦
	伊朗		塔吉克斯坦
	土耳其		

11.1.2 "一带一路"建设与"马歇尔计划"的比较

目前,很多研究者认为"一带一路"战略与美国的"马歇尔计划"有很多相似之处,因此,称之为"中国版马歇尔计划"。基于国际战略的考虑,中国一再否认在两者之间画等号——马歇尔计划的成功实施,确立了美国在全球的霸权地位,而中国当前面临的政治经济环境不同于第二次世界大战结束以后,中国是当前国际经济和政治秩序的参与者而不是挑战者。"一带一路"战略与"马歇尔计划"之间确实有很多相似之处,但是这种相似性主要体现在经济层面,在政治及其他层面,两者是不同的。

1. 经济层面的相似性

"一带一路"战略与"马歇尔计划"在经济层面的相似性主要体现在海外存在大规模的基础设施建设需求,本国拥有充足的资金、过剩商品和闲置生产能力,积极推动地区一体化等方面。

(1) 大规模的国际基础设施建设需求

在第二次世界大战中,欧洲国家的基础设施遭到大规模的破坏,损毁非常严重,铁路、公路、桥梁等交通基础设施和电力设施等需要大规模的更新。但是,欧洲国家财政比较紧张,无法解决这些问题,迫切需要外来资金的援助,"马歇尔计划"为欧洲国家的基础设施建设提供了急需的资金。

对于当前的亚洲来说,虽然早已远离战争,而且经过多年的经济快速发展,经济环境较为宽松,积累了巨额的资本。但是,亚洲国家的发展存在较大的不平衡:东亚的基础设施相对完善,而中亚、西亚和南亚等国的基础设施比较落后。根据亚洲开发银行的统计,未来十年,亚洲基础设施投资缺口高达8万亿美元。基础设施已成为制约很多国家经济增长的最大瓶颈之一,包括印度、印度尼西亚、巴基斯坦、菲律宾等诸多国家,仅印度就需要至少1万亿美元。世界银行和亚洲开发银行等多边开发机构主要致力于全球和区域范围内的经济发展,专门投向亚洲基础设施的资金非常有限。另外,由于资本的逐利性,全球私人机构对基础设施的投资主要流向了发达国家的成熟资产,广大亚洲发展中国家的基础设施建设需求始终难以得到满足。

(2) 本国拥有充足的资金、过剩商品和闲置生产能力

相比较其他发达国家,美国的工业革命较晚,但是南北战争结束后,美国借助统一的国内市场和后发优势,制造业快速发展,到1894年工业生产规模便超过英国跃居世界第一位。第一次世界大战和第二次世界大战期间,美国通过军火贸易,使钢铁等行业大规模扩张,钢铁行业占全球产能的64%。战争结束以后,这些工厂必须转向民用生产,行业面临严重的产能过剩问题。第二次世界大战后,美国拥有的外汇黄金储备占资本主义世界总储备的74.6%,美国有能力也有需要对外输出产能。

当前,中国也面临相同的环境。经过三十多年的改革开放,中国以出口拉动经济增长的模式促进了经济的快速发展,对外贸易年均增长20%以上,特别是加入WTO以后,增速一度超过30%。在投资体制转型、地方政府投资冲动、资金与

资源价格扭曲等原因的作用下,中国制造业产能过快扩张。2008年国际金融危机爆发之后,世界经济增速放缓,全球对中国产品的需求增速下降,国内过多的产能难以被化解,产能利用率下降比较快。2013年,我国水泥、电解铝、平板玻璃、船舶等行业的产能利用率都在70%左右,明显低于国际通常水平。不仅仅是传统行业,新兴的光伏发电等行业也存在产能过剩的问题。由于我国钢铁、水泥、电解铝、船舶等行业在全球具有一定技术、装备、规模优势,可以积极推动优势企业实现海外转移;传统过剩行业中的纺织、鞋帽、汽车和机械等行业,以及风电设备、多晶硅、光伏太阳能电池等新兴产业也具有较强的海外转移可能性。

（3）积极推动地区经济一体化

长期以来,"马歇尔计划"被认为是促成欧洲一体化的重要因素之一。因为该计划削弱了长期存在于西欧各国之间的关税及贸易壁垒,使西欧各国的经济联系日趋紧密并最终走向一体化。在"马歇尔计划"实施过程中成立的欧洲合作组织最终演变为欧洲联盟,促进了西欧地区自由贸易的发展。

后金融危机时代,在全球经济复苏乏力的背景下,亚洲经济一体化的进程逐步放缓。亚洲贸易的主要特点是区域内企业分工生产中间品和最终品,最后出口到欧美发达国家,这一模式易受到欧美市场需求下降的影响。亚洲经济整体降低了对内的贸易依存度,从2012年的59.49%降至2013年的53.01%。从衡量亚洲生产网络密切程度的指标——亚洲区域内的中间品贸易情况看,2013年下降了5%,中间品贸易对区域内的依存度也呈下降趋势。问题的根源在于亚洲内部市场特别是最终品市场规模较小,维持亚洲贸易增长,最核心的解决方案是扩大内部市场规模。"一带一路"战略通过互联互通等基础设施建设,可以降低区域内的贸易成本,提高交易效率等,促进区域内贸易一体化。目前,中国正在积极推动次区域的经济一体化,包括区域全面经济伙伴关系协定、中国-巴基斯坦第二阶段自贸谈判、中国-海合会自贸谈判、中国-东盟自贸区升级版、与斯里兰卡等国的自贸谈判等,逐步形成立足周边、辐射"一带一路"、面向全球的高标准自贸区网络,实现整体上的地区经济一体化。

2."一带一路"战略不同于"马歇尔计划"

（1）开创经济合作新模式

目前,国际经济合作的主要形式是自由贸易区,主要以贸易为纽带促进经济发展。"一带一路"战略突破了传统国际经济合作形式,既包括自贸区,也以经济走廊和经济带等形式出现,创新了国际区域经济合作发展理论。在丝绸之路经济带的沿线,有35个境外经贸合作区,在海上丝绸之路沿线,涉及42个境外经贸合作区。在"一带一路"区域中,经济走廊有中巴经济走廊、中国新加坡经济走廊、孟中印缅经济走廊、中蒙俄经济走廊、新亚欧经济走廊等,经济走廊以经济增长极辐射周边,超越了传统发展经济学理论。而且,"一带一路"区域内的国家大部分属于发展中国家,经济比较落后,如何在经济不发达的地区实现区域经济合作,作为南南合作的伟大构想,既是对理论界的挑战,也对实际操作提出了更高要求。"一带一路"规划旨在改善中国与周边新兴经济体的基础设施环境,为中国与周边新兴经济体开辟了新的合作机制,为这些国家的经济增长带来新的动力。"一带一路"的建设必然会增强中国与周边新兴经济体之间的经济贸易往来和金融合作,在共建中形成合作伙伴关系,加强彼此之间的互信互助。中国与周边新兴经济体可以协调发展规划,共同抵御国际经济金融风险、积极探索多种经济合作模式,进一步消除贸易壁垒,推动建设新型区域合作平台。

相较于"一带一路"战略,"马歇尔计划"有很大的迥异性。欧洲本身经济发展程度就比较高,有雄厚的经济基础。即使受到战争的破坏,这些国家的劳动力依然拥有较高的文化和技术素质。欧洲资金缺乏,美国却积聚了大量的贸易顺差,其庞大的储备也在不断增长,帮助欧洲解决短期内的赤字问题。因此,"马歇尔计划"只是发达国家之间的经济合作,而且是单方面的,是在美国的主导下支持欧洲经济恢复。

(2) 合作内容更加丰富

习近平主席于2013年9月在哈萨克斯坦首提共建丝绸之路经济带时,认为应加强政策沟通、道路联通、贸易畅通、货币流通、民心相通的五通方式,其实已经基本指明了"一带一路"战略的合作内容。在政策沟通上,通过协调各国经济政策,降低贸易壁垒,促进贸易的便利化和自由化,促进区域内各国经济共同增长。在道路联通上,一方面,区域内各国国内需要大规模的道路基础设施建设;另一方面,区域内各国之间的道路要实现联通,比如中国与中亚的铁路就存在轨道宽窄的差异。因此,需要协调规则,建立起遍布"一带一路"区域内的交通运输网络,加大铁路、公路、港口和机场等方面的建设和联系,为经济一体化提供基础。在贸易畅通上,区域内各国应该根据实际情况,逐步降低贸易壁垒,减少投资壁垒,扩大区域内各国的贸易规模,构建区域的生产网络。在货币流通上,在经常项下和资本项下实现本币兑换和结算,降低流通成本,增强抵御金融风险的能力,提高本地区经济的国际竞争力。在民心相通上,区域内各国具有悠久的历史文化和长期的交往经历,应当为历史上的丝绸之路注入新的文化内涵,促进区域内国家民众的交往,降低国民之间的隔阂,在文化、教育、医疗卫生、体育等方面加强交流和合作。

"马歇尔计划"是美国单方面对欧洲的援助,表面目的是欧洲国家的复兴,促进其经济发展,真实目的是在美国产业过剩背景下促进产能输出。从资金的使用来看,援助资金主要用于购买美国的商品,大部分国家将援助资金用于进口美国的食品和燃料等。德国从美国获得援助资金后,不是无偿进行分配,而是通过贷款的方式发给私人企业,期满后企业偿还的资金继续贷出,这种资金的循环促进了德国经济的恢复与发展,奠定了德国重工业在全球的经济地位。其他国家的资金使用相对宽松,大多作为政府的一般收入向美国采购货物。

(3) 运行机制更加强调平等互利

"一带一路"倡议首先是共同发展的战略,以开放性和包容性为主要特征。与"马歇尔计划"出台时世界的两极格局不同,当今世界各国的相互依存度不断加深,一国的长期可持续发展与其他国家的发展密不可分,各国只有共同发展,才能实现长远发展。基于此,"一带一路"倡议首先强调弘扬古丝绸之路和平友好、开放包容的精神,不搞排他性制度设计,不针对第三方,不经营势力范围,任何有合作意愿的沿线国家都可参与,是一项完全开放的合作倡议。当前,已有50多个沿线国家表态支持"一带一路"倡议,其中有大国,也有小国,有发达国家,也有大量的发展中国家,充分体现了该倡议的开放性和包容性。此外,中国倡导成立的支持基金,无论是亚洲基础设施投资银行,还是丝路基金,都将坚持开放性原则,欢迎其他国家的参与和共建。

相比之下,"马歇尔计划"是战后美国对西欧的援助计划,既然是援助,就存在不平等性。"马歇尔计划"首先确立了联合援助的条件,即单个国家不能享受援助,将西欧各国捆绑在一起,置于美国的影响之下。此外,美国还提出了具体的受援条件,要求受援国平衡预算,稳定汇率,废除价格控制。据此,美国剥夺了受援国自主决定经济政策的权利,将欧洲纳入其主导的自由经济政策秩序之下,实现了维护美国经济霸权的目的。此外,"马歇尔计划"通过制度性安排扩大了美国在欧洲的市场,实际确立了美元的霸权地位。作为一项政治和安全战略,"马歇尔计划"具有明显的排他性,美苏围绕战后欧洲形成的政治真空进行争夺是"马歇尔计划"出台的背景。"马歇尔计划"制定之初就将苏联排除在外,具有明显的排他性和谋求势力范围的特征。

11.2 "一带一路"区域制造业发展状况分析
11.2.1 "一带一路"区域国家制造业发展状况

第二次世界大战以后形成了四次大的国际制造业产业转移浪潮:第一次是20世纪50和60年代从美国向日本和德国等转移钢铁和纺织等产业;第二次是20世纪70年代从日本向"四小龙"和"四小虎"的转移,转移的行业主要集中在劳动密集型的纺织和资本密集型的钢铁、化工和造船等;第三次产业转移是从20世纪90年代到2008年国际金融危机爆发,产业转出地为美国、日本和"四小龙"等,转入地主要集中在中国大陆,这轮产业转移造就了中国的"世界工厂"地位;目前方兴未艾的产业转移是第四次大的产业转移,从中国大陆沿海向东南亚、南亚及非洲等地区的劳动密集型产业转移。整体来看,国际产业转移的目的地主要集中在交通方便的海路,无论是日本、"四小龙"、"四小虎",还是中国沿海等,这些地区交通便利,便于跨国公司降低交易成本。而对于"一带一路"区域国家来说,由于自身资源地理条件的限制,大多说国家位于内陆地区,没有或者很低程度上参与国际分工,制造业发展水平较低,除了东亚太平洋地区,其他地区的制造业都不发达,中亚和西亚主要集中在能源开采行业,由于能源开采的成本相对较低,能源深加工的收益相对较低,在能源深加工和其他制造业上就没有多少投资。

近几年,许多相对低端的制造产业纷纷转向越南、柬埔寨、缅甸、孟加拉等东南亚国家,中国则逐渐开始瞄准高端制造业市场。南亚等地区的制造业发展水平有所提高。表11-2的数据显示了东亚太平洋、中东北非和南亚中亚的制造业发展及其出口的状况,可以看出东亚太平洋地区的制造业在国民经济中的地位下降,开始向服务业转型,南亚和东亚的制造业地位有所上升。但整体上看,这些地区的制造业与东亚太平洋地区相比还有很大差距。

表11-2 "一带一路"部分区域制造业发展状况

		2007	2008	2009	2010	2011	2012	2013
占GDP比例(%)	东亚太平洋	32	32	33	32	33	32	31
	中东北非	13	12	12	12	13	13	12
	南亚和中亚	14	14	14	14	14	15	15
占世界比(%)	东亚太平洋	14	15	18	18	19	19	20
	中东北非	2	2	2	2	2	2	1
	南亚和中亚	3	3	3	3	3	4	4
中高技术增加值占比(%)	东亚太平洋	42	42	42	43	42	43	44
	中东北非	30	31	31	31	33	32	33
	南亚和中亚	40	42	43	44	43	42	42
人均制造业出口(美元)	东亚太平洋	776	895	753	976	1 159	1 252	1 276
	中东北非	627	753	546	656	715	736	775
	南亚和中亚	101	115	104	144	183	265	301
制造业出口占总出口比例(%)	东亚太平洋	91	91	91	91	90	91	91
	中东北非	39	34	39	41	38	38	39
	南亚和中亚	74	70	75	66	62	64	68
占世界出口比例(%)	东亚太平洋	13	14	15	16	17	18	19
	中东北非	2	2	2	2	2	2	2
	南亚和中亚	2	2	2	2	2	3	3
中高技术出口占比(%)	东亚太平洋	57	57	58	58	57	58	59
	中东北非	34	34	36	37	37	34	33
	南亚和中亚	22	26	27	27	27	26	26

资料来源:联合国工业发展组织。

11.2.2 "一带一路"区域内制造业贸易状况

从资源富集情况看,"一带一路"的丝路经济带是全球最主要的能源和战略资源供应基地,区域内资源互补性强。从比较优势来看,沿途国家多为处于不同发展阶段、具有不同禀赋优势的发展中国家,这些国家经济发展潜力巨大,在农业、纺织、化工、能源、交通、通信、金融、科技等诸多领域进行经济技术合作的空间广阔。丝路经济带的内陆区域主要出口矿物燃料、金属矿物和制品、粮食皮毛等初级原料,进口以机械设备、电子电器、交通工具等工业成品和日用生活消费品为主。与内陆地区相对应,相对发达的东亚、东南亚地区主要出口电子电器、机械设备、交通工具等工业成品,进口油气、金属原材料、塑料化工等初级产品。

根据2013年的国际贸易数据分析,内陆区域向东部区域输出的货种主要为石油、化工、钢铁、有色金属及机电类产品,从东部区域输入的货种主要为机电设备、机动车、塑料及橡胶、精密仪器、动植物油脂等(见表11-3、表11-4)。

表11-3 "一带一路"部分区域的出口结构

主要出口地区	西亚 (万美元)	中东欧 (万美元)	中亚 (万美元)	总计 (万美元)	占比 (%)
原油产品	17 012 713	442 519	30 277	17 455 232	52.91
化工及制品	2 705 566	613 314	1 468 880	3 349 157	15.34
钢铁有色	117 523	1 260 932	2 426	2 847 335	10.15
机电产品		1 254 582	1 917	1 257 008	8.63
谷物	93 049	880 457	84	975 423	3.81
运输设备	12 689	394 932	1 461	407 705	2.96
食品制造	140 087	228 791	136 730	370 339	1.24
贵金属	18 848	100 332		255 910	1.12
木材及制品		243 475	56	243 475	0.78
塑料橡胶		195 726		195 780	0.74
光学仪器		175 049	347	175 396	0.59
玩具		170 502		170 502	0.53
纺织	70 702		12 285	82 987	0.52
矿产品	7 143	54 465	2	61 610	0.25
印刷		40 252	5 406	45 658	0.19
建材	6 926	29 925	2	36 853	0.14
皮毛革制品			1 350	1 350	0.11
其他	1 222 625	3 752 892	84 435	5 059 952	0.00

表 11-4 "一带一路"部分区域的进口结构

主要进口地区	西亚（万美元）	中东欧（万美元）	中亚（万美元）	总计（万美元）	占比（%）
机电产品	2 244 728	8 545 027	514 832	11 304 587	57.88
交通运输设备	898 076	2 457 024	1 837 323	5 192 423	17.4
光学精密仪器	268 966	3 384 178	1 467	3 654 611	7.99
塑料橡胶	1 266 310	1 580 636	199 807	3 046 753	5.63
动植物油脂	1 235 048	750 755	47 811	2 033 614	4.69
钢铁有色	510 151	84 171	57 792	652 114	3.13
化工及制品	178 976	360 884	8 836	548 696	1
纺织原料及制品	307 399	2 440	53 168	363 007	0.84
石油产品	175 256	20 820	2 421	198 497	0.56
家具灯具		89 977	17	89 994	0.31
矿产品		80 557		80 557	0.14
纸浆	68 760		2 220	70 980	0.12
食品饮料	14 708	15 264	20 882	50 854	0.11
木材及制品	44 763	30 533		44 763	0.08
其他	18 824 347	16 710 489	2 071 582	37 606 418	0.07

通过对东、西不同区域的经济发展状况和消费水平的未来趋势分析,西部地区未来对电子消费类、耐用品类、基建设备、机电类产品需求会有更大的增长空间,东部地区对资源加工类、农产品及特殊消费品类需求仍会持续增加。东、西双向贸易的主要货种为钢铁及有色金属制品(东向为主)、交通运输工具及零配件(西向为主)、智能电器设备(西向为主)、机械设备及零件(西向为主,部分零部件为东向)、塑料及橡胶制品(东、西双向)、化工产品(东、西双向)、皮毛棉纺制品(东向为主)、粮食及食品饮料(东、西双向)八类(见表 11-5)。

表 11-5 "一带一路"区域国家贸易产品结构及流向

	方向	产品
智能电器设备	东亚—中亚细亚	电话机、电视机、显示屏、显像管、空调、集成电路、存储器等
钢铁有色制品	中亚、中东欧—东亚、东南亚	钢铁、铝、精炼铜丝等
交通运输设备	东亚—中西亚、中东欧	机动车辆及零部件
机械设备	东亚—中西亚、中东欧	柴油机、发动机、推土机、钻探、挖掘设备
	中东欧—东亚、东南亚	柴油机、发电机组、泵、阀、轴等
粮食谷物	东南亚—中西亚	棕榈油、椰子油及制品等动植物油脂
	东南亚—中西亚	咖啡、可可、卷烟、茶等食品饮料

(续表)

	方向	产品
化工类	中东欧、西亚—东亚、东南亚	冻猪肉、乳制品、酒、番茄
	中亚、中东欧—东亚、东南亚	小麦、玉米等谷物
	西亚、中东欧—东亚、东南亚	液化丙烷、丁烷、乙烯、丙烯、丁烯、氯化钾等
	东亚、东南亚—中西亚、中东欧	PTA、化学药制品、工业用脂肪酸等
塑料及橡胶制品	西亚、中东欧—东亚、东南亚	合成橡胶、塑料板等
	东南亚—中西亚、中东欧	天然橡胶、医用香蕉、轮胎、硬管等
皮毛、纺织服装等	中西亚—东亚、东南亚	皮革、地毯、棉纱、棉质成衣
	东亚、南亚—中西亚、中东欧	服装等

11.2.3 "一带一路"区域国家产业国际竞争力状况

1. 计算方法

联合国工业发展组织的工业竞争力指标包含六个主要层面：

(1) 工业能力。人均制造业增加值是基于人口调整的衡量经济体工业化的主要指标。它反映了经济体在制造过程中增加价值的能力。有时制造业增加值能够免受内部政策和贸易壁垒带来的国际竞争的影响。对于有悠久的贸易保护主义和进口替代历史的经济体来说，制造业增加值分析可能会扭曲其分析结果。但在分析中加入出口导向可以将工业竞争力置于全球背景中。

(2) 工业制成品出口能力。在全球经济中，出口能力对经济增长和一国竞争力而言至关重要。人均工业制成品出口是贸易竞争力的基本指标，反映了经济体在竞争日益激烈的环境中满足全球制成品需求的能力。工业制成品出口可以显示国家制造业增加值是否具有国际竞争力。仅凭贸易分析可能扭曲对国内能力较低并且被跨国公司作为出口平台的国家的分析结果。制造业增加值反映了国内企业对出口的增加值，因此有助于贸易分析。

(3) 对世界制造业增加值的影响。通过经济体在世界制造业增加值中的份额来衡量其对世界制造业增加值的影响，反映了经济体的相对绩效和对制造业的影响。

(4) 对世界制成品贸易的影响。通过经济体在世界工业制成品出口中的份额来衡量其对世界工业制成品出口的影响，反映了经济体相对于其他经济体在国际市场上的竞争地位。世界市场份额增加表明竞争力提高，反之代表竞争力降低。

(5) 工业化强度。经济体的工业化强度通过制造业增加值占国内生产总值的份额和中高端技术活动占制造业增加值的份额的算术平均值来衡量。制造业增加值占国内生产总值的份额反映了制造业在经济体中的比重。中高技术活动占制造业增加值的份额反映了制造业的技术复杂性。由于复杂结构可以显示工业成熟度、灵活度和转变为更快增长活动的能力,所以这一变量较多考量了中高技术含量的活动。然而,这种衡量方法虽然可以描述活动之间的转换,却不能描述活动内部的升级,因此忽略了技术进步的一个重要方面。作为总的衡量方法,它不能描述不同类别的活动之间细微的技术差异(一些技术含量低的活动可以包括另一些技术含量高的活动,反之亦然)。这些不足反映了数据的性质,但结果整体来说是合理的。

(6)出口质量。出口质量是通过衡量工业制成品出口占总出口的份额和中高端技术产品占工业制成品出口的份额的简单算术平均值得到的。这一推理与工业化强度的推理相似。工业制成品出口占总出口的份额反映了制造业在出口活动中的重要性。中高端技术产品占工业制成品出口的份额反映了出口的技术复杂性,以及制造更先进产品和转移到更具活力出口领域的能力。

所有指标均标准化为:

$$I_{ij} = \frac{X_{ij} - \text{Min}(X_{ij})}{\text{Max}(X_{ij}) - \text{Min}(X_{ij})} \quad (11\text{-}1)$$

其中,I_{ij} 是经济体 j 的指数值 i,X_{ij} 是经济体 j 的指标值 i,Min 是样本中的最小值,Max 是最大值。样本中表现最佳的经济体得到的值为 1,而表现最差的经济体得到的值为 0。工业竞争力指数是指标标准化值的算术平均值。该指数的六个方面所占的权重相等。每个工业化强度和出口质量的联合指标也具有同等权重。工业竞争力指数依赖于有限数量的量化指标。指标是利用制造业增加值、来自联合国工业发展组织统计数据库的人口数据以及来自联合国商品贸易统计数据库(Comtrade)的贸易数据计算而来的。多数指标很容易计算,但中高端技术活动在制造业增加值中所占的份额不容易计算。联合国工业发展组织提供了计算的原始数据。

2. 计算结果

根据式(11-1),我们得出了"一带一路"国家的制造业竞争力状况,计算的年度包括 2005 年、2009 年和 2013 年,之所以选择这三个年度,主要是由于 2005 年国际工业发展组织有指标的计算数据,2009 年是国际金融危机后的第一年,而最新最完整的原始数据更新到 2013 年,国家包含了 44 个。从结果可以看出,中国制造业竞争力当之无愧地位居第一,而且还处于上升趋势。虽然部分产业开始转移,但中国产品不仅仅出口数量而且出口质量都有很大提升,中欧的斯洛伐克、捷克和斯洛文尼亚的职业发展水平也比较高,东南亚的泰国、马来西亚和菲律宾位居其后,整体来看,北非、西亚和南亚的制造业竞争力相对较低(见表 11-6)。

表11-6 "一带一路"区域国家的制造业竞争力变化

国家	2005	2009	2013	国家	2005	2009	2013
中国	0.461	0.557	0.585	卡塔尔	0.150	0.168	0.171
斯洛伐克	0.322	0.387	0.364	埃及	0.137	0.157	0.148
捷克	0.310	0.352	0.355	巴基斯坦	0.147	0.156	0.152
斯洛文尼亚	0.306	0.345	0.352	科威特	0.107	0.156	0.159
泰国	0.300	0.320	0.349	俄罗斯	0.155	0.154	0.152
马来西亚	0.330	0.291	0.303	伊朗	0.114	0.126	0.129
波兰	0.235	0.279	0.273	摩尔多瓦	0.111	0.126	0.122
菲律宾	0.262	0.272	0.268	巴勒斯坦	0.114	0.121	0.127
土耳其	0.237	0.237	0.258	柬埔寨	0.102	0.119	0.123
爱沙尼亚	0.220	0.234	0.219	阿曼	0.087	0.115	0.119
罗马尼亚	0.178	0.218	0.245	斯里兰卡	0.111	0.115	0.136
立陶宛	0.196	0.216	0.207	尼泊尔	0.105	0.107	0.118
印度	0.190	0.206	0.264	肯尼亚	0.092	0.094	0.104
印尼	0.198	0.203	0.217	吉尔吉斯斯坦	0.085	0.089	0.093
约旦	0.167	0.193	0.198	喀麦隆	0.080	0.083	0.085
希腊	0.166	0.182	0.167	尼日利亚	0.114	0.081	0.094
格鲁吉亚	0.155	0.179	0.173	蒙古	0.055	0.070	0.083
拉脱维亚	0.154	0.178	0.181	加纳	0.069	0.069	0.071
保加利亚	0.165	0.176	0.179	坦桑尼亚	0.046	0.068	0.070
突尼斯	0.157	0.175	0.177	也门	0.036	0.044	0.052
越南	0.137	0.171	0.184	阿尔及利亚	0.037	0.042	0.048
摩洛哥	0.155	0.168	0.162	阿塞拜疆	0.072	0.036	0.063

资料来源:联合国工业发展组织。

11.3 "一带一路"区域制造业的全球价值链

11.3.1 中国制造业有必要也有能力构建区域内的全球价值链

中国制造业约占整个世界制造业20%的份额,已经成为制造大国。工信部数据显示,在500余种主要工业产品中,我国有220多种产量位居世界第一。2014年,我国共有100家企业入选"财富世界500强",其中制造业企业占56家。在长期粗放式发展之后,中国制造业发展面临着稳增长和调结构的双重困境,进入了"爬坡过坎"的关键时期。随着人口红利消失和要素成本的全面上升,我国制造业原有的比较优势正在逐渐消失。数据显示,2014年我国劳动年龄人口比2011年下降了560万人,直接导致用工成本上升。目前我国制造业工资普遍达到东南亚等国的水平。据波士顿报告,中国制造业对美国的成本优势已经由2004年的14%下降到2014年的4%,表明在美国生产只比在中国生产贵4%。整体上看,我国制造业发展的困境主要表现为,一是自主创新能力不足,关键核心技术受制于人,中国制造仍处于价值链中低端;二是品牌质量水平不够高,缺乏国际上有影响力、大型的跨国公司和知品企业,质量事件也时有发生;三是产业结构不尽合理,各地在产业布局上存在同质化竞争,产业层次和核心竞争力亟待提高;四是科技成果转化的渠道不够畅通,没有真正形成以企业为主体、市场为导向、产学研用相结合的技术创新体系。另外,我国制造业还面临着发达国家"高端回流"和发展中国家"中低端分流"的双向挤压。

一方面,现在世界各国都提出了发展制造业的计划,包括重返制造业、振兴装备制造业、实行新的工业化发展计划等,制造业向发达国家的回流已经开始,苹果电脑已在美国本土设厂生产,松下公司将把立式洗衣机和微波炉生产从中国转移到日本国内。越南、印度等一些东南亚国家,正以更低的成本承接劳动密集型制造业的转移,耐克、优衣库、三星、富士康等知名企业纷纷在东南亚和印度开设新厂。因此,日益严峻的国际竞争形势倒逼中国制造业必须进行转型升级,中国制造业2025的出台恰逢其时。否则,中国不仅难以适应全球制造业的产业变迁,更有可能在失去比较优势的同时也失去竞争优势的时间窗口。

另一方面,经过最近十年的技术攻关与产业化推广,中国已初步形成了在高端制造业领域的国家竞争优势。以高铁、核电等为代表的高端装备制造业,在经过国内较为成熟的产业化运营之后,配合国家走出去发展战略,已经成为凝聚高技术、产业化配套及运营管理的真正意义上的中国名片。尤其是随着"一带一路"战略在亚欧以及非洲的开花结果,中国南车、中国北车、中国建筑、中国铁建、振华重工等中国企业正成为中国构筑全球制造业竞争体系的先锋队。中国不仅能够满足广大新兴市场和发展中国家在基建领域以及重要装备制造业领域的技术需求和产业配套服务,而且已经具备了向发达国家输出高铁等中国制造业代表作的综合性竞争能力。这应该是自瓦特发明蒸汽机以来,全球制造业竞争体系发生的最重要变化。

因此,中国要迈向一流经济强国,既需要通过嵌入全球生产网络来提升在国际分工中的位置,更需要大力发展具有全球资源配置能力的高端制造业。

11.3.2 区域内国家迫切需要制造业合作以促进经济发展

"一带一路"战略下的产业合作,不仅仅是单向的资本输出,而是在为我国制造业寻求海外发展空间的同时顺应沿线国家经济转型和工业化发展的现实需要,实现双方的共同发展。充分考虑了沿线国家经济发展诉求的制造业产业合作,将真正深化我国与沿线国家的国际投资合作,使国际投资合作成为中国与"一带一路"沿线国家的利益交汇点(见图11-1)。

中国制造业发展研究报告 2015　391

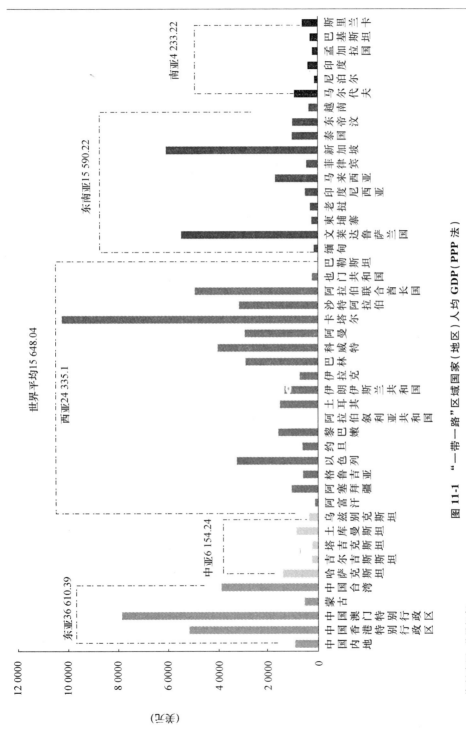

图 11-1 "一带一路"区域国家(地区)人均 GDP(PPP 法)

资料来源:世界银行。

"一带一路"上的国家多为发展中经济体,发展是它们面临的首要问题。根据世界银行的数据,从人均 GDP 来看,除了东亚的 36 610.39 美元和西亚的 24 335.1 美元高于世界平均水平的 15 648.04 美元外,其他地区都远远低于平均水平,中亚地区为 6 154.24 美元,而南亚地区只有 4 233.22 美元,南亚地区人口众多,经济发展水平落后。

这些国家经济落后的原因,一方面是其自身原因的制约,各国的资源禀赋制约了经济发展。影响"一带一路"国家发展的要素包括:资本不足,大部分国家不仅缺乏充足的资本,而且外债负担严重;除了南亚国家外,区域内国家大多劳动力资源缺乏,缺乏经济发展必需的电力资源和基础设施建设,教育研发等占 GDP 比重较低等。另一方面,现行的国际经济秩序难以推动"一带一路"区域国家经济发展,当前最重要的三大国际机构对"一带一路"国家的影响不大。第二次世界大战后成立的世界银行、国际货币基金组织和世界贸易组织等对"一带一路"国家的影响有限。从世界银行看,除了印度、中国、土耳其、印尼和越南等少数几个国家外,大部分国家难以从世界银行获得贷款。这些国家贷款渠道比较狭窄,无法融入全球经济。"一带一路"国家缺乏经济话语权和融资自主权,使得高铁、高速公路、通信设备等基础设施的建设发展缓慢。"一带一路"国家(除西欧、北非)加入 WTO 的国家和地区有 34 个,未加入 WTO 的国家和地区有 12 个:中亚有哈萨克斯坦、土库曼斯坦、乌兹别克斯坦,西亚有阿富汗、阿塞拜疆、黎巴嫩、阿拉伯叙利亚共和国、伊朗、伊拉克、巴勒斯坦,东南亚有东帝汶、不丹,现行国际贸易经济体系对"一带一路"国家的影响有限,且潜力不大。

11.3.3 构建全球价值链可以打造命运共同体

中国与"一带一路"区域内国家制造业可以互补。中国资本相对充足,牵头促进"一带一路"建设工作,一方面,为这些国家注入资本,促进经济增长;另一方面,输出国内过剩资本,提高资本的利用率和收益率。中国、南亚劳动力人口充足,而中西亚地区劳动力人口相对匮乏,另外区域内很多国家具有丰富的能源资源。目前中国与区域内其他国家在劳动力、公共资源等方面未能完全互补(见表 11-7)。

表 11-7 2014 年能源储量排名

排名	原油储量	天然气储量	煤炭储量
1	委内瑞拉	俄罗斯	美国
2	沙特阿拉伯	伊朗	俄罗斯
3	加拿大	卡塔尔	中国
4	伊朗	美国	澳大利亚
5	伊拉克	沙特阿拉伯	印度

(续表)

排名	原油储量	天然气储量	煤炭储量
6	科威特	土库曼斯坦	德国
7	阿联酋	阿联酋	乌克兰
8	俄罗斯	委内瑞拉	哈萨克斯坦
9	利比亚	尼日利亚	印度尼西亚
10	尼日利亚	中国	土耳其
11	哈萨克斯坦	阿尔及利亚	哥伦比亚
12	卡塔尔	伊拉克	巴西
13	美国	印度尼西亚	加拿大
14	中国	莫桑比克	波兰
15	巴西	哈萨克斯坦	希腊
属于"一带一路"国家	9	11	7

区域内国家与中国制造业具有较高的互补性。第一,"一带一路"国家劳动力分布不均衡,需要促进劳动力转移;第二,自然资源拥有量不均衡,需要优势互补;第三,公共资源(教育、健康医疗、基础设施等)中、西亚地区明显落后,需要进一步加强。这些"一带一路"国家与中国的关系,表现在互为对方的产品和服务市场、生产要素来源地、交通过境地等,共同参与国际经济一体化分工体系。推动"一带一路"建设就是推动"一带一路"经济之间的相互融合,进而促进各个国家的资源得到优化配置、经济平稳发展,减小地区差距,改善收入分配,同时避免资源诅咒、环境恶化。

随着要素成本与比较优势结构的演变,中国产业与经济结构调整必将进一步展开,"一带一路"沿线国家依据各自所处发展阶段不同,也亟须借助资本流动和产能合作推进本国结构调整与经济发展。共建"一带一路"将扩大中国与沿线国家在不同行业以及特定行业上下游之间投资范围,推进投资便利化进程以降低投资壁垒,通过共商共建各类产业园与集聚区探索投资合作新模式,从而为中国与沿线国家产能合作与产业结构调整升级提供广阔平台。

中国与沿线国家产能合作的一个重要领域,是中国一些劳动密集型产业或产业区段,随着中国国内工资、地价等不可贸易要素成本的上升,将逐步转移到处于较低经济发展阶段的发展中国家。如同中国20世纪八九十年代承接这类劳动密集型行业国际转移获得重要开放发展机遇一样,未来承接这类行业的沿线发展中国家,有可能在外汇创造、非农就业岗位创造、培育各类人力资源素质、提升经济外向度与国际化等方面获得利益。当代国际产品内分工深化与全球供应链扩展演变的大量经验事实显示,顺应比较优势规律,依托市场机制作用,产业与产业区段的国家动态转移能为区域经济一体化进程发挥巨大的推动作用,并为产能转移国与承接国创造大量互利共赢的发展机遇。

"一带一路"战略将给中国边陲地区经济发展带来全新机遇,为中国国内区域经济结构调整注入新动力。就"一带一路"战略与中国国内各地开放态势联系而言,将重点涉及东北、西北、西南等边疆地区一些省份。受历史与客观因素限制,这些地区经济发展总体水平较低。实施共建"一带一路"战略,有望实质性改变这些地区经济发展的政策优先度与环境条件,推动中国边疆地区经济较快发展与中国区域经济结构朝着更为平衡合理的方向演变调整,并为应对与化解某些少数民族地区的深层矛盾产生积极影响。

11.4 "一带一路"区域制造业全球价值链形成路径

对于中国制造业来说,可以通过多领域的贸易和投资合作,优化贸易结构,在区域内部分国家复制中国制造业的发展经验,共同提高制造业发展水平,促进区域内国家经济共同发展。打造命运共同体,需要把握区域内国家对制造业发展的强烈诉求,不仅从贸易往来、产业投资角度来推进合作,还应从帮助这些国家形成现代化的产业体系、提升经济的自主发展能力方面考虑。

11.4.1 优化制造业贸易结构,促进贸易平衡

我国由于巨大的制造业产能,对很多国家特别是"一带一路"区域的国家或地区存在较大的贸易顺差。在贸易结构上,我国从相关国家进口矿产和原材料,对制造业产品的进口较少。在推进"一带一路"的过程中,可以利用中国国内不断增加的市场需求,扩大从相关国家进口特色优势工业制成品,帮助其培育优势产业。包括从中亚及西亚国家进口矿物燃料、金属矿物和制品、粮食皮毛等初级原料,培育其相关产业深加工能力;从东盟进口电子电器、机械设备、交通工具等工业成品,做实中国—东盟自贸区升级版;从南亚国家进口劳动密集型产品等。

11.4.2 扩大制造业产能合作,推动共同发展

从投资存量看,扣除中国香港及避税港地区外,中国对外直接投资主要集中于欧洲和拉丁美洲,对"一带一路"区域国家的直接投资较少,而且在行业分布上主要集中于资源开采业和商贸服务业,制造业投资所占比例相对较低。目前中国有能力也有动力进行制造业在"一带一路"区域的直接投资。经过多年改革开放,"中国制造"工业结构由门类单一到齐全、由低端制造向中高端制造迈进。根据世界银行数据,2013年中国制造业增加值在世界占比达到20.8%。近年来,中国正在从"中国制造"向"中国创造"转型升级,提出实施创新驱动发展战略。随着要素成本与比较优势的结构演变,中国产业与经济结构调整必将进一步活跃展开,部分劳动密集型产业或产业区段,随着中国国内工资、地价等不可贸易要素成本的上升,将逐步转移到处较低经济发展阶段的发展中国家。可以利用中国制造业

30多年的发展经验,根据区域内国家的自身特点,促进其制造业的发展水平。

11.4.3 根据不同国家要素禀赋特征,差异化进行制造业产业合作

"一带一路"区域涉及的国家众多,经济发展程度不一,不同国家具有不同的要素禀赋和比较优势,在制造业合作时应该采取不同的方式。结合沿线国家产业发展的实际情况,通过深化供应链、价值链合作,帮助其融入全球分工体系,推动上、中、下游全产业链深度合作,形成优势互补的产业网络和经济体系。

第一,劳动密集型制造业的合作国家及方式。印度、印尼、孟加拉国、巴基斯坦、越南、埃及、缅甸、柬埔寨、斯里兰卡等国家劳动力资源丰富,中国应该扩大对其劳动密集型产业投资。在行业分布上,根据这些国家劳动力禀赋的特点,把纺织服装、玩具、造纸印刷、食品制造、农副食品加工、木材家具等产业,通过建设境外工业园区的方式提高该国产业的水平,带动这些国家的工业化进程。

第二,技术密集型制造业的合作国家及方式。菲律宾、马来西亚、泰国、越南等,具有一定的制造业发展基础,且较早融入全球生产网络,形成一定的技术密集型产品生产能力。中国可以在这些国家布局高科技产品部分生产工序,完善全球价值链。合作的行业是在中国逐步转向产业链条上游的研发设计以及高端制造业下,把产业链的下游如组装以及有成本导向的加工行业等转移到更具备廉价劳动力的国家,为中国技术做配套服务。根据每个产业的不同特点、竞争优劣势、市场容量等因素布局投资的地区及技术密集型产品的不同工序。合作的方式包括:一是在具有人力资本的国家设立研究院,推动适合当地需求的研发;二是在具有技能劳动力丰富的地区加工组装技术密集型产品。

第三,资源密集型制造业的合作国家及方式。刚果、加蓬、安哥拉、卡塔尔、蒙古、文莱、阿塞拜疆、科威特、伊拉克、阿尔及利亚、沙特、阿曼、阿联酋、土库曼斯坦、也门、尼日利亚、苏丹、哈萨克斯坦、巴林、俄罗斯、伊朗、莫桑比克、乌兹别克斯坦、叙利亚等国家资源丰富,与我国互补优势明显,合作潜力巨大。我国紧缺的铜、镉、镍等矿产和战略性新兴矿产等,正是丝绸之路经济带一些国家的优势资源;而油气资源丰富的中亚国家勘探开发开采能力和深加工能力相对较弱,因此在这一领域与我国合作前景广阔,潜力巨大。在"一带一路"基础设施建设的过程中,会加大对钢铁、铝等金属及非金属制品等资源产品的需求力度。与沿线国家产能合作,加快我国资源密集型制造业企业走出去的步伐,在当地扩大资源开采及深加工能力。

11.5 促进"一带一路"全球价值链形成的政策建议

"一带一路"制造业合作的核心是构建新的全球价值链。推进"一带一路"建设的一大优势是,沿线国家要素禀赋各异,发展水平不一,比较优势差异明显,互补性很强。在经济发展阶段上是阶进的,特别是随着日本经济的持续衰退和中国的产业结构升级,过去以日本为雁首的东亚产业分工和产业转移模式正在逐渐被打破,提升中国与区域内国家参与国际分工水平有非常大的空间。

根据劳动力成本和各国的自然资源禀赋相对比较优势,未来中国劳动力密集型行业和资本密集型行业有望依次转移到"一带一路"周边及沿线国家,带动沿线国家产业升级和工业化水平提升,建立和健全供应链、产业链和价值链,促进区域经济一体化。

11.5.1 扩大双向投资合作

推动沿线国家经贸合作由简单商品贸易向更高级的相互投资转变,形成贸易与投资良性互动、齐头并进的良好局面。引导我国轻工、纺织、建材等传统优势产业和装备制造业走出去投资设厂,在更加贴近市场加工制造的同时,带动沿线国家产业升级和工业化水平提升。加强与沿线国家能源资源开发合作,鼓励重化工产业加大对矿产资源富集和基础设施建设需求较旺的沿线国家投资,实现开采、冶炼、加工一体化发展,推动上下游产业链融合。同时,提升国家级经济技术开发区发展水平,推进中外合作产业园区建设,稳步推进边境经济合作区和跨境经济合作区建设,改善投资环境,吸引沿线国家企业来华投资兴业。

11.5.2 提高区域经济一体化水平

推进区域全面经济伙伴关系协定、中国-巴基斯坦第二阶段自贸谈判,尽快实施亚太贸易协定第四轮关税减让成果,推动重启中国-海合会自贸谈判,打造中国-东盟自贸区升级版,推进与斯里兰卡等国家的自贸进程,积极与沿线有关国家和地区发展新的自贸关系,逐步形成立足周边、辐射"一带一路"、面向全球的高标准自贸区网络。同时,注重发挥现有区域次区域合作组织及双边磋商机制作用,加强政策沟通,及时协商解决项目执行过程中遇到的问题,积极推动将"一带一路"建设相关内容和重大合作项目纳入现有多双边合作机制。

11.5.3 加大产业和项目对接力度

实际上,落实"一带一路"制造业合作最根本的问题是:实现中外产业和项目的对接,并要为这种对接建立一种不仅针对国企,同时也针对民企的有效平台和机制。这种平台和机制必须围绕下列工作核心进行:切实弄清"一带一路"沿线国家和重点城市希望引资发展的产业、经济领域和项目;希望引入的投资额及投资环境和前景等信息,并以合适方式向国内的企业和部门发布。同时,向"一带一路"沿线国家和重要城市提供有意向外发展的各类中资企业的对外投资意向和相关信息,包括行业、项目和投资额等。在此基础上,促进和帮助中外商业交易。特别要通过扎实的国别调研,掌握"一带一路"沿线国家国内政治、地缘政治和投资环境等情况,供中方投资者参考,确保中方投资安全。

11.5.4 构建一个区域层面制造业合作的协调机构

受各种地缘政治因素影响,"一带一路"制造业的合作实现绝非易事,如何保障合作的顺利推行知易行难。更多的国家只是希望获得中国的资金以舒缓其财政经济困难,一旦经济好转或政权更迭,撕坏合同的事情时有发生。近期,先后发生希腊取消该国最大港口比雷埃夫斯港出口多数股权给中国公司、斯里兰卡重新审查与中国合作、缅甸取消多项与中国合作的项目、墨西哥取消中国北车的高铁合同等,这些事情一方面说明中国企业在走出去过程中会面临各种风险,另一方面也说明中国推进"一带一路"的进程有很多反复。对于中国来说,目前只是具备资金和产业实力,军事和政治影响力还比较低,难以避免在很多项目上出现挫折。因此,中国的新丝路计划在输出基础设施的同时,还需要输出配套制度,帮助、督促输入国建立适宜的投资环境、减少贸易障碍、保护境外与私人投资等。需要成立一个跨国家的区域性的制造业合作协调机构,如丝路产业合作组织等。在建立此类组织时,需要创新的地方包括:(1) 能促进其他国家的经济发展吗?应该让这些国家复制中国成功经验,避免让这些国家单纯成为中国资源的来源地,注意避免资源诅咒;(2) 不同群体能共享与中国的发展成果;(3) 建立合理的成果分享机制,避免掠夺主义思维;(4) 鼓励企业提升当地的人民和基础设施的产出能力。

11.5.5 金融支持和人民币的国际化

在"一带一路"战略中,制造业合作的方式多样,包括新建和并购等,其关键是资金问题。中国凭借巨额的外汇储备为制造业的产能合作提供了资金支持,丝路基金和金砖国家银行等专业金融机构也为实施"一路一带"战略提供了保障。这就要求我国银行与金融机构能够更大规模地"走出去",为中国与外国企业提供跨境金融服务,为中国的产能输出保驾护航。当前人民币在国际的贸易结算领域、投资领域以及储备货币领域的地位和影响力都非常小。即使目前我国已经在国际市场取得一些所谓国际化的成果,很大程度上也是建立在人民币升值的基础上,还需要在贸易等方面加大人民币国际化的力度。通过人民币国际化,可以增进中资机构在海外的放贷能力。在国家政策层面,要推动人民币国际化进程,以便更好地为制造业全球价值链的构建提供资金支持。

参 考 文 献

[1] Baldwin R E Venables A. Relocating the value chain offshoring and agglomeration in the world E-conomy[R]. Department of Economics University of Oxford, Discussion Paper Series 2011, ISSN 1471—0498.

[2] Costinot A Vogel J Wang S. An elementary theory of global supply chains[J]. The Review of Economic Studies,2013,80(1):109—144.

[3] Escaith H Gonguet F. International supply chains as real transmission channels of financial shocks[J]. Journal of Financial Transformation,2011,31:83—97.

[4] Hummels D Ishii J Yi K M. The nature and growth of vertical specialization in world trade[J]. Journal of International Economics,2001,54(1):75—96.

[5] Grossman G M Rossi-Hansberger E. Task trade between similar countries[J]. Econometrica, 2012,80(2):593—629.

撰稿:孟　祺
统稿:李廉水　巩在武　张慧明

第12章 "互联网+"驱动中国制造业转型升级

本章重点研究"互联网+"与制造业的结合方式,以及我国如何利用互联网推动制造业转型升级。首先,对"互联网+"背景做详细介绍,揭示"互联网+"发展的动力;然后,通过生产方式把制造产业分为三大类,并且进一步探究这三类制造产业和"互联网+"的融合方式;其次,介绍西方"互联网+"相关政策,以及西方互联网与制造业融合方式;再次,介绍"互联网+"作为制造业转型升级的重要动力,为制造业的转型升级提供了政策支撑;最后,针对"互联网+"的政策引领作用,为"互联网+"与制造业的深度融合提出一些建设性的建议。

12.1 "互联网+"科学基础与经济内涵

12.1.1 "互联网+"的背景

普适计算之父马克·韦泽说:最高深的技术是那些令人无法察觉的技术,这些技术不停地把它们自己编织进日常生活,直到你无从发现为止。而互联网正是这样的技术,它正潜移默化地渗透到我们的生活中来。互联网作为一种通用目的技术(General Purpose Technology),和100年前的电力技术、200年前的蒸汽机技术一样,将对人类经济社会产生巨大、深远而广泛的影响。

"互联网+"的前提是互联网作为一种基础设施的广泛安装。英国演化经济学家卡萝塔·佩蕾丝认为,每一次大的技术革命都形成了与其相适应的技术—经济范式。这个过程会经历两个阶段:第一阶段是新兴产业的兴起和新基础设施的广泛安装;第二个阶段是各行各业应用的蓬勃发展和收获(每个阶段各20—30年)。

2015年是互联网进入中国21周年,中国迄今已经有6.5亿个网民,5亿个的智能手机用户,通信网络的进步、互联网、智能手机、智能芯片在企业、人群和物体中的广泛安装,为下一阶段的"互联网+"奠定了坚实的基础。

12.1.2 "互联网+"的内涵

"互联网+"的内涵根本上区别与传统意义上的信息化,或者说互联网重新定义了信息化。我们之前把信息化定义为:ICT技术不断应用深化的过程。但假如

ICT技术的普及、应用没有释放出信息和数据的流动性,促进信息/数据在跨组织、跨地域的广泛分享使用,就会出现"IT黑洞"陷阱,信息化效益难以体现。"互联网+"就是指,以互联网为主的一整套信息技术(包括移动互联网、云计算、大数据技术等)在经济、社会生活各部门的扩散、应用过程。

在互联网时代,信息化正在回归"信息为核心"这个本质。互联网是迄今为止人类所看到的信息处理成本最低的基础设施。互联网天然具备全球开放、平等、透明等特性使得信息/数据在工业社会中被压抑的巨大潜力爆发出来,转化成巨大生产力,成为社会财富增长的新源泉。

淘宝网作为架构在互联网上的商务交易平台,促进了商品供给—消费需求的数据/信息在全国、全球范围内的广泛流通、分享和对接:10亿件商品、900万个商家、3亿多个消费者实时对接,形成一个超级在线大市场,极大地促进了中国流通业的效率和水平,释放了内需消费潜力。

12.1.3 "互联网+"的动力:云计算、大数据与新分工网络

"互联网+"的实践风起云涌,极大地改变着经济、社会的面貌,其不竭动力来自三方面:一是新信息基础设施的形成;二是对数据资源的松绑;三是基于前两个方面而引发的分工形态变革(见图2-1)。

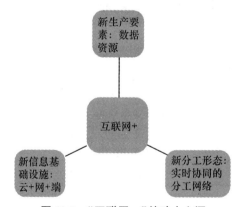

图12-1 "互联网+"的动力之源

1. "互联网+"的基础设施:云网端

经济、社会活动的正常运作有赖于基础设施发挥其支撑功能。随着经济形态从"工业经济"向"信息经济"的加速转变,基础设施的巨变也日益彰显。

短短几十年间,"互联网"能够从诞生、普及,升级为"互联网+"这一新变革力量,技术边界不断扩张,从而引发基础设施层面上的巨变。只有大力提升新信息基础设施水平,"互联网+"才能获得不竭的动力源泉,在经济、社会发展中彰显威力。

"互联网+"仰赖的新基础设施,可以概括为"云、网、端"三部分。

"云"是指云计算、大数据基础设施。生产率的进一步提升、商业模式的创新,都有赖于对数据的利用能力,而云计算、大数据基础设施像水电一样方便快捷、低成本地用计算资源为用户打开方便之门。

"网"不仅包括原有的"互联网",还拓展到"物联网"领域,网络承载能力不断得到提高,新增价值持续得到挖掘。

"端"则是用户直接接触的个人电脑、移动设备、可穿戴设备、传感器,乃至软件形式存在的应用。"端"是数据的来源,也是服务提供的界面。新信息基础设施正叠加于原有农业基础设施(土地、水利设施等)、工业基础设施(交通、能源等)之上,发挥的作用也越来越重要。

2. "互联网+"的新生产要素:数据

人类社会的各项活动与信息(数据)的创造、传输和使用直接相关。信息技术以不断突破,都是在逐渐打破信息(数据)与其他要素的紧耦合关系,增强其流动性,以此提升使用范围和价值,最终提高经济、社会的运行效率。

信息(数据)成为独立的生产要素,历经了近半个世纪的信息化过程,信息技术的超常规速度发展,促成了信息(数据)量和处理能力的爆炸性增长,人类经济社会也进入了"大数据时代"。

IDC 于 2012 年 12 月发布了研究报告《2020 年的数字宇宙:大数据、更大的数字阴影以及远东地区实现最快增长》。数字宇宙是对一年内全世界产生、复制及利用的所有数字化数据的度量。2013—2020 年,数字宇宙的规模每两年将翻一番。2012 年中国总体数据量占世界的 13%,而到 2020 年将提高到 21%。

如前所述,除了作为必要成分驱动业务外(即 Data-Driven Application,如金融交易数据、电子商务交易数据),数据产品的开发(即 Data Product,通过数据用途的扩展创造新的价值,如精准网络广告)更是为攫取数据财富开辟了新的源泉。经济领域海量数据的积累与交换、分析与运用,产生了前所未有的洞见和知识,极大地促进了生产效率的提高,为充分挖掘数据要素的价值提供了超乎寻常的力量。

3. "互联网+"的分工体系:大规模社会化协同

信息基础设施建设和能力提升,加速了信息(数据)要素在各产业部门中的渗透,直接促进了产品生产、交易成本的显著降低,从而深刻影响着经济的形态。

信息技术革命为分工协同提供了必要、廉价、高效的信息工具,也改变了消费者的信息能力,其角色、行为和力量正在发生根本变化:从孤陋寡闻到见多识广,从分散孤立到群体互动,从被动接受到积极参与,消费者潜在的多样性需求被激发,市场环境正在发生着重大变革。

以企业为中心的产消格局,转变为以消费者为中心的全新格局。企业以客户为导向、以需求为核心的经营策略迫使企业组织形式相应改变。新型的分工协同形式开始涌现。

"互联网+"行动,将以夯实新信息基础设施、提升原有工农业基础设施、创新互联网经济、渗透传统产业为指向,为中国经济实现转型与增长开辟新路。

12.1.4 互联网+传统制造业=网络制造

互联网大大削减了产销之间的信息不对称,加速了生产端与市场需求端的紧密连接,并催生出一套新的商业模式——C2B 模式,即消费者驱动的商业模式。C2B 模式要求生产制造系统具备高度柔性化、个性化及快速响应市场等特性。这与传统 B2C 商业模式下的标准化、大批量、刚性缓慢的生产模式完全不同。

1. 传统制造业面临的困境

传统 B2C 模式下的生产制造与同时代的市场消费需求、分销渠道、大众营销等固有特点密不可分,其基本形态是大规模生产+大众营销+大品牌+大零售。传统模式下的大批量、规模化、流程固定的流水线生产,追求的是同质商品的低成本。依靠的是以报纸、杂志、广播电视为主要载体的大众营销的狂轰滥炸。在这种广告模式下,品牌是靠媒体塑造出来的,消费者是被灌输、被教育的。例如,1965 年,宝洁只需在"新闻 60 分"节目中做三条插播广告,就可以触及美国 80%以上的成年观众,完成对消费者的教育过程,为大零售做好铺垫。

传统 B2C 模式下,生产与消费之间隔着重重的批发、分销、配送环节,而且生产商都通过设定折扣、运费政策鼓励分销商、零售商一次性大批量订货。信息传递缓慢而零散,生产商往往数月后才能从订单中看到消费者需求的变化。在生产过程中,生产厂家需要以"猜"的方式预测库存和进行生产。

而信息的失真和滞后,导致猜测的准确率非常的低。管理学中有个名词称这个现象叫"牛鞭效应"。传统的 B2C 模式下也经常出现这样的场景:畅销的商品往往缺货,滞销的商品却堆满货架和仓库,既错失销售机会,又积压资金。

2. 电子商务倒逼制造业变革

基于电子商务的生产方式是需求拉动型的生产,互联网、大数据技术将生产企业和消费者紧密联系在一起,使消费需求的数据、信息得以迅捷地传达给生产者和品牌商。生产商根据市场需求变化组织物料采购、生产制造和物流配送,使得生产方式由大批量、标准化的推动式生产向市场需求拉动式生产转变。

拉动式生产并不一定要对市场需求进行精准的预测,关键是供应链的各方面更紧密地协同,以实现更加"柔性化"的管理。所谓"柔性化",是指供应链具有足够弹性,产能可根据市场需求快速做出反应:"多款式的小批量"可以做,大批量翻单、补货也能快速做出来,而且无论大单、小单都能做到品质统一可控,成本相差无几、及时交货。对于企业而言,柔性化供应链的最大收益在于把握销售机会的同时,又不至于造成库存风险。

销售方式决定生产方式。在大众营销、大批量分销订货、同质性消费的模式下,不可能产生柔性化生产的需求。互联网确实释放了消费者的个性化消费,也催生了新的销售模式和生产方式。目前,在淘宝网上,"多品种、小批量、快翻新"正在逐步成为主流。以服装业为例:在消费端,淘宝网上固然有一些单款销售数万件的服装,长尾效应也越来越显著,一款女装销售百余件,在淘宝网上就是一个很普遍的现实。这意味着,企业生产体系必须适应"多品种、小批量"的要求,才能"接得住"蓬勃的个性化需求。在生产端,从纺织机械来看,近年来中国服装行业开始加大引入数码印花、数控裁床、三维人体测量仪等适应柔性化生产的设备。从软件来看,诸如爱科在线的服装自动排料服务,以 SaaS(软件即服务)方式推动着中高端软件走向普及化。

从生产方式来看,原来的服装企业大都采取捆包制的大规模生产方式,但部分服务电商企业,则越来越多地开始采取更适于多品种、小批量生产的单件流或小批量转移。事实上,不只是服装业,互联网上大量分散的个性化需求正在以倒逼之势,持续施压于电子商务企业的销售端,并倒逼生产制造企业在生产方式上具备更强的柔性化能力,并将进一步推动整条供应链乃至整个产业,使之在响应效率、行动逻辑和思考方式上逐步适应快速多变的需求。

3. 网络化制造内涵

网络化制造是一个比较广泛的概念,到目前为止仍然没有一个固定而又确切的定义。不同的学者、专家根据他们研究的方向、使用范围的不同对网络制造有着不同的说法。

同济大学张曙教授(1998)提出了分散网络化制造的概念,同时张曙教授指出分散网络化制造的目标是利用不同地区的现有生产资源,把它们迅速组合成为一种没有围墙的、超越空间约束的、靠电子手段联系的、统一指挥的经营实体,以便协助推出高质量、低成本的新产品。

华中理工大学杨叔子(2000)认为网络化制造应该是一种以市场为驱动并能快速响应市场变化的网络化制造模式,并于 1999 年提出了"基于 Agent 的网络化制造模式"和"分布式网络化制造系统"等制造模式。

重庆大学刘飞教授(2002)把网络化制造定义为:"网络化制造是指基于网络(包括因特网(Internet)、企业内联网(Intranet)、企业外联网(Extranet))的制造企业的各种制造活动(包括市场运作、产品设计与并发、物料资源组织、生产加工过程、产品运输与销售、售后服务等)及其涉及的制造技术和制造系统。"

浙江大学顾新建教授、祁国宁教授(2003)等给出的网络化制造的相关定义为:"网络化制造是制造业利用网络技术开展的产品开发和设计、制造、销售、采购、管理等一系列活动之总称。""网络化制造系统是基于因特网(包括内联网和外联网)的制造系统模式。""网络化制造技术是支持网络化制造的、将网络技术与其他技术融合在一起的技术之总称。"

贵州工业大学的谢庆生教授(2003)提出了基于 ASP 模式的网络化制造系统结构,并针对我国的实际着重讨论了基于 ASP 模式网络化制造的发展策略。

此外,华中科技大学的李德群、张宜生等,在模具企业网络化模式方面做了相关研究;清华大学范玉顺教授做了基于 SOA 的协同管理系统的研究;浙江省制造业信息化生产力促进中心做了浙江省块状经济区域网络化制造系统开发与应用研究等。

Xu,Y 和陈新度等专家认为网络制造是指企业利用计算机网络,面对市场机遇,针对某一市场需要,利用以因特网为标志的信息高速公路,灵活而迅速地组织社会制造资源,把分散在不同地区的现有生产设备资源、智力资源和各种核心能力,按资源优势互补的原则,迅速地组合成一种没有围墙的、超越空间约束的、靠电子手段联系的、统一指挥的经营实体-网络联盟企业,以便快速推出高质量、低成本的新产品。其实质是通过计算机网络进行生产经营业务活动各个环节的合作,以实现企业间的资源共享、优化组合和异地制造。

12.2 西方国家"互联网+"制造业

中国制造业 2025 是中国版的工业 4.0,"互联网+"计划无疑是推动中国制造业转型升级的动力。在制造业转型升级的过程中,西方国家有着先进的理念和经验,这里以美国、德国、日本和韩国为案例,分别介绍了各个国家互联网在促进制造业转型升级过程中的重要地位和作用。

12.2.1 美国"互联网+"和制造业

从全球范围来看,美国是开始工业化较早的国家之一,几次技术的飞跃使得美国的制造业一度迅猛发展。在第二次世界大战之前,美国一直是制造业大国,在全球的制造业中具有不可动摇的地位。半个世纪之前,以美国福特汽车公司为代表的"大规模生产模式"风靡全球。"大规模生产"诞生在产品匮乏、供不应求的年代,其高效率、大批量、低成本的生产解决方案满足了消费者日益膨胀的物质需求,淘汰了效率低下的手工作坊生产模式。"大规模生产"是以自动化为核心,包括了劳动分工、流水线生产,并通过高工资和福利保障制度来保护工人生产积极性的生产组织模式。美国制造业强调利用新的技术,借助自动化流水线,从业务单元的高效率运作开始,在整个企业内建立大规模的生产线。"大规模生产"模式的诞生,使福特汽车公司在一夜之间将在当时看来只是少数富人奢侈品的汽车变成了风靡美国的大众消费品,同时也打造出了盛极一时的"美国制造"。

美国进入90年代后,其服务业占GDP的比重就一直高达70%左右,而制造业不断萎缩,产业空洞化凸显。美国20世纪80年代以来的经济服务化过程就是一个非理性的"去经济中心"的过程,该过程直接催生了一个占GDP比重远超制造业的虚拟经济体系,而过低的制造业比重无法长期支撑庞大的虚拟经济,进而必然会引发2008年的金融危机。

这次金融危机一方面使美国虚拟经济的脆弱性暴露无遗,国家经济陷入困境,美国稍有竞争力的实体经济也仅剩下军工、石油和农业,且家庭财富从2007年第二季度到2008年年底的一年多时间就缩水了20%;另一方面使美国相对衰落趋势凸显,而新兴工业化国家在全球中的影响力日趋突出,美国感觉其全球领导地位日益受到严重威胁。基于这种巨变的国内外形势,2009年,美国总统奥巴马提出了再工业化(Re-industrialization)战略,也就是常说的"制造业回归"。强调重振制造业,回归实体经济。我国是一个正在以制造业为支撑来实现崛起的发展中大国,2010年我国制造业产值占全球制造业总产值的比重为19.8%,略高于美国的19.4%,成为世界第一,打破了美国连续110年占据世界制造业产值第一的历史。

工业4.0在美国叫"工业互联网",它将智能设备、人和数据连接起来,并以智能的方式利用这些交换的数据,以期打破技术壁垒,促进物理世界和数字世界的融合。2012年2月,美国正式发布了《先进制造业国家战略计划》,从此踏上了新一轮工业革命的道路。

奥巴马政府在2012年宣布出资10亿美元,打造全国制造业创新网络,成立制造业创新研究所,涵盖制造业各环节,形成制造业创新生态系统:软件和互联网经济发达的美国侧重于在"软"服务方面推动新一轮工业革命,希望借助网络和数据的力量提升整个工业的价值创造能力保持制造业的长期竞争力,将虚拟网络与实体连接,形成更具效率的生产系统。

截至目前,此创新网络已按计划有效落实。2012年8月,美国政府宣布由政府部门和私营部门共同出资8 500万美元,在俄亥俄州的扬斯顿建立"国家3D打印机制造创新研究所"。2013年5月,美国政府宣布为五个联邦部门提供2亿美元的联邦资金,成立了"轻型和当代金属制造创新研究所""数字制造和设计创新研究所"和"下一代电力电子制造研究所"三个制造业创新中心。2014年2月25日,奥巴马制定的2014年四个制造业中心构建计划中的首个——复合材料制造业中心成立。

12.2.2 德国"互联网+"和制造业

为推动制造业的革新,德国发布了《保障德国制造业的未来——关于实施工业4.0战略的建议》,并于2013年10月发布标准化路线图进入实施阶段,其核心内容可以归纳为一个网络、两大主题、三大集成、三大转变。

一个网络是指信息网络系统(强调虚拟和现实的联系和融合,从而创造出一个生产高度智能化的智能工厂)。该系统使用连接将云存储、虚拟网络、内容、社区一切可以利用的生产资源整合在一起,从而创造出一个生产高度智能化的智能工厂。

两大主题是智能工厂和智能生产。智能工厂是强调运用互联网技术将分散的工厂进行互联,实现数据互相交换和共享;智能生产侧重于高度自动化、人机互动、智能管理等先进技术运用于生产的全过程。

三大集成是企业在价值链上的横向集成、制造系统网络化的纵向集成及生产过程中的端对端集成。由于不同企业在同一价值链上可能处于不同生产阶段,价值链上的横向集成就是促进处于同一价值链上的企业通过IT技术相互沟通,促进不同企业间资源互动,提高生产效率。这样可以促进不同的企业更好地创造价值,实现端对端的集成。在横向集成的基础之上就需要网络的链接,从而形成了纵向的制造系统网络化集成。

实施工业4.0可以促进生产分散化转变、产品定制化转变及客户全程参与转变。由于工业4.0高度网络化,对于某一企业而言规模效应不在必要,工业生产将由集中向分散化转变。在未来,产品都将完全按照个人意愿来生产,甚至全部自动化、个性化制造;同时,企业生产不再是企业的事情,而是客户全程参与的互动式的价值创造。

德国推进制造业发展核心归纳为一个网络、两大主题、三大集成、三大转变,但是它们都离不开互联网技术的发展,通过信息网络系统,将虚拟和现实融合,从而创造一个生产高度智能化的智能工厂,从而实现数据的互相交换和共享。与此同时,从企业角度出发,利用互联网技术能够实现分散化生产;从用户角度出发,利用互联网技术能够实现产品个性化定制,用户可以通过管理信息系统全程监督和参与产品的设计、制造和加工,产品的每个细节都可以个性化定制。

12.2.3 韩国"互联网+"和制造业

在韩国,制造业占据着国民经济重要地位。2014年6月,韩国正式推出了《制造业创新3.0战略》。2015年3月,韩国政府又公布了经过进一步补充和完善后的《制造业创新3.0战略实施方案》。众所周知,韩国是全球制造业较为发达的国家之一,其产业门类齐全、技术较为先进,尤其是造船、汽车、电子、化工、钢铁等部分产业在全球具有重要地位。但2015年以来,随着国际分工体系的变化,尤其是在来自不断崛起的中国制造业及其逐渐复苏的日本制造的"夹击"下,当前韩国制造业增长乏力,面临着竞争力下滑的挑战,迫切需要新的发展战略。而《制造业创新 3.0 战略》概念的出世,恰恰为韩国制造业的转型升级提供了绝佳的方向。

韩国的《制造业创新 3.0 战略》强调促进制造业与信息技术(ICT)相融合,从而创造出新产业,提升韩国制造业的竞争力。韩国作为信息科技强国,具备制造业和信息科技业融合的基础。为实施《制造业创新 3.0 战略》,韩国制定了长期规划与短期计划相结合的多项具体措施,大力发展无人机、智能汽车、机器人、智能可穿戴设备、智能医疗等 13 个新兴动力产业。韩国政府还计划,在 2020 年之前打造 10 000 个智能生产工厂,将韩国 20 人以上工厂总量中的 1/3 都改造为智能工厂,而发展互联网技术对于智能工厂建设具有重要作用。韩国制造业信息化和德国信息化战略有相似之处,都强调建设智能工厂,在企业层面利用互联网技术,共享知识和数据,提高各个部门处理事务的能力和效率。韩国政府预期,通过实施《制造业创新 3.0 战略》,计划到 2024 年韩国制造业出口额达到 1 万亿美元,竞争力进入全球前 4 名,超越日本,仅次于中国、美国和德国。

12.2.4 日本"互联网+"和制造业

日本注重对人工智能产业的探索,以解决劳动力断层并支持未来的工业智能化,其首先应用的领域就是工业化生产线。由于政府政策支持,日本通过改革技术采用智能化生产线的企业越来越多。

20 世纪 60 年代,日本制造业依靠廉价劳动力的发展模式走到尽头,新兴产业智能制造的兴起,不仅有效解决了用工短缺问题,而且推动了日本制造业由低端向高端转型升级。积极应对用工短缺,日本政府大力推动智能制造,全自动生产线和机器人得到广泛使用。日本早在 20 世纪 90 年代就已经普及工业机器人,到现在已经发展了第三、四代工业机器人,智能化、最大程度减少人力是日本工业所追求的目标。本田正在将尽可能多的任务集中到一个流程,这样生产线就会非常精简且一体化。一方面生产效率提升了,另一方面实现了"柔性生产"。但这对机器人有个更高的要求,机器人必须根据数据做出及时的判断和决策。另外,日本电子巨头之一佳能公司从"细胞生产方式"到"机械细胞方式",创立了世界首个数码照相机无人工厂。

日本强调制造业的智能制造,对于制造业的网络制造并没有明确地提出来,但是日本的信息产业是最大的产业,信息产品尤其是网络产品在全球具有明显的竞争优势,同时信息产业的增长对整个日本经济的发展具有良好的波及效果,对制造业的转型升级也有一定的带动作用。

12.2.5 西方国家和中国互联网基础设施比较

网络制造的发展离不开网络基础设施建设,个性化定制是未来制造业的发展趋势,通过与消费者直接建立连接,消除中间冗余环节,对称消费者需求与工厂的信息,在此基础上进行产品与服务的个性化定制,C2B 或 C2M 已经成为趋势,所以网络基础设施建设对于网络制造发展至关重要。

图12-2是2013年美国、德国、日本、韩国和中国互联网普及指标的对比图,由图可以看出,我国互联网普及率跟西方发达国家相比还有一定的差距,这不利于个性化定制的发展。

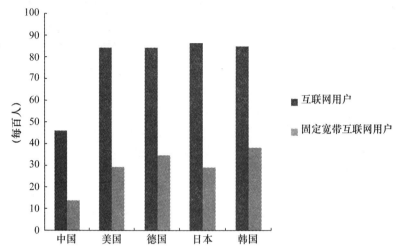

图12-2 2013年中国和西方制造业先进国家互联网基础设施对比

资料来源:世界银行。

12.3 "互联网+"制造业转型升级

互联网具有打破信息不对称、降低交易成本、促进专业化分工和提升劳动生产率的特点。大力推广互联网与制造业融合,可以全面提升我国制造业发展水平,促使制造业转型升级。

12.3.1 "互联网+"有力推动创新

1. 当前我国制造业创新的困境

改革开放三十多年来,我国制造业自主技术进步取得了巨大成绩,为产业成长壮大做出了贡献。但是从技术创新能力看,我国装备制造业与工业发达国家之间仍存在较大差距,特别是制造企业工艺装备水平低、产品结构集中在中低端、机械基础件和核心零部件制造能力差、重大装备项目的成套设备系统集成与工程技术能力薄弱等。一是制造企业工艺装备水平较低。发达国家已进入柔性化、智能化、集成化为特征的自动化生产阶段,而我国各行业目前主要还是以人工操作的机械化为主,质量管理与技术管理能力跟不上,加工精度与一致性难上档次。第三次全国工业普查中,全国大中型企业的1 180种主要专业设备中,达到先进水平的仅占26.1%。二是我国制造业产品结构集中在中低端。制造业产品结构绝大部分是通用型、中低档产品,高技术产品的自主研发能力差、空白多,绝大多数由外资企业生产。三是机械基础件和核心零部件制造能力差。制造行业的整机生产能力已经有了飞跃式的发展,但是基础材料、机械基础件、核心零部件及相应的基础技术和共性技术研发和创新严重滞后。各重大装备零部件(轴承、液压件、礼棍、减速机、数控刀/量具、刹车系统、电气元器件)性能质量有差距,材料科学、材料热表处理技术落后严重影响主机性能质量,重型装备的大锻件存在技术瓶颈和产能瓶颈。

2. "互联网+"构建制造业创新新生态

(1) 有利于低技术制造企业利用更广泛的智力资源

"互联网+"可以为企业以较低成本集聚更广泛的智力资源。"互联网+"环境下的企业,可以不再按照身份和契约识别来区分人才,而能利用网络的无边界特点,最大限度地打破"边界藩篱",聚集全球能为企业所用的智力资源。企业可以通过构建基于互联网开放式创新的知识产权的确认和参与者激励等机制,广泛吸引全球的智力资源,以支持企业推动创新,并可以将有价值的知识、技术输出到组织外部。

(2) 有利于制造企业有效控制创新成本

创新过程不仅是技术实现过程,还是经济实现过程。只有满足一定的投入产出比,创新才具有价值。因此,在控制创新成本的基础上,实现预定的创新成果是创新中的一个重要考量。基于互联网的开放式创新通过提高创新决策的科学性、创新资源的竞争性,帮助低技术制造企业有效控制创新成本。

首先,可以提高创新决策的科学性。基于互联网的开放式创新主要通过创新平台动态的自我优化和选择机制,实现资源、创意、专利及问题解决方案的汇聚、传递与整合等,对市场机遇与技术机遇的认识超越了传统内部技术积累的"隧道视野",提高了创新决策的科学性,降低了低技术制造企业因创新方向失误而造成的额外成本损失,有效控制创新成本支出。其次,可以提高创新资源的竞争性。传统创新模式下,由于地理边界所限,制造企业只能在有限的范围内获取创新资源。创新资源供应的有限性和独占性,在减少低技术制造企业创新资源选择机会的同时,也提高了创新的成本。基于互联网的开放式创新可以使低技术制造企业在全球范围内寻找与之匹配的创新资源。合作与选择范围的扩大,增强了资源供给者的竞争性,这在一定程度上有利于低技术制造企业控制创新成本支出。

(3) 有利于提高制造企业的创新绩效

创新绩效是企业创新所追求的结果,主要表现在创新成果商业化的效率和效果两个方面。相对于封闭式创新和传统的开放式创新而言,基于互联网的开放式创新在两方面都存在明显的优势。从创新效率看,通过互联网,建立面向全球的资源"征集机制",改善了资源的充沛度,提高了创新成果的形成速度;从创新效果看,由于使创新资源的供求衔接更为合理,有利于提高创新质量。

12.3.2 "互联网+"促进制造业资源重新整合

在"互联网+"的环境下,资源配置方式发生了巨大改变。互联网是这个变局的推动者,它从各个层次和各个角度提高了资源的整合水平,有力地促进了制造业发展。

1. 互联网整合区域制造资源

在互联网的支持下,企业可以跨越空间差距,通过企业间信息集成、业务过程集成、资源共享,实现产品商务的协同、产品设计的协调、产品制造的协同和供应链的协同。企业可以灵活而迅速地整合社会制造资源,把分散的生产设备、相关技术等迅速地组合成超越空间限制的经营实体,快速响应市场,共同协作完成生产任务,实现制造业资源的集中和优化配置。

2. 互联网整合企业金融资本

"互联网+"可以为企业减少融资的成本,降低投资风险,并促进资本的自由流动。一是互联网为企业提供了新的融资方式。互联网在运行过程中,衍生出网络金融,它是金融创新的产物。依托互联网,在金融领域里出现了网络货币、网络银行、网络金融市场等。网络金融的形成,为企业提供了更加快速、便捷的融资渠道。二是互联网提高了经济环境的透明度,降低投资风险。互联网可以为企业提供充分的经济信息,提高经济环境透明度,使人们能够更准确地判断经济形势,正确抉择资本投向。同时,由于互联网使环境变得更清晰和透明,于是互联网在某种程度上已经成为监督工具,规范着社会和经济环境。三是互联网促进资本的自由流动。在互联网的整合下,全球各主要资本市场日益融合形成统一的市场网络组织结构体系。互联网为资本的自由流动提供了基础平台,也为企业提供了更多融资、投资渠道。

3. 互联网整合企业人力资源

人力资源是企业稀缺的宝贵资源,互联网能够有效地整合人力资源,提高资源使用效率。一是互联网可以使企业高效地选聘合适的人才。互联网信息量大、时效性强,并且跨空间,各类企业依托网站强大的人才资源库,很快能搜索到自己所需要的人才,动用人力少而又赢得了宝贵时间。互联网还能够整合人力资源实现全球范围内的合理配置,企业可以在更广泛的区域内选聘人才。二是互联网对企业内部人力资源的管理和配置。网络可以把有关人力资源的分散信息集中化并进行分析,优化人力资源管理的流程,实现人力资源管理全面自动化。利用网络改善内部的人力资源运作,节省了资金,加强了对员工的服务,并提高了员工的配置效率。三是互联网跨越空间的功能,使不同地域间劳动者之间工作的直接协作配合成为现实。通过互联网,不同区域乃至全球的人才可以有机地整合在一起,直接协作和配合完成相关工作。借助互联网的平台,人们可以进行远程办公,出现了"电子员工"和"SOHO 一族",跨越空间整合人力资源,从而更有效地开发潜在人力资源。

12.4 "互联网+"中国制造业融合方式

国务院日前印发了《关于积极推进"互联网+"行动的指导意见》,互联网发展日趋完善,互联网渐渐由消费领域扩展到生产领域,从服务业拓展到制造业。互联网在金融、教育等领域的发展使人们认识到"互联网+"在其他领域大有所为,各个行业和地区都举行"互联网+"大讨论,一些非互联网上市公司贴上了"互联网+"标签之后,股票也开始翻倍增长。"互联网+"热现象的背后,更需要我们对"互联网+"的冷思考。政府和企业一定要符合实际,做到有所为有所不为。

制造业行业分类中,制造业包括 31 个大类,其中包括农副食品加工业、食品制造业、酒、饮料和精制茶制造业、烟草制品业、纺织业、纺织服装、服饰业、皮革、毛皮、羽毛及其制品和制鞋业、木材加工和木、竹、藤、棕、草制品业、家具制造业、造纸和纸制品业、印刷和记录媒介复制业、文教、工美、体育和娱乐用品制造业、石油加工、炼焦和核燃料加工业、化学原料和化学制品制造业、医药制造业、化学纤维制造业、橡胶和塑料制品业、非金属矿物制品业、黑色金属冶炼和压延加工业、有色金属冶炼和压延加工业、金属制品业、通用设备制造业、专用设备制造业、汽车制造业、铁路、船舶、航空航天和其他运输设备制造业、电气机械和器材制造业、计算机、通信和其他电子设备制造业、仪器仪表制造业、废弃资源综合利用业、金属制品、机械和设备修理业。虽都是制造业,但每个产业都有其特有的产业生态模式。制造业产业链不同,制造业的生产过程复杂程度不同,因此互联网和所在制造行业的结合方式就有天壤之别。

各个制造行业要根据自己行业的特色,在拥抱互联网的同时,更应该思考以怎样的方式去拥抱。我们把制造行业按照生产方式分为三类——离散制造、半离散制造和批量流程制造。其中,离散制造行业包括汽车制造、航空制造、电子电器制造业等,半离散制造行业包括服装制造、家具制造等行业,批量流程制造行业包括医药、石油化工、电力、钢铁制造、能源、水泥等领域。接下来分别介绍这三种制造模式与互联网融合的形式,并举例对这三种模式进行详细分析。

12.4.1 离散制造与"互联网+"——以汽车制造业为例

产品的生产过程通常被分解成很多加工任务。每项任务仅要求企业的一小部分能力和资源。企业一般将功能类似的设备按照空间和行政管理组成一些生产组织。在每个部门，工件从一个工作中心转移到另一个工作中心进行不同类型的工序加工。企业常常按照主要的工艺流程安排生产设备的位置，以使物料的传输距离最小。另外，其加工的工艺路线和设备的使用也是非常灵活的，在产品设计、处理需求和订货数量方面变动较多。离散制造的产品往往由多个零件经过一系列并不连续的工序加工最终装配而成。加工此类产品的企业可以称为离散制造型企业，例如火箭、飞机、武器装备、船舶、电子设备、机床、汽车等制造业，都属于离散制造型企业。对于复杂机器的制造，可以使用先进的网络制造技术，当前较为流行的网络制造技术有基于 Web 的分布式制造技术、DNC、优化管理技术、网络安全技术和协商调度技术等。

1. 汽车生产领域与"互联网+"的融合

（1）汽车制造与"互联网+"

汽车的生产是一整套系统工程，数以万计的细小零件需要经过多条生产线组装成整车出厂，而基于传统制造业技术，能够对整条生产线施加影响的手段比较匮乏。同时，汽车的质量是由部件质量和整体质量两个关键指标组成，其关系着人民的生命财产安全，质量在汽车制造环节中有着极其重要的地位，而传统制造业技术，很难实现对部件质量问题的逆向追溯。因此，掌握生产自动化、质量控制体系以及安全生产的技术就掌握了汽车制造业的核心技术。国内汽车制造业，正逐步由初期的 MIS、CAD/CAM 向 MRP/ERP 进行转变，这样信息系统囊括的范围不仅包括制造企业内部的制造信息，还对接了上游和下游的产业和企业。

在汽车制造领域，使用互联网技术、计算机、通信、自动识别等技术进行物物互联的自动化生产，不仅可以提高汽车的生产效率，而且还能提高汽车生产质量。图 12-3 是运用物联网技术监控汽车制造流程图。

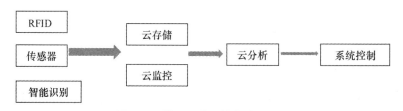

图 12-3　基于物联网的自动化生产

第一步，需要在整个制造环节中引入基于物联网的信息采集技术，以传感器、RFID、智能识别等物联网手段收集生产过程中的信息数据。

第二步，将收集来的信息数据植入云存储平台和云监控平台，用于大数据过程的数据积累。

第三步，将云存储和云监控中的数据进行专业数据分析和数据挖掘，将生产过程中的数据加以处理和汇总,得出生产过程中的质量问题、改进方案、流程弱点等信息。

第四步,利用云分析平台的结果,配置自动控制系统,指导下一次再生产过程,用互联网快速试错的迭代思想改造传统汽车制造过程,做到对生产进行总体掌控,对生产环节进行精细控制,并形成多区域的实时安全监测和管理,最终达到提高产量、控制质量、保障安全的目的。

(2)汽车与"互联网+"

2014年7月23日,上汽集团与阿里巴巴集团在上海签署了"互联网汽车"战略合作协议。双方将开展在"互联网汽车"和相关应用服务领域的合作,共同打造面向未来的"互联网汽车"及其生态圈。这也是国内互联网巨头首次战略性介入汽车业。相信未来汽车不仅仅作为交通工具,还可能作为除了家里、上班、公共空间之外的第四空间,汽车将融入更多互联网元素变成互联网汽车,它将和人一样"思考",汽车不单单依靠能源驱动,同时也依靠数据来支撑。目前汽车的互联网化是改善汽车与人之间的互动,未来汽车在交互上更多体现的是物与物的连接互动,比如汽车与路、汽车与汽车、汽车与基础设施等。汽车互联网化将颠覆传统汽车,汽车将增加更多的附加价值。

2. 汽车销售领域与"互联网+"的融合

随着O2O概念的崛起,汽车销售正逐渐适应互联网的发展节奏,消费者通过汽车之家等汽车门户网站,查询汽车信息,然后通过网上银行或者第三方支付线上进行交易,线下可以到汽车4S店试驾或提车,这种线上线下的交互模式,不仅解决了汽车市场不透明、信息不对称的问题,而且方便了顾客。

12.4.2 半离散制造与"互联网+"——以服装制造为例

半离散制造行业是指企业前期生产是流程的,后期包装则是离散的企业。如果没有前期"原料"生产,是通过购买"原料"来进行包装的,则就是完全的离散行业。按通常行业划分属于半离散行业的典型行业有制药行业、化妆品生产行业、食品行业、酒类生产行业等。这类企业的前期生产与流程行业完全相同,后期生产与离散行业基本相同,但是后期有一个与离散行业最大的区别,即半离散制造业的后期生产基本没有半制品和在制品,这是由于这类行业的后期都是包装,自动化程度较高,流程简单,往往都能做到当天投料当天完成。服装就是一个半离散的制造行业,服装制造的上游产业是纺织业,利用棉花、羊绒、羊毛、蚕茧丝、化学纤维、羽毛羽绒等原材料,生产相应的布料,服装设计师附加上时尚元素、文化元素,服装企业再进行批量生产或个性化制造。

1. 服装生产领域与"互联网+"的融合

在服装生产领域的设计阶段,要求企业用互联网的思维,建立自己的大数据系统,确立发展服装个性化量身定制的企业战略。通过个性化定制系统,消费者可以成为设计师,只需动动鼠标,就能获得企业生产的个性化正装。其3D打印模式可以使得消费者自由输入自己的体型数据和个性化需求,支持全球客户DIY自主设计;款式、工艺、价格、交货期、服务方式个性化自主决定,客户自己设计蓝图,满足大部分消费者个性化需求。

2. 服装销售领域与"互联网+"的融合

服装行业是一种更迭迅速的行业,并且也是消费者非常注重消费体验的行业。从消费者角度来看,单纯的线下交易对于了解服装潮流、服装文化、服装质量等信息具有延迟性,互联网的迅速发展解决了消费者和服装公司之间信息的不对称,如今服装公司更多地采取保守经营模式。目前服装企业采用更多的模式是传统的B2B、B2C模式,这种模式和线下交易的信息不对称相比,缺乏消费者的购物体验,消费者也不能触摸服装的布料,试穿服装的效果。

就销售渠道来看,线下和线上模式各有优缺点,线下模式可能有着非常庞大的销售渠道,但是缺乏应对市场的灵活性;线上的电商品牌,擅长互联网"短平快"的营销打法,但是线下缺乏与客户最直接的接触和行业积累,线下存在明显的短板。这就需要服装企业综合线上和线下的优势,打通线上和线下的藩篱,用O2O模式代替B2C模式。

O2O模式由品牌供货,货品全部上架,去除中间一切供应商,线上和线下的款式同步更新,价格也实时同步。线下的服装吊牌上只有条形码或二维码,消费者只需要扫描一下就会知道商品的价格等各种信息;消费者可以选择通过邮寄快递的形式购物,也可以选择直接到商店取货的形式购物。另外,服装是一种体现个性的附属物,服装的个性化定制也是必不可少的,消费者通过在实体店和店长详细沟通,达成设计共识,由实体店返单给工厂制造,然后再由工厂快速生产,发给实体店或顾客。

12.4.3 批量流程制造——以钢铁制造为例

批量流程制造的特点是管道式物料输送,生产连续性强,流程比较规范,工艺柔性比较小,产品比较单一,原料比较稳定。

1. 钢铁生产领域与"互联网+"的融合

运用平台大数据支撑,技术研发可以根据用户的需求提前进行,改变原来那种关门搞研发、研发出来再找用户费力气转化的方式。而且基于快速反应的网络,技术需求方能够挑选出网络平台上最有研发能力的团队,及时进行资金配套,迅速开展研发,使技术的开发产业化。

2. 钢铁销售领域与"互联网+"的融合

由于供需信息在平台上互联互通,钢铁企业可以把所有的供应商和用户拉到这样的网络平台上,通过电子商务的方式,采购物料、原料(如铁矿石、煤炭),并把钢材直接销售到用户,而不再通过庞大的中间贸易商。同时,用户对产品形状、规格、性能、精度、价格等需求信息一目了然,钢铁产品在网上设计好后,由各处设立的物流加工点进行精细加工,并通过网络进行平衡调度,快速安排物流配送。

12.5 推动互联网与制造业深度融合举措

12.5.1 应加快促进相关基础设施完善

大力实施"宽带中国"战略,主要包括:一是重点建设光纤宽带、宽带无线移动通信,促进信息网络宽带升级;二是加快"光进铜退"步伐,提升宽带普及率;三是支持城市打造宽带无线城市的目标,加快3G网络覆盖,促进TD长期发展并向4G推进;四是"三网"融合试点应全面推广,开展融合型业务类型;五是加强对通信运营商的监管,督促其技术升级,提高服务质量和水平;六是政府设立信息普遍服务基金,同时支持企业和各级机构自身设立,支持信息技术转移到边远、贫困地区,给边缘群众提供价格低廉的智能信息化产品、服务;七是引导社会上的信息消费,着力培育信息消费的市场环境。

12.5.2 完善体制机制

政府的政策引导在我国"互联网+"制造业过程中起到非常重要的作用。政府在出台宏观指导意见的同时,应结合我国制造业实际出台系列有针对性的帮扶政策。如完善与"互联网+"制造业推进工作配套的财政、税收、土地、金融、政府采购等有关政策,把两化融合工作同技改、技术创新、节能减排等工作联系起来,对于企业在利用信息技术改造传统产业过程中发生的研发费用,政府可出台相关政策给予支持;对于制造业的高新技术产业化、企业技术改造等专项工作,尤其是企业与科研机构联合开发互联网与制造业深度融合创新产品的,政府应设立专项基金优先资助。

12.5.3 培育"互联网+"制造业示范点

技术创新是制造业企业实现可持续发展的重要保证,通过技术创新而形成的核心技术与品牌效应是企业参与市场竞争的核心竞争力。我国制造业应该紧紧抓住"互联网+"的时代性机遇,不断研究制造业两化融合中的核心技术,充分发挥信息技术在新形势下的渗透性和扩展性,提高设计、生产、管理诸环节的信息含量,促进制造过程的高效、自动、智能,在产品和装备中植入芯片,采用传感器、控制器等与激光技术、网络技术相结合,形成数字化、智能化产品。生产性服务业对于全面提升我国制造业与互联网融合水平有着至关重要的支撑和促进作用。制造业与互联网融合过程涉及企业的方方面面,需要专业的咨询服务机构为其提供整体的解决方案,减低企业的潜在风险。政府要鼓励制造业企业将有关研发设计、生产管理、过程控制、财务营销等信息化服务环节外包,扩大生产性服务业市场需求。各地要根据本地区产业特点,重点扶持骨干生产性信息服务企业发展,鼓励龙头企业通过兼并重组、上市融资等方式,扩大企业规模,增强服务能力。

参 考 文 献

[1] Lee J, Kao H A, Yang S H. Service innovation and smart analytics for industry 4.0 and big data environment[J]. Procedia CIRP, 2014, 16:3—8.
[2] Fang Wang, Xiao-Ping (Steven) Zhang. The role of the internet in changing industry competition [J]. Information & Management, 2015,52(1): 71—81.
[3] 张曙. 分散网络化制造[J]. 机械与电子,1998,05:3—6.
[4] 杨叔子,吴波,胡春华,等. 网络化制造与企业集成[J]. 中国机械工程,2000,Z1:54—57、3.
[5] 程涛,胡春,吴波,等. 分布式网络化制造系统构想[J]. 中国机械工程,1999,11:42—46、5.
[6] 刘飞,刘军,雷琦. 网络化制造的内涵及研究发展趋势[A]. 中国机械工程学会、北京机械工程学会. 制造业与未来中国——2002年中国机械工程学会年会论文集[C]. 中国机械工程学会、北京机械工程学会,2002:1.
[7] 范玉顺,刘飞,祁国宁. 网络化制造系统及其应用实践[M]. 北京:机械工业出版社,2003.
[8] 谢庆生. 我国制造业ASP发展的模式与策略[J]. 中国制造业信息化,2003,01: 66—70.
[9] Xu Y. Xiao T. Federated integration of networked manufacturing service platforms[J]. Advanced Engineering Informatics, 2008, 22(3): 317—327.
[10] 陈新度,陈新. 制造业信息化的发展——网络化制造[J]. 机电工程技术,2004,33(6):7—9.
[11] 楼佩煌. 基于Web的客户化分布式网络制造技术[J]. 数据采集与处理,2001,02:204—209.
[12] 李生. 面向网络制造的DNC系统的研究和开发[D]. 四川大学,2004.
[13] 黄欣. 支持网络制造的协同工艺设计系统关键技术研究[D]. 华中科技大学,2005.
[14] 马文卓,张杰. 基于物联网的汽车智能制造控制与质量管理[J]. 物联网技术,2015,02:92—95、98.
[15] 唐志良,刘建江. 美国再工业化对我国制造业发展的负面影响研究[J]. 国际商务(对外经济贸易大学学报),2012,02: 12—20.
[16] 李丹. 美国再工业化战略对我国制造业的多层级影响与对策[J]. 国际经贸探索,2013,06: 4—14.
[17] 韩硕. 探索中国制造业的新未来——德国工业4.0对中国制造业发展的启示[J]. 中国集体经济,2015,06: 9—10.
[18] 范剑. "取经"日本智能制造[J]. 浙江经济,2013,11: 48—49.
[19] Zhiwei, Y. The generation of new words prevailing on the internet and its revelation to the innovation environment cultivation[J]. Energy Procedia, 2012, 17: 717—722.

撰稿:宋 捷
统稿:李廉水　巩在武

第13章 美德国家创新驱动计划及战略举措的启示

国际金融危机的爆发在打破欧美国家虚拟经济泡沫的同时,重新引起了发达国家对制造业的重视。近几年,欧美国家纷纷根据本国情况,拨付重金,制订相应的制造业发展计划,以求在未来的国际竞争中获取优势地位。纵观各国的制造业发展计划,创新驱动均位于制造业发展的核心位置。其中,美国的制造业创新网络计划和德国的工业4.0计划是欧美国家制造业创新驱动战略的典型代表,对我国制造业创新战略选择具有很强的借鉴意义。因此,需要对美国的制造业创新网络计划和德国的工业4.0计划提出的原因和各自特点进行深入剖析,并在此基础上将两者进行对比,结合中国制造业发展的现状特点提出我国制造业的创新驱动战略。

制造业是国民经济的主体,没有强大的制造业,就没有国家和民族的强盛。我国制造业经过多年的持续快速发展,目前已经形成了门类齐全、独立完整的产业体系,成为支撑我国经济社会发展的重要基石和促进世界经济发展的重要力量。然而我国制造业在发展过程中存在的问题也不容忽视。制造业大而不强,自主创新能力弱,关键核心技术与高端装备对外依存度高,以企业为主体的制造业创新体系不完善是制约我国制造业发展的重要方面。面对全球制造业格局的重大调整和国内经济发展环境发生的重大变化,我国要想在新一轮制造业竞争中取胜,必须依靠创新驱动制造业发展,通过不断提高我国制造业创新能力和创新水平,激发制造业的发展活力和创造力,实现制造业转型升级。实施创新驱动的发展战略,必须找到一条适合我国制造业发展的创新道路。发达国家近年来为重振制造业而纷纷制定和实施的"再工业化"战略为我国的制造业创新政策选择提供了有益的借鉴。美国、德国、英国、法国、西班牙、日本等国在金融危机之后纷纷制订了相应的制造业发展计划,其中比较有代表性的是美国的"国家制造业创新网络"计划和德国的工业4.0计划。

13.1 美国"制造业创新网络计划"路径分析

美国的国家制造业创新网络计划隶属于美国科学技术委员会提出的《先进制造业的国家战略计划》,体现了美国创新驱动制造业的发展路径。德国的工业 4.0 计划隶属于德国的《德国 2020 高技术战略》,体现了德国创新驱动制造业的发展路径。德美两国的创新驱动制造业发展战略虽然路径不同,但都体现了本国制造业发展的现状和特点,在实施的过程中都已初见成效,并会在未来为本国带来不同的竞争优势。我国的制造业振兴计划制订略晚于上述国家。2015 年 5 月 8 日,国务院公布了中国制造 2025,提出了中国制造强国建设三个十年的"三步走"战略和第一个十年的行动纲领。中国制造 2025 明确提出将创新驱动作为中国制造业发展的五大指导思想之一,确立了创新驱动在中国制造业发展全局中的核心地位。然而,我国的制造业创新路径应借鉴美国模式还是德国模式?如何走出一条适合中国制造业发展的创新道路?这些成为中国制造业发展面临的重要问题。

13.1.1 美国制造业创新网络的建立背景

工业化以来,制造业一直是美国经济的支柱,既带动了经济发展,又支撑了创新。美国的科技创新能力在全世界遥遥领先,并建立了较为完善的区域创新系统。美国的 128 号公路高技术园区和硅谷作为美国传统区域创新系统的典型代表,在助推美国区域创新中发挥了巨大作用,也成为世界各国竞相效仿的对象。

但从 20 世纪 80 年代起,美国走了一段制造业空心化的弯路,以发达资本市场为主体的虚拟经济逐渐占据主导地位,实体经济不断萎缩。美国长期采取的"国内研发、国外制造"的发展模式首先导致了制造业的衰退。2011 年美国 19 个主要制造业行业中有 11 个产值低于 2000 年。同期,美国有接近六分之一的制造业企业停业,制造业就业岗位大量减少。美国在全球高技术产品出口中的比例也大幅下降,同时这一模式也导致了美国传统创新优势的削弱。制造环节的缺失使得美国的研发活动缺少了从基础研究到产业化的中间环节,从而使得美国的研发经费投入过度集中于研发活动的两端,这造成了以下三个方面的弊端:第一,制造环节的空心化影响了美国的产业链,削弱了创新的基础结构,导致一些研发部门随着制造部门一起离开了美国;第二,制造环节的外迁促进了技术溢出,使得一些本土研发的技术很容易被国外学习并抢先产业化;第三,制造环节的缺失在很大程度上减缓了基础研究成果到产业化过程,使得很多基础研究成果在短期内难以转化。

在经历了严重的金融危机之后,美国意识到了制造业空心化带来的危害,先后制定了《重振美国制造业框架》和《制造业促进法案》,启动了"先进制造伙伴计划""先进制造业国家战略计划",力图重振制造业,确保下一场制造业革命发生在美国。在此基础上,奥巴马政府自2012年开始推行的国家制造业创新网络(NNMI)计划是美国创新驱动制造业发展的重要举措,其主要目的是填补现有创新体系的空白,特别是研发活动和技术创新应用与本国产品之间的鸿沟,进而将基础研究和产业化更好地衔接在一起。

13.1.2 美国制造业创新网络的结构

美国的国家制造业创新网络(NNMI)由多个具有共同目标、相互关联但又各有侧重的制造业创新研究院(IMI)组成,由美国商务部、国家标准与技术协会、国防部、能源局、国家科学基金会、国家航空和宇航局等部门通过一个跨部门组织,即先进制造国家项目办公室(AMNPO)协调管理。IMI是一种基于创新合作的开放式平台,将企业、大学、政府三者链接在一起,形成一个产业共同体,共同投资特定的技术领域。美国制造业创新网络的结构如图13-1所示。

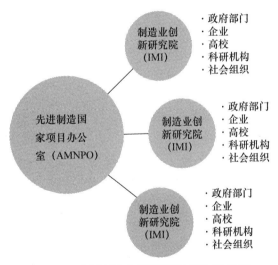

图13-1 美国制造业创新网络(NNMI)结构

NNMI的每个IMI在成立之初原则上获得0.7亿—1.2亿美元的联邦政府资助,其他政府机构也给予额度不等的资助。IMI成立2—3年后,联邦政府开始减少资助额度,而研究机构和企业开始增加资助额度,5—7年后实现自负盈亏。IMI的遴选由AMNPO负责,组织评审小组对标书进行评审。IMI的治理模式采取独立董事会形式,实行政产学研联合治理,从而使各方利益均得到保障。

美国政府于2012年决定投入10亿美元在全国各地建立15个制造业创新研究院,于2013年宣布将在十年内使制造业创新研究院数量达到45个。第一个IMI,即国家增材制造研究院(后更名为"美国制造")于2012年8月成立。它由国防部、能源部、商务部等5个联邦政府部门出资4 500万美元,"俄亥俄—宾夕法尼亚—西弗吉尼亚"技术带的 40 家公司、9 个研究大学、5 个社区大学、11 个非营利机构共同投资 4 000 万美元,并聚合了 94 个合作伙伴。

13.1.3 美国制造业创新网络在创新驱动制造业发展中发挥的作用

目前,NNMI 的建设和运行已经初见成效。NNMI 对美国的制造业创新起到了如下几个方面的作用:

第一,衔接了研发活动从基础研究到商业化的中间环节。NNMI 主要支持介于"发明"和"商业化前"阶段的研究,前者可以得到美国政府大量的科研经费支持,主要由研究型大学开展;后者则是企业研发的主要方面。NNMI 将这两者进行有机衔接,从而完善整个研究开发的链条。

第二,进一步完善了原有的区域创新系统。IMI 通过提供大量技术援助和培训、提供设备和基础设施,帮助企业发展;通过在各机构交叉任职,培养相关领域的领军人才;通过领域交叉促进多学科背景专家团队的形成。

第三,促进了知识的扩散和创新成果的转化。NNMI 将大量不同类型的创新个体联系在一起,促进了异质性知识的传播和扩散,能够极大地提高创新效率;同时,将产学研各方面专家联系在一起,加快了科技成果转化的速度。

13.2 德国工业 4.0 战略建议路径分析

德国是全球最重要的装备制造业生产国和出口国,在机械制造业领域的优势尤为突出,其生产的汽车、化工、电子以及机械产品在全世界享有盛誉。同时,德国还是全球高端制造业的领先市场,其制造业全球竞争优势十分明显。在国际金融危机中,德国凭借强劲的实体经济,其稳健的表现不仅成为欧元区国家走出危机的中坚力量,而且成为英美等国实施再工业化的思想来源。尽管如此,德国在后危机时代仍面临一些威胁和挑战。首先,大多数经济体进入了低增长与高失业并存的新常态,这使得德国制造业改变了多年以来一直高歌猛进的发展态势,发展速度减缓,出口也略显疲态。其次,欧美等国纷纷提出了再工业化战略,如英国的"强劲、可持续和平衡增长之路"计划、法国的"新工业法国"计划、西班牙的"再工业化援助计划"、美国的"先进制造业国家战略计划"和日本的"日本再兴战略"等。中国、印度等新兴经济体的制造业的蓬勃发展也对德国的外部竞争力形成了严峻挑战。

13.2.1 德国工业 4.0 计划的制订背景

为应对全球挑战,把握发展机遇,德国于 2010 年 7 月发布了《高技术战略 2020》报告,试图通过推行创新驱动发展战略,重点培育和发展若干重大技术,让德国在应对全球挑战及获取 21 世纪亟待解决的问题方案上走在前沿。德国的《高技术战略 2020》选择了面向未来社会的气候和能源、健康和营养、交通、安全及信息通信(ICT)等五大重点领域,展开优先示范项目,并分别对各领域的重点工作进行了规划部署。2013年,德国联邦教研部与联邦经济技术部在汉诺威工业博览会上提出了工业4.0概念,并将其纳入《高技术战略2020》的十大未来项目中。从渊源上看,工业4.0计划属于上述五大领域中ICT领域的重点项目,这就决定了工业4.0计划的边界和特性,即制造业领域的新一代革命性技术的研发与创新。

工业4.0计划反映了德国创新驱动制造业发展战略的路径选择。德国传统的产业创新模式与美国有很大的不同。美国提倡激进式创新,善于率先突破和使用新技术。而德国的产业创新模式为不断提升产品质量的渐进性创新。德国制造业的竞争优势不是低成本的要素投入,而是在有限的产业进行持续的产品开发和创新,追求产品质量的精益求精。德国创新模式的这一特点与其民族秉性、历史传统和制度框架密切相关。德国政府为了保障工人的基本福利,对劳动者的薪酬、工作条件、社会保险和裁员均实施严格管制。这一制度使企业难以降低生产成本,因此转而注重产品质量提升、员工的技能培训和产品工艺的不断创新。德国的这种创新模式使德国同时拥有了制造技术和ICT技术的双重优势。首先,德国的创新模式保证了持续的产业研发投入,推动了制造技术和复杂制造过程管理水平的不断提升,从而形成了世界装备制造业的领先优势;同时,这一创新模式也推动了软件和解决方案供应商的不断发展,使得德国在嵌入式系统和企业管理软件方面积累了丰富的经验。德国工业4.0计划的核心就是将制造技术和ICT技术深度融合,维持和提升德国既有的产业竞争优势。

13.2.2 德国工业4.0计划的主要内容

德国的工业4.0概念问世于2011年4月在德国举办的汉诺威工业博览会,成形于2013年4月德国工业4.0工作组发表的《保障德国制造业的未来:关于实施工业4.0战略的建议》报告,细化于2013年12月德国电器电子和信息技术协会的工业4.0标准化路线图。

德国的工业4.0计划是由德国官、产、学、研及社会组织共同制定和实施的创新驱动制造业发展战略。德国国家工程院和联邦教育研究部积极参与了计划制订并提供了国家政策支持。制造业企业和ICT产业领先企业对计划积极倡导并付诸实践,为计划的实施提供了资源保障。大学和研究机构为计划提供解决方案。行业协会也深度参与到计划当中,发挥了组织协调和信息交流的积极作用。

德国工业4.0计划的核心是将制造技术和ICT技术融合在一起,形成虚拟—实体系统,实现智能制造。所依赖的ICT技术主要包括机器对机器(Machine to Machine, M2M)技术、物联网技术和各类企业制造系统应用软件。工业4.0计划包含三个方面的内容:第一,实现工业生产过程的智能化。通过在制造装备、原材料、零部件及生产设施上广泛植入智能终端,借助物联网实现终端之间的实时信息交换,实时行动触发,实时智能控制,达到对生产进行个性化管理的目的。第二,通过制造系统智能化推动全社会的智能化。从产品的研究、开发与应用拓展至建立标准化策略、提高社会分工合作的有效性、探索新的商业模式以及实现社会的可持续发展等,从而达成德国制造业的横向集成。在智能工厂的基础上,借助物联网和互联网,将智能交通、智能物流、智能建筑、智能产品和智能电网等相互连接,以制造业的智能化引领国民经济体系的智能化。第三,为了实现上述目标,在德国实施"领先供应商"和"领先市场"的双领先战略,即德国既要成为智能制造设备的领先供应者,也要成为智能制造设备的领先使用者。图13-2列出了德国工业4.0计划的核心和八项主要举措。

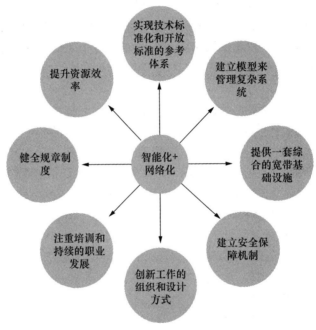

图13-2 德国工业4.0计划核心和八项举措

目前许多德国研究机构和企业已经纷纷开始实施工业4.0战略。弗劳恩霍夫协会在其下属多个研究所引入了工业4.0概念,西门子公司将工业4.0概念引入工业软件开发和生产系统控制,戴姆勒公司将工业4.0应用于新式卡车的研发,博世公司将工业4.0技术应用于生产系统的控制。这些应用均产生了良好的效果。

13.2.3 德国工业4.0计划在创新驱动制造业发展中发挥的作用

德国的工业4.0计划对德国的制造业创新起到了如下几个方面的作用:

第一,明确德国技术创新的方向和领域,提高渐进式创新模式下对激进式创新的容纳度。德国政府重点支持生物技术、纳米技术、微电子和纳米电子、光学技术、材料技术、生产技术、服务研究、空间技术、信息与通信技术等的发展，保持德国在这些领域的领先地位。德国政府希望在这些领先领域内能够产生出激进式创新，进而在新产品、新工艺和新服务的开发与应用上走在世界前列。

第二，进一步发挥渐进式创新模式的优势，巩固和提升原有的制造业竞争地位。在原有的制造优势和ICT技术优势下，进一步精益求精，不断完善，并将两者进行融合，使这两项技术优势形成合力，实现更高层次的制造业创新发展，通过新技术的创新和推广收获技术革命的成果，在生产方式和商业模式创新上走在世界前列。

第三，进一步完善区域创新系统。基于实现智能化生产的需要，工业4.0计划包含了一系列完善创新体系的举措。包括建立一套综合的工业宽带基础设施，建立信息安全保障机制，创新工作的组织和设计方式，注重培训和持续的职业发展，健全规章制度，提升资源的利用效率，等等。

第四，促进创新成果的转化。工业4.0计划由官、产、学、研各界联合制定，同时由于工业4.0的跨学科、多部门协同和异地合作等特性，在计划实施过程当中必然会加速创新成果向市场和终端用户转化。相应地，德国政府也制定了一些加速成果转化的政策措施，包括继续支持科研机构和中小企业申请和应用专利，促进学术成果的商业化，升级校园资助项目，继续实施"领先集群竞争"和创新联盟等行之有效的政策。

13.3 美德创新驱动战略举措的启示

通过对德美两国制造业创新驱动战略的对比可知，两国的制造业创新驱动战略都是针对本国制造业发展面临的具体问题，在原有的技术创新优势的基础上对创新路径做出的选择。美国的优势在于其强大的科技和商业化能力，所面临的问题是制造业空心化造成的基础研究和产业化的脱节。因此，美国选择的创新路径是通过制造业创新网络计划将基础研究和产业化连接在一起。德国一直保留了较强的实体经济，其优势在于强大的制造技术和领先的ICT技术。因此，德国选择的创新路径是通过工业4.0计划将制造技术和ICT技术融合在一起。相比之下，美国更重视前沿技术的突破，美国的制造业复兴计划旨在优化制造业领域的投资环境，降低制造业投资门槛，引导社会资源进入先进制造领域，政策重点是率先突破和使用先进制造技术和制造工艺；德国更强调现有创新优势的发展与融合，德国的制造业发展计划不仅停留在促进制造业投资，而且重视更高层次的产业创新发展，希望通过新技术的创新和推广收获技术革命的成果，在生产方式和商业模式创新上走在世界前列。

我国制造业的发展也面临着许多与德美两国相同的问题。首先,虽然中国目前尚处于工业化的中期阶段,向服务经济转型还有很长一段路要走,但产业空心化趋势已经提前出现,防止产业空心化进一步发展也是当前面临的一项重要任务。其次,中国作为制造业大国,也面临着新工业革命带来的机遇和挑战。因此,美国和德国的制造业创新路径对中国制造业创新路径选择具有直接的示范意义,但同时又都不可全盘照搬。因为中国制造业发展水平与美德两国还有很大差距。虽然经过三十多年的高速发展,中国制造业总量已跃居世界第一位,但与世界先进水平相比,我国制造业仍然大而不强,在自主创新能力、资源利用效率、产业结构水平、信息化程度、质量效益等方面差距明显,以要素投入驱动的传统工业化模式难以为继,以此为基础的经济社会发展方式也将面临重大挑战。因此,我国应借鉴德美两国的制造业创新路径,并结合自身制造业发展特点,走出一条适合我国的创新驱动制造业发展之路。通过借鉴美德两国的经验,同时结合我国制造业发展的现状,得出我国的制造业创新驱动战略应包含以下几个重点举措:

第一,加大技术创新投入力度。近年来,我国对研发的重视程度不断加大,研发投入规模占 GDP 比重逐年增加,但与欧美发达国家仍有很大差距。没有足够的研发投入,就不可能获得足够的创新能力和创新水平。首先,国家应加强基础研究投入。一个国家科技水平的高低归根到底取决于其基础研究水平。正是强大的基础研究支撑了美国的科技强国地位。从美国的科技发展历程可以看出,随着国家整体科技水平的提高,基础研究的重要性和对基础研究的投入也在逐年增加。我国科技水平虽然总体上较美国还有很大差距,但在载人航天、载人深潜、大型飞机、北斗卫星导航、超级计算机、高铁装备、百万千瓦级发电装备、万米深海石油钻探设备等领域已达到国际领先水平,基础研究的重要性已经显现。然而基础研究周期长、风险高、经济效益不明显,因此主要依赖于国家投资。其次,应鼓励企业增加研发投入。根据发达国家经验,当研发强度达到 5% 以上时,企业才具有较强的竞争力。2014 年中国企业 500 强平均研发强度仅为 1.78%。提高中国制造业的创新能力,必须鼓励企业增加研发投入和提高研发投入的产出水平。政府应出台鼓励制造业企业增加研发投入的财税政策,引导企业自觉实质性地增加研发投入。

第二,进一步完善区域创新系统建设。完善的区域创新系统是制造业创新能力提升的基础条件。美国和德国的一个共同特点是具有较为完善的传统区域创新系统,即便如此,两国仍然根据需要不断对其进行完善。我国的区域创新系统建设与德美两国相比仍然较为落后。我国应借鉴德美两国经验,加快推广信息化基础设施建设,利用信息化手段搭建信息共享平台、技术共建平台、示范推广平台等,为产业发展提供快捷高效的信息畅通、资源共享的基础环境;重视创新型人才队伍建设,改革工程教育人才培养模式,创新高校与行业企业联合培养人才的机制,积极培育制造业的创新文化。

第三,建立适合我国国情的制造业创新网络。美国的制造业创新网络计划中的许多做法值得我国借鉴。制造业创新网络不但能够将高校、科研院所以及企业的优势力量和科技资源聚合在一起,对明确的研发目标协同攻关,同时还起到将不同的创新环节进行连接和整合的重要作用,不但能够完善研发链条,提高研发效率,而且能够在很大程度上促进创新成果转化。我国先进制造技术创新能力比较薄弱,由政府牵头,聚合官产学研各方力量,围绕我国制造业发展所需要的重大技术领域和共性技术需求,建立一批制造业创新中心,专门负责基础和共性技术的研发和成果转化工作,能够极大地加快制造业创新能力提升和科技转化速度。与之配套,还需要针对以制造业创新中心为核心的制造业创新网络制定相应的规章制度,完善创新机制。但要注意的是,美国的制造业创新网络是建立在强大的基础研究和商业化基础之上的,我国的基础研究和商业化水平与美国相比还有很大差距。因此,我国制造业创新网络的侧重点与美国不同。美国的侧重点在于基础研究和商业化的中间环节,而我国的制造业创新网络在构建和发展的过程中,每个环节都不应偏废,其重点在于聚合优势力量联合攻关。

第四,大力发展智能制造技术。我国和德国同是制造业大国,德国的工业4.0计划契合了我国的新型工业化道路战略的内涵,使得德国的实践对我国走中国特色的新型工业化道路具有直接示范意义。德国以物理-信息系统作为"两化融合"的载体,推动工业和国民经济体系智能化,这种视野比包括中国在内的很多国家提出的"机器人革命"更为宏大,目标也更为长远,代表了未来制造业的发展方向。因此,智能制造是我国制造业发展的必然选择。但要注意的是,德国的工业4.0计划是在制造技术和信息通信技术分别都达到世界领先水平的基础上提出的。而我国的制造技术和信息通信技术与世界先进水平还存在一定的差距,在此基础上的两化融合效果必然大打折扣。因此,在制定智能制造发展战略时不能照搬德国模式。在加快推动新一代信息技术与制造技术融合发展,把智能制造作为两化深度融合的主攻方向的同时,在政策上还应该持续重视制造技术和信息技术本身的创新投入。

参 考 文 献

[1] 苗圩. 中国制造2025:迈向制造强国之路[N]. 人民日报,2015.5.26.
[2] 杨超,龙海波. 制造业创新网络带给美国什么[J]. 纺织科学研究,2014,10:25—27.
[3] 赵婷,刘兴国. 欧美工业振兴战略及其对我国工业发展的启示[J]. 中国经贸导刊,2015,

3:46—50.

[4] 杨超,龙海波. 美制造业创新网络重点瞄准中间环节[N]. 中国经济时报,2014.7.22.

[5] 贾伟,刘润生. 美国制造业创新网络的初步设计方案[J]. 科学中国人,2013,8:24—26.

[6] 张恒梅. 当前中国先进制造业提升技术创新能力的路径研究——基于美国制造业创新网络计划的影响与启示[J]. 科学管理研究,2015,33(1):52—55.

[7] 丁明磊,陈志. 美国建设国家制造业创新网络的启示及建议[J]. 科学管理研究,2014,32(5):113—116.

[8] 丁纯,李君扬. 德国工业4.0——内容、动因与前景及其启示[J]. 德国研究,2014,29(4):49—66.

[9] 黄阳华. 德国工业4.0计划及其对我国产业创新的启示[J]. 经济社会体制比较,2015,(2):1—10.

[10] 黄群. 德国2020高科技战略:创意,创新,增长[N]. 科技导报,2011,3.18.

[11] Perez C. Technological revolutions and techno-economic paradigms[J]. Cambridge Journal of Economics,2010,34:185—202.

[12] 陈志文. 德国各界领袖谈"工业4.0"[J]. 世界科学,2014,5:5.

撰稿:花 磊
统稿:巩在武